国际法与涉外法治文库 ｜ 华东政法大学一流研究生教材

中国法治进程与国际法前沿问题研究

王 勇 主 编

孟令浩 潘 鑫 许 皓 副主编

上海远东出版社

图书在版编目（CIP）数据

中国法治进程与国际法前沿问题研究 / 王勇主编；孟令浩，潘鑫，许皓副主编. —— 上海：上海远东出版社，2024. —— ISBN 978-7-5476-2069-4

Ⅰ. D929；D99

中国国家版本馆 CIP 数据核字第 2024BA6156 号

责任编辑　陈　娟
封面设计　梁家洁

中国法治进程与国际法前沿问题研究

王　勇　主　编
孟令浩　潘　鑫　许　皓　副主编

出　　版　上海远东出版社
　　　　　（201101　上海市闵行区号景路 159 弄 C 座）
发　　行　上海人民出版社发行中心
印　　刷　上海锦佳印刷有限公司
开　　本　710×1000　1/16
印　　张　27.75
插　　页　1
字　　数　425,000
版　　次　2024 年 12 月第 1 版
印　　次　2024 年 12 月第 1 次印刷
ISBN 978 - 7 - 5476 - 2069 - 4/D・54
定　　价　118.00 元

- 国际法与涉外法治文库

- 上海高水平高校(学科)建设项目资助

- 上海高水平地方高校创新团队"中国特色社会主义涉外法治体系研究"项目

- 华东政法大学一流研究生教材

目　录
Contents

中　编
中国法治进程与国际法中的"新疆域"问题

下　编
中国法治进程与中国在国际法领域的创新

绪　　论

　　2020年11月16日至17日，中央全面依法治国工作会议正式确立了习近平法治思想，并明确其为全面依法治国的根本遵循和行动指南。习近平法治思想中关于国际法治的系列论述博大精深、兼收并蓄，既包括国际法治建设总体要求、遵守国际法基本原则、加强国际法研究和运用、加强涉外法治体系建设、坚持统筹推进国内法治和涉外法治等宏观论述，也涵盖国际执法合作、反腐败追逃追赃、全球经济治理、国际争端解决、海洋外空极地网络新疆域国际秩序、应对气候变化等国际治理领域的系列主张，具有鲜明的时代特征，对深入推进国际法治建设具有重大而深远的意义。在此背景下，编写与之相关的国际法前沿问题研究的教材具有十分重大的政治必要性、理论必要性和实践必要性。

一、编写本书的必要性

　　第一，本书体现了中国坚持、维护和推进国际法治建设的必然要求。当今世界正处于百年未有之大变局,单边主义、保护主义和霸凌行径明显抬头,多边主义和经济全球化遭遇逆流,国际法的权威和国际秩序受到冲击。稳定的国际秩序是全球经济发展和生态环境保护的重要基础,具有权威性的国际法在稳定国际秩序方面具有极为重要的作用。为此,习近平主席多次在重要场合强调中国将坚定维护以联合国为核心的国际体系,坚定维护以联合国宪章宗旨和原则为基石的国际关系基本准则,坚定维护联合国的权威和地位,坚定维护联合国在国际事务中的核心作用。本书对当前相关的国际法前沿问题进行深入分析,尝试提炼并总结解决国际法前沿问题的中国方案,为国际法治的发展完善贡献中国智慧。

第二,本书凸显了促进国内法治与国际法治良性互动的必然要求。2014年的中央外事工作会议指出,观察和规划改革发展,必须统筹考虑和综合运用国际国内两个市场、国际国内两种资源、国际国内两类规则。统筹两个大局是中国共产党治国理政的基本理念和基本经验,根本目标在于更好地运用国内和国际两级法治维护我国的合法利益,为中国的繁荣富强、持续稳定发展构建一个良好的外部环境。此外,中国法治建设的目标是为了更好地适应国际法和全球治理体系的发展,并促进中国与国际社会的融合与合作,展现负责任大国的担当,为我国改革发展及世界和平发展创造更加有利的条件。国内法治与国际法治的良性互动贯穿始终,在分析问题和解决问题的过程中,不仅注重分析和讨论国际法前沿问题中国际法规则、原则和制度对中国国内法治的影响,也注重运用统筹推进国内法治和涉外法治的方式推进国际法治的进步。

第三,本书明确了中国深度参与并逐步引领国际法的立法、执法与司法实践的必然要求。在国际立法领域,习近平总书记强调,要用好我国国际话语权和规则制定权上升的机遇,主动参与规则重构,为我国发展创造有利的国际环境。国际法是维护世界和平与发展的基石,中国尊重和维护基于正当国际立法程序建立的国际法律秩序,履行国际法律义务。在国际执法与司法领域,中国要积极参与执法安全国际合作,共同打击暴力恐怖势力和跨国组织犯罪,深化司法领域的国际合作,完善我国司法协助体制,扩大国际司法协助覆盖面,深化反腐败国际合作,加强海外追赃追逃、遣返引渡力度。为进一步推动中国深度参与并逐步引领国际立法、执法和司法合作,本书不仅关注当前国际立法的前沿议题,而且也积极关注国际执法和司法合作过程中面临的重要问题,为中国更好地参与及应对国际立法、执法和司法合作建言献策。

第四,本书体现了中国积极参与推进构建新型国际关系、推动构建人类命运共同体的必然要求。随着全球性挑战的加剧,全球治理体系改革大势所趋。各国应在平等的基础上构建新型国际关系,进而推动国际法律秩序的进步和完善。人类命运共同体理念构成中国参与全球治理的理论基础和现实目标,引领中国更好地参与全球治理。人类命运共同体理念不仅回答了加强全球治理的原因、目标和路径等问题,而且要求变革全球治理体系以克服全球性困难和挑战,同时还强调通过共商共建共享的全球治理观改革全球治理体系促进世界和平与发展。人类命运共同体包含相互依存的国际权力观、共同利益观、可持续发展观和全球治理观。在当下及未来很长一段时间内,构建人类命运共同体都是新时代中国特色社会主义大国外交的基本纲领与行动指南。本书以推动构建新型国际关系、推动构建人类命运共同体为基本价值导向,从人类命运共同体的高度分析国际法前沿问题,详细梳理国际法前沿问题中存在的与构建人类命运共同体不相适应的内容,并在此基础上提出改革及完善的方案建议。

第五,本书是中国加强涉外法治人才队伍建设的必然要求。当前,我国涉外法治人才的数量和质量难以适应我国日益走近世界舞台中央的历史进程,在国际争议"司法化"风险的应对上严重不足。在深化对外开放的时代背景下,中国的海外利益保护也特别需要大批高素质的涉外法治人才。习近平总书记高度重视涉外法治人才队伍建设,曾强调要加强能力建设和战略投入,加强对全球治理的理论研究,高度重视全球治理方面的人才培养。通过对当前国际法前沿问题的讨论,本书进一步提炼出维护中国主权、安全和发展利益过程中面临的重大国际法问题。同时,本书结合马克思主义理论与实践,并融入课程思政要求,引导研究者树立正确的世界观、人生观、价值观,培养爱国精神和家国情怀,提升研究者的国际法素养与能力,助力研究者成长为德才兼备的高素质涉外法治人才。

二、本书的特色与创新点

第一，体例创新。本书按照从总论到分论、从理论到实践、从本体到方法的内在逻辑，在体例上设置了上、中、下三编。上编重点考察中国法治进程与国际法基本理论问题，结合时代背景，阐释了法治思想形成发展的实践逻辑、理论逻辑和历史逻辑，概括中国法治进程的鲜明特色及其对多边国际造法、批判国际法学理论、涉外法治等国际法基本理论问题的重大意义。如统筹推进国内法治和涉外法治、人类命运共同体理念等对国际法基本理论的贡献。中编在重点阐述中国法治进程所蕴含的时代精神、理论精髓、实践要义的基础上，对晚近国际法发展过程中出现的"新疆域"问题进行分析。"新疆域"既是当前国际立法、执法和司法亟待完善的领域，也是中国深度参与国际治理、以中国叙事展现大国担当的重要契机。本书全面展示中国法治进程对解决国际法"新疆域"问题的政治意义、理论意义、实践意义、世界意义。下编对中国法治进程中的中国与国际法的关系进行了学理阐释与战略思考，在彰显中国法治的立场、观点和方法有机统一的基础上，创新性地提出中国推动国际法发展完善的战略方向与实践指引。

第二，内容创新。本书创新性地将中国法治进程与国际法前沿问题的研究相结合。一方面，本书将继续深化对坚持统筹推进国内法治和涉外法治的讨论，并扩展中国如何积极参与国际法律秩序的维护和推进，中国如何推动建立更加平等、公正、合理的国际法律秩序，中国如何以合法、公正、透明的方式参与国际合作以及中国将积极推进法治中国和国际法治的统一等要素；另一方面，本书从国际法基础理论与前沿实践问题出发，在深刻揭示中国法治核心要义的基础上，探讨国际基础理论与前沿实践问题的解决方法，对我国积极参与国际法发展完善以及全球治理提出建设性意见。

第三，方法创新。本书注重研究方法上的创新，充分运用中国法治领域的系统方法，对国际法前沿问题展开系统性分析。在统筹推进国内法治和涉外法治过程中，注重二者相互促进、相得益彰，使国内法治和涉外法治形成合力，促进国内法治和国际法治的良性互动，为全面建设社会主义现代化国家、实现"两个百年"奋斗目标创造优良的法治环境，有必要坚持、贯彻并不断深化兼顾国内和国际两个大局、统筹国内法治和涉外法治建设的"系统思维"方法。本书运用系统方法分析国际法前沿问题,有利于将中国共产党治国理政的基本理念、基本经验与世界百年未有之大变局的时代背景,以及包括国际立法、国际司法与国际执法等在内的全球治理的各项环节相结合,以共商共建共享的全球治理观有效推动国际关系的法治化。

三、本书的实用价值

习近平总书记指出,全球治理体系正处于调整变革的关键时期,中国要积极参与国际规则的制定,做全球治理变革进程的参与者、推动者、引领者。"中华民族伟大复兴的战略全局"与"百年未有之大变局"相互交织、相互激荡、相互影响,解决好国际法领域中守正与创新的问题,是中国在推动构建人类命运共同体、走与传统大国崛起不同的现代化强国之路的迫切需要。在此背景下,本书聚焦国际法理论与实践的最前沿,从中国参与国际法实践急需解决的问题出发,因此具有很高的实用价值。第一,本书将为中国在宏观上推动国际法理论的守正创新和推动构建中国特色国际法理论,为实现中华民族伟大复兴、构建人类命运共同体提供智力支持,有助于我国针对特定外交往领域中面临的问题提出切实有效的法律改革方案和策略选择,提高我国在国际治理领域、国际法创新领域中的参与度及话语权,促进中国法治蕴含的利益诉求与价值选择的世界表达。第二,本书具有重要的学术价值。其内容紧扣国际和国内学术研究前沿,对前沿国际法的理论与实践问题进行的独到分析,不仅把握了当前学术和实践中的前沿领域,而且也对国际法的发展进行了理论上的建构。用中国叙事丰富国际法理论,用中国实践验证国际法理论,用中国立场展现国际法理论不可或缺的公平正义性。第三,本书与国家"一带一路"倡议、全球发展倡议、全球安全倡议、人类命运共同体构建等决策有密切联系,具有较强的新颖性、前瞻性和实用性,能提供实务和政策参考价值,为我国参与全球治理的实践提供智力支撑。这不仅能拓展我国国际法研究的视角,拓宽我国国际法研究的路径,也为我国参与国际法创新提供了重要的理论基础和实践指导。

上 编

中国法治进程与国际法
基本理论问题

第一章
国际法视野中的人类命运共同体

引　言

　　2012 年 11 月，中国共产党第十八次全国代表大会明确提出倡导"人类命运共同体"。当今世界处于百年未有之大变局，各国间的联系和依存日益加深，但也面临诸多挑战。人类命运共同体这一全球价值观包含相互依存的国际权力观、共同利益观、可持续发展观和全球治理观。构建人类命运共同体已经写入《中国共产党章程》《中华人民共和国宪法》及联合国的多项重要决议，是中国对国际法的重要贡献之一。本章具体探讨构建人类命运共同体的国际法问题、构建人类卫生健康共同体的国际法合法性问题、构建海洋命运共同体的国际法问题，即从国际法角度深入阐释构建人类命运共同体，并为构建人类命运共同体提供有力的学理支持。

第一节　构建人类命运共同体的国际法分析

　　2012年11月,中国共产党第十八次全国代表大会报告首次提出,在国际关系中倡导以合作共赢为核心的人类命运共同体意识,在追求本国利益时兼顾他国合理关切,在谋求本国发展中促进各国共同发展,建立更加平等均衡的新型全球发展伙伴关系,同舟共济,权责共担,增进人类共同利益。2017年,中国共产党第十九次代表大会阐述了构建人类命运共同体理念,呼吁"各国人民同心协力,构建人类命运共同体,建设持久和平、普遍安全、共同繁荣、开放包容、清洁美丽的世界"。报告明确指出,中国特色大国外交就是要推动建设新型国际关系,推动构建人类命运共同体。构建人类命运共同体理念先后写入《中国共产党党章》和《中华人民共和国宪法》,成为中国新时代对外关系领域的根本指导思想。[1] 人类命运共同体理念具有丰富的国际法内涵:一方面,人类命运共同体理念是对中华优秀传统文化的弘扬、创新,是对中华人民共和国成立以来外交优良传统的提炼、升华,也是对中国倡导的和平共处五项原则在新时代的传承、发展,反映了中国参与全球治理及建设国际法治的根本目标;另一方面,人类命运共同体理念是一种先进的国际法理念,为国际法的进一步发展提出了新的价值追求和努力方向,促进国际法向更加公正、合理的方向发展。[2]

　　当前,世界经济复苏压力大、气候变化和技术进步等新旧风险并存、地缘政治局势紧张、发达国家经济政策负面外溢效应渐显等全球性问题叠加,"选择性脱钩"常态化,保护主义思潮将经济全球化拖入逆行状态,不断的大国博弈以各种方式投射至全球治理领域,严重掣肘了国际合作,动摇了多边主义基础,迟滞了全球治理体系的改革,甚至加剧了世界发展格局的不稳定性、不确定性。[3] 以"各国命运相连""为了人类共同利益""进行国际合作"等为核心要

---

　　① 张辉:《人类命运共同体:国际法社会基础理论的当代发展》,《中国社会科学》2018年第5期。
　　② "人类命运共同体与国际法"课题组:《人类命运共同体的国际法构建》,《武大国际法评论》2019年第1期。
　　③ 任琳:《全球治理赤字与治理体系新态势》,《人民论坛》2023年第12期。

素、以共商共建共享理念为具体遵循的人类命运共同体理念,顺应时代潮流,为全球治理体系的改革指明了新的价值追求和前进方向。① 在全球治理体系中融入人类命运共同体理念,需要借助一定的方法和手段、经由一定的路径才能实现,以逐步实现国际社会成员遵守并践行人类命运共同体理念。推动基于人类命运共同体理念的国际法治创新是全球治理体系革新的一条重要路径,这不仅要求相关实体规则充分反映人类命运共同体理念,而且也要求对规则谈判和制定的方法及程序进行相应创新,为人类命运共同体理念更好地融入相关实体规则提供便利。

一、国际法治概念的界定

国际法治是一种治理方式,可以细分为国际形式法治与国际实质法治。柏拉图的《理想国》、亚里士多德的《政治学》中便存在法治的概念。近代意义上的法治实践始于主权国家的建立。② 国际法治意味着在当前无政府、但有秩序的转型世界中追求和建设法治。③ 20 世纪 70 年代联合国通过的《国际法原则宣言》序言提道:"复念及联合国宪章在促进国际法治上至为重要。"自此,国际法治从一种隐含的诉求上升为一种明示的价值,国际社会追求法治的风潮也越来越盛。④

国际法治的核心要素与本质体现是国际良法与善治。其中,国际良法是国际法治的基础与前提,在缺乏符合各国以及人类生存发展根本利益规则的情况下,国际法治无从谈起;善治,即全球性的有效治理,是实现国际法治的条件和保障。在不同的领域与层面实现"良法"和"善治"是国际法治的基本要求,即设定内容与目标良好,国际事务普遍遵循的完善的规范。⑤

从形式法治概念出发,国际法治主要包括三个基本要素,即法律的可预期

---

① "人类命运共同体与国际法"课题组:《人类命运共同体的国际法构建》,《武大国际法评论》2019年第 1 期。

② 曾令良:《国际法治与中国法治建设》,《中国社会科学》2015 年第 10 期。

③ 何志鹏:《国际法治——一个概念的界定》,《政法论坛》2009 年第 4 期。

④ 何志鹏:《国际法治:良法善治还是强权政治》,《当代法学》2008 年第 2 期。

⑤ 何志鹏:《国际法治:一个概念的界定》,《政法论坛》2009 年第 4 期。

原则、法律的普遍适用原则和法律纠纷的有效解决原则。① 从实质法治概念出发，国际法治的概念等同于良法善治，即内容与目标设定良好、形式完善的规范在国际事务中被普遍地崇尚与遵行。② 实质法治与形式法治不是相对立的概念，它不反对形式法治的基本要求，只是在其基础上加入了关于法治实质内容与实质价值的要求。③ 因此，在国际社会中，二者不是非此即彼，而是有机统一于国际法治的完整概念之中。更重要的是，在考察某个领域的国际法治水平时，也应当分别从形式与实质两个方面进行思考。

（一）国际形式法治

奉守形式法治概念的国际法治论者，通常从法律形式或体制方面来阐述法治概念。有学者指出，国际形式法治的主要标准有三：其一，全面预设规则，包括法的预设性、全面性、确定性；其二，预设的规则至上，即所设规则必须得到服从；其三，独立的机关专司规则，即有独立的司法机关或准司法机关专司解决争端之职。④ 因此，国际形式法治主要是从国际法的立法、遵守和纠纷解决三个方面对国际法治提出要求。

首先，国际法的立法必须及时、明确和稳定。就当前国际法的立法机制主要为条约的谈判而言，条约谈判主要通过外交会议的方式进行，其内容取决于相关国家的政治意愿，因此不是一种常态化的立法方式，并且条约谈判的效率低，难以及时应对新出现的问题。此外，在条约谈判中各国广泛存在利益冲突，"建设性模糊"的谈判方法被频繁使用，导致条约文本被有意模糊，因此也造成国际法的立法缺乏明确性。就国际法的稳定性和透明度而言，国际社会能做到很多领域的法律长期保持稳定不变。

其次，国际法必须得到普遍的遵守。根据"条约必须信守"的国际习惯法，缔约国必须诚意履行其所承担的条约义务，如果违反则有可能承担国家责任。但是在实践中，国家有权就条约作出保留或者退出条约，也有权对条约作出有

---

① 黄文艺：《全球化时代的国际法治——以形式法治概念为基准的考察》，《吉林大学社会科学学报》2009 年第 4 期。

② 何志鹏：《国际法治：一个概念的界定》，《政法论坛》2009 年第 4 期。

③ 李桂林：《实质法治：法治的必然选择》，《法学》2018 年第 7 期。

④ 郑永流：《法治四章》，中国政法大学出版社 2002 年版，第 196 页。

利于自身的解释,因此都会影响条约遵守的程度。正如有学者所指出的那样,对于国际法治来说,最严重的威胁是各个国家特别是某些大国功利性地解释、遵守和执行国际法,即按照有利本国的原则解释国际法,只遵守对本国有利的国际法,不遵守对本国不利的国际法。① 此外,条约本身是否规定了完善的遵约机制,也是影响其是否真正被遵守的重要因素。

最后,国际争端必须得到国际司法机构的有效解决。这要求有独立行使裁判(决)权的法院或其他争端解决机构,以及保证法院或其他争端解决机构有效行使裁判(决)权的程序规则。在国际政治舞台上,最根本的问题是缺乏拥有普遍管辖权和强制执行权的国际司法机构,这导致国际法变成了只具有舆论约束力的国际道德准则,受到侵害的合法权益得不到有效的法律救济和保护。因此,缺乏有效的国际司法机构或纠纷解决机制,是国际法治实现的最大障碍之一。

(二) 国际实质法治

国际法领域有相当多的学者坚持实质法治概念,把国际法治视为国际良法之治。因此,国际社会的各种崇高追求,如人权保护、正当程序、环境保护、全球正义、可持续发展等,都被认为是国际法治的构成要素。

1. 国际良法

国际法治的法律规范在内容上应当是善的,即价值目标设定得合理,符合一般的伦理要求。具体而言,国际法治的规范体系应当秉持人本主义、可持续发展原则以及和谐共进等价值目标,最终增进人类福祉与可持续发展。

2. 全球善治

全球善治作为国际法治的运作方式,代表一种治理状态,并且这种治理状态会极大促进国际良法价值目标的达成。首先,全球善治应当是一种秩序之治。秩序是法的基本价值,任何法律规范的首要使命就是确立和维持某种社会关系或社会秩序,国际法的基本价值也是秩序。其次,全球善治应当是一种

---

① 黄文艺:《全球化时代的国际法治——以形式法治概念为基准的考察》,《吉林大学社会科学学报》2009 年第 4 期。

效率之治。期待国际法治更加接近效率的目标,意味着国际法治不仅要保证经济效益的最大化,也要保证社会效益的最大化。最后,全球善治还应当是一种公平之治。

国际法治的依据应当有正确的价值目标,体现法治的核心理念和价值。无论是国际法治还是国内法治,法律至上、权利平等、社会自治是构成法治理念的核心。[①] 国际法治的规范体系应当体现人本主义,坚持权利本位,表达对人的终极关怀;符合可持续发展的要求,妥善处理经济、社会、文化等方面持续发展的要求;体现和谐共进的理念,否定霸权体制,在求同存异的基础上构建新的结构和秩序。[②]

二、人类命运共同体理念下的国际法治创新

中国提出的构建人类命运共同体理念,是从形式法治和实质法治两个方面对现有国际法治进行的创新。

第一,国际法治创新应当将维护国家利益与促进人类共同利益相结合。当今世界各国相互依存、休戚与共,没有哪个国家能够独自应对人类面临的各种挑战,也没有哪个国家能够退回到自我封闭的孤岛状态。这种国际现实的变革要求国际法的使命必须由原来调整国家间交往关系的法律逐步发展成为应对全球性危机与促进全人类共同发展的规范,由"共存"国际法向"合作"国际法进行转变。在这个过程中,国际法不仅要继续发挥维护国家利益与稳定国际秩序的作用,还应当在此基础上顾及全人类的共同利益。为此,国际法治创新应当重点关注如何实现国际法在维护国家利益与促进人类共同发展之间的平衡以及如何使国际法更好地发挥促进人类共同发展的问题。中国共产党是为中国人民谋幸福的政党,也是为人类进步事业奋斗的政党。中国特色大国外交的重要任务是从中国人民和世界人民的根本利益出发,把中国的前途命运与世界的前途命运紧密联系在一起。中国一直致力于维护世界和平、促

---

① 参见郑成良:《论法治理念与法律思维》,《吉林大学社会科学学报》2000 年第 4 期。
② 参见何志鹏:《国际法治:一个概念的界定》,《政法论坛》2009 年第 4 期。

进共同发展,尊重并推动世界文明多样化。进入新时代,中国积极倡导和推动构建人类命运共同体,与各国一道建设持久和平、普遍安全、共同繁荣、开放包容、清洁美丽的世界,共同开创人类美好未来。

第二,国际法治创新应当体现国际社会结构与国际关系的发展,特别是遵循中国与世界各国的新变化。当前,国际格局"东升西降",发展中国家和新兴经济体整体力量上升,中国的崛起成为百年未有之大变局中最大的变量。以大数据、物联网和人工智能等为代表的新科技革命正在飞速发展,它们将重构当今世界的大多数产业,并深刻影响人类的生产和生活方式,从而引发世界经济关系、人类基本经济关系的革命性变化。中国与世界的关系也已进入新阶段,中国已经实现了从世界体系外国家发展成为世界体系内国家、从世界体系边缘国家发展成为"走近世界舞台中央"国家的两级跳。因此,国际法治创新应当对这些新变化作出回应。

第三,国际法治创新应当尊重文化的多样性,促进世界文明的交流互鉴。中国特色大国外交话语体系是对中国外交的文化语境、价值理念和政策实践等的表达,具有鲜明的民族特色。文化和意识形态冲突经常是引发争端的导火索。包容互惠需要建立在文化交流、文明借鉴、相互理解的基础上。"尊重世界文明多样性,以文明交流超越文明隔阂、文明互鉴超越文明冲突、文明包容超越文明优越"也是中国特色大国外交关系的指导思想与基本方略。因此,国际法治创新应当妥善处理文明的关系,消除冲突,促进包容互鉴、文化交流,尊重文化多样性,实现文化"美美与共,天下大同"的目标。

第四,构建人类命运共同体理念需要对国际法的立法、遵守和争端解决进行创新。就国际法的立法而言,构建人类命运共同体理念应当推动国际法的立法向着常态化方向发展,提高国际法在应对全球问题方面的及时性和透明度,并且不断提高条约文本的明确性和具体性,尽量避免因条约模糊导致的无法落实的情况。就国际法的遵守而言,构建人类命运共同体理念应当侧重于对条约的保留、退出以及解释等方面的创新,例如涉及全人类共同利益的事项,在一定程度上限制主权国家的自由,禁止对条约保留或任意退出。在条约解释方面,可以适当限制缔约国对条约进行解释的权利。就国际法的争端解决而言,构建人类命运共同体理念应进一步加强国际司法机构的管辖权,在涉及全人类共同体利益的争端时,必要时可以突破"国家同意"原则,规定国际司法机构的强制管辖权。构建人类命运共同体理念只有对上述国际法的立法、遵守和争端解决进行创新和突破,才可能真正满足国际形式法治的要求。更重要的是,在此基础上,构建人类命运共同体理念还应当从国际法的价值和理念方面进行创新,以实现国际实质法治的目标。

第五,现行国际法治用治理国家间关系的国际法观、秩序原则和制度安排来治理全球性的国际社会,导致现行国际管理体系及其相应的制度安排在全球性挑战面前失效。在以现实主义为核心的权力政治观下,主导国家行为的基本动因是利益,因此追求国家利益最大化是国际政治的价值目标,国家利益与国家间共同利益是对立的。一方面为了应对全球治理失灵的问题,国际法治必须创新现行治理国家间关系的权力政治观,以共商共建共享的新型国际法观来推动国际法治向合作共赢变革;另一方面,以联合国为核心、以《联合国宪章》为基础的现代国际法治的目标价值主要是确保国际和平与安全,但不足以应对非传统的安全威胁,主要原因是现行国际法治的目标价值关注国家或国家间的共同利益,在此基础上确立的国际合作仍然难以摆脱零和博弈的困境。① 全球风险和人类共同利益在某种程度上超越了发达国家和发展中国家的政治对立,人类的主体性及全球意识形态,将有利于国际社会共同应对人类的生存危机。因此,构建人类命运共同体理念应当为国际法治创新价值目标,进一步突出"以人为本"的人本化理念,追求建设持久和平、普遍安全、共同繁荣、开放包容、清洁美丽的世界。

三、结　　论

人类命运共同体理念为国际治理指明了新的价值追求和前进方向,将其融入国际治理体系具有重大的理论与现实意义。在这个过程中,不仅要思考如何将人类命运共同体理念体现在在国际治理规则中,也应当思考运用何种

---

① 李寿平:《人类命运共同体理念引领国际法治变革:逻辑证成与现实路径》,《法商研究》2020 年第 1 期。

方法才能更有效地实现这个目标。将人类命运共同体理念转化为国际法的最直接方式是缔结国际条约。条约对于人类命运共同体理念融入国际治理方面具有促进作用,有助于各国在树立命运相连意识的基础上,通过更加现实的利益交换达成合作共识,并且通过产生条约禁止保留的效果确保各国贯彻共商共建共享的理念。

第二节　构建人类卫生健康共同体的国际法合法性及其完善

新冠肺炎疫情(以下简称"新冠疫情")肆虐全球。截至 2021 年 2 月 17 日,新冠病毒在全球范围内已累计感染超过 1 亿 921 万人,造成约 241 万人死亡,①感染人数和死亡人数仍然快速增加。国际劳工组织于 2020 年 5 月 27 日发布的报告《国际劳工组织监测:新冠疫情与劳动就业》(第四版)称,此次新冠疫情暴发期间,全球有超过六分之一的青年停止工作,其中青年女性的失业率甚至高达 31.1%。② 同时,全球 2020 年的贫困人口数将可能从原预测的减少 1 400 万人,转向增加 880 万至 3 500 万人。③ 疫情暴发后,以联合国和世界卫生组织为代表的国际组织发起大量新冠疫情援助项目,为受疫情影响的国家和人群,特别是最不发达国家和最贫困人群提供急需的帮助。包括中国在内的一些国家有效遏制了新冠疫情在本国境内的传播,但通常被认为传染病灾害风险较低的发达国家却未能有效抵御新冠疫情,部分发达国家甚至成为主

---

① World Health Organization, "WHO Coronavirus Disease (COVID-19) Dashboard," https://covid19. who. int/,2021 年 2 月 18 日访问。

② International Labour Organization, "COVID-19 and the World of Work, Fourth Edition," https://www. ilo. org/wcmsp5/groups/public/—dgreports/—dcomm/documents/briefingnote/wcms—745963. pdf,2021 年 2 月 18 日访问。

③ International Labour Organization, "COVID-19: Protecting workers in the workplace," https://www. ilo. org/global/about-the-ilo/newsroom/news/WCMS—738742/lang-en/index. htm,2021 年 2 月 18 日访问。

要受灾国家。截至 2021 年 2 月 17 日,世界唯一超级大国美国连续数月成为全世界新冠疫情确诊人数和死亡人数最多的国家,共确诊超 2 743 万人,死亡超48 万人。① 法国、英国、西班牙、德国等欧洲发达国家均位列全世界确诊病例数最多的前十位国家。② 此外,瑞典国王在 2020 年 12 月 16 日的年度圣诞节讲话中承认,瑞典的抗疫政策是"失败的"。③ 领先全球的医疗水平并未能保护这些国家国民的健康,世界各国深陷疫情泥潭,国际卫生治理亟待新的理念。

中国在成功控制本国疫情后,积极参与新冠疫情的全球治理,并为治理全球疫情贡献中国方案。2020 年 3 月,习近平主席致电法国总统马克龙时,首次提出"打造人类卫生健康共同体"倡议,并指出公共卫生安全是人类面临的共同挑战,中方愿同法方共同推进疫情防控国际合作,支持联合国及世界卫生组织在完善全球公共卫生治理中发挥核心作用,打造人类卫生健康共同体。④2020 年 5 月 18 日,习近平主席在第 73 届世界卫生大会视频会议开幕式的致辞中提到,要团结合作战胜疫情,共同构建人类卫生健康共同体。⑤ 2020 年 6月 7 日,中国发表《抗击新冠肺炎疫情的中国行动》白皮书,呼吁"建设惠及全人类、高效可持续的全球公共卫生体系,筑牢保障全人类生命安全和健康的坚固防线,构建人类卫生健康共同体"⑥。2020 年 9 月,全国抗击新冠肺炎疫情表彰大会指出,中国将继续推进疫情防控国际合作,支持世界卫生组织发挥全球抗疫领导作用……推动构建人类卫生健康共同体。⑦ 综上,构建人类卫生健康共同体已成为中国积极参与全球公共卫生治理、贡献中国治理方案的集中体现。

国际法治以制度维护国际安全、以规范促进国际公正、以共识促进国际发

---

① World Health Organization,"Situation by Country,Territory & Area," https://covid19. who. int/table,2021 年 2 月 17 日访问。

② 同上。

③ 边子豪:《瑞典国王承认抗疫政策失败:我们失败了,人民遭受了巨大痛苦》,https://baijiahao. baidu. com/s? id=1686372733734074604&wfr=spider&for=pc,2021 年 2 月 18 日访问。

④ 邱丽芳:《习近平就法国发生新冠肺炎疫情向法国总统马克龙致慰问电》,http://www. xinhuanet. com/2020-03/21/c_1125748121. htm,2021 年 2 月 18 日访问。

⑤ 习近平:《团结合作战胜疫情 共同构建人类卫生健康共同体——在第 73 届世界卫生大会视频会议开幕式上的致辞》,《人民日报》2020 年 5 月 19 日。

⑥ 钟声:《担当道义 力促团结合作》,《人民日报》2020 年 6 月 12 日。

⑦ 习近平:《习近平在全国抗击新冠肺炎疫情表彰大会上的讲话》,《人民日报》2020 年 9 月 9 日。

展,国际法治也是维护国际社会秩序的有效方式,是适合全球化时代的治理手段。因此,国际法治是构建人类卫生健康共同体的核心所在。构建人类卫生健康共同体在国际法治层面需要回答一系列的问题,包括构建人类卫生健康共同体的内涵及其对于国际法发展的意义,构建人类卫生健康共同体的国际法基础,构建人类卫生健康共同体在国际法制度方面存在的困境及必要的完善等。只有处理好上述问题,才能更好地构建人类卫生健康共同体,从而为战胜疫情以及更好地应对类似的国际公共卫生事件构筑强大的国际法治防线。

一、人类卫生健康共同体的内涵
及其对国际法发展的意义

(一)人类卫生健康共同体的内涵

人类卫生健康共同体,即将全人类的卫生健康作为一个有机整体,保障全人类共同的卫生健康福祉。其中,"人类"阐明了范围,不是部分人独占鳌头、独善其身,而是全体人类普遍实践、普遍受益;"卫生健康"阐明了目标,不是对政治经济利益的考量,而是对卫生健康福祉的保障;"共同体"阐明了途径,不是孤立保守的各自为政,而是共同合作的有机整体。[①] 人类卫生健康共同体代表着全人类对健康追求的美好愿景,提出了改善国际卫生健康治理的一套政策主张和行动倡议,其丰富的内涵主要体现在以下五个方面。

一是实现健康平等。健康是全人类的共同追求,健康平等是国际卫生治理的基本目标和宗旨。《世界卫生组织组织法》序言申明,"享受可能获得的最高健康标准是每个人的基本权利之一,不因种族、宗教、政治信仰、经济及社会条件而有区别"。在过去的几十年中,虽然全球卫生健康状况有显著改善,但国家内部和国家之间仍然存在严重的健康不平等问题,[②]不同社会群体间的健

[①] 胡鞍钢、李兆辰:《人类卫生健康共同体视域下的中国行动、中国倡议与中国方案》,《新疆师范大学学报》(哲学社会科学版)2020年第5期。

[②] World Health Organization,"Five conditions must be met to achieve health equity, says WHO," https://www. euro. who. int/en/media-centre/sections/press-releases/2019/five-conditions-must-be-met-to-achieve-health-equity,-says-who,2021年2月18日访问。

康指标或健康风险,以及获得的卫生资源或卫生服务存在明显差异。这表明不同社会群体承担着不同的健康风险。实现健康平等是人类命运共同体理念及和平共处原则的延伸,其要旨在于尽量减少直至消除不同国家、不同社会群体间卫生健康资源分配不公正或获得机会不平等的问题。

二是维护卫生安全。卫生安全是实现健康目标的前提和基础。"冷战"后,国际社会对安全的考量,逐渐从传统的"国家安全"转向涵盖更广泛的非传统安全。1994 年,联合国开发计划署(The United Nations Development Programme,简称"UNDP")在《人类发展报告》中指出,安全意味着免受疾病、饥饿、失业、犯罪、社会镇压和环境破坏的威胁。[1] 报告首次将疾病明确为一种安全威胁。联合国安理会先后三次就传染病问题通过决议,认定传染病疫情构成对国际和平与安全的威胁。[2] 维护卫生安全是人类命运共同体普遍安全原则的延伸,要求各国强化国际互信与合作,树立共同、综合、合作、可持续的安全观。[3]

三是促进卫生发展。卫生发展是人类卫生健康共同体的物质基础,也是健康平等和卫生安全的物质保障。当前,人类远未战胜传染病及其他卫生健康问题,卫生健康资源的稀缺性仍在不同程度制约着各国人民追求健康的目标。当前,世界上至少还有一半人得不到所需的保健服务,每年约有 1 亿人由于个人负担医疗费用而陷入极端贫困。[4] 为改变此局面,提供更多更好的卫生健康资源以满足世界各国人民的健康需求,建立和发展完善的卫生保健体系是根本途径。

四是坚持开放包容。人类卫生健康共同体秉承人类命运共同体的开放包容原则,允许共同体成员选择适合自身的发展路径和治理方式,互相尊重和理解,取长补短。不同的国家基于自身文化传统、社会制度、经济发展水平等不

---

① United Nations Development Programme, *Human Development Report 1994*, Oxford University Press, p. 22.

② UN Security Council, "Resolution 1308(2000)," http://unscr. com/en/resolutions/ doc/1308. UN Security Council, "Resolution 2177,"https://undocs. org/en/S/ RES/2177(2014),2021 年 2 月 18 日访问。

③ 杨万明:《论综合安全观》,《国际问题研究》2005 年第 4 期。

④ World Health Organization, "Universal Health Coverage," https://www. who. int/health-topics/universal-health-coverage♯tab＝tab_1,2021 年 2 月 18 日访问。

同情况,在长久的实践中形成了各自的卫生健康治理方式。不同的治理方式虽然存在差异,但无绝对的优劣之分。

五是创造健康环境。坚持绿色低碳,建设一个清洁美丽的世界,既是人类命运共同体的又一大宏伟目标,[①]也是构建人类卫生健康共同体的题中应有之义。人与自然共生共存,伤害自然最终将伤及人类。[②] 健康问题和环境问题息息相关、相互影响,国际法上的健康权和国际环境法也存在交互关系。一方面,健康权的实现要求国家创造健康的公共卫生环境,不仅要提供医疗保健服务,而且要保障"决定健康权的基本因素",[③]包括维持健康所必需的清洁空气、饮水等;另一方面,保护人的健康是国际环境法最重要的目标之一,二者存在深层关联。[④]

(二) 构建人类卫生健康共同体之于国际法发展的意义

构建人类卫生健康共同体既为国际社会战胜新冠疫情以及健全全球卫生健康治理体系提供了新的理论指引,也是推进新时代中国特色大国外交、提升中国国际法话语权的必然要求,对于国际法的发展意义重大。

第一,构建人类卫生健康共同体为国际法在卫生健康领域的发展指明了前进方向,即国际法应当朝着树立共同体意识、加强国际合作、促进在卫生健康领域人本化的方向发展。国际法的人本化是指国际法的"理念、价值、原则、规则、规章和制度越来越注重单个人和整个人类的法律地位、各种权利和利益的确立、维护和实现"[⑤]。传统的国际法人本化理念以资本主义的"天赋人权"理论为主要依据[⑥],而且这一理论仍然是以单个的主权国家为中心看待国际关

---

① "人类命运共同体与国际法"课题组:《人类命运共同体的国际法构建》,《武大国际法评论》2019年第1期。

② 习近平:《共同构建人类命运共同体——在联合国日内瓦总部的演讲》,《人民日报》2017年1月20日。

③ 王静姝:《突发公共卫生事件中的健康权保障——围绕〈经济社会文化权利国际公约〉展开》,《西南政法大学学报》2020年第3期。

④ David P. Fidler, "International Law and Global Public Health," *University of Kansas Law Review*, Vol. 48, No. 1, 1999, pp. 38—39.

⑤ 曾令良:《现代国际法的人本化发展趋势》,《中国社会科学》2007年第1期。

⑥ 万震:《国际法人本化问题研究》,武汉大学2014年博士论文,第15页。

系。人类卫生健康共同体理念不强调意识形态,而是从人类整体的角度讨论共同体问题,相较于传统的理论,更加关注全人类的利益,更容易被全体国家接受和认同。由此,人类卫生健康共同体理念,能进一步促进国际卫生健康法律制度的人本化进程。

第二,人类卫生健康共同体为卫生健康领域的国际法发展提供了方法指导,即国际法的发展应当秉持共商共建共享原则,所有国家都应当在平等基础上进行协商,共同承担国际责任,共同享有发展的成果。当前,卫生健康领域的国际合作仍存在障碍,如在卫生健康领域发挥关键作用的世界卫生组织受政治因素的影响,部分发达国家虽然提供了世界卫生组织主要的摊款和捐款,但其在提供资金的同时又以附加条件等方式融入了自身的利益追求甚至政治诉求。新冠疫情暴发以来,为了转移国内防疫不力导致的社会矛盾和舆论压力,一些国家开始指责世界卫生组织,美国宣布停止向世界卫生组织捐助经费甚至退出世界卫生组织。① 上述事实都对发展卫生健康领域的国际法制度产生了消极影响。人类卫生健康共同体秉持共商共建共享原则,尤其是要发挥世界卫生组织的领导作用,不仅有利于各国以共商共建共享的方式解决卫生健康领域的问题,还可以依托世界卫生大会的磋商机制,制定符合世界卫生健康状况的国际法制度,促进相关国际义务的充分落实。

第三,人类卫生健康共同体为国际法在卫生健康领域的发展提供了新的动力,为破解国际卫生法难题注入新动能,为推动全球健康发展提供可行方案。人类卫生健康共同体要求加强全球公共卫生治理、加强国际合作,治理与合作离不开相应法律制度的完善,各国合作的不断深入将推动独立的、以保护人类卫生健康为目的和宗旨的国际卫生健康法律体系的产生。这一法律体系不仅包括独立的有关卫生健康的国际法律制度,还包含现有的与人类卫生健康权相关的国际法律制度。体系化的国际卫生健康法律制度可以最大限度地避免宗旨、目的和条文间的相互冲突,从而避免成员国陷入两难境地。由此可见,各国在共同利益和共同关切的推动下,必然会更好地在卫生健康领域完善国际法制度。

---

① 王建刚:《美国正式通知联合国明年7月退出世卫组织》,http://www.xinhuanet.com/2020-07/08/c_1126208931.htm,2021年2月18日访问。

二、构建人类卫生健康共同体的国际法合法性

人类卫生健康共同体理念的提出,既顺应了国际法制度的发展大势,延伸和发展了人类命运共同体理念,也是基于现行国际法制度细化及强化国际合作原则的体现,而且具有扎实的国际法基础。

(一) 构建人类卫生健康共同体的法理基础

1. 构建人类卫生健康共同体是构建人类命运共同体的重要组成部分

习近平主席自2013年在莫斯科首次向世界宣告构建人类命运共同体倡议以来,[①]后来又在多个重要国际场合阐述人类命运共同体理念,逐渐得到国际社会的广泛认同及响应,并多次写入联合国决议。[②] 2018年,《中华人民共和国宪法修正案》正式将"推动构建人类命运共同体"载入国家根本大法,成为新时代中国特色大国外交宗旨和总目标的最高法律宣示。[③] "人类命运共同体,顾名思义,就是每个民族、每个国家的前途命运都紧紧联系在一起,应该风雨同舟,荣辱与共,努力把我们生于斯、长于斯的这个星球建成一个和睦的大家庭,把世界各国人民对美好生活的向往变成现实。"[④]在国际法上,人类命运共同体是在以主权国家为主体的国际社会中,按照"天下一家"的理念及联合国宪章的宗旨和原则,以公平、正义和法律规则为基础,以人类共同利益为纽带,通过各国的各自努力和国家间的互助合作,同心协力,创建一个持久和平、普遍安全、共同繁荣、开放包容、清洁美丽的美好世界。[⑤]

---

① 习近平:《国家主席习近平在莫斯科国际关系学院的演讲》(全文),http://www.gov.cn/ldhd/2013-03/24/content_2360829.htm,2021年2月18日访问。

② 徐祥丽、李焱:《"构建人类命运共同体"为什么被写入联合国决议?》,http://politics.people.com.cn/n1/2019/1011/c429373-31394646.html,2021年2月18日访问。

③ "人类命运共同体与国际法"课题组:《人类命运共同体的国际法构建》,《武大国际法评论》2019年第1期。

④ 习近平:《携手建设更加美好的世界——在中国共产党与世界政党高层对话会上的主旨讲话》,《光明日报》2017年12月2日。

⑤ "人类命运共同体与国际法"课题组:《人类命运共同体的国际法构建》,《武大国际法评论》2019年第1期。

人类卫生健康共同体理念是从人类命运共同体的理论根基中发展而来，是人类命运共同体理念的延伸。构建人类卫生健康共同体的根本宗旨和目的是在全人类范围实现健康目标，是人类命运共同体"把世界各国人民对美好生活的向往"变成现实的题中应有之义。健康是生存的必要保证，是经济、文化、社会建设的必要前提。对个体来说，一旦健康受到损害，其各方面生活质量以及接受教育和从事劳动的能力都会受到相应影响；对国家来说，一旦群体健康遭遇危机，则可能直接影响国家安全。可见，完善全球卫生健康治理、实现全人类健康目标本就是人类命运共同体理念的内在要求。作为人类命运共同体理念的有机组成部分，人类卫生健康共同体还秉承了人类命运共同体理念坚持对话协商、共建共享、合作共赢、交流互鉴和绿色低碳的构建路径，包含持久和平、普遍安全、共同繁荣、包容开放、清洁美丽的构建目标，[1]蕴含和平、发展、公平、正义、民主、自由的全人类共同的价值追求。[2]

2. 构建人类卫生健康共同体是落实国际合作原则的具体要求

作为国际法的基本原则之一，国际合作原则是指各国应当在经济、政治、科技、文化等方面相互交流，在和平共存中进行广泛合作，在国际合作中求得共同发展。[3] 联合国作为 20 世纪以来全球最大、最重要的普遍性国际组织，其在组织宪章以及实践中对国际合作原则的强调，使得这一原则被世界范围内的绝大多数国家认可。由此，国际合作得以确立为国际法基本原则之一，并且贯穿国际法各领域，卫生健康领域也不例外。进一步而言，现行国际卫生法律已对国际合作原则作出明确规定。《世界卫生组织组织法》序言申明，全世界人民的健康为谋求和平与安全的基础是有赖于个人的与国家的充分合作，整个文件中提及世界卫生组织与国家、联合国专门机构及其他组织、团体和个人的"合作"高达 16 次。

在当今世界全球化背景下，诸多卫生健康治理需要通过国际合作才能有效实施。以传染病治理为例，在世界的任何一个角落都"距离病毒只有一个航

---

① "人类命运共同体与国际法"课题组：《人类命运共同体的国际法构建》，《武大国际法评论》2019年第 1 期。

② 同上。

③ 王虎华：《国际公法学》（第四版），北京大学出版社 2015 年版，第 63 页。

班的距离"的今天,单纯依靠诞生于蒸汽时代的边境检疫制度已无法阻隔病毒的国际性传播,即使是具备先进卫生设施和技术的国家也难以独自应对传染病的侵袭,而是必须与其他国家共同防范与应对。在应对新冠疫情方面,联合国、世界卫生组织也多次以决议、倡议、建议等软法形式重申国际合作要求。2020年1月30日,世界卫生组织宣布新冠疫情构成国际关注的突发公共卫生事件,并就国际应对提出建议,包括强调"战胜此次疫情的唯一途径是所有国家本着团结合作的精神共同努力"①。2020年4月2日,第74届联合国大会通过《全球合作共同战胜新冠疫情》的决议,强调强化基于协调一致和多边主义的"全球应对"行动,呼吁各国通过信息交换、依靠科学并遵循世界卫生组织的相关建议,加强国际合作,以遏制、减缓并最终战胜疫情。② 2020年12月10日,联合国秘书长古特雷斯在为世界人权日发表的致辞中强调,"应对疫情的有效办法必须以团结与合作为依托"③。

3. 构建人类卫生健康共同体是人类对于卫生健康事项共同关切的直接体现

20世纪晚期以来,对人类共同利益的关切日益凸显,国际法也发生了相应的变革。一些传统上被认为属于国内管辖的事项也成了国际法的调整对象,④国家在对相关事项享有主权的同时,也对国际社会整体利益负有国际法义务。于是,国际环境法中率先出现了人类共同关切事项的概念。⑤ 从国际环境法的现有规则来看,人类共同关切事项的确立包含三层法律含义:

---

① 世界卫生组织:《关于2019新型冠状病毒疫情的〈国际卫生条例(2005)〉突发事件委员会第二次会议的声明》,https://www.who.int/zh/news-room/detail/30-01-2020-statement-on-the-second-meeting-of-the-international-health-regulations-(2005)-emergency-committee-regarding-the-outbreak-of-novel-coronavirus (2019-ncov),2021年2月18日访问。

② 王建刚:《联合国大会通过决议强化抗击新冠疫情国际合作》,http://www.xinhuanet.com/world/2020-04/03/c_1125810782.htm,2021年2月18日访问。

③ 联合国:《秘书长古特雷斯:必须把人权置于抗疫举措和恢复办法的重中之重》,https://news.un.org/zh/story/2020/12/1073352,2021年2月18日访问。

④ 秦天宝:《国际法的新概念"人类共同关切事项"初探——以〈生物多样性公约〉为例的考察》,《法学评论》2006年第5期。

⑤ 1988年联合国大会在《关于为人类今世后代保护气候变化的决议》中首次提出这一概念,指出"气候变化是人类共同关切之事项,因为气候是维持地球上生命的关键条件"。

①相关事项关涉人类共同利益；②相关事项源于国家主权的管辖范围之内；③对相关事项的法律调整应当实现保护人类共同利益与行使国家主权之间的协调。①

卫生健康事项是典型的人类共同关切事项。首先，全人类的卫生健康事项属于共同利益。卫生健康事项与世界上的每一个国家、每一个人的生存处境都息息相关。早在 2001 年，第 54 届世界卫生大会就传染病以及与传染病相关的因素表示，"传染病全球化并不是一个新的现象……一个国家的传染病事件可能是全世界关注的问题"，并就此提出在全球范围内建立流行病警报和反应系统。② 同时，联合国大会、安理会，社会、经济、文化权利委员会等机构尽管并不以卫生健康为主要管辖事项，但仍多次发布与卫生健康有关的文件。人们逐渐意识到"健康"是多领域国际法的共同核心，健康问题也因此成为多边主义的中心议题。③ 其次，卫生健康事项传统上属于国内管辖事项。事实上，国际法规制下的卫生健康问题归根到底也必须通过各国的国内治理才能实现，国家主权是人类卫生健康共同利益的必要保障。最后，卫生健康事项接受国际法的规制和调整。由于各国无法通过单纯的境内治理和边境控制达成卫生健康目标，国际法因而获得了向国家管辖事项扩张和发展的根本动力。④ 在承认国家主权的基础上，现行国际法在人权、贸易等领域都就卫生健康事项对国家主权的行使作出了一定限制，卫生健康事项已从传统意义上的国家内政转变为国内法和国际法的双重调整对象。

（二）构建人类卫生健康共同体的主要法律基础

构建人类卫生健康共同体的主要法律基础体现在《联合国宪章》、国际卫生法律文件、国际人权法律文件、国际环境法律文件和国际经贸法律文件中。

---

① 秦天宝：《国际法的新概念"人类共同关切事项"初探——以〈生物多样性公约〉为例的考察》，《法学评论》2006 年第 5 期。

② "Global health security-epidemic alert and response," World Health Organization Document A/54/9, April 2, 2001.

③ Allyn Taylor, "Global Health Governance and International Law," *Whittier Law Review*, Vol. 25, No. 2, 2003, p. 255.

④ Allyn L. Taylor, "Governing the Globalization of Public Health," *The Journal of Law Medicine and Ethics*, Vol. 32, No. 3, 2004, p. 501.

1.《联合国宪章》关于构建人类卫生健康共同体的相关规定

1945 年的《联合国宪章》已有提倡开展国际公共卫生方面合作的规定。《联合国宪章》第 1 条、第 3 条分别从目的、宗旨角度倡导开展国际公共卫生方面的合作；第 13 条明确提出国际合作原则；第 55 条规定联合国应当促进国际卫生及有关问题的解决；依据第 57 条，联合国各成员国之间依协定，应当成立各种专门机关处理卫生事务，并与联合国密切合作；第 62 条规定联合国下属的经济及社会理事会有权作成或发动关于卫生方面的研究及报告，并有权向联合国大会、联合国会员国及联合国专门机关提出关于此种事项的建议案。综上，《联合国宪章》为构建人类卫生健康共同体提供了方向性和原则性的指引。

2. 国际卫生法律文件关于构建人类卫生健康共同体的相关规定

首先，《世界卫生组织组织法》在序言中把保护全人类的健康作为重要目标，将促进世界各国在卫生与健康方面的合作作为重要路径，这与人类卫生健康共同体宣称的大方向是完全一致的。进一步而言，世界卫生组织对国际法的影响主要集中在《世界卫生组织组织法》第 19—22 条。根据这些规定，世界卫生组织有权通过有关国际卫生健康方面的公约或协定，一旦成员国同意加入此类公约或协定，就有义务依照《世界卫生组织组织法》第十四章的规定，向世界卫生组织的总干事提出年度报告。同时，世界卫生组织的核心机构卫生大会有权通过有关"防止国际间疾病蔓延的环境卫生及检疫方面的要求和其他程序""疾病、死因及公共卫生设施的定名""可供国际通用的诊断程序标准""在国际贸易中交流的生物制品、药品及其他类似制品的安全、纯度与效能的标准"以及"在国际贸易中交流的生物制品、药品及其他类似制品的广告与标签"的规章，这些通过的规章一旦转送并通知各成员国后即生效，除非该成员国在规定的期限内向世界卫生组织总干事明确提出保留或拒绝接受。

其次，目前世界卫生组织依据《世界卫生组织组织法》创设的具有国际法拘束力的文件主要是《国际卫生条例(2005)》。《国际卫生条例(2005)》于 2005 年 5 月第 58 届世界卫生大会修订通过，并于 2007 年 6 月 15 日生效，其目标为"针对公共卫生危害、同时又避免对国际交通和贸易造成不必要干扰的适当方式预防、抵御和控制疾病的国际传播,并提供公共卫生应对措施"①。该条例是目前关涉保护人类卫生健康的最重要国际法文件,为缔约国在遭遇公共卫生突发事件时应采取的措施作出了比较具体的规定。截至 2021 年 2 月 18 日,《国际卫生条例(2005)》已有 196 个缔约国(方)。②

综上,国际卫生法律文件是构建人类卫生健康共同体的核心法律基础。

3. 国际人权法律文件关于构建人类卫生健康共同体的相关规定

首先,1948 年的《世界人权宣言》明确规定主权国家通过国际合作来保障基本人权和自由的义务,并在一定程度上界定了人权的范围和具体形式,其中不乏有关人类卫生健康权利的规定。该宣言第 25 条规定,"人人有权享受为维持他本人和家属的健康和福利所需的生活水准",其中就包括医疗和必要的社会服务。每个人的日常生活,都离不开健康的体魄,保护个体的卫生健康,在一定程度上就是保护个体的生命和健康权。由此可见,构建人类卫生健康共同体,与《世界人权宣言》强调的基本人权以及根本目标是一致的。

其次,1966 年的《经济、社会、文化权利国际公约》对人类有关卫生健康的权利作出了相关诠释。该公约第 7 条规定了缔约国有保证工人在安全和卫生的工作条件下工作的义务,强调了工人享有健康和卫生方面的权利;第 10 条禁止缔约国允许本国管辖范围内的企业雇用儿童和少年从事对其健康有害、对生命造成危险或足以妨害他们正常发育的工作;第 12 条强调缔约国应当承认人人有权达到最高的体质和心理健康的标准。此条相比《联合国宪章》与《世界人权宣言》的相关规定,开创性地确认了"心理健康"也应纳入人类卫生健康权利的范畴。

综上,国际人权法律文件为构建人类卫生健康共同体奠定了权利基础。

4. 国际环境法律文件关于构建人类卫生健康共同体的相关规定

首先,1972 年在联合国人类环境会议上通过的《人类环境宣言》宣布,"人类有权在一种具有尊严和福利的生活环境中,享有自由、平等和充足的生活条

---

① 《国际卫生条例(2005)》第 2 条。

② World Health Organization,"International Health Regulations-Overview," https://www. who. int/health-topics/international-health-regulations#tab=tab_1,2021 年 2 月 18 日访问。

件的基本权利"。其中,"具有尊严和福利的生活环境"应当理解为一个卫生程度较高、环境污染较少的生活环境,在此种环境中生活,应当被视为人类卫生健康有关的权利的具体形式之一。

其次,相当一部分国际环境法律文件都或多或少地强调了人类的卫生健康与环境保护的关系。如1992年《里约环境与发展宣言》原则十四规定:"各国应有效地进行合作,以阻止或防止把任何会造成严重环境退化或查明对人健康有害的活动和物质迁移和转移到其他国家去。"同年的《联合国气候变化框架公约》第4条明确缔约国"在它们有关的社会、经济和环境政策及行动中,在可行的范围内将气候变化考虑进去,并采用由本国拟订和确定的适当办法,例如进行影响评估,以期尽量减少它们为了减缓或适应气候变化而进行的项目或采取的措施对经济、公共健康和环境质量产生的不利影响"等。

综上,国际环境法律文件为构建人类卫生健康共同体创造了有利条件。

5. 国际经贸法律文件关于构建人类卫生健康共同体的相关规定

国际经贸法律文件关于构建人类卫生健康共同体的相关规定主要集中在例外条款中,具体是指缔约国在充分保证国际经济与贸易自由的基础上,免除其对于严重危及某些特定利益的国际贸易或国际投资采取必要限制措施而产生的国际义务或国家责任。例如,《关税及贸易总协定》(GATT)第20条规定:"本协定的规定不得解释为阻止缔约国采用或实施以下措施,但对情况相同的各国,实施的措施不得构成任意的或不合理的歧视待遇,或构成对国际贸易的变相限制(……);(b)为保障人类、动植物的生命或健康所必须的措施"这一条款间接地肯定世界贸易组织(WTO)成员国采取某些限制贸易措施的合法性,为WTO成员国在特定情形下采取某些违反GATT义务的措施免除相应的责任。此外,《技术性贸易壁垒协议》(简称"TBT协议")序言,《实施卫生与植物卫生措施协定》(简称"SPS协定")序言、第2条、第3条以及第5条,《服务贸易总协定》(GATS)第14条,《与贸易有关的知识产权协定》(TRIPs)第27条第2款等均规定为了保障人类、动植物的生命或健康可以采取例外措施。

综上,虽然国际经贸法律文件关于构建人类卫生健康共同体的相关规定主要集中在例外条款中,但也反映了各国希望促进经贸发展与保障卫生健康相协调的态度。

（三）构建人类卫生健康共同体的国际实践基础

国际实践是国际法发展的重要驱动力量。人类卫生健康共同体理念既是对全球卫生健康治理现实困境的反思和回应,也是对国际社会数十年来探索实现卫生健康目标有益实践经验的提炼和升华,具有丰富的国际实践基础。

1. 国际组织的核心作用为构建人类卫生健康共同体提供了体制基础

在全球卫生健康治理中,联合国、世界卫生组织等国际组织在长期的实践中承担了大量领导和协调工作,事实上已经成为各自职能范畴内的国际治理核心,显现出了以共同体模式进行治理的雏形。

联合国作为当代国际多边体制的主要载体,在卫生健康治理领域也发挥了重要的领导和引导作用。[1] 自联合国大会于 1969 年通过的《社会进步和发展宣言》中首次确立卫生问题在发展议程中的地位以来,[2]卫生健康治理的相关内容构成了联合国每十年制定的《国际发展策略》、[3]1992 年《21 世纪议程》、2000 年《联合国千年宣言》等议程的重要组成部分。[4] 21 世纪以来,联合国安理会,经济、社会、文化权利委员会等专门机构又先后针对艾滋病威胁和健康权实现通过决议、发布意见。[5] 联合国人权委员会还于 2002 年 4 月设立了健康权问题特别报告员,负责监测世界各地的健康权状况,促进健康权

---

[1] 晋继勇、郑鑫:《联合国的全球公共卫生治理理念评析》,《国际论坛》2020 年第 6 期。

[2] United Nations, "Declaration on Social Progress and Development," https://www. ohchr. org/EN/ProfessionalInterest/Pages/ProgressAndDevelopment. aspx,2021 年 2 月 18 日访问。

[3] 晋继勇、郑鑫:《联合国的全球公共卫生治理理念评析》,《国际论坛》2020 年第 6 期。

[4] 联合国:《21 世纪议程》《联合国千年宣言》, https://www. un. org/millenniumgoals/reports. shtml,2021 年 2 月 18 日访问。

[5] 2000 年,联合国,经济、社会、文化权利委员会通过了第 14 号一般性意见,认为健康权属于一项基本人权;联合国安理会在维护全球卫生安全方面发挥着重要作用。联合国安理会在 2000 年 7 月和 2011 年 6 月先后通过决议,强调艾滋病可能会对国际稳定和安全构成威胁,并呼吁作出政治承诺,按照安理会决议要求应对艾滋病疫情威胁。2013 年,联合国安理会又两次通过决议,就西非埃博拉疫情要求各国采取应对行动。

的实现。① 联合国及其专门机构的一系列实践表明,其在卫生健康领域已经获得了领导、监督等一定程度的纵向规制权力。

世界卫生组织成立以来,卫生健康领域的国际合作治理得到了极大的扩展。② 20 世纪六七十年代,世界卫生组织致力在全球推进对特定疾病的控制,并于 1980 年在世界范围根除了天花。③ 与此同时,世界卫生组织开始拓展其卫生健康治理范畴,在 1978 年的阿拉木图会议上提出了"人人享有健康"(health for all)的全球卫生健康治理目标,④1986 年的第一届全球健康促进大会通过的《渥太华健康促进宣言》为该目标提出一整套行动计划,牵头推进作为可持续发展目标子目标的"全民健康覆盖"议程,⑤以及在历次传染病疫情期间为领导和推进国际抗疫合作。⑥ 通过数十年的实践,世界卫生组织事实上已经成为全球卫生健康治理的领导组织。

此外,一些其他国际组织也在各自职能范围内发挥着卫生健康治理事项的领导和协调作用。以新冠疫情的应对为例,世界银行推出了 120 亿美元的援助方案,用于资助发展中国家购置和部署被认为安全有效的 COVID‑19 疫苗;国际货币基金组织就疫情期间及后续的财政政策向各国提出建议;国际劳工组织建议各国采取保护工作场所的工人、刺激经济和就业、支持工作和收入等措施以应对疫情造成的大规模失业状况等。⑦

综上,国际组织在卫生健康治理实践中领导和协调职能的权力根本上源

---

① UN Human Rights Office of the High Commissioner, "Special Rapporteur on the Right of Everyone to the Enjoyment of the Highest Attainable Standard of Physical and Mental Health," https://www. ohchr. org/en/issues/health/pages/srrighthealthindex. aspx,2021 年 2 月 18 日访问。

② 陈颖健:《公共健康全球合作的国际法律制度研究》,上海社会科学院出版社 2010 年版,第 13 页。

③ 世界卫生组织:《世卫组织:国际公共卫生的 50 年》,《中国健康教育》1998 年 S1 期。

④ World Health Organization, "Primary Health Care: Report of the International Conference on Primary Health Care, Alma-Ata, USSR," https://www. unicef. org/about/history/files/Alma _ Ata _ conference_1978_report. pdf,2021 年 2 月 18 日访问。

⑤ 米歇尔·H. 默森、罗伯特·E. 布莱克、安妮·J. 米尔:《国际公共卫生:疾病、计划、系统与政策》(原著第二版),郭新彪译,化学工业出版社 2009 年版,引言第 6 页。

⑥ 习近平:《团结合作战胜疫情　共同构建人类卫生健康共同体——在第 73 届世界卫生大会视频会议开幕式上的致辞》,《人民日报》2020 年 5 月 19 日。

⑦ 联合国:《应对 2019 冠状病毒病》,https://www. un. org/zh/coronavirus,2021 年 2 月 18 日访问。

于国家的授予和让渡,体现出世界各国对于卫生健康领域全球治理范式的共识,从而为构建人类卫生健康共同体提供了体制基础。

2. 国家间的团结合作为构建人类卫生健康共同体提供了现实动力

20世纪下半叶以来的全球化促使国际社会在卫生健康治理方面的联动更加紧密,国家间的团结合作已成为该领域的普遍实践。

一方面,传染病防控已成为全球范围内多边和双边国际合作最活跃的领域。[①] 在包括禽流感、中东呼吸综合征(MERS)、结核病、艾滋病以及埃博拉病毒、寨卡病毒等病毒性疾病疫情暴发期间,许多国家都主动采取了国际合作的抗疫方式。例如,西非埃博拉病毒疫情期间,欧盟在援助疫区医疗救治工作上投入了超390万欧元,欧洲疾病预防控制中心持续委派专家前往几内亚开展疫情监测和响应工作;美国成立了埃博拉应急中心,并先后派遣1 400多名医务人员援助西非疫区国家;中国、日本、韩国等国也分别以向疫区国家提供医疗物资、派遣医疗、援建医疗机构和实验室等方式进行国际合作和援助。禽流感疫情期间,中国及时向世界卫生组织通报疫情,组织联合考察,并与世界卫生组织及指定实验室保持定期交流,分享疫情相关信息,得到国际社会普遍赞誉。[②]

另一方面,卫生健康治理领域还逐步形成了特定的区域合作和多边合作模式,运用多边会议等平台进行卫生议程设置、健康技术交换、卫生政策协调等形式的国家合作。[③] 以二十国集团(G20)为例,在成员国的共同推动下,G20通过卫生部长会议将全球卫生治理理念转化为集体行动。首届G20卫生部长会议发布了以"合作共建一个健康未来"为题的《柏林宣言》,并建立G20卫生工作小组,以"进一步发展全球卫生治理议程"。[④] 新冠疫情期间,G20财长和

---

① 曾光:《传染病防控与国际合作的新思维》,《科学对社会》(曾用刊名《科学对社会的影响》)2007年第4期。

② 黄翠、马海霞、梁慧刚、袁志明:《全球埃博拉病毒病应对及其对我国烈性传染病防控的启示》,《军事医学》2018年第10期。

③ 孔庆江:《国际合作:国际公共卫生领域的习惯国际法义务》,《国际法学刊》2020年第2期。

④ 晋继勇:《二十国集团与全球卫生治理》,《国际问题研究》2020年第3期。

央行行长于 2020 年 4 月 15 日召开视频会议,核准《G20 行动计划——支持全球经济渡过新冠肺炎危机》,提出了 G20 政策行动指导原则和具体承诺。①

综上,国家间的团结合作是国际社会在卫生健康治理领域长期以来的普遍实践,为构建人类卫生健康共同体提供了强劲的现实动力。

3. 中国抗击新冠疫情的实践为构建人类卫生健康共同体提供了成功范例

中国是最早发现和通报新冠疫情的国家,从 2019 年年末至 2020 年年初,经过艰苦卓绝努力,中国有力扭转了疫情局势,成功控制住了疫情,得到世界卫生组织的高度评价。② 中国抗疫的国际实践不仅充分体现了对全人类共同利益的维护,而且为构建人类卫生健康共同体作出了表率。为应对新冠疫情,中国推动举行中国-东盟关于新冠肺炎问题特别外长会、澜湄合作第五次外长会、中日韩新冠肺炎问题特别外长视频会议等,同周边国家达成联防联控合作机制。中国还主动向其他国家提供援助,至 2020 年 11 月底中国共向 34 个国家派出 36 支医疗专家组,向 150 多个国家及国际组织提供抗疫援助,向 200 个国家及地区出口防疫物资。③ 中国还积极参与并落实 G20 针对新冠疫情的缓债倡议,至 2020 年 6 月,宣布对 77 个发展中国家暂停债务偿还。④ 同时,中国还同全球疫苗免疫联盟签署协议,正式加入"新冠肺炎疫苗实施计划",承诺疫苗投入使用后将作为全球公共产品。⑤ 特别是,中国已向世界卫生组织提供了 5 000 万美元的现汇援助。⑥ 总之,中国在全力防控境内疫情的同时,为其他国家和国际社会应对疫情提供了有力的支持,体现出强烈的共同体意识和积极的共同体实践。

---

① 黄培昭、曲哲涵:《二十国集团同意最贫困国家暂停偿债》,《人民日报》2020 年 4 月 17 日第 16 版。

② 佚名:《世卫组织呼吁世界借鉴中国抗疫三大措施,外交部回应》,《人民日报》2020 年 9 月 18 日。

③ 刘欣伟:《疫情下的峰会外交 携手构建人类卫生健康共同体》,《光明日报》2020 年 11 月 24 日第 16 版。

④ 朱晓航:《图解:值得铭记,18 组数据速读中国"抗疫"〈白皮书〉》,《经济日报》2020 年 6 月 7 日。

⑤ 李勇、青木、魏辉等:《中国正式加入"新冠肺炎疫苗实施计划",力助全球疫苗分配》,《环球时报》2020 年 10 月 10 日。

⑥ 刘欣伟:《疫情下的峰会外交 携手构建人类卫生健康共同体》,《光明日报》2020 年 11 月 24 日。

综上,构建人类卫生健康共同体具有扎实的国际法法理基础、法律基础和国际实践基础,因而具有充分的国际法合法性。

三、构建人类卫生健康共同体的
国际法制度之困境

不可否认的是,目前人类卫生健康领域的国际法制度仍存在局限,既包括国际卫生健康法律体系尚未完全构建,也包括一些具体的法律制度方面的局限,导致构建人类卫生健康共同体的一些重要国际法制度困难重重。

(一)法律性质的困境

尽管卫生健康治理贯穿国际法各领域,关涉安全、人权、环境、发展等议题,但国际卫生法律仍毫无疑问是卫生健康治理的主要依据。现有国际卫生法律体系的显著特征之一,即其包含了众多"软法"。1948年至今,世界卫生组织仅行使了一次根据《世界卫生组织组织法》第19条享有的立法权,制定了《烟草控制框架公约》;同时,仅两次依据《世界卫生组织组织法》第21条制定了《国际卫生条例》和《国际疾病分类法》。基于此,各类"软法"成了国际卫生法律的主要组成部分。

国际法中的"软法"并不存在普遍接受的定义,通常用来指任何条约以外的包括预期行为的原则、规范、标准或其他陈述的国际文件。[1] 相对于国际条约,卫生健康领域的大量"软法"在内容和制定程序上更加灵活机动,不仅便于形成和修改,而且能与科学认识保持同步,也有利于具体情况具体分析。这种特点使其在实践中发挥了较大作用的同时,也在一定程度上推动了国际立法和习惯国际法的形成。[2] 然而,"软法"毕竟缺乏法律拘束力,其效力发挥依赖于国际法主体的自愿遵守。事实上,"软法"因其固有性质的局限,在实践中经常被选择性适用甚至无视。以世界卫生组织的"建议"为例,《国际卫生条例

---

[1]　Malcolm D. Evans(Ed), *International Law*, Oxford: Oxford University Press, 2003, p. 166.

[2]　龚向前:《试析国际法上的"软法"——以世界卫生组织"软法"为例》,《社会科学家》2006年第2期。

(2005)》第三编第 15—18 条规定,世界卫生组织可以针对"国际关注的突发公共卫生事件"发布临时建议和长期建议。上述建议都可以被酌情修改、延续,或在一定条件下可以随时撤销,其形成和变化程序本身具有明显的灵活性。同时,《国际卫生条例(2005)》并未赋予上述"建议"以"硬法"的法律约束力。2009 年,美国和墨西哥在其境内发现甲型 H1N1 流感疫情后,立即向国际社会进行了通报,尽管世界卫生组织不建议对美国和墨西哥采取贸易和交通限制措施,但两国还是遭到其他国家一系列旅行和贸易方面的限制措施。[①] 新冠疫情期间的中国也有同样的遭遇。[②]

综上,世界卫生组织"建议"的上述处境只是卫生健康领域众多"软法"困境的一个代表。在实践中,"软法"因缺乏法律约束力,在很大程度上影响了设计之初的预期效果,成为掣肘卫生健康治理的制度困境之一。

(二)责任分配制度的困境

"传统国际法的原则和规则在法律上反映了发达国家的经济利益和要求,是旧时代国际经济关系的产物。"[③]卫生健康领域的国际法同样如此。发达国家基于其在条约谈判中的强势地位,使其利益和意愿更充分地体现在条约中,从而建立起有利于自身的国际法规则。然而,忽视发展中国家的需求和诉求,导致卫生健康治理的国际法责任在国家之间分配不合理,进一步加剧了卫生健康领域的不公平现象。

作为国际卫生法律主要源头的《国际卫生条例(2005)》,其关于国际合作和国际援助的国际法责任规定十分笼统,且不具强制性。该条例第 13 条第 3、4 款规定了世界卫生组织在宣布国际关注的突发公共卫生事件后可以开展国际援助和国际合作,但一方面其设定的义务主体主要是世界卫生组织,并没有为国家设定主动开展国际合作或国际援助的义务;另一方面,上述义务的内容含糊且非强制性。此外,该条例第 44 条"合作和援助"也存在同样的问题。这

---

① Alexander H. Kuehling, "The Strategy of Swine Flu: A Perspective on State Action during a Global Pandemic," *Quinnipiac Health Law, Journal*, Vol. 14, No. 1, 2010—2011, pp. 175—176, 188.

② 国家移民管理局:《近期有关国家入境管制措施提醒》(2020.2.9),http://app. www. gov. cn/govdata/gov/202002/09/454214/article. html,2021 年 2 月 18 日访问。

③ 杨泽伟:《新国际经济秩序演进——政治与法律分析》,武汉大学出版社 1998 年版,第 9 页。

些缺陷导致上述条款停留于一种软性的赋权,在实践中的执行力相对较弱,削弱了施加和推行义务的作用。

国际社会并非全然未注意到这一问题。2001 年 11 月,各国在世界贸易组织第四届部长级会议上发表《TRIPs 与公共健康多哈宣言》(简称"《多哈宣言》"),允许 WTO 成员方依据 TRIPs 协议中的弹性条款,采取对医药产品知识产权强制许可等方式维护公共卫生安全,①以解决发展中国家所面临的卫生健康问题。然而,《多哈宣言》的实践效果并不尽如人意。一方面,发达国家在谈判中迫使贫穷国家向其产品敞开市场,无论这一产品是否有损健康;另一方面,发达国家从贫穷国家进口产品时可能提出严格的卫生标准,而这些卫生标准是贫穷国家无力达到的。② 此外,越来越多的国家通过自由贸易协定施加"TRIPs+"措施,致使《多哈宣言》无法真正落实。③

综上,卫生健康治理的现行责任分配制度难以适应时代现状,构建人类卫生健康共同体所蕴含的健康平等、卫生安全等目标都要求在该领域建立更公平合理、科学有效的责任分配制度。

(三)争端解决机制的困境

卫生健康领域历来都是国际争端的高发领域。国际社会尝试以国际法进行卫生健康治理伊始,其驱动因素就是各国不同的检疫和隔离措施造成大量国际纠纷。④ 近两个世纪以来,尽管卫生健康治理理念与规则经历了翻天覆地的变化,但始终未能建立起行之有效的争端解决机制。

首先,国际卫生法律中的争端解决机制从未运作过。根据《世界卫生组织组织法》第 75 条和《国际卫生条例(2005)》第 56 条的规定,因解释或适用该条约引发的国际争端在未能通过谈判等方式解决的情况下,可以通过国际法院或者常设仲裁法庭进行司法解决。然而,迄今为止该机制在实践中从未运作

① 贺小勇:《从〈多哈宣言〉到〈总理事会决议〉看国际知识产权保护》,《法学》2004 年第 6 期。
② Kelli K. Garcia & Lawrence O. Gostin, "One Health, One World —— The Interesting Legal Regimes of Trade, Climate Change, Food Security, Humanitarian Crises, and Migration," *Laws*, Vol. 1, No. 1, 2012, p. 11.
③ Ibid, p. 4.
④ 何帆:《传染病的全球化与防治传染病的国际合作》,《学术月刊》2004 年第 3 期。

过,主要原因有二:一是无论国际法院还是常设仲裁法庭的管辖权,都需要争端当事国的明确同意,因而在实践中很难适用;二是卫生健康领域的国际法自身存在责任规则模糊、责任难以界定的问题。

其次,公认的 WTO"最独特的贡献"的争端解决机制①尽管促成了一些涉及卫生健康问题争端的有效解决,②但从根本上来说,其所处理的仍然是国际贸易问题而非卫生健康问题。WTO 对于卫生健康治理的主张是通过促进贸易增长和经济发展,减少贫困与扩大社会保障,从而提供包括医疗资源和服务在内的更廉价的消费品来促进卫生健康问题的解决。③ 这一理念往往使其将贸易目标置于卫生健康目标之上。此外,在争端国援引公共卫生例外条款进行抗辩的案例中,仅有极其少数能援引成功。④

最后,争端解决机制的困境也滋生了卫生健康领域的"甩锅"推责乱象。新冠疫情期间,一些国家不仅没有积极履行治理本国疫情的责任,反而将本国传染病治理不力的责任推卸给其他国家。中国最早发现并通报疫情后,美国并未在国内采取有效的防控措施,进而错过两个月的窗口期,还将其国内确诊人数和死亡人数急剧增加的责任推卸给中国,美国时任总统特朗普甚至发表歧视性的"中国病毒"说。⑤ 尽管其言论遭到包括世界卫生组织在内的多方批评,⑥但美国政府既未为此向中国承担国际法责任,也未加强国内疫情防控工作,放任新冠疫情大肆蔓延。

(四) 执行和制裁制度的困境

卫生健康治理领域现行国际法的另一个困境是对违反国际法义务行为的国家缺乏督促执行和制裁手段,以至于具有法律拘束力的国际条约被违反,严重妨碍了全球卫生健康治理的有效推进。

---

① 张乃根:《论 WTO 争端解决机制的几个主要国际法问题》,《法学评论》2001 年第 5 期。
② 龚向前:《传染病控制国际法律问题研究》,法律出版社 2011 年版,第 116 页。
③ Meri Koivusalo, "World Trade Organization and Trade-Creep in Health and Social Policies," *GASPP Occasional Paper*, No. 4, 1999, pp. 15—16.
④ 龚向前:《传染病控制国际法律问题研究》,法律出版社 2011 年版,第 117 页。
⑤ 王逸、王盼盼:《特朗普"中国病毒"说遭多方批评》,《环球时报》2020 年 3 月 18 日。
⑥ 刘小军:《污名化中国抗疫,暴露美政客险恶用心》,https://baijiahao.baidu.com/s? id=16616817556496190071&wfr=spider&for=pc,2021 年 2 月 18 日访问。

首先,《国际卫生条例(2005)》要求的核心能力建设义务被广泛忽视。该条例第 5 条和第 13 条规定,各缔约国需要在规定期限内具备或发展条例所要求的最低限度核心公共卫生能力。然而,截至 2020 年 12 月 28 日缔约国核心能力统计数据显示,世界卫生组织所有区域能力的平均值在 2010 年时为 58%、2011 年为 63%、2012 年为 66%、2013 年为 70%、2014 年为 73%、2015 年为 76%、2016 年为 77%、2017 年为 72%、2018 年为 61%、2019 年为 64%,自 2018 年,世界卫生组织所有区域能力的平均值降回到五年前的水平。而 2018 年、2019 年两年,非洲区域能力的平均值仅有 42%、44%,东南亚区域能力的平均值为 56%、61%,世界卫生组织六大区域中有两个区域的核心能力低于当年全球平均值,这足以说明相当一部分国家存在核心能力不足的问题。①

其次,《国际卫生条例(2005)》针对各国实施的明显干扰国际交通的"额外卫生措施"的程序要求也屡遭违反。根据该条例第 43 条,缔约国采取额外卫生措施应当基于科学原则、科学证据或在证据不足时的现有信息,或者世界卫生组织的指导或者建议,并且应当在采取此类措施后 48 小时内向世界卫生组织报告其措施及依据。然而,该条款的履行情况并不理想。缔约国家经常无视总干事的建议甚至违背条例所规定的施加额外措施的限制,对贸易和旅行施加过度的惩罚性、无证据的限制。2017 年刚果的埃博拉病毒疫情和马达加斯加鼠疫期间,有缔约国为应对疫情采取对国际交通造成明显干扰的额外措施且未向世界卫生组织提供依据。② 新冠疫情期间,有超过 100 个国家对中国实施额外卫生措施,③而且其中至少三分之二没有向世界卫生组织报告。④

综上,卫生健康领域的国际法面临严重的履约困境,这一现象与该领域现行国际法缺乏有效的执行及制裁制度密切相关,构建人类卫生健康共同体在督促和落实各项国际法义务方面任重道远。

---

① World Health Organization, "IHR Capacity Progress," https://extranet.who.int/e-spar/#capacity-progress,2021 年 2 月 18 日访问。

② Habibi R, Burcigl, Chirwad, et al., "Do not Violate the International Heath Regulations During the COVID-19 Outbreak," *The Lancet*, Vol. 395, No. 10225, 2020, pp. 664—665.

③ 国家移民管理局:《近期有关国家入境管制措施提醒》(2020.2.9), http://app.www.gov.cn/govdata/gov/202002/09/454214/article.html,2021 年 2 月 18 日访问。

④ Habibi R, Burcigl, Chirwad, et al., "Do not Violate the International Heath Regulations During the COVID-19 Outbreak," *The Lancet*, Vol. 395, No. 10225, 2020, p. 664.

四、完善建议

国际法治是构建人类卫生健康共同体的核心,构建人类卫生健康共同体,必然要在一个具有高度价值共识、相对稳定秩序、行动评判可预期的国际法规范体系内进行,因此,完善相关国际法制度对构建人类卫生健康共同体意义重大。

(一)促进"软法"的"硬法化"

构建人类卫生健康共同体要求在全球范围内建立起有效的国际法规制。"软法"虽然在卫生健康治理中发挥了重要作用,但也存在固有的局限。事实上,当各国在相关政策选择上趋向一致、意在实现重要的政策目标时,具有拘束力的硬性规则则是合乎要求的选择。只有在各国意见分歧较大,或是情况难以预料时,"软法"才成为较为可行的现实选择。① 正如有学者曾指出,"软法"有时只是一种不得已而为之的选择,只能作为权宜之计或者辅助手段,以配合"硬法"进行规制,但不应成为国际法治理的主要手段。② 现行国际法制度体系已经具备在卫生健康领域建立更多硬性规制的基础,为实现人类卫生健康共同体治理目标,国际社会应采取行动,促进"软法"的"硬法化",以更好地调整和协调各国的卫生健康治理行为。

首先,世界卫生组织在制定法律规则尤其是软法规则的过程中,应提升实体内容的科学性。世界卫生组织应最大限度收集并督促成员国通报有关公共卫生健康的所有信息,积极邀请专家学者参与决策,就相关建议、指南和标准的内容进行充分的科学论证。此外,法律内容的制定还应综合考虑不同国家的医疗卫生健康体系现状,包括但不限于对卫生健康系统薄弱的国家进行援助、在检测试剂和疫苗研发等技术层面开展国际合作等。③ 通过上述措施为成员国遵守和实施法律规则创造良好的条件。

其次,完善世界卫生组织的"软法"需要推动会员国、国际组织及其他相关主体积极参与"软法"的制定和修改。国际主体的广泛参与能助力世界卫生组

---

① 刘晓红:《国际公共卫生安全全球治理的国际法之维》,《法学》2020 年第 4 期。
② 龚向前:《传染病控制国际法律问题研究》,法律出版社 2011 年版,第 88—89 页。
③ 张汉超、冯启伦:《全球卫生合作治理——以重大突发公共卫生事件防控为视角》,《河北法学》2020 年第 4 期。

织"软法"获得持久的、可靠的遵从动力。①

最后,世界卫生组织应对实践过程中被采纳和遵守情况较好的"软法"进行梳理,将这些"软法"内容纳入《国际卫生条例(2005)》或作为条例附件的形式纳入"硬法"体系,创设明确的国际法权利及义务,从而夯实构建人类卫生健康共同体的法律基础。

综上,"软法"作为一种辅助治理手段,在具备条件时应"硬法化"。为实现"软法"的"硬法化",世界卫生组织应发挥积极作用,运用自身立法权和协调职能促进国际条约的修订和缔结。

(二) 完善责任分配制度

构建人类卫生健康共同体要求各国加强国际合作,尽可能在力所能及的范围内承担起维护国际社会共同利益的责任。将共同但有区别的责任原则引入卫生健康领域,有助于建立符合这一构建目标且更为公平合理、科学有效的责任分配制度。

共同但有区别的责任原则源于国际环境法,是 1972 年《斯德哥尔摩宣言》提出的 26 项指导性原则之一,已成为国际环境法的基本原则之一,并构成国际环境合作之基石。② 共同但有区别的责任原则得以在环境领域确立有两个方面的原因:一方面,全球生态系统是一个不可分割的、有着内在有机联系的统一整体,全球各国利益高度关联、高度融合;另一方面,经济发展和环境保护在特定经济发展阶段存在现实矛盾,发达国家在这一发展阶段造成的环境损害是当前环境危机的主要原因,但仍致力于解决生存和温饱问题的发展中国家既不应该、也没有能力承担与其国情不符的环保义务。③ 卫生健康领域与环境领域具有共通性。首先,卫生健康威胁与环境威胁一样关系所有国家,并且对于如传染病疫情等一些卫生健康威胁,只有各国合作才可能有效应对和治理,任何一个国家的治理出现问题,都可能对其他国家造成风险,这是引入"共同"责任的背景和基石。其次,由于经济、科技等方面发展水平的差异,以及人类面对卫生健康威胁时的不确定性,各国在特定情形下承担责任的能力是不同的,这是引入"有差别的责任"的背景和理念。

---

① 何志鹏、尚杰:《国际软法的效力、局限及完善》,《甘肃社会科学》2015 年第 2 期。
② 寇丽:《共同但有区别的责任原则:演进、属性与功能》,《法律科学》(西北政法大学学报)2013 年第 4 期。
③ 王晓丽:《共同但有区别的责任原则刍议》,《湖北社会科学》2008 年第 1 期。

卫生健康领域也有其区别于环境领域的独特性。环境领域的"有区别的责任"主要按照国家的经济发展水平区分为发达国家的责任和发展中国家的责任。这一责任划分方式是由环境问题发展演化的长期性、缓慢性所决定的。与此相反，卫生健康问题不仅包含如基础卫生设施滞后等长期问题，也包含传染病疫情、生化袭击等突发问题，任何国家在突发卫生事件时都可能陷入困境，成为需要帮助的国家。因此，卫生健康领域共同但有区别责任制度的具体内容可以包括：当今世界不论是大国还是小国、不论是发达国家还是发展中国家，都有治理全球卫生健康问题的责任；其中发达国家应当承担更多的责任，治理能力强的国家应当承担更多的责任，但是对于疫情暴发国而言，不论其是发达国家还是发展中国家，各国都有给予其援助的义务；对于需要紧急帮助的国家，不论其是发达国家还是发展中国家，各国都有给予其援助的义务。

综上，完善卫生健康领域的责任分配制度宜引入共同但有区别的责任原则，并结合卫生健康领域自身特点和实际情况就该原则的具体适用进行调整，建立各国均对全球卫生健康状况负责、根据实际需求和能力团结互助的良性机制。

（三）完善争端解决机制

构建人类卫生健康共同体要求建立有效的争端解决机制，在争端发生时明晰是非、判定责任、解决争议。

首先，完善卫生健康领域的争端解决机制应着力于完善以外交途径为主的争端解决机制。《世界卫生组织组织法》第 75 条和《国际卫生条例（2005）》为本条约解释或执行的争端提供了谈判、斡旋、提交世界卫生大会或者世界卫生组织总干事以及提交国际法庭等多种解决途径，其中谈判、斡旋等非司法解决方式是首选，国际司法裁判则为补充方式。上述条约规定反映了缔约国就卫生健康领域争端解决方式的普遍意愿，即更愿意通过谈判等外交途径解决争端。

其次，积极发挥世界卫生组织等重要国际组织的指导和协调作用。根据《世界卫生组织组织法》第 2 条规定，世界卫生组织一方面具有前文所述的指导和协调职能，另一方面还应"协助培养各国人民对于卫生问题的正确舆论"①。卫生健

---

① 《世界卫生组织组织法》第 2 条第 18 款。

康领域的很多国际争端,正是围绕一些高度专业性的事实问题争执不休,甚至纠缠不止。世界卫生组织可以主动就争端所涉及的专业问题发表专业意见。如新冠疫情期间,美国、澳大利亚等西方国家在未有科学论断的情况下,违反世界卫生组织、世界动物卫生组织以及联合国粮食及农业组织关于病毒命名不应涉及地理位置、动物、个人或人群的指导原则,①歧视性地使用"中国病毒"的说法,将病毒源头及其传播责任归咎于中国。② 在这一纠纷中,病毒发源地和病毒命名方式是争议焦点,世界卫生组织对这两个问题都有足够的能力和权威作出论断或澄清。在此情况下,尽管相关国家并未将争端提交至世界卫生大会或者世界卫生组织总干事,但并不妨碍世界卫生组织依据自身职能和国际法规则发表有针对性的意见,从而起到澄清事实、分辨是非的作用。

最后,合法合理地运用国际仲裁或国际司法解决争端。国际仲裁或国际司法方式的运用必须立足于当事国同意这一基本前提,而切不可开展"强制性仲裁"或"强制性司法"。此外,鉴于卫生健康领域争端的技术性、专业性和复杂性,可以效仿国际海底争端法庭或国际刑事法院等建立专门性的卫生健康国际法庭。国际法庭在处理相关争端时,必须广泛听取技术专家的意见,立足于科学和充分的客观证据查明案件真相,并且在严密的逻辑说理分析之后,依据国际法规则作出判决。

综上,完善卫生健康领域的争端解决机制应着力于完善以外交途径为主的争端解决机制,着力发挥世界卫生组织等重要国际组织的指导和协调作用,并且合法合理地运用国际仲裁或国际司法解决争端。

(四)完善执行和制裁制度

构建人类卫生健康共同体要求国家和国际组织按照"条约必须信守"原则,遵守条约规定,建立规则导向的国际法治理体系。为此,应当完善条约义务的执行和制裁制度,督促各国切实履行条约规定。

卫生健康领域的国际法陷入严重的履约困境,与该领域缺乏有效的执行和制裁制度密切相关。在现行制度下,违反生效条约规定的国家并不会有任

---

① 康健:《世卫组织:新冠肺炎命名有讲究》,《新民晚报》2020年2月19日。
② 《愤怒!特朗普竟然使用"中国病毒"字眼》,https://baijiahao.baidu.com/s? id=16613763569100166278&wfr=spider&for=pc,2021年2月18日访问。

何后果,但严格遵行条约规定的国家可能因履行条约义务而利益受损,以至于有学者曾尖锐指出,从现状况来看,国际法似乎是在惩罚那些诚实守信地通报疫情和无力阻止疫情蔓延的国家。[①]

为改变这一现状,亟待健全针对条约义务的执行和制裁制度。一方面,建议由世界卫生组织设立的专门机构作为履约监督机构,对国家违反条约规定的行为进行介入,采取包括问询、提醒、通报、调查等多种方法督促国家履约,对于无正当理由坚持不履行条约的国家,由世界卫生大会作出决议进行一定制裁,以显示督促履约的效果;另一方面,鉴于一些履约行为确实会不可避免地损害国家的自身利益,例如按照条约规定通报传染病疫情,或者主动通报可能存在的公共卫生事件,往往会引起其他国家发布旅行禁令、贸易禁令等措施,因而导致自身蒙受本可能避免的经济损失。在当前各国采取额外卫生措施的做法仍普遍盛行的情况下,可以考虑要求采取额外卫生措施的国家缴纳专项资金用以补偿被采取额外卫生措施的国家的做法,即用经济方法调整遵约和违约行为背后的利益驱动,对履行条约予以正向激励。

综上,完善执行和制裁机制是完善卫生健康领域国际法治理的必要之举,建议从制裁违约和激励履约两个方面督促和推动国家履行条约义务,从而切实发挥国际法规则的作用。

第三节　构建海洋命运共同体的国际法问题

2019 年,习近平主席提出构建"海洋命运共同体"理念,即我们人类居住的这个蓝色星球,不是被海洋分割成了各个孤岛,而是被海洋连结成了命运共同体,各国人民安危与共。[②] 海洋命运共同体是中国为解决国际海洋问题提出的理念,

---

① Alexander H. Kuehling, "The Strategy of Swine Flu: A Perspective on State Action during a Global Pandemic," *Quinnipiac Health Law*, Journal, Vol. 14, No. 1, 2010—2011, p. 178.

② 《习近平集体会见出席海军成立 70 周年多国海军活动外方代表团团长》, http://www. gov. cn/xinwen/2019-04/23/content_5385354. htm, 2022 年 11 月 10 日访问。

这一理念实际上与国际海洋法一脉相承,对于"区域"环境治理具有指导意义。本节通过梳理海洋命运共同体理念的国际法基础、理论价值、实践意义和实现路径,分析中国深度参与"区域"环境治理的指导思想——海洋命运共同体理念。

一、海洋命运共同体的国际法基础

(一)国际法原则

追溯海洋命运共同体的国际法基础,可以从国际法的渊源着手,主要体现在国际法原则的基础理念中。海洋命运共同体的国际法原则可以体现在以下两个方面:一方面是立足于整个国际法的基本原则,包括国家主权平等原则、不干涉内政原则、不使用武力或武力威胁原则、和平解决国际争端原则等,这些基本原则与海洋命运共同体的精髓相辅相成,既是在保护海洋全球环境时应当遵循的基本准则,也是海洋命运共同体的基础原则;[1]另一方面是根据环境法的特点提出的新原则或对原有国际法原则加以发展从而适用于海洋环境领域的特有原则,这方面的原则主要有人类共同继承财产原则、国际合作原则、可持续发展原则、公有资源共享原则、共同但有区别的责任原则、风险预防原则等。随着海洋法的发展,这些原则发展出其在海洋环境治理,尤其是"区域"环境治理中的独特内涵,体现了海洋作为一个整体的共同性和"区域"环境的特殊性。

(二)重要的国际条约

1.《联合国宪章》

《联合国宪章》第 1 条明确将"维持国际和平及安全"作为宗旨,[2]第 2 条规定了"和平解决国际争端"的原则,其在序言中也强调了和睦相处、同心协力等美好愿景。[3]《联合国宪章》的宗旨、原则以及序言都希望维护国际社会的和平

---

① 密晨曦:《海洋命运共同体与海洋法治建设》,《中国海洋报》2019 年 9 月 17 日。

② 1945 年《联合国宪章》第 1 条:"维持国际和平及安全,并为此目的采取有效集体办法,防止且消除对于和平之威胁,制止侵略行为或其他和平之破坏;并以和平方法且依正义及国际法之原则,调整或解决足以破坏和平之国际争端或情势。"

③ 1945 年《联合国宪章》第 2 条:"为求实现第一条所述各宗旨起见,本组织及其会员国应遵行下列原则……各会员国应以和平方法解决其国际争端,避免危及国际和平、安全及正义。"

与安全,通过和平手段解决国际问题。"海洋命运共同体"理念与此一脉相承,体现了国际社会的普遍价值追求和全体人类的共同诉求。

2.《联合国海洋法公约》

中国提出的海洋命运共同体理念与《联合国海洋法公约》(以下简称"《公约》")所倡导的理念相一致。《公约·前言》规定要将海洋问题作为一个整体加以考虑。① 此外,《公约》还在前言和第 136 条中明确指出"区域"及其中蕴含的资源是人类的共同继承财产。② 中国政府提出的海洋命运共同体理念,将海洋生态环境视为一个不可分割的整体,并希望通过合作的方式解决环境问题,和平利用海洋。这与《公约》的理念相吻合,反映了国际海洋法的发展趋势和价值目标,是国际海洋法发展与完善的必然选择。

3.《生物多样性公约》

《生物多样性公约》(*Convention on Biological Diversity*,简称"CBD")的序言中明确了生物多样性的重要性和人类活动导致生物多样性严重减少的现实问题,将维护生物多样性作为全人类的共同关切事项,认识到增强国家间的友好关系对保护和持久使用生物多样性进而实现人类和平的关键性影响。③ CBD 序言中的这些表述立足于整体视角考虑生物多样性,将包括人类在内的整个生物体系视为一个整体,展现了各国及国际法对整个人类利益的关注。同样,中国倡议构建的海洋命运共同体也强调人类发展与海洋环境及海洋生物整体性的密切联系,由此可见海洋命运共同体理念的重要性。

---

① 1982 年《联合国海洋法公约》前言:"意识到各海洋区域的种种问题都是彼此密切相关的,有必要作为一个整体来加以考虑。"

② 1982 年《联合国海洋法公约》序言:"联合国大会在该决议中庄严宣布,除其他外,国家管辖范围以外的海床和洋底区域及其底土以及该区域的资源为人类的共同继承财产,其勘探与开发应为全人类的利益而进行,不论各国的地理位置如何";第 136 条:"'区域'及其资源是人类的共同继承财产。"

③ 1992 年《生物多样性公约》序言:"意识到生物多样性的内在价值,和生物多样性及其组成部分的生态、遗传、社会、经济、科学、教育、文化、娱乐和美学价值,还意识到生物多样性对进化和保持生物圈的生命维持系统的重要性,确认生物多样性的保护是全人类的共同关切事项,重申各国对它自己的生物资源拥有主权权利,也重申各国有责任保护它自己的生物多样性并以可持续的方式使用它自己的生物资源,关切一些人类活动正在导致生物多样性的严重减少……注意到保护和持久使用生物多样性终必增强国家间的友好关系,并有助于实现人类和平。"

（三）正在制定的国际法规则

目前,针对海洋环境遭受的破坏和海洋生物面临的生存压力,国际社会正在采取措施力求保护海洋环境,维持生态平衡。首先,负责"区域"管理的联合国国际海底管理局(International Seabed Authority,简称"ISA")正在制定《"区域"内矿产资源开发规章》。2016 年,国际海底管理局出台第一版《"区域"内矿产资源开发规章》,随后在谈判协商的基础上对草案进行了多次补充与完善。2019 年,草案设专章对"区域"环境保护问题作出规定,以期在进行矿产资源开发时最大限度地保护"区域"海洋环境。2020 年,国际海底管理局第 26 届理事会会议明确,保护和保全海洋环境是《"区域"内矿产资源开发规章》修订需进一步关注的主题。2021 年,国际海底管理局理事会成立"保护和保全海洋环境"非正式工作组,对《"区域"内矿产资源开发规章》相应环境条款进行修订[1]。其次,国家管辖范围以外区域海洋生物多样性(BBNJ)的养护和可持续利用的规则已经谈判成功,该规则事关占全球海洋面积 64% 范围内的国际法律秩序的调整和海洋遗传资源等多方面利益的再分配。[2] 最后,国际海事组织(International Maritime Organization,简称"IMO")等国际组织在航行和环保方面的法律规则也在不断发展中。[3] 这些关涉"区域"的国际海洋规则的制定,涉及法律、科学技术和国家政策等多个方面,均构成海洋命运共同体理论的国际法基础。

二、海洋命运共同体的内涵和价值

（一）海洋命运共同体的内涵

有"海洋宪章"之称的《联合国海洋法公约》对海洋法规则进行了系统阐述,但由于其是国际政治斗争与各方利益妥协的结果,因此必然在创设及分配

---

① 国际海底局网站：https：//isa.org.jm/mining-code,2022 年 11 月 10 日访问。

② 联合国："国家管辖范围以外区域海洋生物多样性政府间会议第五届政府间会议",https：//www.un.org/bbnj/,2022 年 11 月 12 日访问。

③ 参见国际海底管理局网站：https：//www.isa.org.jm/,2022 年 11 月 10 日访问。

海洋权益方面存在制度设计上的不足。① 随着海洋经济的发展,先天不足的国际海洋法已不能适应当今社会的发展,国际社会急需新理念和新制度的引领。在此背景下,中国适时提出海洋命运共同体理念,适应国际法的现实需要和发展需求。海洋命运共同体是世界各国在尊重彼此政治、经济和文化的前提下,以海洋生态环境的整体性和人类社会发展的持续性为基础,在海洋领域形成休戚与共的整体,通过相互合作来保护和利用海洋。②

海洋命运共同体理念是人类命运共同体理念在海洋领域的具体体现,是人类命运共同体理念的重要组成部分,是中国参与全球海洋治理的基本立场和方案。③ 虽然《公约》也强调了海洋的整体性,但其人为地将海洋分割成领海、毗连区、专属经济区、大陆架、公海、国际海底区域、用于国际航行的海峡等各种不同的领域,导致国际社会在一定程度上忽略了海洋作为"共同体"的本质属性,④而海洋命运共同体完全立足于海洋的整体性,符合人类社会的整体价值追求,符合国际海洋法的价值目标和当下解决海洋环境问题的需要。

(二) 海洋命运共同体的理论价值

1. 体现人类共同的价值追求

人类命运共同体理念汇集了民胞物与、立己达人、协和万邦、天下大同等中华优秀传统文化智慧,体现了和平、发展、公平、正义、民主、自由等全人类共同的价值追求,反映了世界各国人民对和平、发展、繁荣的向往,为人类文明的发展进步指明了方向。⑤ 中国提出构建人类命运共同体,既是新时代中国外交工作的总目标,⑥

---

① 姚莹:《"海洋命运共同体"的国际法意涵:理念创新与制度构建》,《当代法学》2019年第5期。
② 孙超、马明飞:《海洋命运共同体思想的内涵和实践路径》,《河北法学》2020年第1期。
③ 姚莹:《"海洋命运共同体"的国际法意涵:理念创新与制度构建》,《当代法学》2019年第5期。
④ 路易斯·亨金:《国际法:政治与价值》,张乃根、马忠法等译,张乃根校,中国政法大学出版社2005年版,第159—160页。转引自姚莹:《"海洋命运共同体"的国际法意涵:理念创新与制度构建》,《当代法学》2019年第5期。
⑤ 闻言:《坚持推动构建人类命运共同体 努力建设一个更加美好的世界——学习习近平〈论坚持推动构建人类命运共同体〉》,人民网,http://theory. people. com. cn/n1/2018/1031/c40531－30373106. html,2022年12月13日访问。
⑥ 刘建飞:《推动构建人类命运共同体是新时代中国外交的总目标》,中工网,https://www. workercn. cn/256/201710/23/171023143059433. shtml,2022年11月11日访问。

也是中国乃至国际社会的根本价值追求。

海洋命运共同体理念作为人类命运共同体理念的组成部分,反映了中国乃至世界人民追求海洋和平与繁荣的愿望,体现了通过走互利共赢的海上安全之路、携手应对各类海上共同威胁和挑战来合力维护海洋和平安宁,以及通过促进海洋生态文明建设、加强海洋环境污染防治来保护海洋生物多样性,实现海洋资源有序开发利用的美好憧憬和价值理念。①

在如今的海洋问题上,国际社会面临的关键问题是急需一整套体现人类公平、公正、道义且具有普遍价值的指导理论和制度体系。它既要考虑各个国家的海洋权益和人类共同的价值追求,又能解决国际社会中的海洋争端。对此,中国政府提出的海洋命运共同体理念,旨在通过海洋法治建立公正合理的海洋新秩序,推动包括"区域"在内的人类海洋事业的共同发展,这也是当前国际社会所需要的。

2. 反映国际海洋法的价值目标

海洋命运共同体理念集中反映了国际海洋法的价值目标。正如《公约》序言所述,它通过建立一种法律秩序来"促进海洋的和平用途,海洋资源的公平而有效的利用……保护和保全海洋环境"以及"巩固各国间符合正义和权利平等原则的和平、安全、合作和友好关系,并将促进全世界人民的经济和社会方面的进展"。② 海洋命运共同体理念包含"维护海洋和平安宁和良好秩序以及树立共同、综合、合作和可持续的新安全观"的内容,为实现《公约》的目标注入活力。海洋命运共同体理念还强调"重视海洋生态文明建设,实现海洋资源的有序开发利用",与《公约》保护海洋环境的目标一致。③ 世界各国在追求自身

---

① 《习近平集体会见出席海军成立 70 周年多国海军活动外方代表团团长》,http://www.gov.cn/xinwen/2019-04/23/content_5385354.htm,2022 年 11 月 10 日访问。

② 《联合国海洋法公约·序言》:"认识到有需要通过本公约,在妥为顾及所有国家主权的情形下,为海洋建立一种法律秩序,以便利国际交通和促进海洋的和平用途,海洋资源的公平而有效的利用,海洋生物资源的养护以及研究、保护和保全海洋环境,考虑到达成这些目标将有助于实现公正公平的国际经济秩序,这种秩序将照顾到全人类的利益和需要,特别是发展中国家的特殊利益和需要,不论其为沿海国或内陆国……相信在本公约中所达成的海洋法的编纂和逐渐发展,将有助于按照《联合国宪章》所载的联合国的宗旨和原则巩固各国间符合正义和权利平等原则的和平、安全、合作和友好关系,并将促进全世界人民的经济和社会方面的进展。"

③ 孙超、马明飞:《海洋命运共同体思想的内涵和实践路径》,《河北法学》2019 年第 1 期。

海洋利益的同时,在海洋资源的开发和分配、海域界定、污染防治、纠纷解决等诸方面的权益都需要建立在确定的制度和规则基础上。① 海洋命运共同体理念则有助于这种确定的制度和规则形成。

3. 解决海洋环境问题的现实需要

20 世纪末至 21 世纪,包括海洋酸化、垃圾倾倒、石油污染、噪声污染等在内的全球性海洋问题日益凸显,人类赖以生存的海洋正在承受着巨大的压力。由于《公约》在制度设计上存在不足,无法满足国际社会治理海洋环境的现实需求,因此急需新的理念和制度来发展国际海洋法。② 海洋命运共同体理念,是人类对通过破坏环境、掠夺资源的方式发展经济的模式在思想上的反思与转变,体现了中国乃至世界人民保护海洋环境、维护生态平衡的诉求,是中国对全球海洋治理的贡献。在海洋法治建设过程中,大到国际社会应当遵循的海洋秩序、小到每一份塑料垃圾的归属等具体的国际海洋规则的制定,都有必要在海洋命运共同体理念的指导下进行。③

三、海洋命运共同体的实践意义

鉴于全球性海洋问题多在《公约》制定后才被国际社会关注,④因此,习惯国际法与《公约》在全球海洋治理过程中的作用十分有限。⑤ 正是因为此类国际法规则无法适应国际变化,海洋命运共同体理念应时而生。⑥

在海洋治理实践中,海洋命运共同体理念从权利与义务两方面助力构建治理新秩序。一方面,继承了"人类共同继承财产"原则体现出的利益共享精

---

① 杨华:《海洋法权论》,《中国社会科学》2017 年第 9 期。
② 姚莹:《"海洋命运共同体"的国际法意涵:理念创新与制度构建》,《当代法学》2019 年第 5 期。
③ 密晨曦:《海洋命运共同体与海洋法治建设》,《中国海洋报》2019 年 9 月 17 日。
④ 例如海洋酸化问题,在 2008 年 10 月的国际海洋酸化研讨会后,欧美等国开始研究遏制海洋酸化的对策,中国也已将海洋酸化列入重点支持方向。《联合国海洋法公约》于 1982 年 12 月 10 日在牙买加的蒙特哥湾召开的第三次联合国海洋法会议最后会议上通过,1994 年 11 月 16 日生效。参见联合国网站,https://www.un.org/zh/documents/treaty/UNCLOS-1982,2022 年 11 月 10 日访问。
⑤ 姚莹:《"海洋命运共同体"的国际法意涵:理念创新与制度构建》,《当代法学》2019 年第 5 期。
⑥ 密晨曦:《海洋命运共同体与海洋法治建设》,《中国海洋报》2019 年 9 月 17 日。

神,海洋命运共同体理念秉持全球化视角,将海洋生态环境保护视为全球共同的长远利益目标,致力于平衡发达国家与发展中国家的利益冲突、短期国家利益与长期公共利益的冲突,①从而维护国际社会在海洋中的各项权利,实现人类与自然环境的可持续发展;另一方面,海洋命运共同体理念强调各国承担共同但有区别的责任原则,在海上公共产品提供②、海洋生态保护、海上安全合作等方面要求国家积极履行其应尽的国际义务。此外,海洋命运共同体理念否定西方国家基于意识形态而实施的海洋霸权行为,倡导建立平等的治理合作机制,有助于各国消弭分歧、及时对话,从而为海洋治理提供权责明晰的崭新秩序。

四、海洋命运共同体的实现路径

从宏观角度来说,构建海洋命运共同体归根结底就是立足于时代发展的新情况和新诉求,建立一个适应当代发展需要并考虑后代持久利益的新型全球海洋治理体系。对此,我们应遵循从思想到行动再到制度的路径,最终形成一个完善的全球海洋治理体系。

首先,构建海洋命运共同体需要达成国际社会公认的指导思想。人类命运共同体理论符合世界各国人民的共同利益和人类普遍的价值追求,获得国际社会成员的一致认可。海洋命运共同体作为人类命运共同体在海洋领域的具体体现,得到世界各国的支持也指日可待。

其次,构建海洋命运共同体需要国际社会统一的行动支持。面对层出不穷的国际海洋问题,依靠单个国家根本无法解决,因此需要国际社会采取共同行动来应对。坚持和平、发展、合作、共赢的原则,积极推动各个国家特别是海洋大国在环境保护方面的交流与合作,才能在国际范围内构建海洋命运共同

---

① 薛桂芳:《"海洋命运共同体"理念:从共识性话语到制度性安排——以 BBNJ 协定的磋商为契机》,《法学杂志》2021 年第 9 期。

② 就其类型而言,海上公共产品包括与海洋开发密切相关的基础设施、服务项目以及各种政策法规等。参见杨震、蔡亮:《"海洋命运共同体"视域下的海洋合作和海上公共产品》,《亚太安全与海洋研究》2020 年第 4 期。

体,进而缓解海洋环境治理面临的困境。

最后,构建海洋命运共同体需要国际社会完善制度保障。只有指导思想和行动还无法完成国际海洋治理体系的完整构建,这一切还必须落实到制度实体上。[①] 通过建立事前预防、事中救济、事后归责在内的一系列完善合理的全球海洋治理体系来保障海洋环境的治理进程,进而将海洋环境保护落到实处。

---

① 黄高晓、洪靖雯:《从建设海洋强国到构建海洋命运共同体——习近平海洋建设战略思想体系发展的理论逻辑与行动指向》,《浙江海洋大学学报》(人文科学版)2019年第5期。

第二章
统筹推进国内法治和涉外法治的
基础理论问题

引　言

2020年11月,中央全面依法治国工作会议明确将习近平法治思想确立为全面依法治国的根本遵循和行动指南,对推进全面依法治国要重点抓好的工作提出了十一个方面的要求,其中与国际法联系最紧密的就是"坚持统筹推进国内法治和涉外法治"。此次会议首次提出要"坚持统筹推进国内法治和涉外法治",这也是在全面依法治国和国家治理能力现代化的语境下,首次把"涉外法治"提高到与"国内法治"同等重要的地位。此外,习近平总书记还特别强调,要加快涉外法治工作战略布局,协调推进国内治理和国际治理,更好维护国家主权、安全及发展利益。统筹推进国内法治和涉外法治的命题与当今时代背景相呼应,与统筹国内国际两个大局相统一,属于构建人类命运共同体的重要组成部分,对增强我国在全球治理体系变革中的话语权和影响力、推动全球治理变革具有重大的时代意义、全局意义和战略意义。

第一节　涉外法治概念的时代逻辑、
理论逻辑与实践逻辑

党的二十大报告强调，加强重点领域、新兴领域、涉外领域立法，统筹推进国内法治和涉外法治，以良法促进发展、保障善治。这既凸显了涉外领域立法的重要性，又明确了以统筹国内法治和涉外法治来推进法治中国建设的战略任务。

统筹推进国内法治和涉外法治已经成为推进法治中国建设的重点任务。长期以来，我国的涉外法治建设相对滞后，在国内法域外适用、反制裁、反干涉等领域还存在不少短板。习近平法治思想中坚持统筹推进国内法治和涉外法治的重点在于加快推进涉外法治建设，形成国内法治和涉外法治相互协调、相得益彰的合力状态，以更好地为国际法治贡献中国方案。涉外法治是中国特色社会主义法治体系的有机组成部分，其属于广义上国内法治的范畴，由国内法治中的涉外部分和国际法治中的涉我国部分组成，包括涉外立法、涉外执法、涉外司法、涉外法律服务等不同动态法治环节。加快推进涉外法治建设就是要对现有的法治环节进行有针对性的强化。

一、涉外法治概念的时代逻辑

涉外法治是国家法治的组成部分，与国内法治一起构成全面依法治国方略的"鸟之两翼""车之两轮"。涉外法治，是指在中国特色社会主义法治体系中调整涉外法律关系的理念、原则和制度的总和，包括涉外立法、涉外执法、涉外司法、涉外法律服务等诸多方面。

第一，加强涉外法治建设是统筹国内国际两个大局、协调国内治理与国际治理的题中应有之义。不论是国内治理还是国际治理,法治都是一种基本的治理方式。随着全球化时代国内事务与国际事务的高度关联,国内法治与国际法治之间的治理功能呈现出愈发明显的交互强化状态。国内法治可能为国际治理贡献方案,而国际法治也可能为国内治理提供借鉴。中央全面依法治国工作会议指出,要坚持统筹推进国内法治和涉外法治,加快涉外法治工作战略布局,协调推进国内治理和国际治理,更好地维护国家主权、安全、发展利益。当前,中华民族伟大复兴战略全局与百年未有之大变局相互交织、相互激荡、相互影响,法治领域的内外维度互动需要做好国内法治和涉外法治的统筹以及国内法治与国际法治的互动,而涉外法治作为沟通国内法治和国际法治的桥梁,正处于法治互动的前沿地带。国际法治经由涉外法治对国内法治产生影响,而国内法治也相对集中地通过涉外法治传递国际法治方案。就此种意义而言,加强涉外法治建设能够更加有效地统筹国内国际两个大局、协调国内治理与国际治理。

第二,加强涉外法治建设是运用法治方式开展斗争,维护国家主权、尊严和核心利益的根本需要。国际法承认并维持国家的主权完整、独立共存和利益关切,是有效维护国家主权、安全和发展利益的重要工具。但是,国际社会的平权结构决定了不存在任何超越国家的权威,国际法只能依靠主权国家单独或集体的遵守而实施,这天然地要求国家将自身缔结的国际法规则融入国内法体系予以落实,特别是关系本国重大利益的国际法规则,必须通过国内法予以固化及支撑。例如,中国通过制定《中华人民共和国领海及毗连区法》《中华人民共和国专属经济区和大陆架法》等国内立法,明确了《公约》中规定的 12 海里领海和毗连区、200 海里专属经济区以及相应的权利,这标志着我国从法治互动角度加强涉外法治建设维护海洋权益。此外,国际法作为任意性和不完全性规范,不可避免地存在大量的模糊空间和灰色地带,为少数国家借此打压和损害其他国家的主权、安全和发展利益提供了便利,而加强涉外法治建设能够为国家对外进行法律斗争提供规范依据。

第三,加强涉外法治建设是推动全球治理变革、推动构建人类命运共同体的必然要求。国际法不是随着民族国家出现而凭空产生的,是国家在国际交往中通过实践逐步建构完善起来的。国际法虽然反映国际社会结构和国际关系现实背景,但也包含大量各国国内法向外映射的内容,因此,国际法持续不断受到各国国内法的塑造性影响。历史上,许多具有普遍性的国际法规则都是从国内法转化而来。百年未有之大变局下,国际社会的结构趋向多元化、治理需求趋向复杂化、法律关系趋向动态化,全球治理面临着严重的"治理赤字""信任赤字""和平赤字"及"发展赤字",建立在国际法基础上的全球治理体系面临着规范变革的重大需求,这为各国运用国内法治对国际法治施加输出性影响带来了契机。例如,在全球数字治理、气候治理等新兴热点领域,许多国家纷纷出台加强数据控制、温室气体减排的国内规则,并以率先制定的国内规则为基础向国际层面进行规则输出。相较于狭义的国内法治而言,作为国际法治中涉本国部分的涉外法治对国际法治的影响更加明显,其所承载的治理方案直接涉及国际法规则本身的解释、适用和实施,对全球治理体系的变革具有更强的推动作用。

二、涉外法治概念的理论逻辑

涉外法治工作不仅涉及国内法、外国法、国际法等不同领域,还涉及立法、执法与司法的各个方面,具有涉及面广、环节众多的特点,因而在国家法治建设和现代化建设中占据着重要地位。

第一,涉外立法。《中共中央关于制定国民经济和社会发展第十四个五年规划和二〇三五年远景目标的建议》中明确提出,完善以宪法为核心的中国特色社会主义法律体系,加强重点领域、新兴领域、涉外领域立法。涉外立法不仅是深入推进全面依法治国,完善中国特色社会主义法律体系的重要内容,维护国家主权、安全、发展利益的紧迫要求,更是适应高水平对外开放工作、构建全面开放新格局的客观要求。从内容来看,涉外立法包括重点完善我国涉外法律体系,探索推进共建"一带一路"制度保障体系建设,注意加强有关国家安全方面的涉外法律法规等。首先,加强中国法域外适用的法律体系建设,针对西方国家打着法治幌子的霸权行径,要加强反制理论和实践研究,建立阻断机制,以法律形式明确我国反制其他国家法律不当的域外管辖。其次,加强参与对外事务立法,提升涉外执法、司法效能,积极参与并推动全球治理。最后,加强国际法的研究和运用,深入研究国际条约、国际惯例在我国的适用问题,推动国内法与国际法的衔接。

第二,涉外执法。涉外执法不仅是国家基于国际法中的权利、义务和责任得以实现的必要保障,而且是推动国际义务实现的前提。目前来看,我国涉外执法领域已经出台了系列骨干性、支撑性的涉外法律法规,在民事、刑事等基本法律中也都规定了专门的涉外条款,但是也面临着外国人员、企业和组织来华快速增长,"三非"(非法居留、非法入境、非法就业)问题日益突出,在海外的中国公民数量大、增速快、分布广,其涉及的利益纠纷和权益保护事件急剧上升等挑战。这就需要综合利用立法、执法、司法等手段开展斗争,坚决维护国家主权、尊严和核心利益。涉外执法相对于国内执法而言,涉及面广、环节众多、难度更大,我国目前在执法体制机制、执法能力等方面还存在短板,需要加强涉外执法工作,完善涉外执法体系。首先,完善执法的域外管辖制度。在对等原则的基础上,完善"涉外因素"识别标准,进一步明确、细化相关案件涉外因素的联结点,探索以物理跨境、数据传输、贸易往来等为域外管辖的"合理联系"。其次,构建涉外执法专门程序。在调查取证方面,根据国家主权原则将调查行为严格控制在我国境内。在送达方面,原则上不能以直接送达和留置送达的方式进行域外送达,可参考民事诉讼法及其司法解释将部分域外送达转换为域内送达。在行政强制措施方面,遵守正当程序原则,相对人为外国人时,应确保以其通晓的语言文字进行沟通交流,必要时为外国人提供翻译,并且根据领事公约或协定将长时间限制人身自由的行政强制措施明确纳入通知外国人本国使领馆的事项范围。最后,推动涉外执法合作。完善和深化已建立的双边或多边合作机制,在新的涉外法治实践领域建立合作机制,积极参与或主导建立多边合作机制,在特定领域设置领域内的统一合作对接部门,发挥对外联络、沟通和对内移送、协调的作用。①

第三,涉外司法。涉外司法是涉外法治的重要环节。涉外司法是国家法治的对外部分,是国内法治的对外延伸,与国内法治、社会治理、政府治理一起构成国家治理能力、治理体系在涉外关系中法治化发展变革的一部分,是涉外

---

① 邱奕夫:《提升涉外执法能力的着力点》,https://theory. gmw. cn/2023－03/22/content＿36447043. htm。

法规范水平提升和涉外法应用机制完善的结合。在运行体系上,涉外司法以国家需求为动力,以维护国家的主权、尊严、安全、发展等核心利益为导向,以国家涉外工作的法治化为内容,以国家的发展为目标,聚焦涉外法律工作的强化和完善。当前,涉外司法审判工作已从传统的涉外民商事审判领域拓展到涉外刑事审判和涉外行政审判领域,但是,涉外民商事审判仍是重中之重,不仅量大,而且纷繁复杂;不仅涉及管辖权、法律适用、外国法查明,而且涉及送达、取证、外国法院判决和外国仲裁裁决的承认与执行、外国基于调解产生的和解协议的救济等。同时,进一步深化改革开放、建设自由贸易试验区和海南自由贸易港、共建"一带一路"、加强区域经贸合作、参与全球治理体系变革和建设、应对新冠疫情和中美两国战略博弈等,给我国涉外司法审判工作带来了新的风险和新的挑战。

首先,确立积极管辖权的司法理念。司法竞争力是国家竞争力的重要组成部分,而管辖权则是司法竞争力的基石。长期以来,涉中国企业的跨境纠纷一直处于"选择境外仲裁或诉讼多,选择境内诉讼少"的局面。在国际管辖权问题上,只要不违反国际法并依法正当行使,就不应受到指责;在遵守国际法的前提下,利用国内司法资源维护海外利益亦无不当之处。在未来民事诉讼法修改时,有必要在涉外民事管辖的特别规定中贯穿积极管辖的理念。其次,增加"适当联系"标准作为国际管辖权基础,适度扩大保护性管辖,同时兼顾国际礼让。有必要吸收保护性管辖理论,通过增加"适当联系"这一开放式的连接点,既积极维护我国司法管辖权,保障我国公民、法人和非法人组织的海外合法利益,又适度体现国际礼让,避免以"最低限度联系"过分扩张管辖权而产生冲突。最后,尊重当事人意思自治,逐步放宽涉外协议管辖的限制。要求选择法院与争议有实际联系,实质上会导致排除中立法院管辖的可能性,不利于双方当事人达成国际交易的契约。2005年海牙《协议选择法院公约》没有要求协议选择法院条款必须满足法院与争议具有实际联系,表明国际社会放宽协议管辖限制的趋向。2019年12月30日,最高人民法院发布的《关于人民法院为中国(上海)自由贸易试验区临港新片区建设提供司法服务和保障的意见》第4条指出,要加强新片区国际商事纠纷审判组织建设,依法对新片区相关的跨境交易、离岸交易等国际商事交易行使司法管辖权,鼓励当事人协议选择新片区国际商事审判组织管辖。在自由贸易试验区探索尊重当事人意思自治，尽可能实现当事人协议选择法院的预期的规定，可以在司法实践中积累经验，以备修改民事诉讼法时予以吸收。

三、涉外法治概念的实践逻辑

全球治理以国际治理与国内治理为交互作用的两端，而国内法治与国际法治则是全球治理的规范表达。在全球化时代，国内法治与国际法治存在日渐密切且持续双向的互动。在统筹推进国内法治和涉外法治的同时，也应当注重促进国内法治尤其是涉外法治和国际法治的互动，确保涉外法治能够有效对接国际法治的现实要求和发展需要。

法治互动通过"由内向外"和"由外向内"的过程形成完整回路，并呈现螺旋式上升的趋势，不断向更高程度、更广层次发展。国内法治是国际法治的重要来源，国家参与国际规则的制定往往倾向于输出本国国内法治建设的经验，同时，国际法治也构成国内法治建设的重要参照对象，国家在制定国内规则时也会充分遵守和借鉴国际规则。法治互动要求在统筹推进国内法治和涉外法治的过程中，充分考虑"国内法治和涉外法治"及"涉外法治和国际法治"的双层关系，从整体促进相互之间的良性互动。具体而言，从法治互动角度加强涉外法治建设应当重点做好以下几个方面的工作。

第一，推动国内法治和涉外法治的全方位统筹。当前，涉外法律法规体系不完备、涉外执法司法水平有待提高。涉外法治建设相较于国内法治而言明显失衡，需要从规范、领域、方式、环节、价值与路径等方面全方位推进国内法治和涉外法治的统筹。例如，《公司法》和《证券法》联系紧密，在目前证券市场日益国际化的大背景下，资本的跨境流动增强，出于保护投资者的利益而对国内投资者与公司在境外的证券交易行为进行监管，若单纯依靠《证券法》而缺乏《公司法》的配合，那么效果就会大打折扣。因此，涉外法治建设应当注重与国内既有规则的衔接，执法司法的质效也应当针对涉外案件进行相应强化，循序渐进推动国内法治和涉外法治在水平、标准、程序等方面的统一。

第二，推动涉外法治对国际法治的高标准对接。作为国内法治的良性延伸,涉外法治建设不仅应当切实维护以国际法为基础的国际秩序和以联合国宪章宗旨和原则为基础的国际关系基本准则,还应当更进一步向国际法治的最高标准看齐。具体而言,一方面,涉外立法的制定和修订应当瞄准国际规则的发展前沿,及时回应高水平对外开放的实践需求,消除中国有效参与全球贸易投资新规则体系构建的法律障碍;另一方面,涉外执法司法活动应当以打造市场化、法治化、国际化的一流营商环境为根本导向,提升涉外执法司法的稳定性、公平性、效率性、透明性和可预期性,为各国主体营造良好的发展环境。

第三,推动涉外法治对国际法治的深层次贡献。从法治互动视角推动涉外法治建设,促进国内法治与国际法治的有机统一,为推动构建人类命运共同体贡献具有世界意义的法治方案。从法治互动层面加强涉外法治建设,应当以促进国内法与国际法的良性互动为遵循,在积极促进国际法的遵守与实施的同时,不断推进涉外领域的法治理论与实践创新,推动参与国际法的形成、解释与适用工作,依托涉外法治中的中国方案与中国智慧不断推动国际法治的发展与完善。这个过程需要着眼于国际法治的薄弱环节,探索相应的规则方案并率先在涉外法治建设中予以体现,为中国由内向外推动国内法的国际化提供更多深层次的制度方案。

第二节　统筹推进国内法治和涉外法治中
"统筹"的基本要义

一、统筹兼顾的科学方法论

"统筹",即统一筹划,强调全局观念、整体把握、通盘筹划,系统性地连接相关领域、各个方面,协调推进,重点突破。"统筹"是中国共产党治国理政始终坚持的科学方法论,是我党长期社会主义建设实践的经验总结和理论升华。[①] 早在

---

① 蔡从燕:《统筹推进国内法治和涉外法治中的"统筹"问题》,《武大国际法评论》2022 年第 4 期。

20 世纪 50 年代,毛泽东同志就指出,统筹兼顾,各得其所。这是我们历来的方针。后来还在《党委会的工作方法》中形象地将统筹兼顾我党的各项工作比喻为"弹钢琴",即要产生好的音乐,十个指头的动作要有节奏,要相互配合。邓小平同志也曾强调统筹兼顾的重要性,即我们必须按着统筹兼顾的原则来调整各种利益的相互关系。胡锦涛同志在党的十七大报告中明确,科学发展观的根本方法是统筹兼顾。习近平总书记沿用毛泽东同志的提法,并强调在中国当领导人,必须在把情况搞清楚的基础上,统筹兼顾、综合平衡,突出重点、带动全局,有的时候要抓大放小、以大兼小,有的时候又要以小带大、小中见大,形象地说,就是要十个指头弹钢琴。党的十八大以来,中国共产党统筹推进"五位一体"总体布局、协调推进"四个全面"战略布局,充分发挥我党总揽全局、协调各方的领导核心作用,注重统筹各个领域、各个方面,使各项政策相互配套、相互耦合,在协调均衡中形成整体效能。

统筹兼顾是中国共产党的科学方法论。在党的二十大报告中,"统筹"一词多次出现。在中共中央印发的《法治中国建设规划(2020—2025)》中,"统筹"一词更是贯穿始终。作为我党长期坚持的科学方法论,统筹方法论在对外开放、经济建设、全面深化改革等领域的既有经验和丰富实践为统筹推进国内法治和涉外法治提供了可资借鉴的参照。[①] "统筹"的内容不是一成不变的,而是随着国家所处的时代背景、国际环境、国家的发展目标以及"统筹"一词的适用语境等不断发展完善的。基于对国情、世情的深刻认识,以习近平同志为核心的党中央提出统筹中华民族伟大复兴战略全局和世界百年未有之大变局,将国内国外两个大局作为一个系统和整体来看待的重大战略判断,[②]而统筹推进国内法治和涉外法治就是针对这一论断提出的重大战略举措。在统筹推进国内法治和涉外法治的语境下,"统筹"意味着系统观念,[③]注重全局性、综合性、互动性。从国际视角出发,积极参与国际规则的制定,主动引领国际法的改造、发展、创新,构建中国自己的国际法理论体系。[④] 从国内视角出发,在全

[①] 赵骏:《系统思维在统筹推进国内法治和涉外法治中的应用》,《中国社会科学报》2023 年 1 月 13 日。

[②] 黄惠康:《习近平关于国际法治系列重要论述的核心要义》,《武大国际法评论》2021 年第 1 期。

[③] 张文显:《习近平法治思想的系统观念》,《中国法律评论》2021 年第 3 期。

[④] 何志鹏:《国际法治论》,北京大学出版社 2016 年版,第 302 页。

面依法治国的全局下,要通盘考虑国内和涉外两个面向的法治工作,在立法和修法时进行统一筹划,兼顾国内法治和涉外法治的构建以及国内法治与国际法治的衔接,并在此基础上聚焦法治建设的薄弱环节,建设与国内法治相匹配的涉外法治体系,实现二者的良性互动。

二、统筹推进国内法治和涉外法治中"统筹"的对象

(一)注重国内法与国际法的协调

第一,应注意协调国际法与国内法的关系,既要与国内法规范相衔接,又要与国际法规范相适应。这从根本上要求涉外立法以促进国内法与国际法的良性互动为遵循,积极对接和遵守国际法规范内容的同时,推进涉外规则的创新,以期以涉外立法为依托为国际法规范的发展贡献中国方案与中国智慧。[1]例如,作为典型涉外立法的《中华人民共和国反外国制裁法》(简称"《反外国制裁法》"),其制定不仅要在严格遵守一系列国际条约、习惯国际法的基础上确保其国际法的合法性,而且还要与国内有关立法相协调,以确保这部涉外立法与国内法上的合作及提高其可操作性和执行性等。从内部层面来看,涉外立法应当注重与既有国内立法的衔接,并且不同类型的涉外立法规则之间要进行有效协调。例如,中国法域外适用的法律体系建设、参与对外事务立法、涉外经贸立法、涉外国家安全立法、海外公民保护立法等涉外立法规范之间需要加强协调、相互配合,形成推进涉外法治体系建设的合力。[2]

第二,应当注重国内执法规范与国际执法规范的协调,这同样要求加强国内法与国际法的良性互动。一方面,无论是以 WTO 为代表的多边贸易规则还是全面可进步跨太平洋伙伴关系协定(CPTPP)、美墨加三国协议(USMCA)等区域性经贸规则,都有相应的执法规范,体现了国际法治的一般特征。执法规范负面清单的管理模式,法律法规的统一、公正、合理实施,执法的可预期性和

---

① 赵骏:《全球治理视野下的国际法治与国内法治》,《中国社会科学》2014 年第 10 期。
② 马怀德:《迈向"规划"时代的法治中国建设》,《中国法学》2021 年第 3 期。

规范性,执法的效率等,构成涉外执法规范完善的重要依据。① 另一方面,国内"证照分离"改革、"一业一证"改革、"事中事后监管"等涉外执法领域的规范创新也可积极推广至国际层面,为执法领域的国际规范提供中国智慧和中国方案。②

第三,司法解释是最高人民法院、最高人民检察院根据法律的授权,对如何具体运用法律作出的具有普遍司法效力的规范性解释。③ 实践中,我国司法机关出台了一系列涉外司法解释,例如《最高人民法院关于适用〈中华人民共和国涉外民事关系法律适用法〉若干问题的解释(一)》(2020年修正)、《最高人民法院关于涉外民事或商事案件司法文书送达问题若干规定》(2020年修正)、《最高人民法院关于涉外民商事案件诉讼管辖若干问题的规定》(2020年修正)、《最高人民法院关于依据国际公约和双边司法协助条约办理民商事案件司法文书送达和调查取证司法协助请求的规定》(2020年修正)、《最高人民法院关于设立国际商事法庭若干问题的规定》、《最高人民法院关于进一步做好边境地区涉外民商事案件审判工作的指导意见》,其中既有实体性的司法解释规范,也有程序性的司法解释规范、涉及法院内部事项的规范。④ 因此,不仅应当促进涉外司法规范与国际法规范的衔接,也要重视发挥国内司法对国际条约的适用与解释、对国际习惯与一般法律原则运用的累积和沉淀以及对国际法空白的填补等方面的影响,推动国际法治进程。⑤

第四,要注意国际法的国内化。在这个过程中,既要保证用好相应的国内法,因为国内法为涉外法律斗争提供支撑和依据,也要确保涉外法律斗争遵守相应国际法的基本原则、规则和制度,防止对国际法治造成破坏。⑥ 作为这方面的典型反例,美国通过无限扩大刑法、经济制裁法、出口管制法、反海外腐败法、反垄断法、证券法、知识产权法等国内法的域外适用范围,任意解释"最低联系",扩张美国法院的域外司法管辖权,毫不顾及国际礼让和正当程序原则,

① 钊阳、桑百川:《对标高标准国际经贸规则优化外商投资制度环境》,《国际贸易》2019年第10期。
② 曹胜:《证照改革的实践逻辑与政策过程》,《中国行政管理》2021年第9期。
③ 刘风景:《司法解释权限的界定与行使》,《中国法学》2016年第3期。
④ 曹士兵:《最高人民法院裁判、司法解释的法律地位》,《中国法学》2006年第3期。
⑤ 贺荣:《论中国司法参与国际经济规则的制定》,《国际法研究》2016年第1期。
⑥ 韩立余:《当代单边主义与多边主义的碰撞及其发展前景》,《国际经济法学刊》2018年第4期。

对我国领域内的当事人直接行使域外执法管辖权,既损害了中国主权,又破坏了国际法的生成逻辑和运行环境。①

第五,应当促进国内对外交流合作、国际援助、投资的规范与国际经贸投资协定等国际合作规范的良性互动。一方面,国内促进对外合作的规范应当根据国际合作规范制定,充分落实国际合作规范的各项要求,为国家对外开展国际合作提供法律基础;另一方面,国家在磋商国际合作规范时也要充分顾及本国国内的对外合作规范,避免二者产生冲突。②

(二)注重不同领域问题的协调

在全球治理实践中,不同领域之间往往具有关联性。当前,不同领域议题之间存在日益紧密的联系和交叉关系,单个领域的涉外立法受其他领域涉外立法的影响越来越明显,不同领域的涉外立法之间只有在协调统一的基础上才能形成系统的涉外立法体系。以经济发展领域立法与环境保护领域立法的统筹为例,在经济和生态领域,为实现可持续发展等生态环境目标,一些国家在能源结构等方面进行调整的同时,也在通过贸易等经济领域的法律法规对使用不环保原料和生产方法的产品进行进口限制。这方面的典型例证是1989年美国在《濒危物种法案》里增设的第609条,规定凡未能在捕虾同时使用海龟驱赶设备以保护海龟,禁止进口该国的海虾。③ 以海洋利用活动立法与气候变化碳排放控制立法为例,传统海洋立法通常致力于防止船舶造成油污污染、放射污染和防止过度开发海洋生物资源等方面,但是,海运、捕鱼等运输生产方式排放的二氧化碳等也是导致全球气候变暖的重要影响因素,对于这些海洋活动碳排放的治理已经超出了现有规范的预见范围。这要求气候变化立法不仅应当关注陆上活动的碳排放问题,也应当重视海上活动特别是国家管辖范围外海上活动的碳排放问题。④ 因此,在全球气候治理的过程中不能忽视海洋领域的治理,在全球海洋治理的过程中也不能忽视气候变化领域的治理。

---

① 肖永平:《"长臂管辖权"的法理分析与对策研究》,《中国法学》2019年第6期。
② 刘敬东、王路路:《"一带一路"倡议创制国际法的路径研究》,《学术论坛》2018年第6期。
③ 赵维田:《WTO案例研究:1998年海龟案》,《环球法律评论》2001年第2期。
④ Benoit Mayer, *The International Law on Climate Change*, Cambridge University Press, 2018, p. 55.

第一,涉外经济领域的执法要考虑涉外国家安全领域执法的需要。《中华人民共和国外商投资法》(简称"《外商投资法》")于 2020 年 1 月 1 日起正式生效,其中要求外国投资者并购中国境内企业或者以其他方式参与经营者集中的,不仅要进行反垄断审查,也要对影响或者可能影响国家安全的外商投资进行安全审查,这充分体现了涉外执法中经济与国家安全等不同领域的统筹。① 又如,拥有文化霸权的西方发达国家对相对弱势的发展中国家进行文化渗透,腐蚀其传统文化、潜移默化地掠杀其优秀文化,逐渐破坏人类文化的多样性,发展中国家文化安全面临日益严峻的挑战。②

第二,对人权的侵害日益成为那些要求国家或企业减少温室气体排放的气候诉讼的重要诉由,可见气候治理与人权保护之间的法治也亟须统筹。如传统的双、多边投资协定出于吸引和促进投资的目的,但有时会失衡。在新一代的投资协定中正逐渐浸入社会公共利益、人权等关注议题,投资者与东道国之间的失衡问题得到平衡。③ 此外,网络和安全等领域也是需要进行统筹的领域。从涉外司法的不同领域来看,涉外民商事司法、涉外刑事司法与涉外行政司法之间也存在着统筹的现实需要。④ 例如,对于涉外刑事案件而言,如果罪犯被减刑或者假释,刑罚执行完毕,可以由公安机关以罪犯违反《中华人民共和国外国人入境出境管理法》第 21 条"公安机关出入境管理机构对下列情形之一的外国人,不予批准签证和居留证件的延期、换发、补发,不予签发停留证件:(……)(三)违反中国有关法律、行政法规规定,不适合在中国境内停留居留;(四)不宜批准签证和居留证件的延期、换发、补发或者签发停留证件的其他情形"为依据驱逐出境,这个过程还可能涉及涉外行政司法。又如,在涉外刑事司法审理的同时,也可能会引发附带的涉外民事司法程序。

第三,国内法域外适用、主权豁免、对外制裁、出口管制、阻断外国法不当

---

① 陈喆、钟艺玮:《新发展格局下我国外商投资安全审查制度的进步、局限与完善》,《国际商务研究》2021 年第 4 期。

② 蔡瑞艳、钮维敢:《全球化视域下的资本主义阵营文化扩张与发展中国家文化安全》,《宁夏社会科学》2021 年第 5 期。

③ 龚柏华:《论境外投资规制中可持续发展理念》,《政法论丛》2022 年第 2 期。

④ 陈兴良:《刑民交叉案件的刑法适用》,《法律科学》(西北政法大学学报)2019 年第 2 期。

适用、反国家分裂、外国代理人管理以及海外企业公民保护等都是加强涉外法律斗争的重要领域,这些不同领域之间的统筹协调有助于提升涉外法律斗争的整体效果。① 例如,为了增强出口管制的效果,可能需要赋予国内法域外效力,根据《中华人民共和国出口管制法》第 2 条和第 45 条的规定,只要管制物项经过中国境内(过境、再出口),无论实施主体是否是中国实体,都将受到《中华人民共和国出口管制法》的管束。《中华人民共和国出口管制法》第 44 条同时规定:"中华人民共和国境外的组织和个人,违反本法有关出口管制管理规定,危害中华人民共和国国家安全和利益,妨碍履行防扩散等国际义务的,依法处理并追究其法律责任。"可见,《中华人民共和国出口管制法》具有域外适用的效力,体现了国内法域外适用与出口管制之间的协调。

第四,国际合作领域可以大致分为政治合作、安全合作、经济合作、文化合作和环境合作,而将不同领域的议题联系起来考虑可以更容易地达成共识,最终实现合作共赢。② 在一些情况下,个别领域的国际合作可以作为推进更广泛合作的基础和前提,不同领域的国际合作可能会产生相互强化的效果,进而逐渐扩展国际合作的领域。在其他情况下,不同领域的国际合作可能会形成相互支撑。例如,涉外经济合作离不开国际社会的和平、安全与稳定,因此,只有进一步加强国际和平与安全方面的合作,才能确保涉外经济合作的顺利开展。③ 又如,贸易领域的国际合作与环境领域的国际合作也有必要加强统筹,因为贸易领域的国际合作可能会受环境领域国际合作不足的影响,而环境领域国际合作也需要顾及贸易领域的国际合作,防止相关环境措施对贸易造成限制。④ 在安全领域国际合作内部,由于传统安全与非传统安全之间相互交织,因而也需要统筹传统安全领域的国际合作与非传统安全领域的国际合作。⑤

---

① 张龑:《涉外法治的概念与体系》,《中国法学》2022 年第 2 期。

② 赵骏、孟令浩:《"一揽子交易"为何难以达成"最佳共识"——多边国际造法的实践难题》,《探索与争鸣》2022 年第 5 期。

③ 李鸣:《合作与斗争:国际法的双重功能》,《地方立法研究》2022 年第 4 期。

④ 曾文革:《论多边环境协定与多边贸易体制冲突的解决——兼论我国的应对措施》,《西南大学学报》(社会科学版)2008 年第 2 期。

⑤ 朱锋:《"非传统安全"解析》,《中国社会科学》2004 年第 4 期;刘学成:《非传统安全的基本特性及其应对》,《国际问题研究》2004 年第 1 期。

（三）注重不同法治环节的协调

近年来,我国的对外关系呈现斗争与合作、遏制与接触、对手与伙伴的关系交织并存的局面,因此,在新发展阶段要加快涉外法治工作战略布局。未来如何进一步提升我国涉外法律斗争的能力,重点在于如何综合利用立法、执法、司法等手段开展涉外法律斗争。从立法、执法和司法等涉外法治领域来看,有必要加强立法、执法与司法之间的衔接与协调,统筹建立多层次、多部门的涉外执法司法工作协调机制,形成加强涉外法治建设的合力。[①]

第一,通过推进重点领域立法,构建完善合理的涉外法律体系。在这个过程中,涉外立法应当充分考虑并有效协调后续的执法、司法及用法环节。具体而言,其一,涉外立法应当为涉外执法、涉外司法和涉外用法提供较为明确的法律依据,保障后续环节可以据此开展行动;其二,涉外立法应当确立涉外执法、涉外司法和涉外用法的边界,防止出现权力滥用的情形。例如,《反外国制裁法》第 10 条:"国家设立反外国制裁工作协调机制,负责统筹协调相关工作。"明确了相关统筹协调的机制。

第二,通过完善涉外执法体系,全面增强涉外执法的能力。在这个过程中,涉外执法应当加强与涉外立法、涉外司法及涉外用法的统筹。其一,涉外执法应当严格根据涉外立法规定的授权积极行使职责,做到有法必依;其二,涉外执法应当严格遵守相关涉外立法规定,确保涉外执法的行为经得住涉外司法审查,做到执法必严;其三,涉外执法应当正确处理与涉外用法之间的关系,充分借助律师、公证员等涉外用法资源提高涉外执法的质效,并且自觉接受涉外用法环节的监督。[②]

第三,通过强化涉外司法能力,维护不同行为体的正当权益。其一,涉外司法应当对涉外立法的有关规定作出合理的解释,在确保公正司法的基础上实现涉外立法政治效果与法律效果之间的统一;其二,涉外司法应当从维护法治的角度严格审查涉外执法的有关行为,切实发挥好维护社会公平正义、优化

[①] 全国人大常委会法制工作委员会研究室:《加强涉外领域立法 加快构建系统完备、衔接配套的涉外法律规范体系》,《民主与法制周刊》2022 年第 18 期。

[②] 应婷婷、王宇松:《优化法治化营商环境背景下的执法监督机制研究》,《西部法学评论》2022 年第 2 期。

法治化营商环境的司法防线作用；其三，涉外司法应当与涉外用法加强衔接与配合，确保在涉外诉讼活动中展开充分而有效的尊重、协商、对话，通过参与、合作、理解和尊重，公平、公正地解决纠纷。①

第四，要将涉外法律斗争中的各个环节综合起来考虑并进行系统协同运用，防止出现不同环节之间的制约情况。不同环节的涉外法律斗争相辅相成，如若在国际规则制定环节中涉外法律斗争的效果不佳，会直接影响后续国际规则实施与适用环节的涉外法律斗争效果。例如，在制定 1982 年《公约》的第三次联合国海洋法会议上，广大发展中国家因美国等发达国家的反对，并没有成功将否定军舰在领海的无害通过权纳入《公约》，②直接导致后续美国军舰频繁在他国领海打着"无害通过"的幌子实施所谓的"航行自由活动"。③

第五，涉外立法、执法、司法与用法环节都存在着合作的必要性，相互之间协调配合可以更有效地为涉外法律合作提供国内法治保障。

（四）注重不同法律价值的协调

在数据跨境流动过程中，安全与发展之间的价值权衡成果影响国家制定法律规则的考量。安全是发展的基础，发展能为安全提供更坚实的保障，二者互为支撑，不可畸轻畸重。安全是国家生存和发展的最基本条件，发展与安全两个方面不可偏颇任何一个方面，必须统筹推进、一并谋划、共同部署，增强忧患意识，做到居安思危。统筹安全和发展，能更好应对复杂的国际国内环境。此外，公正与效率的关系也是需要考量的方面。例如，在数据跨境流动领域，数据的自由流动背后体现着效率的价值，数据只有自由流动才能创造价值，而过分的自由流动又会对国家的主权与个人隐私造成损害，因此，在系统思维之下需要统筹国家安全、个人隐私与效率等不同价值之间的关系，寻求数据跨境流动领域的价值平衡

---

① 龙宗智：《影响司法公正及司法公信力的现实因素及其对策》，《当代法学》2015 年第 3 期。

② 1973 年 3 月 29 日，沈韦良代表在海底委员会第二小组委员会会议上关于日内瓦海洋法四公约问题的发言指出："有关领海的另一重要问题是领海通过权问题……这就是说，外国的军舰也可以被解释为享有同样的权利。显然，这是很多国家所不能接受的。"1973 年 7 月 19 日，沈韦良代表在海底委员会第二小组委员会会议上，提交《中国代表团提出的"关于国家关系范围内海域的工作文件"》明确指出："外国非军用船舶可以无害通过领海。"参见北京大学法律系国际法教研室编：《海洋法资料汇编》，人民出版社 1974 年版，第 59—60、74 页。

③ 张景全、潘玉：《美国"航行自由计划"与中美在南海的博弈》，《国际观察》2016 年第 2 期。

点。特别值得注意的是,国家利益与全人类利益之间有时存在冲突,需要合理平衡国家利益与全人类利益之间的关系,做到统筹兼顾、协同推进。

第一,应当从维护全人类利益、国家利益和个人利益之间协调平衡的角度展开。① 例如《反外国制裁法》第 1 条既规定了要维护国家主权、安全、发展利益,也规定了保护我国公民、组织的合法权益,体现了国家利益和个人利益之间的平衡。此外,《反外国制裁法》也规定了对全人类共同利益的维护,该法第 2 条明确规定:"维护以联合国为核心的国际体系和以国际法为基础的国际秩序,发展同世界各国的友好合作,推动构建人类命运共同体。"据此,《反国外制裁法》第 3 条规定在"外国国家违反国际法和国际关系基本准则"等危害全人类共同利益的情况下,我国有权采取相应反制措施。这充分体现了中国在维护本国利益时对全人类共同利益的兼顾。因此,涉外立法要对全人类共同利益、国家利益和个人利益等不同价值进行有效统筹。

第二,平衡涉外执法的效率价值与法治价值。② 在涉外执法实践中,行政执法主体常常采取诸如运动式执法、趋利性执法、选择性执法等执法方式,"以罚代管"成为主要执法手段。③ 这种涉外执法方式本质上体现了一种效率价值,能高效完成执法任务。然而,这种执法方式也带来了过分政治化和非规范化的弊病,可能会违反依法行政原则、比例原则、合法预期保护原则等行政执法的基本原则。因此,在涉外执法的过程中,应当特别注意效率价值与法治价值之间的关系。④

第三,在对国际法规范和他国法律进行解释及界定适用范围时,一方面应充分尊重这些规范背后所体现的国际社会普遍认可的公平、正义等价值;另一方面也应充分辨别现有国际规范背后的西方中心主义色彩,不仅要避免片面地作出有违中华文化传统价值理念的涉外司法结论,而且还应当在涉外司法过程中积极弘扬中华传统文化价值,促进中国传统文化价值理念的国际化表

---

① 李林:《试论立法价值及其选择》,《天津社会科学》1999 年第 3 期。

② 马怀德:《行政程序法的价值及立法意义》,《政法论坛》2004 年第 5 期。

③ 杨临宏:《城市管理行政执法困境与路径选择——基于效率与控权价值维度的分析视角》,《行政法学研究》2020 年第 4 期。

④ 杨临宏:《城市管理行政执法困境与路径选择——基于效率与控权价值维度的分析视角》,《行政法学研究》2020 年第 4 期。

达。例如,2021 年 1 月,最高人民法院印发《关于深入推进社会主义核心价值观融入裁判文书释法说理的指导意见》同样适用于涉外司法,充分体现了司法对植根于中华传统文化价值的社会主义核心价值的重视。①

第四,要兼顾国家利益与国际社会整体利益的平衡。② 从根本目的来看,开展涉外法律斗争在于坚决维护本国的主权、安全和发展利益,体现了涉外法律斗争中国家利益优先的价值导向。然而,涉外法律斗争不可能无底线地追求本国利益的最大化,而应同时兼顾国际社会的整体利益。国际社会的整体利益一旦受到严重损害,国家利益也随之受影响。例如,美国阻挠 WTO 上诉机构成员遴选导致多边经贸争端解决机制陷入困境,严重危害了国际社会的整体利益。又如,开展涉外法律斗争不得以牺牲他国利益和国际社会的整体利益为代价,美国以在国内出台《2022 年通胀削减法案》(*Massive Inflation Reduction Act*)的方式挑起与中国关于电动汽车领域的斗争,但是其限制原产于中国的电池和零部件的方法严重违反了 WTO 的公平和非歧视性原则,破坏了国际经贸法治的正常运作,这无疑关系国际社会的整体利益,招致国际社会其他主体的批评与指责。

第五,公平、安全、效率、人权、生态等价值之间也需要协同推进。涉外法律合作不能仅致力于实现其中某项单一的价值,因为会对其他方面的价值造成威胁。③ 例如,在开展打击网络攻击、网络犯罪和网络恐怖主义的国际合作时,同样不可忽视对基本人权价值的保护。又如,在推进气候变化领域的国际合作时,不能仅以促进气候变化最大限度上的减缓为目标,而应当考虑温室气体减排责任在发达国家与发展中国家、当代人与后代人以及内陆国和小岛屿国家之间的公平正义的分配,实现所有国家、地区和个人都有平等地使用、享受气候资源的权利,也公平地分担稳定气候系统的义务和成本。④

---

① 最高人民法院:《最高人民法院印发〈关于深入推进社会主义核心价值观融入裁判文书释法说理的指导意见〉的通知》,https://www.court.gov.cn/fabu-xiangqing-287211.html。
② 何志鹏:《国际法治中的"大国不可能三角"》,《学术月刊》2022 年第 6 期。
③ 马忠法、谢迪扬:《论人类命运共同体理念下的国际法价值构造》,《武大国际法评论》2022 年第 2 期。
④ 曹明德:《中国参与国际气候治理的法律立场和策略:以气候正义为视角》,《中国法学》2016 年第 1 期。

（五）注重不同法律路径的协调

第一，主要存在国家层面统一进行涉外立法和分散立法两种路径。① 前者意味着将国家对外关系的方方面面都规定在一部涉外法典或对外关系法之中。例如，在涉外民商事法律关系方面，中国于 2010 年通过《中华人民共和国涉外民事关系法律适用法》（简称"《涉外民事关系法律适用法》"），对涉外民商事关系的法律适用进行了较为系统的规定。又如，制定专门的对外关系法，整体而言，对外关系法包含权力配置与划分、国际法的国内实施以及国内法的域外效力的"一体两翼"的核心内容，它们构成对外关系法律体系的基本框架。后者则意味着将各种处理对外关系的条款分散在不同立法之中，例如，我国约有 60 部法律法规对条约的适用进行了规定，②这些立法又分四种类型：①在相关事项上，应遵守条约的规定；②当国内法规定与条约规定不一致时，适用条约规定，但我国声明保留的除外；③在相关事项上直接适用条约；④在相关事项上，有条约直接适用条约，没有条约的按国内法或外交途径办理。统一涉外立法有助于法律规范的体系化，而分散涉外立法则更具灵活性和针对性，能够有效应对日益复杂的外部环境及风险。因此，涉外立法的路径需要加强统筹，不同立法模式的有机结合，能更好地适应现实需要。③

第二，地方路径与国家路径以及不同职能部门的路径之间应当加强统筹协调。④ 作为涉外执法的直接主体，地方政府有关部门承担着涉外执法的部分职责。然而，在许多事项上，中央层面的执法机关却发挥着主要作用。例如，在外国人的出入境管理方面，2012 年通过的《中华人民共和国出境入境管理法》第 4 条明确规定："公安部、外交部按照各自职责负责有关出境入境事务的管理。"明确赋予公安部和外交部对于外国人出入境事务的执法权限。又如，在进出关境执法方面，2021 年修正的《中华人民共和国海关法》第 3 条明确规

① 谢怀栻：《是统一立法还是地方分散立法》，《中国法学》1993 年第 5 期；徐向华：《论中央与地方的立法权力关系》，《中国法学》1997 年第 4 期。
② 王勇：《条约在中国适用之基本理论问题研究》，北京大学出版社 2007 年版，第 158—159 页。
③ 王起超：《粗放和精细：论立法技术的秩序建构路径》，《河北法学》2021 年第 5 期。
④ 叶洋恋：《央地关系视域下的中国自贸区制度法治化建设：困境、障碍和完善进路》，《河北法学》2021 年第 4 期。

定："国务院设立海关总署,统一管理全国海关。国家在对外开放的口岸和海关监管业务集中的地点设立海关。海关的隶属关系,不受行政区划的限制。海关依法独立行使职权,向海关总署负责。"可见,对于不同的涉外执法事务,需要依靠不同的涉外执法路径并且要加强协调。

第三,不同层级的涉外司法活动之间也需要加强统筹和协调。① 一方面,最高人民法院、最高人民检察院等最高层级的司法机关应当加强对下级涉外司法工作的指导;另一方面,较低层面的司法机关也应当严格遵守有关涉外司法的规范。2022 年 1 月 24 日,最高人民法院发布《全国法院涉外商事海事审判工作座谈会会议纪要》,为各级涉外司法工作提供指导。其中,该纪要建立了承认和执行外国法院判决的报备及通报机制,要求:"人民法院根据互惠原则进行审查的案件,在作出裁定前,应当将拟处理意见报本辖区所属高级人民法院进行审查;高级人民法院同意拟处理意见的,应将其审查意见报最高人民法院审核。待最高人民法院答复后,方可作出裁定。"这充分体现了基层级与高层级涉外司法路径之间的统筹与协调。

第四,必须将国内斗争路径与国际斗争路径相结合,充分运用单边斗争路径、双边斗争路径和多边斗争路径等展开涉外法律斗争。② 例如,反中乱港分子勾结境外势力危害国家安全的斗争,中国采用国内路径和国际路径相结合的方式开展了一系列涉外法律斗争。在国内路径方面,2020 年 6 月 30 日,全国人大常委会通过《中华人民共和国香港特别行政区维护国家安全法》,其第12 条设立了"维护国家安全委员会";第 38 条还明确赋予该法域外效力,即"不具有香港特别行政区永久性居民身份的人在香港特别行政区以外针对香港特别行政区实施本法规定的犯罪的,适用本法"。在国际路径方面,中国外交部宣布制裁蓬佩奥、纳瓦罗、博尔顿、班农等人,禁止入境中国内地和香港、澳门,他们及其关联企业、机构也已被限制与中国展开商业往来。又如,涉外法律斗争的多边路径即为争端问题的国际化路径。在南海问题上,美国等外部势力试图将南海问题国际化,打着南海和平与稳定事关国际社会的幌子频繁介入南海问题,包括在南海不断升级与域内国家共同进行的军演、胁迫更多的盟友

① 韩方明:《探索建立不同层级的涉外执法司法协调机制》,《人民政协报》2021 年 11 月 3 日。
② 钟英通:《国际经贸规则的边数选择现象与中国对策》,《国际法研究》2021 年第 5 期。

前来南海搅局以及精准施策拉拢域内国家等。① 对此,中国与东盟国家坚持根据《南海各方行为宣言》(DOC),通过双边磋商和谈判妥善处理分歧,体现了践行双边斗争的路径。② 不同路径之间存在相互转化的关系,因此必须将不同路径协调起来进行考虑。

第五,推进全球治理合作的模式有"自上而下"与"自下而上"两种模式。两种治理模式之间并非完全对立,而是相互转化,有时会互为表里,共同助力于某一领域治理。③ 例如,在全球气候治理中,"自上而下"的治理模式是最初的制度设计,体现在联合国主导下的凝聚共识、制定规则和监督执行中。但随着全球气候治理逐渐深化,多元行为体的深度介入,全球治理又孕育出一种"自下而上"的治理模式。《巴黎协定》"自下而上"的模式开启了气候变化治理的新篇章,它创新了减排义务分配方式与减排模式,通过全球盘点机制保障国家自主贡献不断提升,参与主体广泛,具有更强的包容性与适应性。但"自下而上"的治理模式也面临制度安排较为松散等实施困境,因而加强"自下而上"模式与"自上而下"模式的结合将是良好的完善途径。在全球治理的路径选择上,存在"硬法"与"软法"两种不同的治理路径。④ "硬法"治理主要是指通过缔结具有法律拘束力的条约等来进行治理;而"软法"治理则主要是通过达成不具有法律拘束力,但具有一定法律效果的软法性文件,例如宣言、决议、建议等。两种路径各有优势与不足,但归根结底都是要促进"软法"与"硬法"之间的良性互动。

三、统筹国内法治和涉外法治的路径

在统筹推进国内法治和涉外法治的语境下理解"统筹"的基本要义,其关

---

① 成汉平:《从特朗普到拜登:南海问题"泛国际化"及其影响》,《亚太安全与海洋研究》2022 年第 2 期。

② 外交部:《王毅阐述中方在南海问题上的严正立场》,https://www. mfa. gov. cn/web/wjbz_673089/zyhd_673091/202208/t20220806_10736369. shtml。

③ 秦天宝:《论〈巴黎协定〉中"自下而上"机制及启示》,《国际法研究》2016 年第 3 期。

④ 徐崇利:《全球治理与跨国法律体系:硬法与软法的"中心—外围"之构造》,《国外理论动态》2013 年第 8 期。

键在于明确推进国内法治和涉外法治的过程中需要统筹的内容。统筹推进国内法治和涉外法治的起点和目标在于有效维护国家主权、安全和发展利益,[①]并在此基础上承担参与全球治理、引领国际格局的责任。[②] 因此,国内法治和涉外法治的统筹应围绕上述目标,统筹的内容也应从全局性、综合性和互动性出发,以有效维护国家主权、安全和发展利益。

(一) 积极参与国际规则制定,为中国法治营造良好的外部环境

统筹讲究全局性。紧密联系的世界格局在外部环境动荡的情况下对各国维护自身安全和利益提出了更大的挑战。在经济全球化时代,国家安全和利益的边界溢出了主权边界,[③]各个国家根据各自国情采取的宏观经济政策不可避免地会对其他国家产生正面或负面的溢出效应。为防止其他国家的负面外溢影响,各国对国家利益保护的边界就会超过国家边界范围。在此种情况下,任何一个国家都不会放弃保护国家自身的安全和利益,中国也不例外。"任何外国不要指望我们会拿自己的核心利益做交易,不要指望我们会吞下损害我国主权、安全、发展利益的苦果。"[④]只有构建中国自身的话语体系,参与并有效影响国际规则的制定,深度表达自己的利益诉求,才能更好地保护本国安全和利益,防止别国负面外溢的影响,为自身创造更加公平有利的外部环境。

随着综合实力的增长和国际地位的提升,中国需要改变被动接受国际法的状态,转而主动引导国际制度的价值,促进国际法的更新与变革,提出国际法治的中国立场,[⑤]对国际法的公正合理发展作出贡献。《中共中央关于全面推进依法治国若干重大问题的决定》指出,积极参与国际规则制定,推动依法处理涉外经济、社会事务,增强我国在国际法律事务中的话语权和影响力。近年来,中国积极参与国际事务以提高自身影响力,除了充分利用联合国、世界贸易组织

① 蔡从燕:《统筹推进国内法治和涉外法治中的"统筹"问题》,《武大国际法评论》2022 年第 4 期。

② 何志鹏:《国内法治与涉外法治的统筹与互动》,《行政法学研究》2022 年第 5 期。

③ 张龑:《涉外法治的概念与体系》,《中国法学》2022 年第 2 期。

④ 《习近平在中共中央政治局第三次集体学习时强调 更好统筹国内国际两个大局 夯实走和平发展道路的基础》,人民日报,http://cpc.people.com.cn/n/2013/0130/c64094-20368861.html。

⑤ 何志鹏:《国际法治论》,北京大学出版社 2016 年版,第 301—303 页。

等进行国际交往、表达本国立场,还致力于以"一带一路"、亚投行等为重点完善现有国际合作平台,拓展合作空间、促进互联互通、健全体制机制,使之成为引领全球发展方向、更好造福各国人民的重要力量。与此同时,中国还发起设立新的国际平台,如国际商事争端预防与解决组织,旨在为全球工商界提供国际化、专业化、便利化公共法律服务,推进打造国际化、法治化营商环境,推动构建公正合理的国际经济秩序,①向世界贡献法治实践的中国智慧和中国方案。

(二)加强涉外领域立法,为其他各项涉外法治工作提供依据

"坚持从大局出发"不仅包括国际大局,而且更强调国内全局。国内法治和涉外法治作为全面依法治国的"鸟之两翼""车之两轮",应协同发展、共同推进,其建设也必须站在全局视角进行顶层设计、整体谋划。这就需要将国内法治和涉外法治看作一个整体,以整体性思维进行考虑。我国涉外法治建设起步晚,相较于国内法律体系而言,涉外法律的理论和实践经验不足,体系不完善,存在诸多立法空白,且与国内法律的耦合因素较少。出于对国内法治和涉外法治的通盘考量,在统筹两个法治的进程中,涉外领域立法是重中之重。

习近平总书记指出,要坚持统筹推进国内法治和涉外法治,加强涉外领域立法,推动我国法域外适用的法律体系建设。涉外领域的法律规范体系包含所有具有涉外因素的法律、法规和规章,属于跨法律部门的法律规范。当前,涉外领域立法的重点任务之一就是保护中国的海外利益,②包括国家的海外利益和在海外的中国企业、个人等的利益。《中华人民共和国外国国家豁免法》(以下简称"《豁免法》")是我国为维护国家主权平等而制定的专门的涉外法律,③是我国加强涉外领域立法的一个重要成果,标志着我国的外国国家豁免政策由绝对豁免转向限制豁免。《豁免法》的原则和规则既立足国内法治,④又与国际通行规则接轨,既尊重外国国家的豁免权利,又为保障中国境内外自然

---

① 国际商事争端预防与解决组织,http://www.icdpaso.org/category/75。

② 黄瑶:《涉外立法视角下统筹推进国内法治和涉外法治》,《中国社会科学报》2023年1月13日。

③ 《外国国家豁免法》第1条:为了健全外国国家豁免制度,明确中华人民共和国的法院对涉及外国国家及其财产民事案件的管辖,保护当事人合法权益,维护国家主权平等,促进对外友好交往,根据宪法,制定本法。

④ 《全国人大常委会法工委负责人就外国国家豁免法答记者问》,《新华每日电讯》2023年9月2日。

人、法人和非法人组织的合法权益,及维护国家主权提供了法律支持,对维护海外国家利益和海外中国企业、个人等私主体的利益也具有重大意义。长期以来,中国秉持绝对豁免政策,而绝大部分国家实施限制国家豁免制度,这就形成了外国法院可以管辖我国涉外事务,而我国法院却不能管辖外国国家涉外事务的不对等局面,严重损害了我国的海外权益。《豁免法》的出台有效解决了我国法院对我国当事人起诉外国政府或享有特权与豁免的外国官员的案件无法可依的司法困境[①],为我国相关涉外司法实践提供了明确的法律依据。

(三)加强国际合作,保障涉外领域司法、执法活动

"徒法不足以自行",除了全局性,统筹国内法治和涉外法治的内容还强调综合性,即在"良法"的前提下统筹"善治"。法治意指良法善治、综合治理,亚里士多德曾对法治定义道:"法治应包含两重意义:已成立的法律获得普遍的服从,而为大家服从的法律又应该本身就是制定的良好的法律。"简言之,制定良好的法律如果没有为大家所普遍服从,则无法称为法治。无论国内法治、涉外法治还是国际法治,都包含立法、执法、司法等环节,且各环节之间相互联系、相互耦合。完备的法律规范体系固然重要,但保证执法和公正司法也是法治进程的关键环节。

习近平总书记指出,法律的生命在于付诸实施,各国有责任维护国际法治权威,依法行使权利,善意履行义务。中国一直致力于加强国际司法交流,深化国际司法协助,截至2022年10月,中国与82个国家缔结170项双边司法协助类条约,加入包含司法协助、引渡等内容的近30项国际公约,合作范围覆盖130多个国家。[②] 同时,中国还不断加强国际执法领域交流合作,如与130多个国家和地区的海关建立合作关系,在170多个双边行政互助协议框架下开展知识产权执法互助,[③]还积极践行国际反腐败行动,推动亚太经合组织通过《北京反腐败宣言》、推动二十国集团通过《反腐败追逃追赃高级原则》等。

作为当今世界深受欢迎的国际公共产品和国际合作平台,"一带一路"为沿线

---

① 乔雄兵、郎雪:《我国国家豁免立法现状及展望》,《长江论坛》2021年第5期。

② 《最高人民法院工作报告——2023年3月7日在第十四届全国人民代表大会第一次会议上》,https://www.court.gov.cn/zixun-xiangqing-391381.html。

③ 《在习近平法治思想指引下 推动共建"一带一路"高质量发展》,http://www.moj.gov.cn/pub/sfbgw/zwgkztzl/xxxcgcxjpfzsx/fzsxllqy/202206/t20220605_456593.html。

各国提供了开放包容的交流平台,也为各国经济发展提供了更多的机遇。有机遇就有挑战,"一带一路"沿线各国有不同的政治制度、经济政策、历史文化传统,各国法治文明丰富多彩,在国家安全、反垄断、环保、税务等方面的规定更是各不相同,这就使得"一带一路"沿线国家的纠纷解决存在诸多困难和挑战。上述种种差异不可能完全通过完善国内外立法的方式得到妥善解决,因此就需要加强国家在执法司法领域的交流合作,通过协商解决跨境贸易纠纷,通过司法协助共同打击跨国犯罪,为"一带一路"建设提供保障,为推动各国经济繁荣发展作出积极贡献。

(四)培养涉外法治人才,增强涉外法律服务

积极参与国际规则的制定、加强涉外立法和国际合作都需要具体的"人"予以落实。"统筹"的互动性表达的是,法治的立法、执法、司法等各个环节是串联的、动态的,需要介质对其进行串联和动态调整,可以理解为运用法律的能力,这就需要依靠高素质的法治人才予以实现。明代海瑞在《治黎策》中就指明了治理国家过程中人才和法律的同等重要性,二者齐备,才能有效治理国家,即"得其人而不得其法,则事必不能行;得其法而不得其人,则法必不能济。人法兼资,而天下之治成"。法治工作的开展和推进都离不开法治人才,好的法律由人来制定,制定良好的法律也要由人去执行。因此,培养法治人才,尤其是涉外法治人才,是统筹国内法治和涉外法治进程中不可或缺的重要内容。正如习近平总书记所说,法治人才培养上不去,法治领域不能人才辈出,全面依法治国就不可能做好。最高人民法院也强调了法治人才培养的重要性,即"要拓展法官国际视野,鼓励法官参加国际交流,提高法官应对处理国际事务的能力,努力造就一批能够站在国际法律理论前沿、在国际民商事海事审判领域具有国际影响的法官"①。

培养高质量的涉外法治人才,提高用法能力,有利于提升涉外法律服务水平。涉外法律服务涉及律师、仲裁、调解、公证、司法鉴定、法律援助等领域,是涉外法治的重要组成部分,对于维护海外中国企业、公民的合法权益十分重要。中央全面依法治国工作会议指出,要引导企业、公民在"走出去"过程中更加自觉地遵守当地法律法规和风俗习惯,运用法律和规则维护自身合法权益。要注重培

---

① 最高人民法院:《关于人民法院为"一带一路"建设提供司法服务和保障的若干意见》,http://gongbao.court.gov.cn/Details/b10a1d30141bc4a4c7886b00d759c3.html。

育一批国际一流的仲裁机构、律师事务所,把涉外法治保障和服务工作做得更有成效。提供高质量、高水平的涉外法律服务,是衡量一个国家法治成熟度的重要指标,也是评价一个国家营商环境的重要参考。① 涉外律师业是涉外法律服务业的重要组成部分,而涉外律师业发展的根本和关键就是高素质的涉外律师人才。我国不断加大涉外律师人才培养力度,努力建立一支通晓国际规则、具有国际视野的高素质涉外法律服务队伍,建设一批规模大、实力强、服务水平高的涉外法律服务机构。为此,我国建设了涉外法律人才培养基地,建立了涉外法律领军人才库,建立了"一带一路"跨境律师人才库,还推荐优秀涉外法律服务人才进入各种国际纠纷解决机构,以提升我国律师在国际组织中的影响力。

第三节　国内法治、涉外法治与国际法治的关系

一、国内法治与国际法治

全球化背景下的国内治理与国际治理是相辅相成、互为补充、协同发展的,国内治理是国际治理的基础和前提,国际治理是国内治理的延伸和保障。② 国际社会普遍认可以法治方式应对全球治理问题。联合国大会决议确认,法治是各国间友好平等关系的基石,是公正、公平的社会得以建立的基础,③是国家和国际两个治理领域的基本价值。④ 联合国及其会员国应以在国内和国际上促进和尊重法治、以公正和善政为其活动的指导方针。⑤

---

① 黄进、鲁洋:《习近平法治思想的国际法治意涵》,《政法论坛》2021 年第 3 期。

② 王轶:《坚持统筹推进国内法治和涉外法治》,《人民日报》2021 年 3 月 19 日第 11 版。

③ 联合国文件:《国内和国际的法治问题大会高级别会议宣言》(编号 A/RES/67/1),https://www.un.org/zh/documents/treaty/A-RES-67-1。

④ 联合国文件:《世界首脑会议成果》(编号 A/RES/60/1), https://www.un.org/zh/documents/treaty/A-RES-60-1。

⑤ 联合国文件:《国内和国际的法治》(编号 A/RES/66/102),https://documents-dds-ny.un.org/doc/UNDOC/GEN/N11/464/93/PDF/N1146493.pdf? OpenElement。

全球治理依据的法治,包括国内治理所依托的国内法治和以国际治理为依托的国际法治,而且两个层级的法治相互贯通、相互影响。国内法治和国际法治是一对并列概念,二者的互动已成为国际社会的普遍共识。① 2005 年的《世界首脑会议成果文件》呼吁在国家和国际两个层级全面实行法治。2006年,联合国大会首次将"国家和国际两级法治"问题列入第六委员会议题。2012 年 9 月,第 67 届联合国大会围绕"国内和国际法治问题"专门举办了高级别会议,大会指出,"法治与发展密切关联,相辅相成,推进国内和国际的法治,对于实现持续和包容性经济增长、可持续发展、消除贫困与饥饿以及充分实现包括发展权在内的所有人权和基本自由来说,至关重要,而所有这一切又会进一步增强法治"。

在威斯特伐利亚体系下,主权国家在全球公共事务管理中占据绝对主导地位,当前国际法中最重要的主体仍然是主权国家,其同样也是国际治理中最重要的力量。② 在国家作为主要行为体的国际关系中,不可能脱离国家而形成全新的国际秩序,因此,国家是构建国际法治不可忽略的主体。在国际关系中,国家的行为对国际法治能否实现具有不可替代的意义。③ 如果国家都能在法治的轨道上行为,在国内推行和贯彻依法治理,则法定的权利、义务就能实现,法律的尊严就会得到维护,违法行为会受到追究,以联合国为核心的国际体系、以国际法为基础的国际秩序及以联合国宪章宗旨和原则为基础的国际关系基本准则就能够得到尊重和维护。国内法治的贯彻有利于推动国际法治的实现,国际法治的构建反过来也促使各个国家注重本国内部法律体系的完善,促进国内法治的实现。我国国内法治理念、原则和实践为全球治理提供中国方案奠定了坚实基础,为中国积极参与全球治理体系改革和建设国际法治提供了根本遵循。中国坚持全面依法治国,实现中华民族伟大复兴的事业将有力推进国际法治实践,同时也需要国际法治提供外部和平与发展环境的保障。④

国内法治与国际法治相互促进。国家需要通过制定国内法律来确保国际法

① 赵骏:《全球治理视野下的国际法治与国内法治》,《中国社会科学》2014 年第 10 期。
② 张磊:《涉外法治的概念与体系》,《中国法学》2022 年第 2 期。
③ 何志鹏:《国际法治论》,北京大学出版社 2016 年版,第 302 页。
④ 中国国际私法学会课题组、黄进:《习近平法治思想中的国际法治观》,《武大国际法评论》2021 年第 1 期。

的贯彻实施，而国际法也能够影响国内法的制定和调整。在全球化背景下，国际法治和国内法治的联系愈发紧密，国际社会应推动二者间的良性互动。① 这是国际社会和各国的共同目标，代表着国际法治和国内法治二者关系的发展方向。

二、国内法治、涉外法治与国际法治

习近平法治思想中的法治，不仅指作为国内治理方式的国内法治，还包括作为涉外治理方式的涉外法治和作为国际治理方式的国际法治。习近平法治思想深刻把握中国法治建设新战略和世界法治发展新趋势，在传统国内法治和国际法治的二元框架下原创性地提出"涉外法治"范畴，并深刻论述了科学化、系统化的涉外法治理论和模式，开辟了法治理论和实践发展的新境界。② 党的十八大以来，我国全面推进依法治国，国内法治事业取得巨大进步。党的十九届四中全会首次提出"涉外法治"，要求"加强涉外法治工作，建立涉外工作法务制度，加强国际法研究和运用，提高涉外工作法治化水平"。

（一）涉外法治

对国内法治、涉外法治与国际法治三者关系的讨论，首先要从涉外法治的属性出发。在全球化时代，涉外法治是指依据涵盖所有具有涉外因素的法律、法规和规章的涉外法律规范体系来管理国家的涉外事务，维护国家利益和促进国际法制进步。目前关于涉外法治属性的讨论十分激烈，"国内法治说"观点认为，国内法治和涉外法治是国内治理的两个方面，国内法治和国际法治是全球治理的两个方面，③即涉外法治本质上属于国家法治范畴，不是国际法治的组成部分；"国际法治说"观点认为，涉外法治体系中涉及条约的适用等内容，这些条约属于国际法治的一部分，所以从国际层面来看，涉外法治属于国际法治的一部分；"桥梁纽带说"观点认为，涉外法治作为国家法治中的涉外部分，在国家法治和国际

---

①　《常驻联合国副代表王民大使在第 66 届联大六委关于"国内和国际法治"议题的发言》，http://un. china-mission. gov. cn/zgylhg/flyty/ldlwjh/201110/t20111006_8355933. htm。

②　黄文艺：《论习近平法治思想的"大法治观"》，《法治研究》2023 年第 2 期。

③　黄惠康：《统筹推进国内法治和涉外法治》，《学习时报》2021 年 1 月 27 日。

法治这两个独立的法律体系之间发挥着桥梁和纽带的作用。除此之外,关于涉外法治属性的讨论,还有等同国际法治说、囊括国际法治说、对外关系说等。

需要明确的是,"涉外法治"是习近平法治思想立足于国内国际形势提出的创新概念,但这一概念并不是独立于国内法治和国际法治之外的第三种法治体系,即所谓的"三元论",其并未改变国内法治和国际法治二元分立的治理格局。[①] 涉外法治概念的提出有利于更好地衔接国内法治和国际法治,促进国内法治与国际法治之间的良性互动。从内涵来看,涉外法律法规体系不仅包括国内法在域外的延伸适用,如民事、刑事等基本法律中专门的涉外条款,还包括国际法在国内的直接适用或转化适用,如为履行各类刑事司法协助条约而制定国际刑事司法协助法,以及通过制定涉外法防止来自西方霸权主义和强权政治的制裁与干涉,如一系列反制裁、反干涉、反制长臂管辖的法律法规。从法治的完整含义来看,除了涉外法律法规的制定,涉外法治还包括涉外执法、涉外司法、涉外法律服务、涉外法律合作、涉外法律斗争等多个方面。[②]基于此,笔者认为上述关于涉外法治属性的观点并不是非此即彼的关系,涉外法治意指主权国家依照本国涉外法律处理本国涉外事务,所以涉外法治是国家治理的一部分,本质上属于广义的国内法治,[③]而涉外法治中又具有条约适用、反制裁措施等国际法治的属性,所以涉外法治介于国内法治和国际法治这两个法律体系之间,发挥着桥梁和纽带的作用。

(二)国内法治、涉外法治与国际法治之间相互依存、相互影响

如前所述,国内法与国际法并非各自独立,国际法会影响国内法,同时,一国国内法的有些部分内容会溢出国家边界从而具有国际层面的域外效力,溢出国

---

① 黄惠康:《准确把握"涉外法治"概念内涵 统筹推进国内法治和涉外法治》,《武大国际法评论》2022年第1期。

② 张磊:《涉外法治的概念与体系》,《中国法学》2022年第2期。

③ 广义的国内法治是与国际法治相对应的独立的法治体系,既包含处理纯国内事务的法治活动,也包含处理本国对外事务的法治活动,而狭义的国内法治则是与涉外法治并列的国家法治体系的组成部分。参见黄惠康:《准确把握"涉外法治"概念内涵 统筹推进国内法治和涉外法治》,《武大国际法评论》2022年第1期。

家边界的这部分国内法就构成涉外法的内容。国内法治是实现国内秩序的良法善治，国际法治是在国际层面实现公平、公正的法律秩序，而涉外法治介于二者之间，表达主权国家的对外立场，三者之间彼此联系，相互交融，相互影响。

国内法治与涉外法治是国家治理的两个方面，国内法治是我国参与国际治理的重要基石，涉外法治是我国参与国际治理的关键保障。国内法治和涉外法治不是相互独立的，而是有机交融的，涉外法治是国内法治的域外延伸和扩展。法治兴则国家兴，法治强则国家强。习近平总书记强调，中国走向世界，以负责任大国参与国际事务，必须善于运用法治。在对外斗争中，要善于拿起法律武器，占领法治制高点，敢于向破坏者、搅局者说"不"。一个国家的国内法治体系必须能够适应国际交往的需要，国内法治的稳定为国家参与国际事务提供了坚实基础，涉外法治的完善为国家参与国际事务、推进国际法治提供了法律依据和行动指南。

涉外法治作为国内法治的延伸，还需要与国际法治保持协调。国家在处理涉外事务时必须遵循国际法的原则和规则，在国际法的框架内行事，国际事务中的法律原则和规则往往需要在国内得到妥善执行，以确保国际合作的顺利进行。这对本国涉外法治的建设也具有积极作用，国际法治的基本原则，如主权平等、互不侵犯、互不干涉内政等，也为国家处理涉外事务提供了法律指引。

国内法治、涉外法治与国际法治都是全球治理体系变革中不可或缺的部分。在国内法治稳定的基础上推进涉外法治，不仅可以对外展现我国依法治国、厉行法治的良好形象，增强其他国家对我国的信任，还有利于构建当代中国的话语体系，推动构建以合作共赢为核心的新型国际关系，推动国际秩序和国际体系朝着更加公正合理的方向发展，为各国发展创造更加公正合理有序的国际法治环境。国际社会应努力加强国内法治、涉外法治和国际法治的协调和有机结合，从而真正形成由法律奠基的、稳定的国际秩序，实现共建、共治、共享的全球治理格局，推动构建人类命运共同体。

三、坚持统筹推进国内法治和涉外法治

坚持统筹推进国内法治和涉外法治，是习近平法治思想的核心要义之一，是全面推进依法治国和建设法治中国的必然要求,也是构建人类命运共同体的必由之路。在全球化背景下,统筹推进国内法治和涉外法治,协调推进国内治理和国际治理的重要性日益凸显。主权国家要在本国构建完备的国内和涉外法律规范体系,维护国内法治稳定,同时遵循国际法治原则,更好地参与国际合作,推动全球治理变革,构建人类命运共同体。

当今世界正在经历新一轮大变革、大调整,保护主义、单边主义抬头,以美国为首的西方国家越来越多地打着法治的幌子行恃强凌弱、零和博弈等霸权行径,有的西方国家以国内法名义对我国公民、法人实施"长臂管辖",以规则为基础的外交法律战更趋激烈。这就需要我们坚持统筹推进国内法治和涉外法治,在完善国内法治的同时,积极参与国际规则的构建,做全球治理变革进程的参与者、推动者、引领者。例如,海南自由贸易港就是统筹推进国内法治和涉外法治、建立开放型经济新体制的典型,是习近平总书记亲自谋划、亲自部署、亲自推动的改革开放重大举措,是支持经济全球化、构建人类命运共同体的实际行动。① 海南自由贸易港的建设对标国际高水平经贸规则,旨在建设具有国际竞争力和影响力的海关监管特殊区域,打造我国深度融入全球经济体系的前沿地带,是中国共产党着眼于国际国内发展大局,深入研究、统筹考虑、科学谋划、推动涉外法治建设的重大决策。

习近平法治思想要求的"坚持统筹推进国内法治和涉外法治"的工作重心在于涉外法治,其重点在于推进涉外法治建设。② 在习近平法治思想的指引下,我国在涉外法治建设方面已经取得长足进步,但与国内法治相比,仍显薄弱,如对外投资、对外援助、港口海岸、领事保护等领域存在无法可依或法规层级较低的问题;涉外领域法律反制的相关条款较分散,可操作性低;注重涉外法律体系的构建而忽视涉外司法、涉外执法等方面的推进;等等。涉外法治在全球法治中起到互动通融的作用。一个国家的国际地位越高,国民的国际性活动越频繁,就越有必要加强涉外法治的建设,而国家涉外法治的完善也能提高本国在国际法治领域的话语权和影响力。因此,要坚持统筹推进国内法治和涉外法治,按照急用先行原则,加强涉外领域立法,进一步完善反制裁、反干

---

① 王轶:《坚持统筹推进国内法治和涉外法治》,《人民日报》2021 年 3 月 19 日。
② 刘仁山:《坚持统筹推进国内法治和涉外法治》,《荆楚法学》2021 年第 1 期。

涉、反制长臂管辖的法律法规,推动中国法域外适用的法律体系建设,还要把拓展执法、司法合作纳入双边、多边关系建设的重要议题中,延伸保护我国海外利益的安全链。① 此外还要加强涉外法治人才培养,无论是立法、执法、司法、法律合作等各个环节还是涉外相关领域的法律服务、法律斗争等,都离不开涉外法治人才。

① 习近平:《坚持走中国特色社会主义法治道路 更好推进中国特色社会主义法治体系建设》,《求是》2022年第4期。

中 编

中国法治进程与国际法中的 "新疆域"问题

第一章
BBNJ 谈判中的国际法问题

引　言

　　作为《2030 年可持续发展议程》的目标之一,海洋环境及其资源的可持续利用受到空前重视,联合国已经或准备在多个具体问题上启动相关国际规则的谈判与制定工作。2004 年 11 月 7 日,第 59 届联合国大会通过第 24 号决议吁请各国和国际组织迫切采取行动,按照国际法处理对海洋生物多样性和包括海底山脉、热液喷口和冷水珊瑚在内的生态系统造成不利影响的破坏性做法,决定设立工作组,研究国家管辖范围以外区域海洋生物多样性的养护和可持续利用问题。2015 年 6 月 19 日,联合国大会通过决议,决定启动"国家管辖范围以外区域海洋生物多样性的养护和可持续利用国际协定"(The Agreement under the United Nations Convention on the Law of the Sea on the Conservation and Sustainable Use of Marine Biological Diversity of Areas beyond National Jurisdiction,简称"BBNJ 协定")谈判,并提出三步走的路线图,即成立协定谈判预委会、决定是否召开政府间大会以启动谈判正式进程及出台 BBNJ 协定。2023 年 3 月 4 日,BBNJ 协定完成英文文本谈判。作为《公约》的第三个执行协定,该协定"一揽子"处理海洋遗传资源及其惠益分享、划区管理工具及海洋保护区、环境影响评价、技术转让与能力建设四项问题,为今后各国在其管辖范围外区域海洋的各项活动进行更加全面而具体的规范。BBNJ 协定是近 30 年来对《公约》的再次补充、修订和完善,为公海和国际海底的海洋活动创建了新法律框架,将对当今国际海洋治理格局产生重大而深远的影响。

第一节　BBNJ 国际造法中的"一揽子交易":作用与局限

"一揽子交易"(Package deal)是国际谈判中经常使用的谈判策略和技巧之一,基本特征是在谈判中将两个或多个争端问题联系在一起进行讨论,以便通过谈判达成的解决方案能够平衡整体的得失并能够被双方或各方接受,这种方法在多边谈判中尤为盛行。[1] 在国家通过条约或习惯等方式制定、承认、修改和废止国际法规范的国际造法活动中,[2]"一揽子交易"已不再囿于作为国家层面运用的谈判方法,而是演进为一种国际造法的整体性程序安排,因而不仅能够促进各方达成共识,还能更深层次地塑造国际造法的结果并进一步影响其适用效果。国际造法对"一揽子交易"的普遍运用,充分说明了其在国际造法中的重要价值。[3] 随着百年

---

[1]　John P. Grant and J. Craig Barker, *Encyclopaedic Dictionary of International Law*, Oxford University Press, 2009, p. 452.

[2]　古祖雪:《国际造法:基本原则及其对国际法的意义》,《中国社会科学》2012 年第 2 期。

[3]　实践中,运用"一揽子交易"而产生的国际造法性条约主要有:1969 年《维也纳条约法公约》、1982 年《联合国海洋法公约》、1994 年《马拉喀什建立世界贸易组织协定》、1995 年《执行 1982 年 12 月 10 日〈联合国海洋法公约〉有关养护和管理跨界鱼类种群和高度洄游鱼类种群的规定的协定》(简称"《鱼类种群协定》")、1998 年《国际刑事法院罗马规约》、1992 年《联合国气候变化框架公约》以及 2016 年《巴黎气候变化协定》等。

未有之大变局下国际力量对比的深刻变化与国际秩序的加速变革,"一揽子交易"
在国际造法中将会扮演更加重要的角色。

　　当前,在国家管辖范围以外区域海洋生物多样性的养护和可持续利用国际
造法中,①作为整体性程序安排的"一揽子交易"同样得以运用并取得一定成
效。② 然而,随着谈判的深入推进,"一揽子交易"结构的不平衡问题愈发凸显,③
少数分歧明显的议题开始阻碍整体进程的发展,甚至危及 BBNJ 协定的最终达
成。这不仅对参与 BBNJ 国际造法的各方提出了严峻的政治与法律考验,也促使
国际社会重新审视并反思"一揽子交易"本身。因此,梳理 BBNJ 国际造法中"一
揽子交易"的提出过程及原因,剖析其发挥的作用、存在的局限及相应的完善建
议,不仅对我国深度参与 BBNJ 国际造法,而且对增强我国运用"一揽子交易"影
响和塑造国际造法的能力,无疑都具有迫切的现实意义和重要的理论意义。

一、BBNJ 国际造法中"一揽子交易"的
提出过程与原因分析

(一)BBNJ 国际造法中"一揽子交易"的提出过程

　　2004 年 11 月 7 日,第 59 届联合国大会通过第 24 号决议,决定设立工作
组,启动 BBNJ 国际造法进程。④ 此后,自 2006 年 2 月 13 日工作组召开第一次

---

　　①　2017 年 11 月,第 72 届联合国大会通过了养护和可持续利用国家管辖范围外生物多样性(以下
简称"BBNJ")的第 249 号决议,特别强调:"应处理 2011 年商定的一揽子事项中确定的议题,包括海洋遗
传资源的养护和可持续利用,包括惠益分享问题,包括海洋保护区在内的划区管理工具、环境影响评估、
能力建设及海洋技术转让。""72/249. International legally binding instrument under the United Nations
Convention on the Law of the Sea on the conservation and sustainable use of marine biological diversity of
areas beyond national jurisdiction", United Nations General Assembly, December 24, 2017, https://
undocs. org/en/a/res/72/249。

　　②　Pascale Ricard, "Marine Biodiversity Beyond National Jurisdiction: The Launch of An
Intergovernmental Conference for The Adoption of a Legally Binding Instrument Under the UNCLOS,"
Maritime Safety and Security Law Journal, 2018, p. 87.

　　③　《外交部条约法律司黄颖妮副处长做题为"BBNJ 国际协定谈判总体进展"的主旨报告》,厦门大
学南海研究院,2019 年 11 月 4 日,https://scsi. xmu. edu. cn/info/1093/1831. htm。

　　④　"59/24. Oceans and the law of the sea", United Nations General Assembly, November 17,
2004, https://undocs. org/en/A/RES/59/24.

会议开始至 2015 年 1 月 23 日召开最后一次会议并向联合国大会提交 BBNJ 协定建议草案为止,工作组在这近十年的时间里前后共召开九次会议,而在 2011 年召开的第四次工作组会议上,各方达成了"一揽子交易"。①

起初,"一揽子交易"并没有直接被确立为 BBNJ 国际造法的整体性程序安排,而是先作为一种谈判方法被用来促成妥协。2011 年 6 月 3 日,在工作组第四次会议上,77 国集团/中国、欧盟、墨西哥联合递交了一份提案,提议参考制定一项法律框架,以处理作为"单一承诺"(Single undertaking)②的"海洋遗传资源包括惠益分享""诸如划区管理工具的养护措施,包括海洋保护区""环境影响评价"及"能力建设和海洋技术转让"。③ 在这份联合提案中,77 国集团/中国、欧盟、墨西哥就 BBNJ 协定的主要内容达成了内部交易,互相承诺支持对方关注的优先事项,即欧盟主导推动制定《公约》执行协定及其海洋保护区制度的立场获得了 77 国集团/中国的支持。作为交换条件,欧盟支持 77 国集团/中国所主张的海洋遗传资源及其惠益分享问题。随后,这项交易又扩展至环境影响评价和能力建设与技术转让,最终形成"联合提案"(又称"妥协文本")。④

与此同时,美国也递交了一份提案,指出 BBNJ 国际造法应当讨论在《公

---

① 2011 年,工作组在向联合国大会提交的"研究国家管辖范围以外区域海洋生物多样性的养护和可持续利用有关问题的不限成员名额非正式特设工作组的建议"中明确建议:"这一进程涉及国家管辖范围以外区域海洋生物多样性特别是海洋遗传资源的养护和可持续利用,包括分享惠益问题,还涉及划区管理工具等措施,包括海洋保护区、环境影响评估、能力建设和转让海洋技术。"See "Letter dated 30 June 2011 from the Co-Chairs of the Ad Hoc Open-ended Informal Working Group to the President of the General Assembly", United Nations General Assembly, June 30, 2011, http://daccess-ods. un. org/access. nsf/Get? Open&DS=A/66/119&Lang=E。

② 在工作组会议中,77 国集团和中国将"单一承诺"解释为:"联合国在不同国家优先考虑的各种问题上取得共同进展的实践。"实际上,"单一承诺"与"一揽子交易"仅是使用语境与观察视角的不同,二者的内涵基本上是一致的。"单一承诺"侧重于从谈判参与方的角度阐释一种"要不全部接受所有谈判议题,要不全部放弃所有谈判议题退出谈判"的承诺义务。"一揽子交易"则具有更为广泛的内涵,例如作为任何谈判参与方都可以提出并使用的谈判方法或者谈判的程序性安排等。Robert Wolfe, "The WTO Single Undertaking as Negotiating Technique and Constitutive Metaphor," *Journal of International Economic Law*, Vol. 12, No. 4, 2009, p. 837。

③ "Earth Negotiations Bulletin MBWG 4 FINAL", International Institute for Sustainable Development, June 3, 2011, p. 6, http://www. iisd. ca/oceans/marinebiodiv4/。

④ 李洁、张湘兰:《国家管辖外海域生物多样性保护国际法规范的完善》,《中国海商法研究》2016 年第 2 期。

约》建立的框架基础上制定一项新的国际协定,而不是制定一项《公约》的执行协定的可能性,并且获得俄罗斯和加拿大的支持。① 但是,美国的提案主要是对将来达成的 BBNJ 协定性质有不同意见,其并没有对"联合提案"的内容提出实质性的反对,只是反对将"海洋保护区"和"环境影响评价"视为养护措施,单独将"一揽子交易"中海洋遗传资源的惠益分享问题列出表示了担忧。② 除此之外,其他国家在工作组会议中均未对"联合提案"提出实质性的反对。从当时的情况来看,运用"一揽子交易"所达成的"联合提案"获得了几乎所有参与方的认同,"一揽子交易"实际上具备了成为整体性程序安排的共识基础。

随着"联合提案"获得普遍认可,BBNJ 国际造法的参与方也相应调整自身立场,以 77 国集团/中国为代表的广大发展中国家,开始提及海洋遗传资源的"惠益分享"和支持欧盟推动的海洋保护区及其他事项,以欧盟为代表的"海洋环保派"转而明确支持建立海洋遗传资源的获取及其惠益分享国际制度,以美国为代表的"海洋利用派"也表示接受制定海洋遗传资源惠益分享以及能力建设与技术转让国际制度的可能性。③ 各方立场的调整促成了更大范围的"一揽子交易"。正如菲律宾在工作组会议中解释的那样,"'联合提案'代表了绝大多数发达国家和发展中国家的共识,'单一承诺'表明需要对 BBNJ 采取整体性的方法"④。摩纳哥认为"联合提案"在凝聚共识方面起到了重大作用,南非也赞扬"联合提案"中的"一揽子交易"内容促成了"巧妙的平衡"。⑤ 最终,参与工作组会议的所有国家通过协商一致的方式,⑥承认和接受了 BBNJ 国际造法应

---

① "Earth Negotiations Bulletin MBWG 4 FINAL", International Institute for Sustainable Development, June 3, 2011, p. 6, http://www.iisd.ca/oceans/marinebiodiv4/.

② Ibid.

③ Ibid.

④ Ibid.

⑤ Ibid.

⑥ BBNJ 国际造法中的"一揽子交易"建立在"协商一致"的基础上,工作组会议、预备委员会会议及政府间会议的议事规则主要是"协商一致"。BBNJ 工作组会议采取了"协商一致"的决策原则,工作组会议向联合国大会提交载有"一揽子事项"的建议是在"协商一致"的基础上通过的。根据会议记录文件的描述:"下午晚些时候,共同主席利因扎德提交了一份来自'友好小组'的修正建议草案。代表们以协商一致方式通过了建议,包括启动法律框架进程。共同主席利因扎德随后就共同主席提出的新建议草案征求反馈意见,要求秘书长编制一份与《生物多样性公约》相关的现有文书清单。阿根廷对这一清单(转下注)

当"一揽子处理"上述四项议题,"联合提案"作为工作组会议建议呈交联合国大会审议,从而灵活完成了通向"一揽子交易"问题的谈判。① 2011 年 11 月 24 日,第 66 届联合国大会通过第 231 号决议,明确赞同工作组会议提出的建议,②正式确认"一揽子交易"达成的"联合提案"在联合国成员方之间的法律效力。至此,BBNJ 国际造法通过联合国大会决议的方式,正式确立了"一揽子交易"的整体性程序安排地位,使其不再仅是 BBNJ 国际造法中欧盟、77 国集团/中国等个别谈判参与方所采用的一种谈判方法,而是成为 BBNJ 国际造法中所有参与方都必须遵守的一种整体性程序安排。在此之后,联合国大会又分别在第 69/292 号决议和第 72/249 号决议中再次确认 2011 年"一揽子交易"作为整体性程序安排的地位。③

(二) BBNJ 国际造法中运用"一揽子交易"的原因分析

历史上,早在联合国第三次海洋法会议期间,"一揽子交易"便得到了充分运用,其贯穿于《公约》制定过程的所有工作,为《公约》的高品质以及卓越成绩

(续上注)的敏感性表示关切,并在欧盟的支持下提议将这一建议纳入共同主席的会议摘要,以便在大会关于海洋法的年度决议的谈判中采纳。代表们表示同意,然后以协商一致方式通过了关于工作组任务和未来会议的其余建议。77 国集团/中国将协商一致的建议描述为一项切实的成果。共同主席利因扎德于下午 6 时 20 分宣布会议结束。"("Earth Negotiations Bulletin MBWG 4 FINAL", International Institute for Sustainable Development, June 3, 2011, p. 7, http://www. iisd. ca/oceans/marinebiodiv4/.)此外,BBNJ 预委会与政府间会议也同样采取了协商一致的议事规则,联合国大会第 69/292 号决议要求"预委会应竭尽一切努力,以协商一致方式就实质性事项达成协议",而联合国大会第 72/249 号决议也同样要求政府间会议"应秉诚并尽一切努力,以协商一致方式商定实质性事项"。

① "Earth Negotiations Bulletin MBWG 4 FINAL", International Institute for Sustainable Development, June 3, 2011, p. 6, http://www. iisd. ca/oceans/marinebiodiv4/.

② "66/231. Oceans and the law of the sea", United Nations General Assembly, December 24, 2011, p. 25, https://documents-dds-ny. un. org/doc/UNDOC/GEN/N12/478/90/PDF/N1247890. pdf? OpenElement.

③ 2015 年 6 月 19 日,联合国大会在 69/292 号决议中决定:"通过谈判处理 2011 年商定的'一揽子事项'所含的专题,即国家管辖范围以外区域海洋生物多样性的养护和可持续利用,特别是作为一个整体的全部海洋遗传资源的养护和可持续利用,包括惠益分享问题,以及包括海洋保护区在内的划区管理工具、环境影响评估和能力建设及海洋技术转让等措施。"2017 年 12 月 24 日,联合国大会在 72/249 号决议中再次决定:"谈判应处理 2011 年商定的'一揽子事项'中确定的专题,即国家管辖范围以外区域海洋生物多样性的养护和可持续利用,特别是作为一个整体的全部海洋遗传资源的养护和可持续利用,包括惠益分享问题,以及包括海洋保护区在内的划区管理工具、环境影响评估和能力建设及海洋技术转让等措施。"

作出了突出贡献。① 在 BBNJ 国际造法中,继续沿用"一揽子交易"主要有以下两个方面的原因。

1. 主观方面:基于挽救并推动 BBNJ 国际造法进程的考虑

一方面,BBNJ 国际造法面临着"开局即僵局"的严重困境。2006 年 2 月 13 日至 17 日,工作组在纽约联合国总部召开了第一次会议,其中关于"海洋遗传资源的法律属性"此类处于《公约》空白之处且在政治与法律上均高度敏感的问题一经提出,会议气氛立刻紧张起来。② 受此影响,第二次和第三次工作组会议均未取得预期进展,工作组会议实际上已经面临"开局即僵局"的危境。正是在这种情势之下,欧盟与 77 国集团/中国主动合作,提出"联合提案"共同将 BBNJ 国际造法从谈判僵局的边缘挽救回来。事后来看,"一揽子交易"对于挽救当时的谈判僵局起到无可替代的重要作用。在此之后,BBNJ 国际造法完全在"一揽子交易"所设定的轨道上有条不紊地推进。因此,"一揽子交易"的达成是挽救谈判僵局的务实之选,其为各方在后续的 BBNJ 国际造法中展开实际合作提供了新的机会。③

另一方面,BBNJ 国际造法面临着"推进困难"的潜在危险。在 BBNJ 国际造法的工作组会议阶段,相关参与方和议题的数量就已经远超工作组的正常处理范围。第二次工作组会议的参与方超过 300 位,第三次工作组会议仍然有大约 200 位参与方,参与方提出的议题更是涵盖渔业、海上倾倒有毒废物、深海石油开采、海洋科学研究等众多与 BBNJ 存在关联的议题,并且各方利益在如此广泛的议题上普遍存在分歧。④ 因此,继续就各项议题采取"分项"谈判势必难以取得成效,导致谈判效率低下。第三次海洋法会议运用"一揽子交易"的

---

① 迈伦·H. 诺德奎斯特主编《1982 年〈联合国海洋法公约〉评注》(第一卷),吕文正、毛彬、唐勇译,海洋出版社 2019 年版,第 49—50 页。

② "Earth Negotiations Bulletin MBWG FINAL," International Institute for Sustainable Development, February 20, 2006, https://enb.iisd.org/download/pdf/enb2525e.pdf.

③ R. D. Tollison and T. D. Willett, "An Econmic Theory of Mutually Advantageous Issue Linkages in International Negotiations," *International Organization*, Vol. 33, No. 4, 1979, pp. 425—449.

④ A/61/65-Report of the Ad Hoc Open-ended Informal Working Group to study issues relating to the conservation and sustainable use of marine biological diversity beyond areas of national jurisdiction, https://daccess-ods.un.org/TMP/3130529.22487259.html.

部分原因在于议题的广泛性、复杂性以及大量国家的参与使谈判进程难以早日完成,①BBNJ 国际造法所面临的情况与此相同。对此,BBNJ 国际造法运用"一揽子交易"可以使各方较为有效地了解对方的底线、关注点和重要利益,②形成谈判中的主要利益集团并先行在内部进行协调,从而更容易接受在"分项"谈判方式下原本不愿接受的协议成果。③

2. 客观方面:基于 BBNJ 国际造法中议题间关联性的考虑

从现实来看,各种海洋问题之间存在相互间的关联性,理应作为一个整体进行处理。这种观念已经深入人心,得到了国际社会的广泛认可。早在 1969 年 12 月 15 日,联合国大会通过的第 2574A 号决议就曾确认:"与公海、领水、毗连区、大陆架、上覆水域以及国家管辖范围以外的海床和洋底有关的问题紧密相连。"④而实际上,海洋问题的相互关联性也直接导致了第三次海洋法会议上"一揽子交易"概念的诞生。⑤追本溯源,海洋问题的相互关联性是"一揽子交易"产生并得以运用的现实基础。

在 BBNJ 国际造法中,各项议题之间也具有较强的关联性,已经达到"我中有你,你中有我"的密切程度,因此必须作为一个整体进行考虑。具体而言,海洋遗传资源及其惠益分享主要聚焦于各国的开发利用活动,而此类活动稍有不慎就可能同时对国家管辖范围以外区域海洋生物多样性造成损害,因此十分有必要在相关活动开展之前引入环境影响评价。为了能更好地开发利用那些位于特别脆弱环境中的海洋遗传资源,同样需要按照一定的标准选划一定范

---

① 迈伦·H. 诺德奎斯特主编《1982 年〈联合国海洋法公约〉评注》(第一卷),吕文正、毛彬、唐勇译,海洋出版社 2019 年版,第 49 页。

② 王中美:《论 WTO"单一承诺"之变革》,《国际论坛》2012 年第 1 期。

③ 徐崇利:《经济全球化与国际经济条约谈判方式的创新》,《比较法研究》2001 年第 3 期。

④ "2574 (XXIV). Question of the reservation exclusively for peaceful purposes of the sea-bed and the ocean floor, and the subsoil thereof, underlying the high seas beyond the limits of present national jurisdiction, and the use of their resources in the interests of mankind", United Nations General Assembly, December 15, 1969, https://legal. un. org/diplomaticconferences/1973_los/docs/english/res/a_res_2574_xxiv. pdf.

⑤ Alan Beesley, "The Negotiating Strategy of UNCLOS III: Developing and Developed countries as Partners—a Pattern for Future Multilateral International Conferences?" *Law and Contemporary Problems*, Vol. 46, No. 2, 1983, pp. 183—194.

围的特殊区域,并且对这片区域实行比其他区域更严格的保护,这就是包括海洋保护区在内的各种划区管理工具的意义之所在。在此基础之上,又进一步牵涉出能力建设与技术转让问题,因为对于大多数发展中国家来说,通常缺乏利用和保护国家管辖范围外海洋遗传资源的技术能力和专业人员,为了帮助发展中国家更好地履行养护海洋生物多样性的义务及提高发展中国家利用海洋生物多样性的能力,必然也要对"能力建设和技术转让"议题进行磋商。① 因此,围绕养护与可持续利用 BBNJ 的宗旨,"一揽子交易"中的四项议题之间存在着千丝万缕的联系。在这样的现实面前,BBNJ 国际造法运用"一揽子交易"即变得顺理成章,而且这种相互关联性本身也有助于各方进行互惠基础上的交换。②

二、BBNJ 国际造法中"一揽子交易"的作用

在 BBNJ 国际造法中,"一揽子交易"直接影响了具体条文的产生。BBNJ 协定的内容是谈判各方反复进行"讨价还价"的结果,代表着一种建立在妥协基础上的共识。在某些情况下,为了尽可能达成共识,谈判各方可能还需要在条文中有意使用一些模糊性的表述来掩盖不可调和的分歧。③ 不仅如此,经过"一揽子交易"所达成的各项条文之间相互联系,互为彼此存在的条件,构成一个不可分割的整体,从而在整体上将 BBNJ 协定塑造为"一揽子协定",具有一定的独特性。

(一)通过禁止保留维护 BBNJ 协定的完整性

条约保留的需要通常源自多边条约制定过程,④而实践中有一些条约,特别是那些作为"一揽子交易"结果产生的条约,明确规定保留是不予准许的。⑤

---

① Glen Wright, Julien Rochette, Kristina Gjerde, Isabel Seeger, *The long and winding road: negotiating a treaty for the conservation and sustainable use of marine biodiversity in areas beyond national jurisdiction*, Institute for Sustainable Development and International Relations, 2018, p. 48.

② 徐泉:《WTO"一揽子承诺"法律问题阐微》,《法律科学》(西北政法大学学报)2015 年第 1 期。

③ Michael Byers, "Still agreeing to disagree: international security and constructive ambiguity," *Journal on the Use of Force and International Law*, Vol. 8, 2021, p. 93.

④ Anthony Aust, *Modern Treaty Law and Practice*, Cambridge University Press, 2013, p. 120.

⑤ 安托尼·奥斯特:《现代条约法与实践》,江国青译,中国人民大学出版社 2005 年版,第 118 页。

例如,《公约》第 309 条、《国际刑事法院罗马规约》第 120 条、《马拉喀什建立世界贸易组织协定》第 16 条第 5 款等均规定禁止保留。因为一旦允许保留,将会彻底破坏条约作为"一揽子交易"产物的性质。"一揽子交易"试图确保建立一个总体平等的秩序,在这个秩序之下各国享有权利和利益的同时也必须承担相应的责任和义务。① 因此,谈判各方运用"一揽子交易"的目的在于使任何缔约方必须完整接受条约所有内容的支配。如果不加限制地允许保留,将损害条约的完整性,②"一揽子交易"承载的责任或义务可能会被保留所排除或更改,相关规定会在保留国与接受保留国、保留国与反对保留国以及未保留国之间变得支离破碎,无法得到完整适用。具体而论,根据《维也纳条约法公约》第 2 条第 1 款(丁)项的规定,保留的目的在摒除或更改条约中若干规定对该国适用时之法律效果,因此一项"声明"的目的在摒弃或更改条约中若干规定对该国适用时之法律效果就是保留。③ 由此可见,保留的目的主要有二:一是摒弃或排除条约规定;二是更改条约规定。然而,二者均会损害"一揽子交易"中权利、义务整体上的相称。因此,不论是从保留的排除目的还是从更改目的来看,条约允许保留都会导致"一揽子交易"的失败,"一揽子交易"也将不再是"一揽子"或"交易"。④ 有鉴于此,BBNJ 国际造法中的各方均默认 BBNJ 协定禁止保留,几乎不对条约保留事项进行任何实质讨论。政府间会议主席草拟的 BBNJ 协定案文草案的第 63 条中也明确规定:"对本协定不得作出保留或例外。"⑤进一步考察各方代表团截至 2020 年 2 月 20 日提交的针对案文草案的书面提议中,BBNJ 协定案文草案第 63 条禁止保留或例外的规定也没有任何国家提出不同意见。⑥ 由此

---

① 迈伦·H. 诺德奎斯特主编《1982 年〈联合国海洋法公约〉评注》(第一卷),吕文正、毛彬、唐勇译,海洋出版社 2019 年版,第 53 页。

② 松井芳郎、佐分晴夫等:《国际法》(第四版),辛崇阳译,中国政法大学出版社 2004 年版,第 34 页。

③ 詹宁斯、瓦茨修订《奥本海国际法》(第一卷第二分册),王铁崖等译,中国大百科全书出版社 1998 年版,第 648 页。

④ R. Y. Jennings, "Law-Making and the Package Deal," in *Mélanges offerts à Paul Reuter*, Pedone, 1981, p. 352.

⑤ "Draft text of an agreement under the United Nations Convention on the Law of the Sea on the conservation and sustainable use of marine biological diversity of areas beyond national jurisdiction", United Nations General Assembly, August 19—30, 2019, https://undocs.org/A/CONF. 232/2019/6.

⑥ "Article-by-article compilation", February 20, 2020, https://www. un. org/bbnj/sites/www. un. org. bbnj/files/textual_proposals_compilation_article-by-article_-_15_April,_2020. pdf.

可见,BBNJ 国际造法中的"一揽子交易"通过禁止保留的方式有力维护了 BBNJ 协定的完整性。

(二)通过排除对非缔约国的效力增进 BBNJ 协定的统一性

在条约的第三方效力问题上,国际社会普遍遵循"条约对第三方无损益"(pacta tertiis nec nocent nec prosunt)。换言之,条约一般不得为第三国创设义务或权利,除非经过该国的同意。这不仅是《维也纳条约法公约》的明文规定,也是一项被公认为的习惯国际法规则。根据《维也纳条约法公约》第 35 条和第 36 条的规定,条约对第三方规定权利或义务存在两个条件:第一,条约当事方具有为第三方规定权利或义务的意图;第二,第三方同意这种权利或义务,其中根据条约为第三方规定权利或义务的不同,对第三方同意的要求也存在差别。但是,不论哪种情形,都必须先满足条约当事国具有为第三方规定权利或义务的意图才行。然而,在有些情况下,通过条约文本的表述难以判断缔约国是否具有为非缔约国规定权利或义务的意图。以《公约》为例,其有些条文规定的主体是"缔约国",而有的条文却规定"所有国家",除此之外还使用了大量"沿海国"和"各国"的表述。这导致非缔约国可能会完全出于自身利益需要,随意行使条约规定的权利,拒绝或逃避承担条约规定的义务,造成条约在非缔约国效力方面的混乱。

对此,"一揽子交易"的运用可以从根本上排除对非缔约国的效力。在第三次海洋法会议中,秘鲁大使曾明确指出:"'一揽子交易'排除了对《公约》的任何选择性适用,任何国家或国家集团都不能通过提及《公约》的个别条款来合法地主张第三国的权利或援引第三国的义务,除非该国或国家集团本身是《公约》的缔约国。"①这里的"任何国家"显然是指包括非缔约国在内的所有国家。第三次海洋法会议主席许通美(Tommy Koh)在具体谈到 200 海里以外大陆架的权利时更是指出:"非本公约缔约国的国家不能援引第 76 条的好处。"②与

---

① "the 183d plenary meeting of the resumed 11th session", Third United Nations Conference on the Law of the Sea, September 22, 1982, p. 3, https://legal. un. org/diplomaticconferences/1973_los/docs/english/Vol_17/a_conf62_sr183. pdf.

② The closing statement of the President (Tommy TB Koh), Official Records, Volume XVII (n 7), at pp. 135—36, para 48.

《公约》类似,当前的 BBNJ 协定案文草案在第 14 条、第 18 条、第 21 条、第 24 条等条文中同时使用了"各国"的表述。有鉴于此,在没有缔约国其他相反意图的明确表示下,BBNJ 协定同样将排除对非缔约国的效力,即非缔约国不能根据 BBNJ 协定的个别规定主张权利或义务,而这无疑能增进 BBNJ 协定适用的统一性。

(三) 通过限制修正保持 BBNJ 协定的稳定性

条约的修正(amendment)关系到条约本身的稳定性,而为了使条约适应各种情况的变更,时常有修订(包括修正与修改)的必要,但条约的稳定性和条约必须遵守原则在国际社会中也是必要的。① 所以,条约的稳定性与灵活性应当维持在一个平衡的状态。对于条约修正规则的起草不仅是个法律问题,而且根本上也是一个政治与外交问题。② 条约由于"一揽子交易"的运用而成为一个不可分割的整体,条约的灵活性便不得不向"一揽子交易"进行让步,即条约修正规则必须充分顾及"一揽子交易"背后所包含的政治妥协,因为这种政治妥协稍有不慎就可能被具有选择性的条约修正所破坏。③ 从现实考虑,"一揽子交易"形成了各方权利及义务的相对平衡,随意提出任何条约修正案都可能因打破原有的平衡状态而引发连锁反应,招致其他缔约国的反对或不断提出新的修订。因此,运用"一揽子交易"产生的条约通常倾向于采纳一套较为复杂且严格的修正规则,以试图保护"一揽子交易"及其背后所达成的政治平衡。④

作为同样运用"一揽子交易"的 BBNJ 协定来说,"一揽子交易"对其条约修正规则产生的最大影响莫过于条约修正案的通过条件。正如上文所述,BBNJ 国际造法中的"一揽子交易"是在协商一致的基础上达成的,这必然要求对"一揽子交易"的任何修正也理应遵循协商一致的程序。因此,BBNJ 协定案文草案为修正案通过规定了一个较高条件,其在第 65 条第 2 款规定:"缔约方会议

---

① 李浩培:《条约法概论》,法律出版社 2003 年版,第 366 页。

② A. D. McNair, *The Law of Treaties*, Clarendon Press, 1960, p. 534.

③ D. Freestone and A. Oude Elferink, "Flexibility and innovation in the law of the sea-will the LOS Convention amendment procedures ever be used?" in A. Oude Elferink (ed.), *Stability and Change in the Law of the Sea: The Role of the LOS Convention*, Martinus Nijhoff Publishers, 2005, p. 218.

④ 例如《公约》《国际刑事法院罗马规约》以及《建立世界贸易组织马拉喀什协定》都规定修正案必须经过协商一致才能通过,这几个具有代表性的条约还同时规定了较为严格的修正案生效的条件。

应尽一切努力就以协商一致方式通过任何拟议修正案达成一致意见。若已用尽所有努力但仍未达成共识,则应适用缔约方会议通过的议事规则中规定的程序。"该条明确要求 BBNJ 协定的修正案应当以协商一致的方式通过,只有在用尽"所有"努力而没有达成共识时才求助于缔约方会议本身的议事规则。值得注意的是,针对第 65 条的规定,美国在最新的逐条提案中甚至更进一步,建议仅保留"协商一致"原则,反对适用其他任何决策规则。因此,在"协商一致"原则的支配下,顺利通过一项 BBNJ 协定的修正案将变得十分困难,BBNJ 造法的参与方意在通过增加修正的难度保持 BBNJ 国际协定的稳定性。

(四)通过促进国际习惯法的发展提升 BBNJ 协定的普遍性

从主体意义上来说,国际法的普遍性主要是指所有国家都受到其约束。① 作为当前国际法主要渊源的条约仅能约束缔约方,天然地存在这种普遍性的不足。然而,当条约规定逐渐发展成为习惯国际法时,便能够因具有约束第三方的效力而获得普遍性。② 在 1969 年的"北海大陆架"案中,国际法院曾较为具体地总结出条约规定获得习惯国际法地位的四项条件。③ 在条约向国际习惯法发展的过程中,可以从"国家实践"与"法律确信"两个角度考察"一揽子交易"的作用。

从国家实践角度来看,形成习惯国际法的国家实践一般应当具备数量上的广泛性与代表性、一定时间上的经过以及实践上的一致性,而经过"一揽子交易"达成的 BBNJ 协定能够为满足上述条件提供更有利的基础。首先,"一揽子交易"因其"议题联结"的本质,相对而言更容易吸引和容纳数量多且复杂的利益诉求,促进各国广泛参加 BBNJ 协定。从既有实践来看,运用"一揽子交易"达成的多边条约通常能吸引大多数国家的参加,④这为形成新的习惯国际

---

① 蔡从燕:《国际法的普遍性:过去、现在与未来》,《现代法学》2021 年第 1 期。

② 安东尼奥·卡塞斯:《国际法》,蔡从燕等译,法律出版社 2009 年版,第 208 页。

③ 第一,条约规定具有根本上的规范创设性,使其能够构成一般法律规则的基础;第二,条约得到广泛和具有代表性国家的参加,其中包括那些利益受到特别影响的国家;第三,国家实践具有广泛性和实质的一致性,足以证明一项法律规则或法律义务得到了普遍承认;第四,一定时间的经过,尽管是短暂的。North Sea Continental Shelf Cases (Federal Republic of Germany/Denmark; Federal Republic of Germany/Netherlands), [1969] ICJ Rep 3, at pp. 41—44.

④ 截至目前,《联合国海洋法公约》已经有 169 个缔约方,而 1998 年达成的《国际刑事法院罗马规约》也已经有 124 个缔约方。

法提供了数量方面的基础。其次,"一揽子交易"的过程本身就是利益相关方进行"利益交换"的过程,而运用"一揽子交易"达成的 BBNJ 协定至少包括大部分利益受到特别影响的国家,从而具有相当程度的代表性,否则,"一揽子交易"便缺少赖以存在的必要。最后,"一揽子交易"使所有 BBNJ 协定的规则构成一个相互关联的整体,任何不一致的实践都将有损于"一揽子交易"所形成的平衡状态,这也有助于增强国家实践的一致性。

从法律确信角度来看,主要在于各国是否是出于遵守一项法律规则而不是出于礼节、方便、传统等原因进行国家实践。尽管法律确信的确定是一项极为复杂的工作,需要在结合各种具体因素的基础上进行综合判断,但在诸多因素中,条约本身能够成为法律确信存在的证据。一方面,"一揽子交易"能够产生禁止保留的作用,其有助于法律确信的产生。法律确信要求各国意识到条约规则本身的约束力,而国家具有提出保留而不适用某项条约规则的权利,便不能认为其具有这种约束力。① 另一方面,"一揽子交易"还产生了排除非缔约国效力的效果,非缔约方只能转而在习惯国际法层面寻求适用相关规定的法律基础,例如,美国作为《公约》的非缔约方,长期以来都是将《公约》作为一般国际法进行遵守,②而这个过程也体现了一定的法律确信。因此,BBNJ 国际造法中的"一揽子交易"有助于法律确信的形成。

总体来看,"一揽子交易"能够在一定程度上通过促进习惯国际法的发展来提升 BBNJ 协定的普遍性。

三、BBNJ 国际造法中"一揽子交易"的局限

(一) BBNJ 国际造法中"一揽子交易"的正当性局限

从国际造法正当性(legitimacy)的角度来看,"一揽子交易"无法保障所有参与方都能公平地表达意愿。在国际法上,正当性被用来通过引入"正义或公

---

① Separate Opinion of Judge Fouad Ammoun, para 30, p. 131, https://www.icj-cij.org/public/files/case-related/51/051-19690220-JUD-01-06-EN.pdf.

② Dennis Mandsager, "The U. S. Freedom of Navigation Program: Policy, Procedure, and Future," *International Law Studies Series*, Vol. 72,1998, p. 118.

平"等价值观念来加强国际法的道德说服力。① 国际造法的正当性取决于那些受国际法约束的国家认为其是通过正当的程序产生的,②这要求国际造法建立在"国家同意"原则的基础上,并且能够充分反映所有参与方的利益。正当性的缺乏不仅会影响国际造法进程,而且还会导致缔约国遵守国际法的意愿降低。从表面上看,"一揽子交易"确实以"整体互惠"(overall reciprocal)的方式扩大了参与方,尤其是弱势方的谈判筹码,③一定程度上体现了谈判中的平等原则,使得各谈判参与方不论大小强弱,均具有参与出价与利益交换的权利。然而,"一揽子交易"却以表面上的平等掩盖了实际谈判中的不平等,处于强势地位的国家可以利用"一揽子交易"从处于弱势地位的国家获取不成比例的让步,④导致这些国家被迫接受原本不愿意接受的条款。

在 BBNJ 国际造法中,诸如最不发达国家(Least Developed Countries)、小岛屿发展中国家(Small Island Developing States)、非洲集团(African Group)等相对处于弱势地位的参与方的利益诉求并没有因为"一揽子交易"的运用而得到充分保障。从"一揽子交易"涉及的四项议题来看,上述这些处于相对弱势地位的发展中国家并没有在代表其利益诉求的"海洋遗传资源及其惠益分享"和"能力建设与技术转让"议题上"换取"发达国家足够充分的让步,反而对发达国家重视的"划区管理工具"和"环境影响评价"议题作出了更多承诺。具体而言,在"海洋遗传资源货币惠益分享"方面,绝大多数发达国家反对分享货币惠益,而仅将其中的"惠益"限定在"非货币惠益"方面。⑤ 在"能力建设与技术转让"方面,发达国家在同意进行能力建设与技术转让的同时,也限定了这种行为只能基于"自愿"而绝非强制。对此,瑙鲁代表太平洋小岛屿发展中国家(PSIDS)反对道,"深信并从经验中认识到仅靠自愿资助是远远不够的",密

① Alan Boyle, Christine Chinkin, *The Making of International Law*, Oxford University Press, 2007, p. 24.

② T. Franck, "Legitimacy in the International System," *AJIL*, Vol. 82, 1988, pp. 705—706.

③ Ernst-Ulrich Petersmann, *The GATT/WTO Dispute Settlement System: International Law, International Organizations and Dispute Settlement*, Martinus Nijhoff Publishers, 1997, p. 54.

④ 徐泉:《WTO"一揽子承诺"法律问题阐微》,《法律科学》(西北政法大学学报)2015 年第 1 期。

⑤ Rachel Tiller, Elizabeth De Santo, Elizabeth Mendenhall, Elizabeth Nyman, "The once and future treaty: Towards a new regime for biodiversity in areas beyond national jurisdiction," *Marine Policy*, Vol. 99, 2019, p. 241.

克罗尼西亚联邦更是指出,"一定要有货币资助,否则什么都不会发生"①。可见,发展中国家并没有因为"一揽子交易"而获取发达国家的充分让步。相应地,为了最低限度地维持这些议题继续处于"一揽子交易"之中或者继续推动 BBNJ 国际造法进程,处于弱势地位的发展中国家较少针对"划区管理工具"和"环境影响评价"议题提出实质性的反对。尽管从更高的层面看,在国家管辖范围外的区域设立公海保护区和实施环境影响评价是对全人类环境利益的保护,发展中国家当然也可以从其中受益。但是,许多发展中国家还面临着严峻的生存与发展问题,其利用 BBNJ 的合理诉求也应得到充分尊重与保障。在"划区管理工具"和"环境影响评价"议题中,有些发展中国家支持或默认了一些可能对自身利益产生不利影响的内容。例如,在划区管理工具的期限方面,太平洋小岛屿发展中国家明确反对为其设定期限,而永久的划区管理工具显然是在变相缩减发展中国家将来海上活动的空间,不同程度上限制了发展中国家对海洋的合理利用。又如,非洲集团、太平洋小岛屿发展中国家支持"战略环境影响评价",②77 国集团基于惠益分享的考量也可能继续与欧盟捆绑在一起。③ 但是,BBNJ 协定纳入"战略环境影响评价"无疑会使发展中国家承担不合理的环境义务,加重其负担,中国代表团曾指出对包括中国在内的大多数发展中国家来说,开展战略环境评估并非易事。④ 这表明 BBNJ 国际造法中的"一揽子交易"对于促进谈判公平的作用较为有限,发展中国家并没有借此争取到更多的正当利益。

(二) BBNJ 国际造法中"一揽子交易"的合理性局限

从国际造法合理性(rationality)的角度来看,国际造法所设定的宗旨与目标起到总括性地衡量国际造法的规则、程序及安排的合理性程度的作用。若

---

① Ibid, p. 240.

② IISD, Earth Negotiations Bulletin BBNJ IGC 2 Final, p. 11, http://enb. iisd. org/oceans/bbnj/igc2/.

③ 施余兵、陈帅:《论战略环境评估在 BBNJ 国际协定中的适用性》,《中华海洋法学评论》2020 年第 4 期。

④ 郑苗壮等主编《BBNJ 国际协定谈判中国代表团发言汇编》,中国社会科学出版社 2019 年版,第 56 页。

国际造法的规则、程序及安排对实现国际造法的宗旨与目标产生消极影响，则这些规则、程序及安排本身的合理性是值得怀疑的。"一揽子交易"本身缺乏确定性，难以准确地界定各方达成的共识范围，由此导致在国际造法的过程中，当参与方试图在"一揽子交易"所形成的妥协中纳入新的议题时特别容易引发争议，并且各方在争议过程中往往以本国利益诉求为依归，忽视议题本身是否有助于促进国际造法宗旨与目标的实现。

　　一方面，尽管在 BBNJ 国际造法中"一揽子交易"所达成的"一揽子事项"被联合国大会决议反复提及，但是"一揽子事项"的具体范围仍然难以界定。例如，海洋遗传资源的知识产权问题引发各方争议，一些国家支持 BBNJ 协定以符合世界知识产权组织的方式处理海洋遗传资源的知识产权问题，而欧盟、日本、美国、中国和俄罗斯等国家则认为 BBNJ 协定应当排除对该问题进行规定。① 严格来看，"一揽子事项"中的"海洋遗传资源及其惠益分享"议题并没有明确将知识产权问题排除在外，而主张排除知识产权问题的国家则通常认为该问题不属于"一揽子事项"的范围。又如，各方对"战略环境影响评价"是否应当纳入 BBNJ 协定产生争议，背后的原因在于各方对"一揽子事项"中"环境影响评价"议题的理解存在偏差，有些参与方认为"战略环境影响评价"属于"环境影响评价"议题的一部分，因而属于联合国大会决议中所载"一揽子事项"的授权范围，而另一些参与方则认为"战略环境影响评价"与"环境影响评价"存在本质不同，"一揽子事项"中的"环境影响评价"议题不包括"战略环境影响评价"。因此，正如有的代表团在工作组会议中对"一揽子交易"提出的质疑中指出的那样："2011 年商定的'一揽子事项'只不过描述了拟处理的主要议题，没有具体说明新文书将涵盖哪些活动。"②

　　另一方面，"一揽子交易"不仅无法对议题范围进行精准界定，还为谈判参与方通过自行解释"一揽子事项"的范围排斥或拒绝纳入某些议题提供了借口。BBNJ 国际造法中的"一揽子交易"在提前框定谈判范围的同时，也排除了

---

①　"Earth Negotiations Bulletin IGC 1 Final", International Institute for Sustainable Development, September 20, 2018, p. 5, http://enb. iisd. org/oceans/bbnj/igc1/.

②　A/69/780 Letter dated 13 February 2015 from the Co-Chairs of the Ad Hoc Open-ended Informal Working Group to the President of the General Assembly, https://documents-dds-ny. un. org/doc/UNDOC/GEN/N15/041/82/PDF/N1504182. pdf? Open Element.

各方对其他相关更具有合理性议题的关注和讨论。在这个过程中,各方对于"一揽子事项"范围本身的争议往往大过对纳入新议题合理性的讨论。这也从整体上导致 BBNJ 国际造法和由此产生的 BBNJ 协定只能固守既定的范围,不能及时回应和包容新出现的各种问题,特别是可能致使 BBNJ 国际造法偏离当初所设定的促进 BBNJ 的养护和可持续利用的宗旨与目标。① 从目前来看,气候变化、海洋酸化、海洋噪声、海洋塑料污染等已对国家管辖范围以外区域海洋生物多样性产生了严重的不利影响,但现有 BBNJ 国际造法中的"一揽子交易"并未将上述这些议题作为优先考虑的事项。② BBNJ 协定案文草案中目前仅较为笼统地从一种方法和目标的角度对气候变化与海洋酸化进行了规定,其第 5 条规定:"为实现本协定的宗旨,缔约国应遵循下列各项:(h)一种建立生态系统抵御气候变化和海洋酸化的不利影响的能力和恢复生态系统完整性的办法";第 14 条规定划区管理工具包括海洋保护区的目标在于"重建和复原生物多样性和生态系统,目的包括增强其生产力和健康,建立抵御压力的能力,包括抵御与气候变化、海洋酸化和海洋污染有关的压力"。除此之外,海洋噪声与海洋塑料污染等其他有损于 BBNJ 的议题则完全没有体现在 BBNJ 协定案文草案之中。

(三) BBNJ 国际造法中"一揽子交易"的效率局限

从国际造法效率(efficiency)的角度来看,不断提高国际造法的效率始终是国际社会追求的重要目标。一个漫长的国际造法进程,不仅难以保证相关规则的时效性和针对性,而且还会对参与国际造法的各国留有重新思考并修改自身立场的空间,加剧国际造法的复杂性。随着谈判的深入,"一揽子交易"在效率方面的局限愈发明显,非但不能进一步推动 BBNJ 国际造法的发展,反

---

① 联合国大会 72/249 号决议指出:"谈判应处理国家管辖范围以外区域海洋生物多样性的养护和可持续利用。"BBNJ 协定案文草案(修改稿)第 2 条规定:"本协定的宗旨是通过有效执行《公约》的相关条款以及进一步的国际合作和协调,确保国家管辖范围以外区域海洋生物多样性的长期养护和可持续利用。"

② Rachel Tiller, Elizabeth Nyman, "Ocean plastics and the BBNJ treaty —— is plastic frightening enough to insert itself into the BBNJ treaty, or do we need to wait for a treaty of its own?" *Journal of Environmental Studies and Sciences*, Vol. 8, 2018, p. 412.

而在一定程度上影响了整个进程。"一揽子交易"在效率方面的缺陷主要在于其仅能促进各方达成最低限度和暂时性的共识,无法有效应对意见分歧严重、内部利益分化巨大的情形,①因而在促使各方达成更高程度的共识方面显得有些无能为力。

就最低限度的共识而言,"一揽子交易"难以调和谈判各方在核心利益上存在的冲突和矛盾。"一揽子交易"的本质是各国通过"议题联结"进行"利益交换",但是这种利益交换一定是以不损害本国的核心利益为前提的。例如,中国就曾多次声明:"中国不会拿核心利益做交易""任何情况下绝不牺牲国家核心利益"。② 因此,"一揽子交易"并非是无底线的"利益交换"。BBNJ国际造法中海洋遗传资源的法律属性问题就因涉及各方的核心利益而无法达成共识。一方面,发展中国家坚持适用"人类共同继承财产"原则的目的在于反对发达国家垄断开发利用海洋遗传资源的技术及所获收益;另一方面,发达国家坚持适用"公海自由"原则的根本目的是排除其开发利用海洋遗传资源的障碍,保护自由竞争的市场环境及激发私主体的创新精神,这就导致双方在核心利益上存在严重的对立冲突。对此,"一揽子交易"不仅无法促进各方在核心利益上进行"交易",反而会导致谈判陷入僵局。

就暂时性共识而言,"一揽子交易"可能导致赞成将某一特定规则纳入整个"一揽子事项"的共识掩盖对该规则本身的反对,③各方立场的调整不代表彻底改变或放弃原有优先诉求,而是仅出于谈判需要暂时搁置。例如,欧盟曾经对发展中国家提出的"人类共同继承财产"原则进行淡化处理,强调确定海洋遗传资源的法律地位并不是处理惠益分享问题的先决条件。④ 但是,随着该原则被广大发展中国家在政府间会议期间反复强调,并被明确写入BBNJ协定的案文草案第5条:"为实现本协定的宗旨,缔约国应遵循下列各项:(c)人类的

---

①　盛建明、钟楹:《关于WTO"协商一致"与"一揽子协定"决策原则的实证分析及其改革路径研究》,《河北法学》2015年第8期。

②　习近平:《中国不会拿核心利益做交易》,中国青年网,http://news. youth. cn/gn/201301/t20130130_2848265. htm。

③　David Harris, *Cases and Materials on International Law*, Sweet & Maxwell, 1983, p. 286.

④　Written Submission of The EU and Its Member States, https://www. un. org/depts/los/biodiversity/prepcom_files/rolling_comp/EU_Written_Submission_on_Marine_Genetic_Resources. pdf.

共同继承财产原则"①,引起了包括欧盟在内的众多发达国家的反对,欧盟在最新的文本提案中要求删除"人类共同继承财产"原则。② 由此可见,当初达成的"一揽子交易"可能仅代表一种策略性妥协,并没有完全从实质上改变各方所持的立场。

在上述缺陷的影响之下,"一揽子交易"极易产生议题间的谈判失衡问题,进而从整体上影响谈判效率。目前,参与各方在"划区管理工具"和"环境影响评价"两项议题上已具备相当广泛的共识,但是在"海洋遗传资源"和"能力建设与技术转让"两项议题上的分歧仍然十分明显且难以调和,短期内无达成共识的可能性。若"海洋遗传资源"议题和"能力建设与技术转让"议题迟迟不能达成共识,会直接拖累 BBNJ 国际造法的整体进程,甚至已具有共识基础的其他议题也会因此无法落实。

四、BBNJ 国际造法中"一揽子交易"的完善建议

BBNJ 国际造法中"一揽子交易"逐渐显现出的正当性、合理性及效率等方面的缺陷,表明 BBNJ 国际造法已经进入关键阶段,各方在核心利益上的博弈已趋于激烈。但是,这并不意味着各方会放弃"一揽子交易",退回到1958年第一次海洋法会议时期"分项"立法的老路。从现在的情况来看,对"一揽子交易"中的任何议题进行单独谈判都更难以达成共识,而且"分项"立法也有悖于议题之间相互关联的客观事实,这在根本上也不符合所有国家的共同利益。近年来,中国倡导以合作共赢为核心的人类命运共同体理念,已经成为中国新时代对外关系领域的根本性指导思想,③而共商共建共享的"三共"原则更是被视为构建人类命运共同体的国际法基石。④ 因此,在人类命运共同体理念及共

---

① Revised draft text of an agreement under the United Nations Convention on the Law of the Sea on the conservation and sustainable use of marine biological diversity of areas beyond national jurisdiction, https://undocs. org/en/a/conf. 232/2020/3.

② Textual proposals submitted by delegations by 20 February 2020, https://www. un. org/bbnj/sites/www. un. org. bbnj/files/textual_proposals_compilation_-_15_april_2020. pdf.

③ 张辉:《人类命运共同体:国际法社会基础理论的当代发展》,《中国社会科学》2018年第5期。

④ 龚柏华:《"三共"原则是构建人类命运共同体的国际法基石》,《东方法学》2018年第1期。

商共建共享原则的指引下,BBNJ 国际造法中的"一揽子交易"可以从以下几个方面进行完善。

第一,在国际造法中,人类命运共同体理念中的"共商"原则提出了促进"实质参与"的更高要求。这不仅意味着国际造法应当建立在代表各国意志的"国家同意"之上,还强调这种"国家同意"应当是各国真实意志的自由表达,特别是促进处于弱势地位的广大发展中国家在国际造法中能够既"同意"又"愿意"接受相关规则。正如前文所述,BBNJ 国际造法中发展中国家的"出价"并未得到发达国家"对价"的完全满足,发达国家在"海洋遗传资源及其惠益分享"和"能力建设与技术转让"两项议题上作出的"对价"令发展中国家难以接受。然而,BBNJ 国际造法中的"一揽子交易"对此却无能为力,只从表面上关注各方参与"一揽子交易"的行为形式,即只要参与方进行了"出价"或者接受了对方的"出价",就算达成了"一揽子交易",这忽略了各方提出的"出价"本身是否公平合理的问题。

因此,各国在通过"一揽子交易"进行"讨价还价"时应当受一定的限制,"一揽子交易"的参与各方应当以公平合理的"对价"换取他方的"出价",各方进行"一揽子交易"而承受的损失与获得的利益应当保持总体上的平衡,从而防止少数国家利用"一揽子交易"迫使其他国家接受有关规则。

第二,人类命运共同体理念中的"共建"原则提倡各国在国际造法中要勇于承担责任,积极主动开展合作,再就各项议题进行实质性参与的基础上贡献自身的智慧与方案。换言之,在国际造法阶段,"共建"理念强调各方在自己的能力范围之内必须秉持最大的诚意与善意参与其中。然而,诚如上文所述,"一揽子交易"造成 BBNJ 国际造法被严格限定在四项主要议题之内,而"一揽子交易"对于议题具体范围的界定又不可避免地存在模糊性与不确定性,导致各方对是否加入新议题产生争议。"一揽子交易"虽然促成了共识,但却为少数参与方以"共识"的名义维护既得利益提供了借口,从而有违"共商"原则。

故此,在后续的 BBNJ 国际造法中,各方应当通过共同协商的方式及时对"一揽子交易"所确定的谈判议题进行适当的更新和细化,防止"一揽子交易"导致谈判议题过于僵化的问题,特别是可以主动在气候变化、海洋酸化、海洋噪声及海洋塑料污染等领域提出新的提案,以广大发展中国家已经在 BBNJ 国际造法的"一揽子交易"中作出了更多"承诺"为由,要求发达国家在这些议题上承担更多的国际责任。在此基础上,联合国大会可以通过新的决议,进一步阐释"一揽子交易"中各项议题的具体范围。特别是应当明确"海洋遗产资源"议题中的数字遗传信息、传统知识以及"环境影响评价"议题中的"战略环境影响评价"是否属于"一揽子交易"的范围,同时对气候变化、海洋酸化、海洋噪声及海洋塑料污染等一系列影响海洋生物多样性的新议题进行回应,将这些问题有机融入"一揽子交易"中。

第三,人类命运共同体理念中的"共享"原则强调国际造法的参与各方共享国际造法的成果,实现互利共赢,摒弃你输我赢、赢者通吃的旧思维。[①] 这种"共赢"思维的核心在于各方共享国际造法带来的益处,避免因一己之私妨碍国际造法达成任何真正有利于增进共同利益的成果。BBNJ 国际造法中"一揽子交易"存在的效率局限,充分反映了个别参与方仍坚持"你输我赢"的旧思维,不仅在具体议题上寻求利益超过或压倒对方,甚至罔顾 BBNJ 协定的最终及时通过,而这最终关系全人类治理海洋生物多样性的共同利益。因此,"一揽子交易"有必要进行适当变通,将其遵循的"在所有问题都得到解决之前,任何问题都无法解决"的基本理念调整为"任何问题的解决即为解决,直到所有问题都得到解决",主动与"渐进式"的国际造法方式相结合,使各方先行,及时共享既有谈判成果,以克服"一揽子交易"存在的效率缺陷。

具体而言,BBNJ 国际造法可以对"一揽子交易"中分歧严重的议题暂时作出一些原则性的规定,允许各方在 BBNJ 协定通过后的一定时限内通过合适的机制,如授权全体缔约方会议等机构再次进行磋商补充。值得注意的是,被授予权力的机构应当在成员构成上具有充分的代表性、透明度,体现民主原则,防止被少数国家操纵。这或许是一种防止 BBNJ 协定被"一揽子交易"整体搁置的折中务实方案。实际上,BBNJ 国际造法中已经出现了类似的提议,有代表团表示支持纳入"授权条款",BBNJ 协定生效后由科学技术机构或缔约方大会进一步明确战略环评内涵,并制定规定细则。[②] 一方面,对分歧严重的议题

① 习近平:《弘扬和平共处五项原则 建设合作共赢美好世界》,《人民日报》2014 年 6 月 29 日。

② 中国国际法前沿:《BBNJ 国际协定谈判 2020 年会间工作情况简介》,https://mp.weixin.qq.com/s/ZgqhFXgfgF8tvn79h4qWaQ。

进行"留白"处理没有损害"一揽子交易"的完整性,这些议题仍然保留在"一揽子交易"的范围之内并纳入 BBNJ 协定的正文之中,只不过具体内容细节有待后续进一步谈判补充;①另一方面,在 BBNJ 国际造法中继续严格坚持"一揽子交易"显然可能造成损害全人类共同利益的后果,BBNJ 国际造法进程被少数具有争议的议题拖累,整个 BBNJ 协定都无法及时通过,最终受损害的还是事关全人类共同利益的海洋生物多样性。因此,在 BBNJ 国际造法可能会遭受长期延迟的情况下,各方可以先行通过一份"框架式"的 BBNJ 协定,先行共享"一揽子交易"中已经达成共识的议题所带来的成果,而分歧严重的议题则可以留待后续补充解决。

五、结　　论

BBNJ 国际造法中的"一揽子交易"经历了一个从谈判方法到整体性程序安排的转变。在成为整体性程序安排之后,一方面,各方必须在"一揽子交易"设定的议题范围内进行谈判磋商,在不断的"讨价还价"中寻求并达成一种政治与法律上的微妙平衡;另一方面,BBNJ 协定的属性将被打上"一揽子协定"的深刻烙印,在完整性、统一性、稳定性和普遍性方面均有提升。但是,不可否认,"一揽子交易"并不完美,需要结合人类命运共同体理念,特别是在共商共建共享原则进行相应完善,以使其能更正当、合理、高效。所有这些都为我国深度参与国际造法维护国家利益,推动国际秩序的变革与发展带来重要启示:国际造法中的"一揽子交易"实际上具有强大的制度价值与生命力,其在国际造法中发挥着广泛的作用,不仅能够促成各方达成共识,还能更深层次地塑造国际造法的结果。我国的主张或利益诉求在通过"一揽子交易"的方式成功融入国际造法后,能获得来自国际法规范层面较为持久而稳定的保障。我国应当重视运用"一

---

①　国际社会中经常出现这种"渐进式"的条约制定实践,由此而制定的条约通常也被称为"框架条约"。这类条约为后来的、更具体的条约或细化框架条约中所宣布原则的国内立法规定框架。例如 2018 年《防止中北冰洋不受管制公海渔业协定》第 5 条第 1 款(c)项、1959 年《南极条约》第 9 条、1980 年《南极海洋生物资源养护公约》第 9 条第 6 项、1944 年《国际民用航空公约》第 37 条、第 38 条和第 54 条第 1 项都有类似规定。参见托尼·奥斯特:《现代条约法与实践》,江国青译,中国人民大学出版社 2004 年版,第 106 页。

揽子交易",善于将自身的主张或利益诉求与其他议题进行联结,以此为条件积极争取其他国家的支持或让步。例如,我国可以在 BBNJ 国际造法中尝试主张将强制性的能力建设与技术转让同战略环境影响评价进行联结,以支持纳入战略环境影响评价为条件换取发达国家对强制性"能力建设与技术转让"的同意,促进合作共赢。以此为基础,我国应当不断提高运用"一揽子交易"的能力与水平,更好地维护自身权益,推动构建公平合理的国际海洋秩序。

第二节　BBNJ 协定中公海保护区
宜采取全球管理模式

2015 年 6 月 19 日,第 69 届联合国大会通过了第 292 号决议,正式启动了就"国家管辖范围以外区域生物多样性的养护和可持续利用问题"拟订一份具有法律约束力的国际文书(international legally binding instrument,简称"ILBI")的进程。[1] 该文书被视为《公约》的第三个执行协定,将处理与 BBNJ 有关的一系列问题,其中就包括公海保护区议题。[2] 在历经两年的预委会阶段后,参与各方对公海保护区的管理模式大致形成三种观点,即全球模式、区域模式和混合模式。随后,在 2018 年 9 月举行的第一次政府间会议期间,各方对到底采用何种管理模式仍未达成一致。非洲集团、77 国集团和欧盟等与会方认为全球模式可以确保全球治理的一致性,进而实现对 BBNJ 的养护和可持续利用,因此主张采用以缔约方大会(COP)为决策机构的全球模式;冰岛、美国、俄罗斯等国赞成采用区域模式,认为可以通过建立区域和部门机构之间的合

---

① "69/292. Development of an international legally binding instrument under the United Nations Convention on the Law of the Sea on the conservation and sustainable use of marine biological diversity of areas beyond national jurisdiction", United Nations General Assembly, July 6, 2015, https://documents-dds-ny. un. org/doc/UNDOC/GEN/N15/187/55/PDF/N1518755. pdf? OpenElement.

② "66/231. Oceans and the law of the sea", United Nations General Assembly, April 5, 2012, https://undocs. org/en/A/RES/66/231.

作机制来加强现有机构的有效性,并排除 ILBI 为区域和部门机构的决策制定标准和原则;挪威、新西兰、日本、澳大利亚等国则支持混合模式,认为应由区域或部门机构与全球机构共同负责建立和实施公海保护区,并由全球机构评估整体效力。① 鉴于全球机构与区域或部门机构之间的关系不易区分,混合模式实际上是在全球模式或区域模式基础上对这两种模式进行的改进和完善,或属于全球模式或属于区域模式。因此,当前公海保护区管理模式的争议主要在于应采用全球模式还是区域模式。

公海保护区的管理模式是国际社会对《公约》遗留的养护和管理 BBNJ 权力进行的一次分配,将决定各国通过何种形式参与和影响公海保护区的设立。在这个过程中,一国若不能有效参与其中,也就无法充分保障自身权益。当前,中国正处在建设海洋强国的关键时期,公海作为我国未来海上活动的空间具有重要的战略价值、航行价值和资源价值。中国有必要从国际法角度深入研究和辨析全球模式与区域模式的优势与缺陷,选择并构建一个既能满足国际社会养护生物多样性的需要又能充分保障本国公海权益的管理模式,以更好地发挥引领国的作用,进而推动公海保护区议题的谈判。

一、区域模式的局限性分析

公海保护区的发展,离不开国际组织发挥的平台作用。② 区域模式由区域组织享有决定和审查公海保护区的权力,ILBI 仅提供一般性的政策指导并且排除全球层面对区域的监督,其具有如下特征:①反对全球层面权力中心化的决策机构;②排除全球层面的干预,强调区域独立自主;③充分依靠现有区域制度或安排。换言之,区域模式意味着维持现状。尽管区域模式的具体内容会随谈判的深入而不断演进,但从当前的谈判进展来看,区域模式存在以下局限性。

---

① "Earth Negotiations Bulletin IGC 1 Final", International Institute for Sustainable Development, September 20, 2018, http://enb.iisd.org/oceans/bbnj/igc1/.

② 白佳玉、李玲玉:《北极海域视角下公海保护区发展态势与中国因应》,《太平洋学报》2017 年第 4 期。

（一）区域模式难以填补区域组织的职能空白和地理空白

现有区域组织在利用公海保护区这一划区管理工具养护海洋生物多样性方面存在覆盖范围上的空白，并且这种空白既包括职能上的空白也包括地理上的空白。具体而言，所谓职能空白，是指存在较多海洋活动尚不属于现有区域组织的职能范围而无法得到有效管理。《公约》对海洋生物的管理措施通常是根据物种的具体类别确定的，例如《公约》分别规定了对高度洄游鱼类种群、海洋哺乳动物、溯河产卵种群、降河产卵鱼种等的保护措施，又如国际社会有专门保护鲸鱼的国际捕鲸委员会和专门保护金枪鱼的国际大西洋金枪鱼委员会等。此种方法在保护特定海洋物种时，往往容易忽视对整体海洋生物多样性保护效果的评估。针对此问题，晚近出现了海洋保护区这一划区管理工具。海洋保护区旨在综合保护某一区域的海洋物种、栖息地和生态系统，其相应的管理主体须具有尽可能广泛的职能范围。尽管目前涉及保护公海环境职能的区域或部门机构数量众多，职能涵盖航行、渔业及海底采矿等多个方面，但依然缺乏管理海洋科学研究、生物勘探、开放海域的水产养殖、深海观光以及其他一系列新兴海洋活动的职能。地理空白，是指现有区域组织并未完全覆盖所有公海区域，在全球范围内仍存在一些水域未纳入区域组织的全面管理之下。例如，马尾藻海（the Sargasso Sea）在排除了百慕大的专属经济区后，大部分位于公海区域，但这部分公海区域既不属于区域环境协定的调整范围，也不受区域渔业管理组织的管辖。① 因此，从职能范围和地理范围两方面来说，现有区域组织既没有对所有海洋活动进行管理，也没能涵盖全部公海区域。

现有区域组织的职能空白与地理空白是同时存在的。按照区域模式的构想，一方面，若 ILBI 将设立公海保护区的权力整体性赋予区域组织，能够在一定程度上填补职能空白，但会遗漏被授权区域组织在地理上存在的空白。以数量最多的区域渔业管理组织为例，尽管在全球范围内大约存在 53

---

① David Freestone, "International Governance, Responsibility and Management of Areas beyond National Jurisdiction," *The International Journal of Marine and Coastal Law*, Vol. 27, No. 2, 2012, p. 197.

个区域渔业管理组织,但在大西洋中东部、中西部及西南部,印度洋北部,太平洋的中部和东北部都不存在除金枪鱼类以外的区域渔业管理组织,太平洋中西部也缺少高度洄游鱼类以外的区域渔业管理组织。[①] 因此,若由区域渔业管理组织主导设立公海保护区,仍会出现地理上的空白。另一方面,若 ILBI 不进行授权而是要求现有区域组织通过合作方式设立公海保护区,那么区域合作在一定程度上能弥补地理上的空白,但却不能有效扩大现有区域或部门机构的职能。因为国际组织作为独立的法律人格者,是以国家间的正式协议(基本文件)为基础而建立的,国际组织的主要机构、职权、活动程序以及成员国的权利与义务,都应以这种基本文件为根据,不得超越它所规定的范围。[②] 所以,在区域合作时,区域组织只能在各自现有的职能范围内采取管理措施,而无权对上述新出现的海洋活动进行管理。可见,仅依靠现有区域组织可能无法保证在全球公海范围内全面设立公海保护区。

(二) 区域模式在促进跨部门合作方面存在不足

各国通过国际组织在养护和管理海洋生物多样性领域进行合作,已有充分的法律依据。《公约》第 197 条规定各国在保护和保全海洋环境时,应在全球性的基础上或在区域性的基础上,直接或通过主管国际组织间接进行合作。正如一些研究表明,机构间和跨部门的协调与合作是成功养护和可持续利用国家管辖范围外生物多样性的关键。[③] 在设立公海保护区时,即使 ILBI 将设立公海保护区的权力赋予现有机构行使,区域或部门机构之间的合作也显得尤为重要。这是因为在区域模式下,不存在一个自上而下的权威主导公海保护区的设立,与此相关的区域或部门机构都必须通过合作的方式完成从公海保护区的设立到共同管理等一系列进程。尽管全球模式在设立公海保护区

---

① Kristina M. Gjerde et al. , *Regulatory and Governance Gaps in the International Regime for the Conservation and Sustainable Use of Marine Biodiversity in Areas beyond National Jurisdiction* , IUCN, 2008, pp. 22—32.

② 梁西:《国际组织法》,武汉大学出版社 2001 年版,第 7 页。

③ Julien Rochette and Raphaël Billé, "Bridging the Gap between Legal and Institutional Developments within Regional Seas Frameworks," *The International Journal of Marine and Coastal Law* , Vol. 28, No. 3, 2013, pp. 433—463.

的过程中同样需要与现有区域或部门机构进行合作,但此种合作通常集中在公海保护区最初的设立阶段,后续管理措施的执行与监督则可能主要在全球机构的主导下进行。相比之下,区域模式对区域或部门机构之间的合作提出了更高的要求,其主要目的应在于使不同组织在相同时间和相同范围内采取一致的行动或共同行动,以实现对公海保护区的共同保护和管理。因此,不同组织之间的成功互动要求它们基于共同目标和共同原则同步运作。① 鉴于区域模式在全球与区域的关系上始终主张尽可能排除 ILBI 在全球层面的干预,此种合作通常由各区域或部门机构自发进行。虽然有越来越多的积极迹象表明跨部门合作的意愿日益增强,但区域模式在跨部门合作方面仍存在不足。

首先,就跨部门合作的内容来说,其尚不能达到基于共同目标和共同原则同步运作的程度。当前,保护东北大西洋海洋环境公约委员会(简称"OSPAR 委员会")已经与 11 个区域或部门组织签署了合作协议(谅解备忘录)。纵观这些合作协议,内容基本集中于秘书处层面的信息交流与协助。例如,OSPAR 委员会与东北大西洋渔业委员会(NEAFC)为解决在该区域的机构重叠问题,于 2008 年通过了一份谅解备忘录以强调两个组织互补但独立的能力和责任。但根据谅解备忘录,OSPAR 委员会和 NEAFC 进行合作的目的在于避免重复工作并协调对这些领域的评估,合作的主要内容在于信息的交换以及互派观察员。②

其次,就跨部门合作的效果来说,区域模式在跨部门合作时通常采用合作协议或谅解备忘录等形式,实践中并未发挥应有效果。例如 OSPAR 委员会与 NEAFC 虽然早已订有合作备忘录,但当 OSPAR 委员会于 2010 年指定公海保护区时,这些保护区的管理措施却未能涵盖捕鱼活动。只有 NEAFC 决定设

---

① Kristina Gjerde et al., "Conservation and Sustainable Use of Marine Biodiversity in Areas Beyond National Jurisdiction: Options for Underpinning a Strong Global BBNJ Agreement through Regional and Sectoral Governance," August 2018, https://www. prog-ocean. org/wp-content/uploads/2018/08/STRONG-High-Seas-Policy-Brief_Options-for-underpinning-BBNJ-agreement. pdf.

② "Memorandum of Understanding between the North East Atlantic Fisheries Commission (NEAFC) and the OSPAR Commission," the OSPAR Commission, September 5, 2008, https://www. ospar. org/site/assets/files/1357/mou_neafc_ospar. pdf.

立"封闭区"（Closed Areas）以停止深海捕捞之后，上述保护区的管理措施才得以完善。然而，NEAFC 当初设立"封闭区"的决定并未与 OSPAR 委员会直接磋商，而是为了应对联合国层面更好地管理深海渔业的全球压力。① 可见，即便是信息交换等这样浅层次的合作，也不易实现。

最后，就跨部门合作的参与度来说，区域模式也无法确保各个区域或部门组织都围绕公海保护区问题开展合作。例如，OPSAR 委员会与 NEAFC 为寻求更正式的合作于 2014 年签订了《区域合作与协调的集体安排》，并希望吸纳诸如国际海事组织和国际海底管理局等其他主管国际组织加入。遗憾的是，该集体安排迄今为止未得到其他国际组织的回应，因为这种在海洋环境领域的合作可能被其他主管国际组织当作边缘问题，而不是非常优先的问题。② 这在一定程度上表明在缺乏全球层面强有力的推动时，跨部门合作的实际效果并不能令人满意。

（三）区域模式加重缔约方遵守管理措施时的负担

区域模式在促进全球层面跨部门的合作与协调一致方面的现状，可能会进一步加深现有国家管辖范围以外地区海洋生物多样性的保护制度的碎片化程度，增加缔约方在遵守公海保护区管理措施时的负担。一方面，公海保护区的管理已面临水体部分与国际海底区域"分治"的困境，此种"分治"导致国家管辖范围以外的生物资源与矿物资源分别适用不同的治理规则。但在深海世界，矿物和生物是不可分割的，即它们是一个事物的两个方面，理应作为一个整体加以管理。③ 众所周知，《公约》第十一部分将国际海底区域及其非生物资源的法律属性规定为"人类共同继承财产"，并由国际海底管理局代表全人类行使权利。与此同时，国际海底管理局还负有保护"区域"内海洋环境的职责，

① Kristina M. Gjerde and Anna Rulska-Domino, "Marine Protected Areas beyond National Jurisdiction: Some Practical Perspectives for Moving Ahead," *The International Journal of Marine and Coastal Law*, Vol. 27, No. 2, 2012, p. 357.

② Stefan Ásmundsson and Emily Corcoran, "The Process of Forming a Cooperative Mechanism Between NEAFC and OSPAR," April 2016, https://www.ospar.org/documents? v=35111.

③ 张磊：《走出开发与保护二元对立的定势——风险预防原则在深海资源开发领域的变通适用》，《探索与争鸣》2018 年第 5 期。

其中当然包括对"区域"内生物多样性的保护。根据《公约》第145条规定,国际海底管理局应当按照《公约》的规定对"'区域'内活动采取必要措施,防止干扰海洋生态系统的平衡和对海洋环境中动植物的损害"。更进一步讲,根据预委会向联合国大会提交的关于ILBI要点的建议报告中指出:"案文将申明,就划区管理工具包括海洋保护区而言,必须加强相关法律文书和框架以及相关全球、区域和部门机构之间的合作与协调,不妨碍其各自任务。"①因此,ILBI在涉及对"区域"生物多样性进行保护时,必须尊重国际海底管理局作为主管国际组织的地位。可见,就海洋生物多样性的保护而言,公海水体与"区域"之间的"分治"已经不可避免。在此种情况下,缔约方在公海与"区域"进行活动时,应当分别遵守不同的管理措施。这种分别适用不同治理规则的现象与客观的自然规律相违背,人为增加了不同制度之间的协调难度,也增加了缔约方的履约成本。

另一方面,区域模式意味着在上述"水体"与"区域"的分治已成定局的情况下,进一步将"水体"划归不同区域组织进行管理,这会增加缔约方遵守公海保护区管理措施的复杂程度。然而,在"水体"的海洋环境中,生物和生物群落时刻处于游动之中,也理应将公海作为一个整体进行保护。实践中,1995年《鱼类种群协定》把一个主要角色分配给了区域渔业管理组织,不论是已经存在的还是将要成立的,对有关渔业"真正感兴趣"的沿海国和远洋渔业国家都应成为这种组织的成员方。②但国际社会在渔业领域进行的划区域管理并非完全依靠区域渔业管理组织,而是仍然由全球层面的联合国粮食及农业组织渔业委员会在国际渔业政策方面发挥主导作用。例如,为保护容易受渔业影响的脆弱海洋生态系统,东北大西洋渔业委员会(NEAFC)、南极海洋生物资源养护委员会(CCAMLR)、西北大西洋渔业

---

① "Report of the Preparatory Committee established by General Assembly resolution 69/292: Development of an international legally binding instrument under the United Nations Convention on the Law of the Sea on the conservation and sustainable use of marine biological diversity of areas beyond national jurisdiction," United Nations General Assembly, July 31, 2017, https://undocs.org/A/AC. 287/2017/PC. 4/2.

② 路易斯·B.宋恩、克里斯汀·古斯塔夫森·朱罗、约翰·E.诺伊斯、埃里克·弗兰克斯:《海洋法精要》,傅崐成等译,上海交通大学出版社2014年版,第248页。

组织（NAFO）、地中海渔业总委员会（GFCM）、东南大西洋渔业组织（SEAFO）和南太平洋区域渔业管理组织（SPRFMO）等区域渔业组织都已经根据联合国粮食及农业组织的脆弱海洋生态系统（VME）标准采取渔业管理措施。可见，即便是在区域化程度较高的渔业管理领域，全球层面的统一指导与监督仍不可或缺。然而，区域模式下不同区域组织可能采取内容、标准、期限等方面各不相同的管理措施和方法，增加缔约方，尤其是那些履行能力较弱的发展中国家在遵守管理措施时的负担，这显然与《公约》的宗旨相背离。

（四）区域模式中的管理措施不能约束非缔约方

在区域模式下，区域组织所设立的公海保护区，一般不能约束非区域组织的成员方。根据《维也纳条约法公约》第 34 条规定："条约非经第三国同意，不为该国创设义务或权利。"这一规定同时也被公认为是一项习惯国际法规则。1988 年，世界自然保护联盟第 17 届大会指出，全球范围海洋保护区网络是在保护区内采取一定管理措施，管理保护区内利用和影响海洋环境的相关人类活动，以实现长期保护和利用全球海洋遗产。[①] 鉴于公海保护区内的生态环境系统和生物多样性比周围地区受到的保护程度更高，从而对国家来说具有明显的义务性。所以，根据《维也纳条约法公约》第 35 条："如条约当事国有意以条约之一项规定作为确立一项义务之方法，且该项义务经一第三国以书面明示接受，则该第三国即因此项规定而负有义务。"区域组织所通过的管理措施必须得到该第三方的书面明示接受，才可以对其产生法律约束力。然而在区域模式下，公海保护区管理措施的直接法律依据仍然是区域协定而非 ILBI，所以一国加入 ILBI 不能视为其已经明示同意接受区域组织所采取的管理措施的约束。所以，从条约法角度来看，公海保护区的管理措施不能直接约束 ILBI 的缔约方，仅对区域协定的缔约方具有法律效力。更进一步讲，公海保护区的管理措施对于那些既不是 ILBI 缔约方又不是区域或部门组织成员方的国家也不

[①] "The World Conservation Union Resolution 17. 38 of the 17th session of the General Assembly of the IUCN," International Union for Conservation of Nature, February 1988, https://portals. iucn. org/library/efiles/documents/GA-17th-011. pdf.

具有约束力。①

从国际习惯法的角度分析,公海保护区的管理措施可能因演变为国际习惯法而具有约束第三方的效力。较之条约,国际习惯法规则通常对国际共同体的所有成员具有约束力。② 根据国际法渊源的权威表述,《国际法院规约》第38条第1款第2项规定:"国际习惯,作为通例之证明而经接受为法律者。"可见,作为国家实践的"通例"与该"通例"被接受为法律的"法律确信"是构成习惯国际法的两项必备要件。具体而言,国家实践是指多数国家一贯地、不断地重复遵守公海保护区的管理措施;法律确信则是指这种遵守特定规则的国家实践是出于法律权利与义务的考虑,而不仅仅是出于经济、政治或军事的考虑。目前,国际社会仅根据区域协定在国家管辖范围外设立了四个海洋保护区,分别是地中海派拉格斯海洋保护区、东北大西洋海洋保护区网络、南极南奥克尼群岛南大陆架海洋保护区和南极罗斯海地区海洋保护区。关于第三方遵守上述保护区管理措施的国家实践仍然相当有限,因而暂时无法认定某项管理措施是否已经构成习惯国际法。

因此,就目前而言,不论是从条约法角度还是从习惯国际法角度,区域模式下的公海保护区都不具有直接约束第三方的法律效力。

二、反对全球模式的理由之回应

全球模式的突出特点在于公海保护区的管理措施可以直接约束 ILBI 的缔约方,所以全球模式须有尽可能多的缔约方加入 ILBI,只有数量足够多的缔约方加入,才能使缔约方大会更具代表性,从而真正代表全体人类行使共同管理公海环境事务的权力。按照此逻辑,全球模式高度依赖缔约方大会或缔约方会议等权力机构发挥作用,使权力机构的有效运作成为影响公海保护区实际效果的关键

---

① 值得注意的例外情形是,当区域组织在公海保护区内采取管理、养护跨界及洄游鱼类的措施时,对《鱼类种群协定》的缔约方有间接的约束力。因为根据《鱼类种群协定》第8条第4款"有权捕捞公海特定区域中的渔业资源的国家仅限于主管区域渔业管理组织成员国,或者同意适用这种组织所订立的养护和管理措施的国家"。《鱼类种群协定》的缔约方在捕捞上述鱼类时,必须以接受此类管理措施为前提条件。

② 安东尼奥·卡塞斯:《国际法》,蔡从燕等译,法律出版社 2009 年版,第 208 页。

因素,因此,全球模式还应充分考虑控制决策成本以及避免决策僵局。然而,在全球模式弥补上述不足的条件下,国际社会仍存在一些质疑和反对全球模式的声音,其中既包括主权国家提出的正式立场,也包括一些学者意见。① 但是,现有反对全球模式的理由能否在法理与实践中成立都是值得商榷的。

(一) 全球模式决策效率低

在有关国家和学者的反对理由中,全球模式决策效率低的原因主要在于参与决策的利益相关方众多导致短时间内难以达成一致意见。此种将参与方的数量当作公海保护区得以顺利设立的唯一变量的孤立立场,全然无视保护区提案内容的合理性、表决程序及与相关机构的协调等一系列因素对决策进程的影响程度。事实上,不论采取何种模式,决策效率都受诸多因素的影响。

仅从提案的内容本身而言,公海保护区的目标、地理覆盖范围、选划标准、管理措施、期限等要素都应当在充分的科学依据的基础上提出,以寻求其他国家的认同。可以说,充分的科学依据是确保拟设立的公海保护区取得实体合

---

① 在第一次预委会期间,挪威呼吁关注依靠现有结构带来的成本效益,例如海事组织、区域渔业管理组织和区域海洋组织,而不是建立新的机构;澳大利亚反对需要全球管理和审查的划区管理工具,或者重复现有机构的努力。("Earth Negotiations Bulletin PrepCom1 Final," International Institute for Sustainable Development, April 11, 2016, http://www.iisd.ca/oceans/bbnj/prepcom1/.)在第二次预委会期间,冰岛告诫不要通过潜在的全球机构侵犯区域渔业管理组织的职能;国际大西洋金枪鱼养护委员会建议尊重区域渔业管理组织的职能,并告诫不要利用海洋保护区取代区域或部门机构的管理措施。("Negotiations Bulletin PrepCom2 Final," International Institute for Sustainable Development, September 12, 2016, http://www.iisd.ca/oceans/bbnj/prepcom2/.)在第三次预委会期间,加拿大和俄罗斯告诫不要采取全球方法和重复工作,而是更愿意按照《鱼类种群协定》的模式在区域或部门一级执行;日本警告不要损害国际海事组织和区域渔业管理组织等现有机构的职能;新西兰支持区域协调,质疑 ILBI 缔约方会议是否比区域和部门机构更好地了解需要采取何种措施;密克罗尼西亚联邦警告说全球决策可能会非常缓慢。("Earth Negotiations Bulletin PrepCom3 Final," International Institute for Sustainable Development, April 10, 2017, http://www.iisd.ca/oceans/bbnj/prepcom3/.)在政府间会议期间,美国与俄罗斯的反对立场最具代表性。美国认为一个全球层面决策中心化的制度可能会重叠并损害现有制度,俄罗斯则认为全球多数投票将使设立公海保护区的进程政治化。("Earth Negotiations Bulletin IGC 1 Final," International Institute for Sustainable Development, September 20, 2018, http://enb.iisd.org/oceans/bbnj/igc1/.)一些学者认为区域方法比全球方法更容易采取合作性的行动,因为具有多样化利益冲突的利益攸关方会增加谈判的难度,而区域驱动的自下而上的方法可以促进沿海国家和其他利益攸关方更积极地参与,并支持共同开发和实施基于生态系统的管理制度。(Julien Rochette et al, "The regional approach to the conservation and sustainable use of marine biodiversity in areas beyond national jurisdiction," Marine Policy, Vol. 49, 2014, p. 109.)

法性的重要因素。从此种意义上讲,区域组织主导下的公海保护区在不能满足上述科学标准的要求时,同样难以获得组织内部成员方的认同,进而导致决策效率受影响。就表决程序而言,多数区域组织必须获得成员方的一致同意才能通过决定,其表决程序大多采用协商一致的规则,而未采用协商一致规则的区域组织也通常规定了反对程序(Objection Procedure),即只要成员方正式提出反对意见后则不受拘束(详见表 1-1),导致决策进程十分缓慢,具有约束力的最终决定往往因要满足各方意愿而失去部分效力。实践中,现有区域组织主导下的公海保护区并未明显表现出效率方面的优势。例如,OSPAR 委员会在 2004 年已经开始关于设立公海保护区的内部讨论,但直到 6 年后才成功设立第一批保护区,8 年后设立第二批。[1] 又如,南极罗斯海地区海洋保护区的提案最初由美国与新西兰在 2012 年向南极海洋生物资源养护委员会联合提出,但直到 2016 年保护区才正式设立。就与相关机构的协调而言,在缺乏全球层面的统一协调时,数量众多而又职能分散的区域组织之间单独开展合作与协调也不可避免地影响区域模式的效率。在实现海洋保护区设立的最初目标之后,区域模式仍然需要花费数年时间才能继续完成建立综合性跨部门管理保护区的工作。[2] 正如绿色和平组织在预委会的发言中指出的那样——管理和参与区域协调的成本被过分低估了。[3]

表 1-1 主要区域渔业或海洋组织的表决程序与反对程序统计[4]

成立时间	区域渔业或海洋组织	表决程序	反对程序
1946 年	国际捕鲸委员会(IWC)	3/4 多数投票	有
1949 年	美洲间热带金枪鱼委员会(IATTC)	协商一致	没有

---

[1] David Freestone, David Johnson, Jeff Ardron, Kate Killerlain Morrison and Sebastian Unger, "Can existing institutions protect biodiversity in areas beyond national jurisdiction? Experiences from two on-going processes," *Marine Policy*, Vol. 49, 2014, p. 174.

[2] Ibid, p. 175.

[3] "Earth Negotiations Bulletin PrepCom3 Final," International Institute for Sustainable Development, April 10, 2017, http://www. iisd. ca/oceans/bbnj/prepcom3/.

[4] 根据联合国粮食及农业组织渔业治理情况说明统计与整理。("Regional Fishery Bodies Fact Sheets," Food and Agriculture Organization of the United Nations, http://www. fao. org/fishery/rfb/search/en.)

(续表)

成立时间	区域渔业或海洋组织	表决程序	反对程序
1966 年	国际大西洋金枪鱼养护委员会(ICCAT)	多数投票	有
1979 年	北大西洋渔业组织(NAFO)	多数投票	有
1980 年	南极海洋生物资源养护委员会(CCAMLR)	协商一致	有
1980 年	东北大西洋渔业委员会(NEAFC)	2/3 多数投票	有
1992 年	保护东北大西洋海洋环境委员会(OSPAR)	3/4 多数投票	有
1993 年	南方蓝鳍金枪鱼养护委员会(CCSBT)	协商一致	没有
2000 年	中西部太平洋渔业委员会(WCPFC)	协商一致	没有
2001 年	东南大西洋渔业组织(SEAFO)	协商一致	有

全球模式的决策效率不必然低于区域模式,因此,全球模式决策效率低不能成为改革区域模式的合理理由。

(二) 全球模式无法兼顾区域的特殊性

全球海洋虽然是连为一体的开放系统,但从区域视角来看,特定区域的海洋环境又是自成一体的,从初级的生命形式如浮游生物,到高级的生命形式如海洋哺乳动物,组成一个完整的生命链体系,形成一个具有相对独立性的完整生态系统。[1] 毋庸置疑,区域海洋生态系统因其具有独特之处而需要采取特殊的保护与管理措施,但全球模式无法兼顾区域特殊性的观点则难以令人信服。一方面,就公海保护区的设立而言,不论是全球模式还是区域模式,都必须遵循公认的科学方法原则和公众参与原则,[2]而这两项原则也得到了参与 BBNJ 谈判各方的一致赞同。科学方法原则要求在制定管理措施时,应当利用包括

---

[1]　朱建庚:《海洋环境保护的国际法》,中国政法大学出版社 2013 年版,第 146 页。

[2]　David Freestone 教授将这两项原则纳入其总结的现代公海治理十大原则之中,并认为国际社会在一系列全球和区域文书以及许多国际法院和法庭的判决中普遍接受了这些原则。David Freestone, "International Governance, Responsibility and Management of Areas beyond National Jurisdiction," *The International Journal of Marine and Coastal Law*, Vol. 27, No. 2, 2012, pp. 191—204; David Freestone, "Modern Principles of High Seas Governance: The Legal Underpinnings," *Environmental Policy and Law*, Vol. 39, No. 1, 2009, pp. 44—49。

传统知识在内的现有最佳科学资料和知识。《公约》在涉及海洋环境保护的规定时,也反复强调科学依据的重要性。例如,《公约》第 234 条要求沿海国在冰封区域制定法律和规章时,应以现有最可靠的科学证据为基础保护和保全海洋环境;第 119 条则规定在对公海生物资源决定可捕量和制订其他养护措施时,应根据有关国家可得到的最可靠的科学证据。实践中,诸如《生物多样性公约》框架下开展的描述具有生态或生物学意义的海洋区域(EBSAs)等科学活动都可以为设立公海保护区的决策提供必要的科学依据,实际上能够在客观上起到弥合全球与区域之间信息差距的作用。① 作为补充,公众参与原则要求管理措施应当与全球、区域和部门组织、包括毗邻沿海国在内的所有国家以及其他相关利益攸关方包括科学家、业界、民间社会、传统知识拥有者和地方社区进行协调和磋商。公众参与原则已经发展成为一项基本的国际环境法原则,并获得 1992 年《里约宣言》的承认。倘若仅依靠科学信息而不足以确保采取最恰当的管理措施时,公众参与原则就可以促进全球模式有效回应利益相关方的特殊需求,使设立公海保护区的决策建立在区域层面已取得的进展的基础之上,而全球与区域之间的信息不对称也会在这个过程中被进一步填平。可见,通过遵循科学方法原则与公众参与原则,全球模式下设立的公海保护区实际上也可以实现对区域特殊性的兼顾。

另一方面,既有实践也已经证明全球模式可以兼顾区域特殊性。例如,《公约》作为国际海洋领域最具权威性的国际协定,其在具体制度安排上随处可见对特殊海洋区域的专门规定。《公约》除一般性地规定了沿海国在专属经济区所享有的权利外,还规定了沿海国可以制定和执行非歧视性的法律和规章,以防止、减少和控制船只在专属经济区内的冰封区域对海洋的污染;在考虑某些国家的特殊地理位置后,《公约》规定了地理不利国制度,并将闭海和半闭海沿海国纳入其中,以保障这些国家有权公平参与开发同一分区或区域的

---

① 2004 年,《生物多样性公约》第七次缔约方大会(COP7)提出了"到 2010 年实现 10％全球海洋区域的有效管理"的目标,并于 2006 年编制了一套用于描述具有重要生态或生物意义的海洋区域(EBSAs)的科学标准。当前,描述具有生态或生物学意义的海洋区域(EBSAs)工作已经覆盖了全球 279 处具有重要生态或生物学意义的海洋区域,其中有 71 处位于国家管辖范围外,占总描述区域的 21％,并且此项工作还在不断进行。"Earth Negotiations Bulletin PrepCom3 Final," International Institute for Sustainable Development,April 10, 2017, http://www.iisd.ca/oceans/bbnj/prepcom3/.

沿海国专属经济区的生物资源的适当剩余部分。因此,ILBI 在规范层面可以就区域的特殊性再作出相应的灵活规定。

(三) 全球模式与现有制度安排存在冲突

在全球模式下,公海保护区与现有制度安排不是相互排斥的,而应实现协调与融合。那些认为全球模式必然会损害现有制度安排的立场,实际上夸大了全球模式与区域制度安排之间的冲突。

从应然的角度看,ILBI 应当处理好与现有制度的关系。根据预委会最终建议性要素草案的表述,ILBI 应当明确其项下的措施与区域及部门组织所规定措施之间的关系,申明就划区管理工具包括海洋保护区而言,必须加强相关法律文书和框架以及相关全球、区域和部门组织之间的合作与协调,不妨碍其各自的任务。[①] 该表述有三层含义:第一,在条约规范层面,ILBI 应促进与现有相关法律文书协调一致,并对其作出补充,在对 ILBI 进行解释时,不应作出损害现有的文书、框架和机构的解释;第二,在具体管理措施层面,公海保护区的管理措施不得妨碍其他组织或机构行使职能;第三,在组织机构安排方面,应当注意避免与现有组织或机构的职能发生重复,尽量使公海保护区建立在现有工作进展的基础上。因此,在 BBNJ 谈判过程中,各方所达成的 ILBI 及其所采取的全球管理模式应当满足上述要求。

从实然的角度看,全球模式与现有制度安排的冲突可以理解为管理措施之间的不一致或矛盾,而这种不一致或矛盾的后果是对相同缔约方施加了不相同的义务,导致该缔约方在履约时无所适从。公海保护区的管理措施通常表现为命令性规范和禁止性规范两种类型,命令性规范要求国家应当为一定的行为,而禁止性规范则要求国家不得为一定的行为。实践中,命令性规范与禁止性规范通常兼而有之,例如《建立地中海海洋哺乳动物保护区协议》既规定缔约方应当禁止任何蓄意或故意骚扰海洋哺乳动物的行为,又规定缔约方

---

① "Report of the Preparatory Committee established by General Assembly resolution 69/292: Development of an international legally binding instrument under the United Nations Convention on the Law of the Sea on the conservation and sustainable use of marine biological diversity of areas beyond national jurisdiction," United Nations General Assembly, July 31, 2017, https://undocs.org/A/AC. 287/2017/PC. 4/2.

应特别授权在海上进行检查工作并承诺进行合作、交换必要的信息。在全球模式与现有制度安排同时采取相同类型的管理措施时,即同时采取命令性规范或者同时采取禁止性规范时,管理措施之间可能会发生不一致的情形。例如,二者都同时规定禁止渔业活动,但全球模式禁止捕捞的鱼类种群可能不同于现有制度或安排。此时,全球模式与现有制度或安排之间的冲突,可以通过适用有关条约法中条约冲突的一般规则加以解决,即根据《维也纳条约法公约》第 30 条的规定,在两个条约当事国相同时,后订条约一般优于先订条约适用。

在全球模式与现有制度安排同时采取不同类型的管理措施,即分别采取命令性规范和禁止性规范时,管理措施之间可能会产生矛盾。例如,全球模式决定禁止缔约方捕捞鱼类,而现有制度或安排采取命令性措施,要求该缔约方捕捞鱼类。又或者,全球模式命令缔约方捕捞鱼类,而现有制度或安排禁止该缔约方捕捞鱼类。然而,实践中几乎不可能发生上述要求缔约方主动捕捞鱼类的命令性措施,因为各国根据《公约》均享有公海捕鱼自由的权利,这是不言自明的。所以实践中可能出现以下情形:①全球模式决定禁止缔约方捕捞而现有制度或安排未采取措施,此时,缔约方应当遵守全球模式所采取的禁止性的管理措施;②全球模式未采取措施而现有制度或安排禁止缔约方捕捞鱼类,此时,缔约方应当遵守现有制度或安排所采取的禁止性管理措施。因此,对相同缔约方而言,全球模式与现有制度或安排没有同时对其施加相互矛盾的义务。①

三、全球模式的优势

（一）全球模式符合国际社会对海洋进行共同管理的现状和趋向

早在 1930 年,国际联盟就曾组织编纂海洋法,这是国际社会对海洋进行共

---

① Dire Tladi, "The Proposed Implementing Agreement: Options for Coherence and Consistency in the Establishment of Protected Areas beyond National Jurisdiction," *The International Journal of Marine and Coastal Law*, Vol. 30, No. 4, 2015, p. 671.

同管理的首次尝试。在第二次世界大战结束并通过《联合国宪章》之后，平权状态下的国际社会再次把为海洋建章立制的事项提上议程。1958 年，联合国在日内瓦召开第一届海洋法会议，通过了《领海及毗连区公约》《公海公约》《捕鱼与养护公海生物资源公约》和《大陆架公约》四项海洋法公约。随后在 1960 年，联合国又召开了讨论领海宽度和渔业界限问题的第二届海洋法会议，但并未达成任何实际成果。1973 年，由 163 个国家参加的第三次海洋法会议召开，历经九年最终达成被誉为"海洋宪章"的《联合国海洋法公约》。《公约》设想了一个高度机构化的世界，它不仅规定了四个机构的创建，即国际海底管理局、国际海洋法法庭、大陆架界限委员会和公约缔约方大会，还委托现有组织，特别是国际海事组织许多任务，将其规定、标准或建议作为评估国内法律及规定与公约一致性的标准。① 可见，现代海洋法在涉及全体人类共同利益的事项上始终强调共同管理，这其中最典型的例子是法律属性被确立为"人类共同继承财产"的国际海底区域（以下简称"区域"）。根据《公约》第 137 条的规定，对"区域"内资源的一切权利属于全人类，由管理局代表全人类行使。在《公约》通过之后，为了进一步完善和解决其在实施过程中的困难，又分别召开了针对深海海底采矿条款与养护跨界和高度洄游鱼类条款的磋商会议，并通过了 1994 年《关于执行〈联合国海洋法公约〉第十一部分的协定》和 1995 年《〈联合国海洋法公约〉有关养护和管理跨界鱼类种群和高度洄游鱼类种群的规定执行协定》两个执行协定，上述协定所调整和规范的对象也都是与全人类共同利益有关的内容。

上述编纂与执行协定海洋法的制定活动始终处于联合国大会的主导之下。联合国大会自成立以来一直对世界海洋进行管理，不仅召集了三次海洋法会议，还召集了联合国环境与发展会议，并通过了为保护和管理海洋提供蓝图的《21 世纪议程》。此外，联合国大会还承担着每年审查和审议海洋与海洋法事务的职责，其自 1983 年以来一直根据秘书长编写的年度综合报告对海洋和海洋法事务进行年度审查。1999 年，联合国大会决定设立联合国海洋和海洋法不限成员名额非正式协商程序，以促进联合国大会以有效的和富有建设

---

① 罗欢欣：《国家在国际造法进程中的角色与功能——以国际海洋法的形成和运作为例》，《法学研究》2018 年第 4 期。

性的方式审查海洋事务的发展和海洋法。就 BBNJ 的养护和可持续利用问题拟定一个具有法律约束力的全球性协定也是从上述联合国协商进程中正式启动的,其实际上属于联合国管理海洋事项过程的一部分。一方面公海对所有国家开放,其对所有国家来说都是共有物(res communis omnium),属于全人类的共同财产,应由国际社会进行共同管理;另一方面,由一个获得绝大多数国家明确授权的全球性机构代表国际社会建立和管理公海保护区,能够确保公海保护区的合法性与国际社会的可接受性。因此,与区域模式相比,全球模式建立一个全球性机构主导公海保护区设立与管理的主张,顺应了长期以来国际社会对涉及全人类共同利益事项的海洋进行共同管理的现状和趋向。

(二) 全球模式有利于《联合国海洋法公约》的进一步完善

作为《公约》的第三个执行协定,ILBI 的首要任务应在于填补《公约》的空白,特别是应当填补第十二部分关于海洋环境保护和保全方面的空白。

首先,全球模式是对《公约》第 197 条的进一步落实。《公约》第 197 条要求,各国在为保护和保全海洋环境而拟订和制订符合本公约的国际规则、标准和建议的办法及程序时,应在全球性的基础上或在区域性的基础上,直接或通过主管国际组织进行间接合作,同时考虑区域的特点。尽管《公约》缔约国在现有国际组织的基础上进行了大量合作,例如通过国际海事组织(IMO)、联合国粮食及农业组织(FAO)、区域渔业管理组织以及国际海底管理局等区域或部门机构制定了大量条约、文书以及标准等,但当前此种按部门进行的合作并不等同于完全履行了《公约》第 197 条规定的国际合作义务。因为从条约解释的角度分析,条约应依其用语按其上下文并参照条约之目的及宗旨所具有之通常意义对其进行善意的解释,因此《公约》第 197 条所规定的国际合作应当以实现对海洋环境的保护和保全的效果为根本目标。然而,上述在部门基础上开展的国际合作长期以来已不能满足海洋生物多样性有效保护的需要,更何况此种合作即便是在传统的诸如海洋污染和渔业资源养护等方面,也表现得不尽如人意。这其中最重要的原因便是现有部门化的保护模式忽略了海洋环境的整体性与系统性特点,导致不同部门机构在履行职能时缺乏必要的协调与沟通,无法顾及不同人类海洋活动对海洋生态系统产生的累积性环境影响(cumulative impacts)。与此相对应,全球模式所采用的缔约方大会(COP)管理模式,可以更便利地在设立和管理公海保护区时将气候变化、海底采矿、航行及渔业等一系列影响海洋生物多样性的因素纳入决策过程,在全球层面更好地实现《公约》第 197 条所设想达到的保护和保全海洋环境的目的。

其次,全球模式为《公约》第十二部分所规定的监测和报告潜在的污染活动提供了适宜的接收和审查主体。《公约》第 204 条要求,各国特别应不断监视其所准许或从事的任何活动的影响,以便确定这些活动是否可能污染海洋环境。《公约》第 205 条规定:"各国应发表依据第 204 条所取得的结果的报告,或每隔相当期间向主管国际组织提出这种报告,各该组织应将上述报告提供所有国家。"此外,《公约》第 206 条还规定:"各国如有合理根据认为在其管辖或控制下的计划中的活动可能对海洋环境造成重大污染或重大和有害的变化,应在实际可行范围内就这种活动对海洋环境的可能影响作出评价,并应依照第 205 条规定的方式提送这些评价结果的报告。"虽然这些条款的规定非常严格,但完全依赖缔约国的诚意来履行,因为国际社会长期以来没有接收或审查甚至公布这些报告的国际程序。① 鉴于《公约》第 204 条同时规定了一个较为宽泛的活动类型,即任何可能污染海洋环境的活动都应当监测并报告,因此负责接收和审查的主体也应具备相应的资格和能力。相较于职能单一的区域组织而言,缔约方大会作为接收、审查和发送缔约国根据《公约》上述规定提交报告的主体更为适合,进而更有利于《公约》的完善。

(三) 全球模式有利于《联合国海洋法公约》的解释和实施

首先,全球模式下的缔约方大会对《公约》作出的解释属于有权解释,是建立在全体缔约方达成共识的基础上的;其次,缔约方大会对《公约》作出的解释更具权威性,可以约束 ILBI 的所有缔约方;最后,全球模式可以对《公约》作出

---

① David Freestone, "Governance of Areas Beyond National Jurisdiction: An Unfinished Agenda?" in Jill Barrett and Richard Barnes, ed., *Law of the Sea: UNCLOS as a Living Treaty*, *British Institute of International and Comparative Law*, 2016, pp. 231—265.

统一解释,从而避免不同的区域组织作出不同解释的问题。根据《公约》的规定,沿海国 200 海里以外大陆架的上覆水域属于可能建立海洋保护区的公海区域,并且沿海国在行使《公约》第 77 条规定的大陆架权利时,同样应当根据《公约》第 194 条的规定,承担保护和保全物种、栖息地和相关生态系统的责任。因此,沿海国对其外大陆架的生态环境具有免受勘探开发自然资源而遭到破坏的管辖权,而公海保护区不可避免地会影响沿海国的这种权利。区域组织在设立公海保护区时通常会寻求与沿海国进行合作,但当沿海国拒绝合作时,公海保护区一般而言不能扩展至沿海国的外大陆架,从而导致实际面积大打折扣。例如,鉴于冰岛的反对,OSPAR 委员会在设立查理·吉布斯保护区时,就排除了冰岛大陆架划界案中的区域,致使该保护区的面积从原来的 23 万多平方千米减少至 14 万多平方千米。① 更进一步来说,在涉及多个国家存在外大陆架划界争议时,只要其中有任何一个沿海国反对,公海保护区便不得涵盖其下的外大陆架部分,这显然不利于整体保护海洋生物多样性。现实情况是,截至 2016 年提交给大陆架界限委员会(CLCS)的 77 件划界案中,有 47 个国家的主张区或多或少存在重叠,且有个别情况非常严重,如孟加拉、印度、缅甸、斯里兰卡四个国家在孟加拉湾主张的外大陆架几乎完全重叠,英国关于马尔维纳斯群岛的大陆架主张也几乎与阿根廷的主张完全重叠。② 各国外大陆架界限存在大量重叠且在短时间内难以解决的现状,客观上需要争议各国暂时搁置争议,先采取保护海洋环境的措施。此时,根据《公约》第 83 条的规定,有关国家在存在大陆架界限争议而尚未达成协议时,应基于谅解和合作的精神尽一切努力作出实际性的临时安排。但是,这种临时安排是否包括设立公海保护区等措施,需要对上述规定作出进一步的解释,而全球模式显然更有利于对《公约》的上述规定作出权威而统一的解释。

在《公约》的实施方面,全球模式有利于全面实施。首先,区域组织是根据区域协定设立的,其首要职能在于促进区域协定的实施。因此,区域组织在履

---

① Danielle Smith and Julia Jabour, "MPAs in ABNJ: lessons from two high seas regimes," *ICES Journal of Marine Science*, Vol. 75, No. 1, 2018, p. 422.

② 方银霞、尹洁、唐勇等:《全球外大陆架划界进展与形势分析》,《中国海洋法学评论》2016 年第 2 期。

行审查和监督缔约方遵约职能时,是以区域协定而非《公约》为判断标准的。其次,即便区域协定的内容是根据《公约》的目的与宗旨制定的,但当区域组织怠于行使职能时,区域模式可能缺少对区域组织进行适当干预的机制,导致《公约》得不到很好的实施。例如,尽管《鱼类种群协定》等一系列重要的国际条约都规定了生态系统方法和预防方法,但实际上几乎没有证据表明大多数区域组织正在有效地实施这些基本环境准则。① 最后,区域组织在对缔约方进行能力建设时,仍然是以促进缔约方更好地履行区域协定为目的的,并且其可能不具备针对公海保护区这一划区管理工具对缔约方进行能力建设的能力。

尽管通过国家自我遵守和自我约束仍然是国际法实施的主要方法,并且"绝大多数国家,在绝大多数时间,都遵守绝大多数国际法原则和履行它们绝大多数的国际法义务"②,但在包括海洋环境治理在内的国际环境法领域,国际法的实施除了依赖于主权国家外,缔约方大会(COP)或缔约方会议(MOP)作为一个全权机构在此过程中的作用不容忽视。全球环境一直处于变化中,而当前面临的环境问题也随着人类认识能力和科学技术水平的不断提升而有所不同,因此客观上需要一种更具灵活性和及时性的制度安排,以实现对生态环境的保护和人类活动的管理。纵观现有的全球性或区域性环境协定,自 1973 年《濒危野生动植物物种国际贸易公约》首次提出"缔约方大会"这一表述并规定相应完整的管理模式以来,其后的较多环境协定都采用了 COP 或 MOP 的管理模式。COP 不仅享有设立公海保护区的最终决定权,还可以通过收集缔约方遵约的信息、审查和处理违反条约的行为、调整缔约方的承诺以及帮助缔约方进行能力建设等方式,发挥促进条约全面实施的作用。

(四)全球模式更容易形成约束非缔约方的新的习惯国际法

公海保护区的建立并不能自动实现保护海洋生态环境的功能以及养护生物多样性的目的,其还必须依赖于有效的管理。③ 国外有学者总结了海洋保护

① David Freestone, "The Limits of Sectoral and Regional Efforts to Designate High Seas Marine Protected Areas," *American Journal of International Law Unbound*, Vol. 112, 2018, p. 133.
② Louis Henkin, *How Nations Behave*, Columbia University Press, 1979, p. 47.
③ 张晓:《国际海洋生态环境保护新视角:海洋保护区空间规划的功效》,《国外社会科学》2016 年第 5 期。

区的五个缺陷,其中就包括不适当地计划和管理海洋保护区。① 若公海保护区的管理措施不能得到很好的遵守,那么公海保护区的建立只会产生一种已经对海洋生物多样性实施了保护的假象,最终沦为"纸面上的保护区"。因此,公海保护区的管理措施得到大多数国家的普遍遵守显得尤为关键。在条约机制下,缔约方数量越多,则公海保护区的管理措施越能得到普遍遵守。但在条约的缔约方之外,需要借助不成文的习惯国际法来弥补条约机制留下的空缺。《公约》生效后,大量海洋领域的习惯国际法被纳入其中,因此,这些规则就兼具条约法与习惯国际法的法律效力。与此同时,《公约》的一些新规定也因得到大多数国家的遵守而逐渐具有习惯国际法的效力。例如,《公约》将领海宽度规定为从领海基线量起不超过 12 海里,逐步改变了以往 3 海里领海宽度的习惯国际法,形成了新的习惯国际法。当前,除极少数坚持领海宽度超过12 海里的一贯反对国家外,12 海里领海宽度已成为一项习惯国际法规则并被绝大多数国家遵守。又如,专属经济区制度和大陆架制度也都是通过《公约》的规定而被普遍接受为习惯国际法制度的。可见,条约实际上具有生成新的习惯国际法的作用。此种观点也已经被国际法院认可。在"北海大陆架案"中,国际法院认为:"《条约》规定虽然就其起源来说只是协定或契约性的,随后融入一般的国际法体系并且基于法律确信而被接受,由此甚至对于非缔约方也具有拘束力,这在法律上是可以接受的。"② 虽然公海保护区的区域模式与全球模式的法律基础同为条约,但关键不同在于区域模式是以缔约方数量较少的区域性条约为基础的,全球模式因此在形成新的习惯国际法方面具有一定的优势。

首先,"国家实践"是习惯国际法不可或缺的要件。国家实践通常需要满足时间、数量及同一性的要求。时间是指国家遵守公海保护区管理措施的行为转变为习惯国际法是需要一定时间的,尽管时间的长短并没有统一的标准。

---

① Tundi Agardy, Giuseppe Notarbartolo di Sciara and Patrick Christie, "Mind the gap: Addressing the shortcomings of marine protected areas through large scale marine spatial planning," *Marine Policy*, Vol. 35, No. 2, 2011, pp. 226—232.

② North Sea Continental Shelf (Federal Republic of Germany/Netherlands), Judgment, I. C. J. Reports 1986, p. 44, para. 77.

在全球模式下,公海保护区在经过复杂的程序设立后即应已具有相对较长的期限,其管理措施的修改也须再次经过全体缔约方的审议,因此,除非发生重大的情势变化,否则缔约方遵守管理措施的实践将一直持续下去,因而具有满足形成新习惯国际法的时间要素。就数量要素而言,作为区域模式基础的区域协定,其处理事项的区域性、专门性以及周边国家所具有的共同利益导致其缔约方数量不及全球性的国际协定。从当前设立公海保护区的区域协定的缔约方数量来看,《保护东北大西洋海洋环境公约》仅有 16 个缔约方,而《南极海洋生物资源养护公约》也仅有 36 个缔约方,其中有权决定设立公海保护区的南极海洋生物资源养护委员会的成员方仅有 25 个。反观全球模式,其可以吸纳数量更多的国家参与其中,管理措施能够被绝大多数国家普遍遵守,为形成新的习惯国际法提供国家数量方面的基础。就同一性要素而言,缔约方遵守公海保护区管理措施的实践还应当是反复一致的。这种反复一致的国家实践离不开法律约束力的保障,而区域模式下有些公海保护区的管理措施可能不具有法律约束力,无法保证国家反复一致地遵守管理措施。例如,OSPAR 委员会的管理措施通常采用建议(Recommendation)的形式,而根据《保护东北大西洋海洋环境公约》第 13 条第 5 项的规定,这种建议是没有约束力的。全球模式是由一项有法律约束力的国际文书直接确立的,其更能促进缔约方反复一致地遵守管理措施。所以,全球模式更有利于促进形成新习惯国际法所必备的"通例"的物质基础。

其次,形成一项新的习惯国际法还要具备"法律确信"要件。一方面,在全球模式下,管理措施直接为缔约方创设国际法义务,并约束其在公海保护区的活动,因而更容易为国家实践提供一种普遍的法律效力,增强包括非缔约方在内的各国出于法律义务的原因而遵守公海保护区管理措施的法律确信。因为对非缔约方来说,一旦决定遵守公海保护区的这些管理措施,其将不会被认为是出于道德或其他原因而遵守。另一方面,公海保护区的全球模式是缔约国通过条约的形式正式确立的,而条约集中体现了国家意志。因此,这个过程本身就在表达一种法律确信。此外,全球模式的管理措施此后更有可能被吸收成为双边协定、区域协定甚至是国内法的内容,从而强化这种法律确信。

从上述分析可以得出,全球模式不论是从国家实践还是法律确信方面来看,都更有利于一项习惯国际法的形成,最终也更有利于实现公海保护区养护海洋生物多样性的目标。

四、中国的应对策略

在当前的 BBNJ 谈判中,欧盟、77 国集团、非洲集团等世界上大部分国家赞成采用全球模式,而中国也支持采用全球模式并主张 BBNJ 国际文书在不影响现有区域性、部门性机构的职权和运作的情况下,可设立缔约方大会作为最高决策机构,并设立理事会作为执行机构、秘书处作为常设机构。① 不难预见,BBNJ 谈判最终可能会达成一个采用全球管理模式的公海保护区制度。正如联合国大会 BBNJ 国际文书谈判政府间会议主席瑞娜·李所指出的那样:"各方聚焦点应从泛泛而谈的各议题转向具体的机制和细节。"②因此,中国可以先从以下三个方面着手提早谋划全球模式的具体机制与细节问题。

第一,中国应当提出一个将现有制度或安排妥善纳入全球模式的方案。尽管全球模式不会损害现有制度或安排,但如何实现全球模式与现有制度或安排的有机协调与融合则应当成为各方关注的重点。中国可以从理顺全球模式与现有制度或安排之间关系的角度入手,将现有制度或安排妥善纳入全球模式。ILBI 对现有制度或安排具有明显的包容性,这是因为不论是勘探开发海底矿产资源还是捕捞鱼类,都不可避免地会影响海洋生物多样性,进而落入ILBI 的调整范围。此种包容性在一定程度上决定了 ILBI 与现有制度或安排的关系,即不应该是相互割裂与独立的,而是应形成一种融合互补的关系。所以,全球模式下的缔约方大会在设立公海保护区时,应当对现有制度或安排在该区域内所采取的养护管理措施进行综合审议与评估,若认为现有养护措施符合拟设立的公海保护区标准的,可以予以承认。而对那些不能满足公海保护区养护标准的措施,缔约方大会可以建议主管国际组织采取更严格的养护

---

① 《国家管辖范围以外区域海洋生物多样性的养护与可持续利用国际研讨会专家观点集萃》,中国海洋在线,2018 年 10 月 24 日,http://www.oceanol.com/guoji/201810/24/c81980.html.

② 同上。

措施。最后,当主管国际组织不能及时采取养护措施时,缔约方大会有权直接以通过决定的方式采取相应的养护措施,并对 ILBI 的全体缔约方产生约束力。此外,对于已经根据区域协定所设立的公海保护区,全球模式在尊重其地位的前提下,也应将其纳入全球性公海保护区系统并根据 ILBI 规定的审查程序对其进行定期评估。

第二,中国应当推动达成一个兼顾公平和效率的表决程序。首先,在公海保护区设立的过程中,一个公平的表决程序应当赋予所有缔约方平等的表决权,即每个缔约方在同一表决事项上仅有一次投票的机会。其次,鉴于公海应当由国际社会进行共同管理,因此设立公海保护区的决定也应当由全体缔约方通过投票表决的方式作出,而不能仅由少数缔约方或少数缔约方组成的委员会主导。再次,设立公海保护区的决定原则应以全体缔约方协商一致的方式作出,只要在进行表决时不存在正式提出的反对意见,则表决事项即视为通过。协商一致是晚近逐渐发展起来的一种表决规则,弥补了投票表决制度的弊端,更加尊重少数意见和更容易达成共识。正如美国学者指出的:"当代国际决策的关键问题在于,国际体系会员国的扩展所导致的权力与多数表决制的分离,由大国组成的少数群体的被疏远,将导致多数表决制在(国际)立法决策方面逐渐失效。在一个高度分裂的国际体系中,需要一种技巧来确保对决策的广泛支持。正是基于此,协商一致才产生吸引力。"[①]最后,在全体缔约方不能达成协商一致时,可以借鉴《生物多样性公约》议事规则的规定,即"缔约方应尽一切努力以协商一致方式就所有实质性问题达成协议。如果已尽一切努力达成协商一致但未达成协议,作为最后手段,该决定应由出席并参加表决的缔约方三分之二多数票通过",采取多数缔约方同意即可通过的表决规则。表决程序兼采协商一致和多数投票,可以避免公海保护区的决策陷入僵局,在确保公平性的基础上提高决策效率。

第三,中国应当推动制定一个合理的遵约机制。为了确保全球模式设立的公海保护区得到各国的遵守,避免沦为"纸面上的保护区",必须规定相应的

---

① Buzan Barry, "Negotiating by consensus: developments in technique at the United Nations Conference on the Law of the Sea," *American Journal of International Law*, Vol. 75, No. 2, 1981, p. 326.

遵约机制。遵约机制是针对环境问题的特点,在多边环境协定框架内,通过缔约方之间及缔约方与条约内设机构之间的合作,加强缔约方履约能力,以促进遵约,并处理不遵约的一种新型的避免争端的履约保障程序和机制。[①] 从遵约机制的实施主体来看,ILBI应设立理事会负责对缔约方的遵约情况进行审查,设立缔约方大会作为最高权力机构,负责审议理事会所提交的建议和结论,并有权对缔约方不遵约的情势作出决定。此外,还应当设立秘书处作为常设机构,负责国家遵约报告等信息的接收和交流,为缔约方大会和理事会履行职能提供协助。从遵约机制的启动程序来看,可以规定由他国启动、本国启动和秘书处或专家机构启动三种方式。对于他国启动,应当规定任何缔约方在发现其他缔约方不遵约时,便可启动该程序,没必要将他国限定在那些受其他缔约方不遵约行为影响的国家。但是为了防止缔约方滥用遵约机制,还应当对他方启动规定一定的限制性条件,例如借鉴《生物多样性公约卡塔赫纳生物安全议定书》(简称"《卡塔赫纳生物安全议定书》")规定的事先告知与协商程序,只有当缔约方与不遵约方协商不成后才可以正式启动程序。从遵约机制采取的措施来看,鉴于公海保护区的目的在于对公海自由进行合理限制而不能超过必要限度,相应的遵约机制也应当采取以预防海洋生物多样性破坏和促进缔约方遵约为主的软性方法,而不适合采取强制性的惩罚措施。

[①] 王晓丽:《多边环境协定的遵守与实施机制研究》,武汉大学出版社2013年版,第30页。

第二章
公海治理的国际法问题

引　言

公海面积占地球海洋面积的三分之二,为生命提供了90%的可用栖息地,每年的渔业捕捞量高达160亿美元。[①] 然而,公海作为各国有条件自由利用的海洋区域,其生态环境正遭受严重的污染和破坏。海洋酸化、过度捕捞以及生物多样性锐减等问题逐渐凸显,受全球洋流流动、气候变化以及地球引力等一系列科学因素的影响,而且这些问题的影响也逐渐从公海不断扩大到一些国家的专属经济区、毗连区、领海,甚至是一国的内陆。换言之,产生于公海的污染以及最终流向公海的污染,实际上会以各种方式影响地球的每一个角落,由此可见,治理公海对保护和改善国内环境意义重大。本章深入分析和讨论公海活动碳排放

[①] "How to Save the High Seas"(https://www.nature.com/articles/d41586-018-05079-z)accessed 20 October 2022.

问题、共同但有区别责任原则在公海环境治理中的适用问题、公海保护区对公海自由的限制等公海治理的前沿问题，并为规制公海活动的碳排放、更好地适用共同但有区别责任原则以治理公海环境，以及如何利用公海保护区合理限制公海自由提出国际法方面的建议，助推国际社会共同保护公海这片"蓝色公地"。

第一节 公海环境治理中共同但有 区别责任原则的适用

公海是国际社会在长期的历史进程中形成的一个法律概念，在 1958 年《公海公约》和 1982 年《联合国海洋法公约》的基础上，公海这一概念在其他国际公约和国际实践中都被提及并有所发展。虽然《公约》没有对公海的概念进行明确的定义，但第 86 条规定公海"不包括沿海国的专属经济区、领海或内水或群岛国的群岛水域内的全部海域"。同时，《公约》第 87、88、89 条规定各国享有相对的公海自由。然而，当前公海的生态环境正遭受严重的污染和破坏。海洋酸化①、塑料污染②、持久性有机污染物污染③以及生物多样性破坏④等问题不断恶化，对海洋生物、陆地生物甚至人类都造成了严重影响。学界长期以来对公海环境治理的研究主要集中于具体问题的应对以及具体制度的构建，较少研究相关基本原则的适用问题。没有基本原则的适用作为基础，国际社会在谈判具体条约以解决具体问题时往往难以达成共识，从而难以有效治理公海环境。共同但有区别责任原则（下文简称"共区原则"）起源于气候变化治理的

---

① Kimberly N. Smith, "Ocean Acidification: Dealing with Uncharted Waters," *Vill Envtl LJ*, Vol. 30, 2019, pp. 201—205.

② United Nations Environment Programme, *From Pollution to Solution A Global Assessment of Marine Litter and Plastic Pollution*, ISBN: 978-92-807-3881-0, page 14—16.

③ Elizabeth B. Baldwin, "Reclaiming Our Future: International Efforts to Eliminate theThreat of Persistent Organic Pollutants," *Hastings Int'l & Comp L Rev*, Vol. 20, 1997, p. 894. 4.

④ Anna Aseeva, "Rethinking Conservation of Marine Biodiversity beyond National Boundaries: Justice, Property, and the Commons," *Geo Env't L Rev*, Vol. 33, 2021, pp. 444—447.

一项原则,主要包括两方面:一方面,所有国家在保护整片或部分环境时应当承担共同责任;另一方面,各国在承担共同的保护环境的责任时,需要考虑不同的情况,特别是各国在具体的环境问题中发挥的作用不同,以及各国治理相关环境问题的能力不同。① 这一原则也体现在公海环境治理相关的国际法方面。然而,理论界就该原则的法律性质以及法律拘束力等问题仍然存在争议。在实践层面,如海洋酸化治理、塑料污染治理、持久性有机污染物治理以及 BBNJ 谈判领域,有关共区原则具体规则和性质的规定仍然较为模糊,甚至存在争议,因而阻碍了这一原则的适用,不利于公海环境治理的进一步推进。本节分析共区原则适用于公海环境治理的理论和实践困境,分析其中的成因,并为正确有效适用该原则及进一步促进国际社会治理公海环境提出意见和建议。

一、共区原则在公海环境治理过程中的实施困境

(一)理论层面的实施困境

1. 共区原则的法律性质存在争议

首先,学术界就共区原则的性质仍然存在争议。有学者指出,共区原则中的共同责任被承认为国际习惯法,但其在区别责任方面却不是。② 这一观点试图在一定程度上肯定共同但有区别责任具有国际习惯法的效力,从而肯定其拘束力。但也有学者指出,共区原则由于缺乏各国对具体内容的共识以及该原则所提出的义务的性质,导致其缺少成为国际习惯法的"法律确信"。③ 该观点认为共区原则不应被视为一项国际习惯法。共区原则除了存在是否为国际习惯法的争议外,还有学者对其性质有争议,例如,有学者指出其只能被感知为一种"正在萌芽状态的国际法原则"④。这一观点倾向于认为共区原则甚至只是属

---

① 徐祥民、孟庆垒:《国际环境法基本原则研究》,中国环境科学出版社 2008 年版,第 279—281 页。

② Klaus Bosselmann, *The Principle of Sustainability*, Ashgate Publishing, 2008, p. 60.

③ Lavanya Rajamani, *Differential Treatment in International Environmental Law*, Oxford University Press, 2006, p. 159.

④ Klaus Bosselmann, *The Principle of Sustainability*, Ashgate Publishing, 2008, p. 60.

于起步阶段的国际法原则，而非真正的国际法原则。但有学者认为这一原则具有法律相关性并且是可执行的（remain legally relevant and enforceable）①，希望以此确定该原则具有法律原则的属性。有专家认为即便共区原则尚未构成习惯国际法，但这一原则也具有非常重要的法律意义（legal weight）。② 然而，也有学者持不同的观点，认为这一原则尚未成为一种规范性的原则，③甚至有专家从气候变化的角度指出，自哥本哈根会议之后，这一原则可能"不再可行"。④ 由此可见，这些学者倾向于认为共区原则并不是国际环境法中可以普遍适用的原则。因此，目前关于共区原则的法律性质仍然存在争议。

从国家实践层面看，共区原则是否具有拘束力也存在很大争议。有发达国家坚持认为，该原则只是道德原则或国际政策，并非法律原则，因此不具有拘束力。⑤ 例如，美国不希望该原则具有拘束力，对共区原则中的区别责任持反对立场，美国前总统乔治·布什曾声称美国将反对气候变化领域的法律框架，因为其免除了包括印度和中国两个人口大国在内的80％的国家在气候变化领域应当负担的责任。⑥ 为此，美国政府专门发布的一项声明指出，美国虽然在一定程度上理解和接受作为发达国家在环境治理领域应当发挥一定的领

---

① Klaus Bosselmann, *The Principle of Sustainability*, Ashgate Publishing, 2008, p. 43.

② See INTERNATIONAL LAW ASSOCIATION, SOFIA CONFERENCE（2012），Legal Principles Relating to Climate Change 6,（2012），available at http://www.ila-hq.org/download.cfm/docid/4FBED782-B7F9-4195-9877E671452CBC45（describing the difficulties of instituting GHG emissions reform through the legal system following the Kyoto agreement）（on file with the WASHINGTON AND LEE JOURNAL OF ENERGY, CLIMATE, AND THE ENVIRONMENT）at 9（acknowledging the CBDRRC's "considerable legal gravitas."）.

③ Lavanya Rajamani, "From Berlin to Bali and Beyond: Killing Kyoto Softly?" 57（4）*International and Comparative Law Quarterly*,（2008）909 at 911.

④ See ILA, The Hague Conference（2010），Legal Principles Related to Climate Change First Report, Aug. 15—20, 2010, at 10,［hereinafter ILA First Report］, available at http://www.ilahq.org/en/committees/index.cfm/cid/1029（continuing previous international efforts）（on file with the WASHINGTON AND LEE JOURNAL OF ENERGY, CLIMATE, AND THE ENVIRONMENT）. at 10.

⑤ R Maguire, "The Role of Common but Differentiated Responsibility in the 2020 Climate Regime," *Carbon & Climate Law Review*, Vol. 7, 2014, p. 263.

⑥ 48 Kevin A Baumert and Nancy Kete, "The U. S., Developing Countries, and Climate Change Protection: Leadership or Stalemate?"（2001）World Resource Institute Issue Brief, available at〈http://archive.wri.org/publication-detail.cfmpubid=3133〉（at 19 May 2009）. At 1.

导作用,但拒绝承认共区原则具有的拘束力,承担所谓的"责任或义务"。① 然而,希望获得技术转让的发展中国家倾向于将其作为一项具有国际法拘束力的义务,希望发达国家遵守,共同推动环境保护与治理。② 然而,《联合国海洋法公约》③和《生物多样性公约》④等国际条约包含了体现这一原则的具有拘束力的规定。还需要指出的是,目前学界对该原则是否具有拘束力亦未达成一致观点。有观点认为,共同但有区别责任应当具有拘束力,也有观点认为这一原则应当是自由裁量(discretionary)的。⑤

公海环境作为国际环境的一部分,也应当适用国际环境法中的基本原则。然而,即便是在其起源的气候变化领域,无论是国家还是学界都尚未形成对该原则法律性质的统一认识,尚不能确定该原则是否应当具有拘束力。那么,该原则在公海环境治理中的地位也需要进一步地明确和说明。

2. 公海环境治理领域适用共区原则的构成要件尚不明确

关于共区原则的争议不仅仅存在于《气候变化框架公约》,⑥即便认为共区原则适用于公海环境治理,但目前共同但有区别责任适用于公海环境治理的具体要件并不明确的。

（1）如何确定有区别的责任存在争议

区别责任在将来自不同区域的国家共同团结到国际环境治理领域方面,

---

① CIEL, Human Rights, Environment, and Economic Development: Existing and Emerging Standards in InternationalLaw and Global Society, available at 〈http://www. ciel. org/Publications/olp3iv2. html〉(at 21 May 2009). Report of the United Nations Conference on Environment and Development, A/CONF. 151/26/Rev. 1, Vol. II, Chap. III, para. 16.

② Daniel Bodansky, "The United Nations Framework Convention on Climate Change: A Commentary," *Yale Journal of International Law*, Vol. 18, 1993, p. 501.

③ 《联合国海洋法公约》第 192、235、194、196、202、203 条。

④ 《生物多样性公约》序言、第 8、9、12、15—20 条。

⑤ ILA, The Hague Conference (2010), Legal Principles Related to Climate Change First Report, Aug. 15—20, 2010, at 10, [hereinafter ILA First Report], available at http://www. ilahq. org/en/committees/index. cfm/cid/1029 (continuing previous international efforts) (on file with the WASHINGTON AND LEE JOURNAL OF ENERGY, CLIMATE, AND THE ENVIRONMENT). quoting Bettina Kellersmann, "Die gemeinsame, aber Differenzierte Verantwortlichkeit von Industriestaaten und Entwicklungsländern für den Schutz der gbvlobalen Umwelt" 335 (2000) (English Summary).

⑥ Maguire (n 15) 263.

是最有效但也是争议最大的一项原则。① 区别责任一般分为两种：一种是以《京都议定书》为模型的区别责任，在该模型下，各国根据自己被划分的国家类型，决定是否承担具有法律拘束力的责任；②第二种是在实施阶段需要承担的区别责任，这一模型要求所有的缔约方都采取相应的行动，只是相应的行动会因这些缔约方被认定的类型的不同而有所不同，其中较为典型的区别责任有履行义务的宽限期、技术转让和资金援助。③ 有学者认为，第二种类型的区别责任才是共同但有区别责任最正式的形式，因为其既肯定了各国在共同层面应当履行的义务，又体现了各自在履行领域应当承担的区别责任。④

区别责任有助于发展中国家能更公平地获得、利用与贸易相关的自然资源，以此发展其经济以及可持续地管理相关的自然资源。⑤ 然而，有学者认为，共同但有区别责任中的区别责任这一概念还不足以成为国际环境法中进行区别对待的坚实基础。⑥ 这可能是因为区别责任的概念尚未细化。

其一，应当怎样确定区别责任仍不明确。区别责任一般包括以下两个方面的内容：第一，发达国家比发展中国家应当承担更多的环境治理的责任；⑦第二，发达国家有义务向发展中国家提供技术转让或资金支持，⑧也就是说，可以理解为发展中国家有权从发达国家获得环境治理相关的技术转让或资金支持。然而，目前，在公海环境治理的宏观层面，既尚未明确区别责任在相关具

---

① LAVANYA RAJAMANI, DIFFERENTIAL TREATMENT IN INTERNATIONAL ENVIRONMENTAL LAW, 1 (2006) at 6. Also See ILA, The Hague Conference (2010), Legal Principles Related to Climate Change First Report, Aug. 15-20, 2010, at 10, [hereinafter ILA First Report], available at http://www.ilahq.org/en/committees/index.cfm/cid/1029 (continuing previous international efforts) (on file with the WASHINGTON AND LEE JOURNAL OF ENERGY, CLIMATE, AND THE ENVIRONMENT) See id. (outlining Eric Canal-Forgues divergent interpretation of the CBDRRC).

② Maguire (n 15) 261.

③ Ibid.

④ "Role of the Principle of Common but Differentiated Responsibility in Regulating Pollution of the Marine Environment from Post-Consumer Plastic Wastes from Land-Based Sources. Pdf", p. 261.

⑤ Fish and Fisheries, page 209.

⑥ Duncan French, "Developing States and International Environmental Law: The Importance of Differentiated Responsibilities," *International and Comparative Law Quarterly*, Vol. 49, 2000, p. 56.

⑦ 《里约宣言》原则七。

⑧ 《气候变化框架公约》第4条。

体事项中是否同时包含这两方面的内容,亦未明确技术支持和资金援助应当达到的程度。

同时,目前尚未明确国家在承担区别责任时是否可以根据自身情况在实践中进行调整。治理包括公海环境在内的国际环境并非易事,国家履行国际条约中有关保护环境的义务往往需要付出较大的代价,可能会对一国的经济产生负面影响,如增加贫困、延长社会和经济发展,而技术转让和资金援助是解决这一问题的重要切入点。① 然而,发达国家履行区别责任的实践也可能存在一定的困难。以澳大利亚为例,澳大利亚为太平洋岛国提供有关气候变化治理的资金援助,相关的援助项目尽管与国际社会的发展以及赋予的价值观一致,但在澳大利亚的国际援助优先事项中的顺位并不靠前。② 同时,新冠疫情也对澳大利亚的政府财政预算造成一定的冲击,导致相关事项不得不再一次重新排序。③ 若认为各国的区别责任可以视具体情况作出调整,那么澳大利亚的相应行为就是合理的;若不认为各国可以视具体情况调整应当承担的区别责任,那澳大利亚的行为可能在一定程度上与区别责任的要求不相符合。可惜的是,国际社会目前尚未就实践过程中国家(尤其是发达国家)是否可以结合自身情况履行区别责任形成一致的认识。

其二,尚不明确应当如何界定有区别责任的主体。即便在适用区别责任的情况下,区别责任的划分标准也是不明确的。有人认为区别责任的确认应当以经济发展水平为划分标准,但也有人认为区别责任应当以国家导致全球环境退化的程度为划分标准,④但这两种划分标准在单独适用的情况下都存在不足。例如,贫穷和国际债务被公认为是环境退化的原因之一。⑤ 若认为经济发展水平更高的国家应当承担更多的环境保护责任,则容易忽略贫穷和相对

① Rachel Boyte, "Common but Differentiated Responsibilities: Adjusting the 'Developing'/'Developed' Dichotomy in International Environmental Law," p. 41, 80.

② "Common but Differentiated Climate Responsibilities Australia's Role. Pdf," p. 131.

③ Ibid.

④ Lavanya Rajamani, "From Berlin to Bali and Beyond: Killing Kyoto Softly?" *International and Comparative Law Quarterly*, Vol. 57, No. 4, 2008, p. 911.

⑤ Michael Weisslitz, "Rethinking the Equitable Principle of Common but Differentiated Responsibility: Differential Versus Absolute Compliance and Contribution in the Global Climate Change Context," *Colo J Int'l Envtl L & Pol'y*, Vol. 13, 2002, p. 481.

不发达的国家对环境退化产生的影响。因此,国际社会应当设立更科学的国家区分方法,不能局限于发达国家和发展中国家。① 这一点在公海环境治理中亦是如此。然而,目前在公海环境治理领域,尚未形成明确的区别责任内容及划分标准。

3. 尚不确定共区原则在具体领域是否存在例外

原则与例外伴生,有原则,就必定有例外。目前尚未明确共区原则在公海环境适用中是否存在例外,但国际实践中已有指出共区原则存在例外的情况。不明确该原则在公海环境中是否存在例外,可能会导致该原则的适用遭遇困境。例如,2010 年 5 月 6 日,国际海底管理局理事会决定,按照太平洋小岛屿国家瑙鲁提出的建议,请国际海洋法法庭(International Tribunal for the Law of the Sea,简称"ITLOS")就此方面的三个问题发表咨询意见,其中包括发展中国家是否应当比发达国家在区域承担更少的环境保护义务。② 海洋法法庭在咨询意见中指出,虽然 1992 年里约热内卢联合国环境与发展大会通过的《里约宣言》第 15 项原则在申明各国应采用预防性方法保护环境的同时强调"根据各自能力",从而引入了在采用预防性方法时根据各国不同能力水平而有所区别的可能性。但是,根据国际海底管理局《多金属硫化物勘探规章》中关于"最佳环保做法"的义务,不认同发展中国家在此领域应得到适当照顾的观点。"咨询意见"认为在为"区域"内活动进行担保时,发展中国家和发达国家负有同样的环境保护责任和义务。③ 法庭的依据为《公约》具体规定的、对于发展

---

① Philippe Sands and others, *Principles of International Environmental Law (3rd ed)*, Cambridge University Press, 2012, pp. 234—236.

② 三个问题是指:1.《公约》缔约国在依照《公约》特别是依照第十一部分以及 1994 年《关于执行 1982 年 12 月 10 日〈联合国海洋法公约〉第十一部分的协定》(以下简称"《执行协定》")担保"区域"内活动方面有哪些法律责任和义务? 2.如果某个缔约国依照《公约》第 153 条第 2(b)款担保的实体没有遵守《公约》特别是第十一部分以及《执行协定》的规定,该缔约国应担负何种程度的赔偿责任? 3.担保国必须采取何种必要的适当措施来履行《公约》特别是第 139 条和附件三以及《执行协定》规定的责任? See Request for an Advisory Opinion from Nii Allotey Adunton, Secretary-General of the International Seabed Authority, to Judge Tullio Treves, President of the SeabedDisputes Chamber (May 11, 2010) (on file with the WASHINGTON AND LEE JOURNAL OF ENERGY, CLIMATE, AND THE ENVIRONMENT)。

③ Responsibilities and obligations of States with respect to activities in the Area, Advisory Opinion, 1 February 2011, ITLOS Reports 2011, para.158.

中国家予以特别考虑的领域仅限于：海洋科学研究、技术转让、人员培训、平等分享"区域"活动收益，不包括发展中国家在担保"区域"活动时所应承担的责任和义务。咨询意见认为，平等的义务可防止发达国家的公司为规避责任转到发展中国家进行开发的行为。这种"方便担保国"会损害环境保护最高标准的统一实施，对环境保护造成威胁，影响"区域"内活动的安全开展和对全人类继承财产的保护。① 然而，较为可惜的是，该咨询意见未能深入分析共区原则在概念上的意涵、法律状态以及实质性的要件。② 同时，该意见亦指出了共区原则在公海环境治理领域存在适用例外的可能性。然而，目前尚未明确在其他领域是否存在不适用共区原则的例外，相关边界仍待进一步厘清。

（二）实践层面的实施困境

1. 共区原则在海洋酸化治理层面的作用被弱化甚至忽视

海洋在调节气候方面发挥着重要作用——从大气中吸收二氧化碳和多余的热量，调节温度。③ 然而，海洋吸收二氧化碳后，经化学反应会使海水的酸碱度产生变化，也就导致了海洋酸化的问题。

海洋酸化治理在公海方面的重要议题为海运温室气体排放。在海运温室气体排放方面，共区原则被忽视，无法发挥其在公海环境治理中的重要作用。④ 在2010年的海洋环境保护委员会（MEPC）第六十届会议上，发展中国家倾向于强调对海运减排相关问题应当坚持共区原则，但在欧盟的推动下，海运减排的能效设计指数计划和管理计划最终强制适用于所有国家。由此可见，在海洋酸化，尤其是通过控制船舶温室气体排放治理海洋酸化方面，IMO构建的以国际防

① Responsibilities and obligations of States with respect to activities in the Area, Advisory Opinion, 1 February 2011, ITLOS Reports 2011, paras. 158—163. 转引自付玉、邹磊磊：《国际海洋环境保护制度发展态势分析》，《太平洋学报》2012年第7期。
② Stathis N Palassis, "The IMOs Climate Change Challenge: Application of the Principle of Common but Differentiated Responsibilities and Respective Capabilities," pp. 37, 177.
③ "Why Protecting the High Seas Matters" (United States Department of State) ⟨https://www. state. gov/why-protecting-the-high-seas-matters/⟩ accessed 4 November 2022.
④ RK Craig, "Climate Change and Common but Differentiated Responsibilities for the Ocean," *Carbon & Climate Law Review*, Vol. 11, 2017, pp. 331—332.

止船舶造成污染公约(MARPOL)为核心的机制开始弱化甚至否认共区原则。

同时,虽然国际社会已经日益意识到海洋酸化的影响,但目前尚未制定治理海洋酸化的专门国际法公约,共区原则在这一领域应当发挥的作用亟待进一步探索和完善。

2. 部分发达国家推卸治理公海塑料污染的责任,强化发展中国家的责任

部分发达国家认为发展中国家应当为目前的海洋塑料污染治理承担更多的责任。2019年,时任美国总统的特朗普在接受采访时认为美国承接了来自亚洲、中国和其他国家的海洋塑料污染。[①] 同时,有人指出,在讨论与海洋塑料污染有关的话题时,美国、欧洲以及其他西方国家的人倾向于将海洋塑料污染的责任归咎于包括中国和印度在内的亚洲发展中国家。[②]

然而,另外有数据显示,发达国家的平均塑料消费量、向海洋排放塑料的重量远远超过发展中国家。从塑料排放量来看,美国、日本等发达国家人均塑料垃圾向海排放量最多,发达国家还将发展中国家当作"垃圾处理厂",但却未承担应有的国际责任。[③]

共区原则在海洋塑料治理条约制定的过程中也遇到了一些阻力。目前国际社会缺乏与治理塑料污染公约相关的国际法律文件谈判经验,先前已经成功的治理跨界空气污染和国际废物转移的国际条约并不能为治理塑料污染的公约提供直接的参考和帮助。[④] 2022年3月,联合国环境大会在第五次会议续会 UNEA 5.2 上,决定到2024年制定一项具有国际法律约束力的文书规制塑料污染,以及建立一个关于化学品和废物的科学政策小组并防止污染。[⑤] 共区

---

① https://edition. cnn. com/2019/08/14/politics/plastic-trump-recycling/index. html.

② https://oceana. org/blog/recycling-myth-month-plastic-waste-not-just-developing-country-problem/.

③ 王旭的"日本为何将海洋塑料垃圾与微塑料治理列为大阪 G20 峰会重要议题",系中国现代国际关系研究院海洋战略研究所。本文系国家社会科学基金"维护国家海洋权益研究专项"课题"中国参与全球海洋治理:理念、政策与路径"阶段性成果,http://www. sohu. com/a/325650423_100122948。

④ https://news. mongabay. com/2022/02/as-world-drowns-in-plastic-waste-u-n-to-hammer-out-global-treaty/.

⑤ https://sdg. iisd. org/news/unea-launches-negotiation-of-plastic-pollution-treaty-science-body-on-chemicals/.

原则也体现在这一决议希望谈判国在该国际法文件中加入向发展中国家和经济转型国家提供能力建设、技术和财政援助的规定上。

但是,从印度、日本以及卢旺达提交的草案来看,不同国家就共同但有区别责任的理解和诉求并不相同。印度代表在成立技术论坛的提议中并未提及任何考虑发展中国家以及最不发达国家的表述,仅仅以"公平的方式"为措辞。① 相反,日本在草案中指出,应当明确向最需要的发展中国家提供能力建设以及技术和财政援助的安排,并请求执行主任作为一项优先行动向发展中国家和经济转型国家提供必要的支持,以使他们能够有效参与政府间谈判委员会的工作,但其似乎遗漏了最不发达国家的需求。② 卢旺达提供的草案中也未提及考虑最不发达国家的需求这一措辞。③

由此可见,各国有关共区原则在公海塑料污染治理方面的分歧仍然较大。一方面,发达国家强调发展中国家应当承担更多的责任;另一方面,不同国家就公海塑料污染治理相关法律文件谈判的过程中共同但有区别的责任的理解和诉求并不相同。

3. 发展中国家受限于技术与资金支持难以承担公海持久性有机污染物治理的共同责任

与常规污染物不同,持久性有机污染物不仅在自然环境中滞留时间长、很难降解、毒性极强,而且会引发全球性的传播。海洋被认为是持久性有机污染物最终的沉淀场所。④

《关于持久性有机污染物的斯德哥尔摩公约》(以下简称"《斯德哥尔摩公约》")的序言、第 4 条、第 11 条、第 12 条、第 13 条、第 20 条中考虑不同国家情况以及向发展中国家,特别是其中的最不发达国家以及经济转型国家转让技术、提供财政和技术援助的规定集中体现了共区原则。

---

① Draft Resolution on Framework for addressing plastic product pollution including single-use plastic product pollution: India.

② Draft Resolution on an international legally binding instrument on marine plastic pollution Proposed by: JAPAN.

③ Draft resolution text by RWANDA.

④ Inpact on climate change on toxicological and ecotoxicological effects of pops exposure, p. 35.

然而,《斯德哥尔摩公约》的生效并未使公海持久性有机污染物治理取得显著成效,其中的重要原因之一是发展中国家受限于相关的资金支持、技术支持以及技术转让,难以进行相应的治理,承担共同责任。以中国为例,目前对中国海洋环境中持久性有机污染物污染的评估仍主要处于定性分析阶段。[1] 与推广了毒杀芬、十氯酮和多溴联苯醚监测技术的发达国家相比,中国缺乏对这些持久性有机污染物标准的监测方法。[2] 再如,联合国环境署和全球环境基金自 2008 年开始共进行了两轮实验室培训,旨在加强缔约国对三个核心基质(空气、母乳和水)以及具有国家利益的生物和非生物样品中的持久性有机污染物进行取样和分析的技术。[3] 然而,截至 2022 年,仅有 72 个国家参加组织的培训,在 2016—2022 年的第二期计划中,仅有 40 个国家参与[4],仅占该公约缔约国总数的约三分之一。在没有提供足够的资金支持、技术援助和技术转让的情况下,要求发展中国家广泛参与并承担公海持久性有机污染物治理的共同责任,既不合理也不现实。

(三) 各国对共区原则法律性质的理解存在分歧

1. 共同但有区别责任"软法"与拘束力之争

部分发达国家坚持认为,共区原则仅是一种"软法",不具有国际法上的效力,仅作为各国进行相关谈判的一种指导。作为在《气候变化框架协议》第 3 条中确定的原则,美国对该条进行了修改,如增加了一个起首部分,明确指出:第一,这些原则是指导性的,而不是规定性的;第二,缔约方可以考虑除包含在其中的原则之外的其他原则,增加了"除其他外"的这一表述。[5] 此外,"原则"一词被美国删除,只保留在文章的标题中,并添加了脚注,说明它的存在"仅用于帮助读者"。[6] 这些意见旨在阻止该条款达到习惯国际法的约束地位。

---

① https://www.ncbi.nlm.nih.gov/pmc/articles/PMC6747340/#B34-ijerph-16-03083.

② Liu H., Wang H, "Thinking of Persistent Organic Pollutants Monitoring," *China Resour. Compr. Util*, Vol. 33, 2015, pp. 56—59. (In Chinese)

③ https://www.unep.org/explore-topics/chemicals-waste/what-we-do/persistent-organic-pollutants/capacity-building-gmp2.

④ Ibid.

⑤ https://blogs.lse.ac.uk/internationaldevelopment/2020/07/29/common-but-differentiated-responsibilities-a-beacon-of-realism/.

⑥ Ibid.

因此,有学者指出,是否可以认为该原则不是真正的法律"原则",因为它的语言是指导性的而不是规定性的。① 还有人认为,共区原则的重要起源《联合国气候变化框架公约》中的"框架公约",并不具有严格的法律含义,其应该被理解为一种为后续逐步达成规定缔约方义务的议定书或协议的基础架构。②

发展中国家和最不发达国家将其视为国际法义务,认为其具有法律拘束力。发展中国家坚持强调该原则应当具有国际法上的效力,发达国家应当基于历史责任承担有区别的,特别是"主要的"责任。③ 这一分歧导致国际社会难以推动相关议题的国际立法和执行进程。

2. 国际社会对共同责任的理解也尚未达成一致

以气候变化环境领域为例,各国对"applicable to all"一词存在不同理解。中国和印度认为这一表述不能认为是以任何方式明示或暗示所有各方在性质、内容和规模方面的责任和义务是一致的。④ 换言之,共同责任不应理解为"同等责任""平均责任"。但小岛屿国家联盟强调各方普遍和共同的贡献,这与诸如欧盟、新西兰、澳大利亚及加拿大等发达国家所强调的意思是一致的。⑤ 根据澳大利亚和加拿大的意见,所有主要的温室气体排放国或经济体都应当参与气候治理的行动。⑥ 由此可见,国际社会对共同责任的理解并不相同,各

---

① https://blogs. lse. ac. uk/internationaldevelopment/2020/07/29/common-but-differentiated-responsibilities-a-beacon-of-realism/.

② WHO/Daniel Bodansky, "The Framework Convention/Protocol Approach" (Technical Briefing Series, Paper 1, Framework Convention on Tobacco Control, World Health Organization 1999) UN Doc WHO/NCD/TFI/99. 1 at 15.

③ Report of the Intergovernmental Negotiating Committee for a Framework Convention on Climate Change on the Work of Its Fourth Session, held at Geneva from 9 to 20 Dec. 1991, A/AC. 237/15 (1992), Annex II, 27.

④ China's Submission on the Work of the Ad Hoc Working Group on Durban Platform for Enhanced Action China, 5 March 2013, available on the internet ⟨http://unfccc. int/bodies/awg/ items/7398. php⟩ (last accessed 7 November 2013) at [3].

⑤ Maguire (n 15), p. 267.

⑥ Submission by Canada- Views on Advancing the Work of the Durban Platform, available on the internet, 12 April 2013, ⟨http:// unfccc. int/bodies/awg/items/7398. php⟩ (last accessed 7 Novem- ber 2013). The 2015 Climate Change Agreement, 26 March 2013, available on the internet ⟨http://unfccc. int/bodies/awg/items/7398. php⟩ (last accessed 7 November 2013).

执一词,增加了共同但有区别责任在包括公海环境治理在内的国际环境治理中的适用难度。

3. 在国家管辖范围以外区域海洋生物资源的养护和可持续利用方面,各国就共区原则是否应当具有拘束力存在争议

在国家管辖范围以外区域海洋生物资源的养护和可持续利用方面,共区原则的重要体现之一是有关海洋能力建设和技术转让的规定。2020 年版本案文的第 42 条规定了有关能力建设和技术转让的目标。围绕这一条款,欧盟并不希望海洋技术转让成为一项条约义务。[①] 美国要求删去(f)项所有对发展中缔约方的照顾义务;[②]韩国甚至要求删去整个第 42 条;[③]而拉丁美洲国家和印度尼西亚认为对发展中缔约方的照顾义务十分重要,应当确保发展中国家拥有获取科研信息、获益分享、获取海洋基因资源、拥有[当地]研究海洋基因资源和产品的权利。[④]

由此可见,各国就共区原则在这一领域是否应当具有拘束力的分歧,使谈判的过程异常艰辛。

[①] Textual proposals submitted by delegations by 20 February 2020, for consideration at the fourth session of the Intergovernmental conference on an international legally binding instrument under the United Nations Convention on the Law of the Sea on the conservation and sustainable use of marine biological diversity of areas beyond national jurisdiction (the Conference), in response to the invitation by the President of the Conference in her Note of 18 November 2019 (A/CONF. 232/2020/3) page 38.

[②] Textual proposals submitted by delegations by 20 February 2020, for consideration at the fourth session of the Intergovernmental conference on an international legally binding instrument under the United Nations Convention on the Law of the Sea on the conservation and sustainable use of marine biological diversity of areas beyond national jurisdiction (the Conference), in response to the invitation by the President of the Conference in her Note of 18 November 2019 (A/CONF. 232/2020/3) page 39.

[③] Textual proposals submitted by delegations by 20 February 2020, for consideration at the fourth session of the Intergovernmental conference on an international legally binding instrument under the United Nations Convention on the Law of the Sea on the conservation and sustainable use of marine biological diversity of areas beyond national jurisdiction (the Conference), in response to the invitation by the President of the Conference in her Note of 18 November 2019 (A/CONF. 232/2020/3).

[④] Ibid.

二、成因分析

（一）公海环境治理中关于有区别的责任主体的界定标准不够科学

1. 有区别的责任主体的界定标准不够明确具体

（1）"发展中国家"和"发达国家"在公海环境治理中的界分标准是不明确的。国际社会尚未形成一个确定的界分发达国家和发展中国家的标准，导致已有的有关公海环境治理的国际法规则在落实共同但有区别责任时遭遇困境。

目前，界分发达国家和发展中国家的模式主要有以下四种。

其一，WTO 规定由成员国自行宣布自身为发展中国家或发达国家、别国提出质疑的模式。① 同时，WTO 文件中有对"发展中成员"进行界定，《反补贴协定》将"发展中国家成员"分为最不发达国家成员、人均年国民生产总值在 1 000 美元以下的发展中国家成员和其他发展中国家成员。② 鉴于这一界分标准主要适用于国际贸易领域，因此可供公海环境治理中的国家分类参考性不大。

其二，联合国统计局制定了为统计用途制定的标准国家和地区代码（standard country or area codes for statistical use，M49），其中出现了"发展中地区"和"发达地区"的分类。③ 然而，自 2021 年起，"发达地区"和"发展中地区"的概念从 M49 的其他分组中删除，官方甚至声称联合国系统内没有发展中国家和发达国家（或地区）的定义，"发达地区"和"发展中地区"的概念不应理解为是对任何国家的发展水平，以及该国的性质作出的结论。④ 由此可见，联合国统计局的统计标准一方面可能使小岛屿发展中国家、内陆发展中国家或最不发达国家在公海环境治理中承担的责任出现交叉、重叠甚至混乱的问题；

---

① 参见 Definition of a "developing country" in the WTO，https://www.wto.org/english/tratop_e/devel_e/d1who_e.htm.

② 参见 WTO《补贴与反补贴措施协定》附件七。

③ https://unstats.un.org/unsd/methodology/m49/#changes.

④ https://unstats.un.org/unsd/methodology/m49/#qa.

另一方面,其仍然没有给出如何区分发达国家和发展中国家的标准,在表述上含混不清。

其三,世界银行也尝试对发达国家和发展中国家的概念进行定义。世界银行以人均国民总收入(GNI)作为划分不同国家的标准。从 2025 财年来看,世界银行将 2023 年人均国民总收入为 1 145 美元或以下的经济体界定为低收入经济体,在 4 516~14 005 美元之间的经济体界定为中高收入经济体,超过 14 005 美元的经济体界定为高收入经济体。① 由此可见,世界银行的这种分类方法仍然没有明确界定发达国家和发展中国家,而是用低收入经济体、中高收入经济体以及高收入经济体对不同国家进行分类。

其四,UNDP 在每年发布的人类发展报告(human development report)中,都会对各国的人类发展指数(human development index,即 HDI)进行统计。在这一指数下,UNDP 设立了"发展中地区"这一板块,在其中呈现了目前世界上典型的发展中地区,以及在这些地区中的发展中国家或地区。② 然而,UNDP 也强调,人类发展指数只是从一个角度呈现和评估一国的人类发展情

---

① World Bank Country and Lending Groups, https://datahelpdesk. worldbank. org/knowledgebase/articles/906519-world-bank-country-and-lending-groups.

② https://hdr. undp. org/data-center/documentation-and-downloads,其中包括:阿拉伯国家(20 个国家或地区):阿尔及利亚、巴林、吉布提、埃及、伊拉克、约旦、科威特、黎巴嫩、利比亚、摩洛哥、巴勒斯坦、阿曼、卡塔尔、沙特阿拉伯、索马里、苏丹、阿拉伯叙利亚共和国、突尼斯、阿拉伯联合酋长国、也门;东亚和太平洋地区(26 个国家):文莱达鲁萨兰国、柬埔寨、中国、斐济、印度尼西亚、基里巴斯、朝鲜民主主义人民共和国、老挝人民民主共和国、马来西亚、马绍尔群岛、密克罗尼西亚联邦、蒙古、缅甸、瑙鲁、帕劳、巴布亚新几内亚、菲律宾、萨摩亚、新加坡、所罗门群岛、泰国、东帝汶、汤加、图瓦卢、瓦努阿图、越南;欧洲和中亚(17 个国家):阿尔巴尼亚、亚美尼亚、阿塞拜疆、白俄罗斯、波斯尼亚和黑塞哥维那、格鲁吉亚、哈萨克斯坦、吉尔吉斯斯坦、摩尔多瓦共和国、黑山、塞尔维亚、塔吉克斯坦、北马其顿、土耳其、土库曼斯坦、乌克兰、乌兹别克斯坦;拉丁美洲和加勒比地区(33 个国家):安提瓜和巴布达、阿根廷、巴哈马、巴巴多斯、伯利兹、多民族玻利维亚国、巴西、智利、哥伦比亚、哥斯达黎加、古巴、多米尼克、多米尼加共和国、厄瓜多尔、萨尔瓦多、格林纳达、危地马拉、圭亚那、海地、洪都拉斯、牙买加、墨西哥、尼加拉瓜、巴拿马、巴拉圭、秘鲁、圣基茨和尼维斯、圣卢西亚、圣文森特和格林纳丁斯、苏里南、特立尼达和多巴哥、乌拉圭、委内瑞拉玻利瓦尔共和国;南亚(9 个国家):阿富汗、孟加拉国、不丹、印度、伊朗伊斯兰共和国、马尔代夫、尼泊尔、巴基斯坦、斯里兰卡;撒哈拉以南非洲(46 个国家):安哥拉、贝宁、博茨瓦纳、布基纳法索、布隆迪、佛得角、喀麦隆、中非共和国、乍得、科摩罗、刚果、刚果民主共和国、科特迪瓦、赤道几内亚、厄立特里亚、埃塞俄比亚、加蓬、冈比亚、加纳、几内亚、几内亚比绍、肯尼亚、莱索托、利比里亚、马达加斯加、马拉维、马里、毛里塔尼亚、毛里求斯、莫桑比克、纳米比亚、尼日尔、尼日利亚、卢旺达、圣多美和普林西比、塞内加尔、塞舌尔、塞拉利昂、南非、南苏丹、斯威士兰、坦桑尼亚联合共和国、多哥、乌干达、赞比亚、津巴布韦。

况,其并不能全面展现一国在不平等、贫困、人类安全以及权利保障与实施方面的发展情况。① 这一补充说明体现了 UNDP 也倾向于不将该指数作为一种普遍适用的参考标准来区分发展中国家和发达国家,因此仍然需要更细化的标准界定公海环境治理中的发达国家和发展中国家。

由上可见,在不同的国际组织中,关于"发展中国家"和"发达国家"的界定标准是不同的,除对绝大部分最不发达国家的界定争议较小外,很难认为这些国际组织提及的有关"发达国家"和"发展中国家"的术语可以与共区原则相关条款中所提及的"发达国家"和"发展中国家"相对应。还需要指出的是,在不同的环境治理议题下,对同一国家的分类也可能不同。例如,在气候变化领域,土耳其在《联合国气候变化框架公约》(FCCC)中被认为是附件一的工业化国家,但在《蒙特利尔议定书》中仍被视作发展中国家。② 不仅如此,其他国家也有可能在未来因为各个议题下对其定性的不同而承担不同的责任,这可能会大大增加共区制度在公海环境治理方面落实的难度。

(2) 在公海环境治理中,发展中国家这一概念又衍生出最不发达国家、小岛屿国家、非洲国家等概念,这些概念的定义和界分标准也是不明确的。

联合国经济和社会事务部对最不发达国家的定义为:最不发达国家是面临可持续发展严重结构性障碍的低收入国家。③ 据 2021 年统计数据,世界上约有 46 个最不发达国家④,对于最不发达国家的定义以及具体名单而言,国际社会存在的争议相对不大。就小岛屿国家而言,根据联合国最不发达国家、内陆发展中国家和小岛屿发展中国家高级代表办公室的报告,目前小岛屿发展中国家由 38 个联合国会员国和 20 个联合国区域委员会的非联合国会员/准会员组成。⑤ 然而,这些国家可能同时符合不止一个类别,如布

---

① https://hdr. undp. org/en/content/human-development-index-hdi.

② Boyte (n 31) 85—86.

③ https://www. un. org/development/desa/dpad/least-developed-country-category. html.

④ 根据 2021 年的数据,这些最不发达国家包括:阿富汗、安哥拉、孟加拉国、贝宁、不丹、布基纳法索、布隆迪、柬埔寨、中非共和国、乍得、科摩罗、刚果民主共和国、吉布提、厄立特里亚、埃塞俄比亚、冈比亚、几内亚、几内亚比绍、海地、基里巴斯、老挝、莱索托、利比里亚、马达加斯加、马拉维、马里、毛里塔尼亚、莫桑比克、缅甸、尼泊尔、尼日尔、卢旺达、圣多美和普林西比、塞内加尔、塞拉利昂、所罗门群岛、索马里、南苏丹、苏丹、东帝汶、多哥、图瓦卢、乌干达、坦桑尼亚联合共和国、也门、赞比亚。

⑤ https://www. un. org/ohrlls/content/about-small-island-developing-states.

隆迪、埃塞俄比亚、马拉维、卢旺达、南苏丹、乌干达、赞比亚、中非共和国、乍得、莱索托、布基纳法索、马里、尼日尔、老挝人民民主共和国、阿富汗、不丹、尼泊尔等国家同时被定义为最不发达国家和内陆发展中国家。① 这些国家在谈判公海环境治理的国际法文件时，可能会由于其同时属于不同的分类，需要承担交叉重叠的责任。

在公海环境治理的不同语境下，不同国家代表的利益和应当承担的责任并不相同。例如，在治理海运温室气体排放方面，温室气体主要是在公海上航行的船舶排放的，这些船舶的船旗国的地理位置对于分配相应减排责任而言影响相对较小。此时，将发展中国家细分为小岛屿国家或非洲国家的意义可能并没有按照海运运力界分的意义大。由此可见，在不同的环境治理议题下交叉使用特定类型国家的名词或界分标准，不仅不容易明确各国治理公海环境的有区别的责任，还可能强化各国在谈判期间的政治立场甚至加深利益分歧，导致原本可以简单解决的问题复杂化。

2. 区别责任的确定缺乏足够的科学研究支撑

区别责任在实施的过程中遭遇困境的原因之一是原则性的规定难以准确判断单个国家或某类国家群体的区别责任，这往往与科研实证研究相关。② 同时，针对同一类型中的不同国家，已有的公海环境治理的国际法文件中亦未明确规定责任内容、履约期限和标准。仅仅根据地理位置和经济发展水平等要素粗放地划定各国的区别责任，不仅可能引起谈判各国的不满，而且可能导致相应的治理责任无法落实。

有学者认为目前很难在气候变化领域证明气候变化会对所有国家产生相反的影响。③ 也有学者认为在科学不确定性的语境下，很难预测国家之间的区别责任。④ 尝试设立一揽子的治理责任规则规制，可能不适合国家管辖范围外

---

① https://unstats. un. org/unsd/methodology/m49/overview/.

② French (n 28) p. 48.

③ D. Jamieson, "Climate Change and Global Environmental Justice," (2001) *Changing The Atmosphere: Expert Knowledge And Global Environmental Governance* (P Edwards, et al), p. 287.

④ D. Jamieson, "Climate Change and Global Environmental Justice," (2001) *Changing The Atmosphere: Expert Knowledge And Global Environmental Governance* (P Edwards, et al), pp. 290—291.

的活动,基于具体环境问题个案进行分析以确定相应的规则是有必要的。[1] 科学研究的论证是确认各国区别责任的重要参考之一。然而,目前在公海进行的科学研究或收集到的数据仍然较为有限。[2] 一般以特定的环境问题为研究对象开展,加上公海面积较大且不属于特定国家的管辖范围以内,单一的科研小组可能很难全面观测和分析这片广阔区域中的特定环境问题。如此,将很难判断不同类型的国家应当承担何种区别责任。例如,内陆国对公海的利用和开发相对沿海国较少,传统的科学研究较难确认内陆国对公海环境造成的消极影响,此时便较难确定内陆国在公海环境治理中应当承担何种区别责任。除此之外,区别责任的履约期限和履约标准也需要定期的科学研究作为支撑,但目前公海治理领域并未构建起完善的支持相应科学研究的法律机制。[3] 各国在既无法确定自身应当承担多少责任,也无法确定不承担这一责任所造成的环境问题会给本国带来多大影响的情况下,极难积极参与公海环境治理的工作。

3. 尚未形成指导共区原则制定和落实的公平正义理论标准

共区原则的落实,离不开"公平"(equity/fair)等因素作为标准,否则,区别责任可能会成为一些国家推卸公海环境治理责任的借口,从而不利于公海环境的治理。然而,目前国际社会尚未制定指导区别责任制定和落实的理论标准。在气候变化治理领域,直到 2006 年美国一直是世界温室气体排放量最大的国家[4],但却拒绝批准《京都议定书》,其理由是《京都议定书》没有对以中国为代表的新兴经济体(emerging economies)施加任何温室气体排放的义务。[5] 然而,自 2006 年后,中国取代了美国成为世界上温室气体排放量最大的国家,

---

[1] The high seas freedom to lay submarine cables and the protection of the marine environment challenges in high seas governance, at 143.

[2] https://conbio. onlinelibrary. wiley. com/doi/full/10. 1111/conl. 12010.

[3] Ibid.

[4] China overtakes U. S. in greenhouse gas emissions, The New York Times, (June 2, 2007), available at http://www. nytimes. com/2007/06/20/business/worldbusiness/20iht-emit. 1. 6227564. html? _r=0 (Last visited on December 10, 2013).

[5] M Bortscheller, "Equitable But Ineffective: How The Principle Of CBDR Hobbles The Global Fight Against Climate Change," *Sustainable Development Law & Policy*, Vol. 10, No. 2, 2010, p. 51.

但按照原有的分类方式,中国无需承担与美国相同的减排义务。① 因此,也有人指出,中国无需承担相应减排义务的事实导致美国拒绝加入该议定书,也存在一定合理性。② 但另一方面,发展中国家倾向于认为在经济发展不充分的情况下,承担花费较大的环境治理义务是不合理的,同时,发展中国家还认为它们既没有参与排放,亦没有从过去的排放行为中获利。③ 由此可见,不同国家在气候变化治理中就应当承担的责任存在分歧的重要原因之一是认为责任的分配机制不够"公平"。发达国家认为发展中国家在现阶段少承担甚至不承担治理责任不公平,而发展中国家认为让自身为气候变化治理承担过重的经济负担不公平。

由此可见,在公海环境治理的过程中适用共区原则,必须具有公平正义的理论标准作为指导,否则,该原则在公海环境治理具体领域中的实施将会走上气候变化治理的老路,陷入重重困境。

(二) 在实践领域适用困境的成因分析

1. 国际社会在海运减排领域未能充分考虑发展中国家的区别责任

《京都议定书》第 2 条第 2 款要求附件一所列的缔约方应当通过国际海事组织谋求限制或减少海运排放的温室气体。这一条款中提及的"附件一国家"中的大部分国家在国际社会上往往被认为是发达国家。若仅从文义解释,这一条并未要求发展中国家通过国际海事组织限制或减少海运排放的温室气体。同时,《京都议定书》第 10 条明确重申了有关海运减排的规则应当体现共区原则。④ 然而,在以国际海事组织为平台的国际谈判中,部分发达国家未能与发展中国家就这一条款的理解达成一致。

---

① http://cdiac. ornl. gov/trends/emis/top2010. tot (Last visited on December 10,2013).

② Dr Sangeetha Sriraam, "Common but Differentiated Responsibilities: Need for an Alternative Approach" [2015] SSRN Electronic Journal 〈https://www. ssrn. com/abstract = 3590987〉accessed 20 October 2022.

③ Daniel Barstow Magraw, "The Worst of Times, or It Wouldn't Be Cool," *Environmental Law Reports* (*News & Analysis*), Vol. 38, p. 10577.

④ Palassis (n 40), p. 170.

例如,2011 年,在 MEPC 第 62 届会议上,大会通过了温室气体减排的能源效率设计指数和传播能源效率管理计划。① 这些措施具有强制执行力。虽然在谈判期间,有国家提出应当考虑特定国家的特殊情况,尤其是那些"距离海洋较为遥远、与海洋隔绝或没有得到发达国家帮助"的国家。② 然而,有关设立自愿减排机制的提议被一些国家以相关标准不明确、无可行性以及会与 IMO 的基本原则相冲突的理由而反对。③ IMO 秘书长也对有关区别责任的提议表达了一定程度的关切,其认为这种区别责任可能会开创一个危险的先例,这种先例一旦在未来被援引,可能影响 IMO 的工作和决策机制。④

由此可见,国际社会在海运减排领域未能充分考虑发展中国家的区别责任,部分发达国家以其影响力掌控了海运减排规则的制定,忽略了《气候变化框架公约》以及《京都议定书》等文件中强调的发展中国家应当承担区别责任的原则。

2. 国际社会难以确定各国在塑料污染治理领域的历史性责任,导致区别责任难以落实

在塑料污染治理领域,由于塑料污染形成的过程较为复杂,难以准确估算不同国家在公海塑料污染形成过程中应当承担的责任。

第一,不同的统计口径对评估各国应当承担的治理责任的结果是不同的,也因此导致无法确认各国在公海塑料污染治理方面的区别责任。目前关于塑料对海洋环境影响的研究和数据仍然很少。⑤ 其一,国际社会没有统一的塑料污染测量方法,现有的统计数据和统计方式各不相同,导致得出的数据和结论亦不相同。从产生塑料废物的估计量来看,对海洋中塑料废物的估计差异很大,从每年 115 万～1 270 万吨,或全世界每人高达 1.8 千克的塑料

---

① Resolution MEPC 203(62), in Report on Sixty-Second Session, Annex 19.

② Consideration of a Principle for Alternate Calculation or Exemption of EEDI in Ships with Special Circumstances, Doc MEPC 61/5/12 (2010) para 5. 32 (submitted by Vanuatu).

③ Report on Sixty-First Session at para 5. 46.

④ Report on Sixty-First Session at para 5. 48.

⑤ Addicted to plastic microplastic pollution and prevention, https://www. ciwem. org/assets/pdf/Policy/Reports/Addicted%20to%20plastic%20microplastic%20pollution%20and%20prevention. pdf, page 4.

海洋垃圾。[1] 从塑料消费量看，发达地区的平均塑料消费量远远超过发展中国家，西欧和北美的平均塑料消费量达到每人每年 100 千克，亚洲达到 20 千克。[2] 从塑料废物管理来看，在塑料废物管理不善的前 10 个国家中，有五个国家属于东盟，[3]而这些国家一般被认为是"发展中国家"。从最终向海洋排放塑料量的角度看，印度、中国、印度尼西亚、巴西、泰国、墨西哥等国家是最终向海洋排放塑料最多的前六位国家，[4]这些国家往往在国际社会中被认为是"发展中国家"。然而，以每年产生的塑料废物为标准进行统计时，美国以 420 亿千克的数量位列全球第一，是产生塑料废物重量第三名的中国的将近两倍。[5]

第二，国际社会尚未真正重视公海塑料污染的治理。联合国可持续发展目标 14 侧重于具体目标 14.1 下的塑料污染，该目标旨在到 2025 年防止和大幅减少所有类型的海洋污染，特别是陆上活动造成的污染。预计该目标将由指标 14.1.1b 测量，并由沿海富营养化和浮动塑料碎片指数进行评估。然而，在 247 个可持续发展目标指标中，可持续发展目标 14 中只有一个指标旨在解决塑料问题，其余指标没有衡量其成功与否的具体目标或指标，因此政府和组织的实施、可靠报告和监测成为一个巨大的挑战。[6] 此外，可持续发展目标 14 的指标迄今为止没有国际公认的浮动塑料碎片密度指数。[7] 缺少公认的塑料碎片密度指数不利于对塑料污染问题进行统一、高效和可靠的观测和研究。这可能导致国际社会难以在短期内全面认识到公海塑料污染的危害，从而忽视公海塑料污染的治理。

---

[1] Microplastics from textiles: towards a circular economy for textiles in Europe, https://www. eea. europa. eu/publications/microplastics-from-textiles-towards-a.

[2] Bouwmeester H, Hollman PCH, Peters RJB (2015) Potential health impact of environmentally released micro- and nanoplastics in the human food production chain: experiences from nanotoxicology. Environ Sci Technol 49: 8932—8947. 转引自: https://link. springer. com/article/10. 1186/s12302-018-0139-z.

[3] Webinar International webinar on plastic/microplastic pollution and management, https://www. apn-gcr. org/event/international-webinar-on-plastic-microplastic-pollution-and-management/.

[4] https://www. ciwem. org/news/10-countries-biggest-contributors-marine-plastic-pollution.

[5] https://www. ciwem. org/news/10-countries-biggest-contributors-marine-plastic-pollution.

[6] Walker T. R. (Micro)plastics and the UN Sustainable Development Goals. Curr. Opin. Green Sustain. Chem. 2021;30: 100497. doi: 10. 1016/j. cogsc. 2021. 100497.

[7] https://www. ncbi. nlm. nih. gov/pmc/articles/PMC9180440/.

同时,截至 2018 年,约 60％的国家(192 个国家中有 127 个国家)制定了专门针对生产、分销、使用、贸易、税收和处置塑料袋的法律。① 然而,这些立法主要规制本国境内的塑料制造和消费活动,缺乏对公海塑料污染治理相关的条款。

由上可见,受限于科学研究成果的不足以及国际社会尚未重视公海塑料污染的治理,难以确定各国在塑料污染治理领域的历史性责任,导致区别责任难以落实。

3. 发达国家在持久性有机污染物治理的过程中怠于承担技术转让和资金支持的区别责任

随着《斯德哥尔摩公约》的履约工作进入实质性阶段,各缔约方均需采取具体行动,落实公约下承担的相应责任和义务。由于各方都在寻求各自利益的最大化,因此在一些重大议题的谈判上,发达国家与发展中国家分歧尖锐。发达国家希望积极推动公约成效评估、不履约情势、增列新 POPs 以及协同增效等进程,而发展中国家则希望在资金、能力建设和技术援助等方面争取更多的权益,同时希望具有约束性的行动尽可能缓慢。在涉及全球环境的问题上,发达国家一方面积极促使发展中国家加入公约,另一方面从资金、技术援助角度不断拖延。②

在履约的资金机制上,《斯德哥尔摩公约》明确提出,发达国家应提供资金和技术援助,为发展中国家减排给予支持,但具体到数量多少、何时支付却无可量化的指标。虽然如美国及发达国家已向部分发展中国家治理持久性有机污染物相关活动提供了技术和财政援助③,但相关的技术援助和资金支持仍然不足。《斯德哥尔摩公约》缔约国履约的主要资金由全球环境基金(GEF)提供,但 GEF 对单个国家的资金支持设立了限额,④公约总报告承诺匹配的资金是 3.6 亿美元,全部提供给发展中国家用于污染控制。但是,要全面禁止或限

---

① https://www.ncbi.nlm.nih.gov/pmc/articles/PMC9180440/.

② 《环境科学领域的一场政治博弈》,http://scitech.people.com.cn/GB/9462898.html,2020 年 6 月 3 日访问。

③ https://www.epa.gov/international-cooperation/persistent-organic-pollutants-global-issue-global-response#resources.

④ 侯贵光、吴舜泽、逯元堂、朱建华、张建成、韩文亚、刘军民、王桂娟:《POPs 公约履约资金渠道研究》,《持久性有机污染物论坛 2010 暨第五届持久性有机污染物全国学术研讨会论文集》2010 年,第 274 页。

制生产、使用这些有害物非常困难。根据中国国家环保部此前的估算,进行POPs追踪处理控制,查清本国状况的费用就需要约 4 亿美元,[1]而 GEF 提供给中国的资助是比较有限的。

在技术转让领域,有能力提供技术转让的发达国家也怠于行使技术转让的责任。2017 年斯德哥尔摩缔约方大会就该公约的有效性进行评估报告时发现在技术援助领域,在 2008 年、2011 年以及 2014 年,仅有分别 15、16、12 个国家向其他缔约国提供了技术援助,其中还不完全是发达国家。[2] 2014 年,针对发达国家开展的有关技术援助意愿的调查问卷显示,在 11 个受访国中,仅有 27% 的发达国家愿意提供技术转让。[3] 需要指出的是,上述报告中提及的技术援助和技术转让总量还包含了陆地或陆源方面的持久性有机污染物治理,治理包括公海在内的海洋持久性有机污染物的技术转让和援助议题可能更少,更难得到落实。

4. 发达国家倾向于在国家管辖范围以外区域海洋生物资源的养护与可持续利用问题方面弱化区别责任

在 2022 年版的案文中,部分发展中国家针对草案第 44 条"能力建设和海洋技术转让的模式"提出了意见。太平洋小岛屿发展中国家希望在没有缔约方会议另外确定时间的情况下,就能力建设和海洋技术转让的模式和程序的指导"应当"在本协定生效后一年内进行。[4] 与原有草案相比可以看出,太平洋小岛屿发展中国家希望缔约方会议切实并有效地指导能力建设和海洋技术转让的开展,而印度尼西亚建议将第 44 条中所有有关技术转让和能力建设的表述确定为一种国际义务。[5] 由此可见,发展中国家在 BBNJ 谈判的过程中仍然希望将能力建设和技术转让相关的议题变为具有拘束力的国际法义务。针对第 46 条"能力建设和海洋技术转让的类型",太平洋小岛屿国家希望以此增加

① http://www.rcees.ac.cn/xwhc/200906/t20090625_1817357.html.

② UNEP-POPS-COP. 8-INF/40, para 571—573.

③ (UNEP/POPS/COP. 7/INF/15),UNEP-POPS-COP. 8-INF/40, para 584.

④ Intergovernmental conference on an international legally binding instrument under the United Nations Convention on the Law of the Sea on the conservation and sustainable use of marine biological diversity of areas beyond national jurisdiction Fifth session New York, 15—26 August 2022, A/CONF. 232/2022/INF. 5,P. 209.

⑤ Ibid.

对小岛屿发展中国家在海洋能力建设和技术转让方面的特别待遇。① 由此可见,发展中国家在BBNJ谈判的过程中,倾向于将海洋能力建设和技术转让作为一项具有约束力的条约义务,从而充分落实共区原则在该领域的实施。然而,发达国家则坚持不一样的立场。

例如,在2020年版BBNJ案文的谈判中,案文草案第44条主要规定了能力建设和海洋技术转让的方式。然而,欧盟删去了向发展中国家提供海洋技术转让和能力建设义务的第1款和第2款,其认为能力建设与技术转让应当基于并充分回应所有国家的需求和优先事项,而非单单考虑发展中国家的相关需求。②

韩国针对该条,提出希望发达国家仅承担自愿进行技术转让和合作进行能力建设的义务。③ 同时,韩国还在第4款进一步弱化了有关能力建设和技术转让的表述,将"shall"一词改为了"should",进一步弱化了对缔约国尤其是发达国家提出的能力建设和技术要求。④ 美国针对该条,提出将中等收入的发展中国家移出应当特别考虑的国家类型。⑤

由此可见,在能力建设与海洋技术转让的目标上,以欧盟和美国为代表的发达国家不愿意主动承担帮助发展中国家进行能力建设或向发展中国家转让海洋技术的条约义务,倾向于弱化相关议题中的区别责任。能力建设和海洋技术转让与共区原则息息相关。由于发达国家具有雄厚的资金和更先进的技术,它们在海洋生物资源的养护与可持续利用方面相对更有优势,若不将相应的技术和能力转让给发展中国家,能力和技术不足的发展中

① Intergovernmental conference on an international legally binding instrument under the United Nations Convention on the Law of the Sea on the conservation and sustainable use of marine biological diversity of areas beyond national jurisdiction Fifth session New York, 15—26 August 2022, A/CONF. 232/2022/INF. 5,P. 211.

② Textual proposals submitted by delegations by 20 February 2020, for consideration at the fourth session of the Intergovernmental conference on an international legally binding instrument under the United Nations Convention on the Law of the Sea on the conservation and sustainable use of marine biological diversity of areas beyond national jurisdiction (the Conference), in response to the invitation by the President of the Conference in her Note of 18 November 2019 (A/CONF. 232/2020/3).

③ Ibid.

④ Ibid.

⑤ Ibid.

国家将难以参与国际社会在国家管辖范围以外区域海洋生物资源的养护和可持续利用。

三、促进共区原则在公海环境治理中实施的建议

（一）理论层面的完善建议

1. 明确共区原则在公海环境治理中的法律原则地位

共区原则在公海环境治理领域应当被视为一项法律原则，被各国履行和遵守。共区原则具有法律影响力（legal significance）的重要条件是其中的区别责任（或该原则本身）基于社会和历史的事实，被反复列入多边环境条约中。[①] 共区原则在公海环境治理领域应当被视为一项法律原则，理由如下。

其一，从该原则的起源来看，《气候变化框架公约》目前已有 198 个缔约方。[②] 虽然《京都议定书》的谈判及生效几经波折，以及《巴黎协定》将温室气体减排的义务由"自上而下"变为"自下而上"，但该原则仍然在《京都议定书》的第 10 条、《巴黎协定》的第 2 条和第 4 条被明确提及。其中，《巴黎协定》还进一步强调了技术转让对发展中国家的重要性。[③] 因此，可以认为该原则贯穿于气候变化治理的全过程，并在国际社会广泛实践。

其二，在公海环境治理领域，该原则虽然没有被明确提及，但其中包含的重要内容已被公海环境治理相关的重要国际条约涵盖。由前所述，共区原则主要包含共同责任和区别责任两个方面。共同责任的内涵在于国际社会应当在应对环境退化、环境污染等问题方面承担共同的责任，没有国家可以独善其身。这一点在公海环境问题方面也是如此，受全球洋流流动、气候变化以及地球引力等一系列自然因素的影响，产生于公海的污染以及最终流向公海的污染，实际上会以各种方式影响全球的每一个角落。治理公海环境问题，实际上也对保护各国国

[①] Gallagher, Anne, "The 'New' Montreal Protocol and the Future of International Law for Protection of the Global Environment," *Houston Journal of International Law*, Vol. 14, 1992, p. 360.

[②] https://unfccc. int/process-and-meetings/the-convention/status-of-ratification-of-the-convention.

[③] Climate Change and Common but Differentiated Responsibilities for the Ocean at 331.

内环境有着非常重要的作用。《联合国海洋法公约》第十二部分要求各国承担包括公海在内的海洋环境保护方面的共同责任。就区别责任而言,各国在治理公海环境的过程中,《联合国海洋法公约》第 202 条和第 203 条也规定了在保护和保全包括公海环境的过程中,发展中国家有获得技术转让来保护和保全海洋环境的权利。还需要指出的是,上述有关保护公海环境以及技术转让的条款是具有拘束力的条款。这与《气候变化框架公约》中较为模糊、原则性和软法性的原则相比①,拘束力更强。作为一项目前已有 168 个缔约方的国际条约②,《联合国海洋法公约》在处理包括公海环境治理在内的海洋环境保护议题方面发挥着极为重要的作用。由此可见,共区原则不仅在气候变化治理领域,还在公海环境治理相关的国际海洋法领域,得到了国际社会的广泛支持和接受。

其三,除《联合国海洋法公约》外,其他涉及公海环境治理的国际条约也列入了共区原则,这些条约生效于晚近的各个时期,相应的条款也涉及不同的方面(表 2-1)。

表 2-1　共区原则在公海环境治理相关国际法文件中的具体体现

序号	时间	条约名称	有区别责任的内容
1	1958 年	《公海渔业和生物资源养护公约》	第 6 条　沿海国对于邻接其领海之公海任何区域内生物资源生产力之保持,有特别利害关系。 第 7 条　本第 6 条第 1 项之规定,任何沿海国为保持海洋生物资源之生产力起见,得为邻接其领海之公海任何区域内任一种鱼源或其他海洋资源,单方采行适当养护措施,但以与其他关系国家就此事举行谈判于六个月内未获协议之情形为限。
2	1969 年	《国际干预公海油污事故公约》	第 3 条　沿海国根据第 1 条行使采取措施的权利时,应依照下列各项规定: (1) 在采取任何措施之前,沿海国应与受到海上事故影响的其他国家进行协商,特别是与船旗国进行协商。

---

① Climate-Change-Related Trade Measures and Article XX Defining Discrimination in Light of the Principle of Common but Differentiated Responsibilities at 666.

② https://treaties. un. org/Pages/ViewDetailsIII. aspx? src = TREATY&mtdsg _ no = XXI-6&chapter=21&Temp=mtdsg3&clang=_en#1.

(续表)

序号	时间	条约名称	有区别责任的内容
3	1972 年	《防止船舶和飞机倾倒造成海洋污染公约》《奥斯陆公约》	第 9 条 如果一缔约方在紧急情况下认为本公约附件一所列物质不能在没有不可接受的危险或损害的情况下在陆地上处置,有关缔约方应立即与委员会协商。委员会应建议在当前情况下的储存方法或最令人满意的销毁或处置手段。缔约方应将根据其建议采取的步骤通知委员会。缔约方承诺在这种情况下相互帮助。
4	1972 年	《防止倾倒废物及其他物质污染海洋公约》	第 9 条 本公约各缔约国应通过该"机构"内以及其他国际团体内的协作,促进对在下列方面要求帮助的缔约国的支持:(一)训练科学和技术人员;(二)提供科学研究及监测所必需的设备和装置;(三)废物的处置和处理及其他防止或减轻倾倒引起的污染的措施,并最好在有关国家内进行,以促进本公约的目的与宗旨。
5	1973 年	《国际防止船舶造成污染公约》	第 17 条 为了促进本公约的目的和宗旨的实现,各缔约国应与本组织和其他国际机构进行协商,并在联合国环境规划署执行主任的协助和配合下,促使对那些要求技术援助的缔约国支持下列项目:1.培训科技人员;2.供给必要的接收和监测设备与设施;3.便利防止或减轻船舶污染海洋环境的其他措施和安排;4.鼓励研究工作。
6	1974 年	《防止陆地来源海洋污染公约》(后被 OSPAR 公约取代)	第 13 条 缔约方承诺相互协助,以防止可能导致陆源污染的事件,尽量减少和消除此类事件的后果,并为此交换信息。
7	1982 年	《联合国海洋法公约》	第 143 条 海洋科学研究、第 144 条 技术的转让、第 202 条 对发展中国家的科学和技术援助、203 条 对发展中国家的优惠待遇。
8	1990 年	《国际油污防备、反应与合作公约》	第 9 条 (1)各当事国承诺,直接或通过本组织或其他适当的国际机构,在油污防备和反应方面,向请求技术援助的当事国提供下述支援:(a)培训人员;(b)确保可获得有关的技术、设备和设施;(c)便利油污事故防备和反应的其他措施和安排;和(d)开展联合研究和开发项目。(2)各当事国承诺,按照其国内法律、规则和政策,在转让油污防备和反应的技术方面积极合作。

（续表）

序号	时间	条约名称	有区别责任的内容
9	1995 年	《联合国鱼类种群协定》	序言"确认需要特定援助,包括财政、科学和技术援助,以便发展中国家可有效地参加养护、管理和可持续利用跨界鱼类种群和高度洄游鱼类种群。"第 24、25、26 条
10	1996 年	《1972 防止倾倒废物及其他物质污染海洋公约》1996 年议定书	第 13 条第 1 款第 1—5 项以彼此同意的有利条件,根据保护知识产权的需要和发展中国家的特别需要,提供和转让无害环境技术和相应专门知识。(概括)
11	2001 年	《关于持久性有机污染物的斯德哥尔摩公约》	序言、第 4 条、第 11 条、第 12 条、第 13 条、第 20 条。
12	2004 年	《国际船舶压载水和沉积物控制和管理公约》	第 13 条　各当事国承诺,视情直接或通过本组织和其他国际机构,在船舶压载水和沉积物控制和管理方面,向要求技术援助的当事国提供下述支持:(a)培训人员;(b)确保提供相关的技术、设备和设施;(c)启动联合研究和开发方案;和(d)采取旨在有效实施本公约和本组织制定的相关指导的其他行动。各当事国承诺,根据其国家法律、规则和政策,在转让船舶压载水和沉积物的控制和管理技术方面积极进行合作。
13	2007 年	《内罗毕国际船舶残骸清除公约》	第 2 条第 5 款　当海上事故造成沉船事故的后果涉及受灾国以外的国家时,缔约国应努力合作。
14	2009 年	《国际安全和环境无害化拆船公约》	第 13 条　技术援助与合作 1. 缔约方承诺直接或通过本组织和其他国际机构酌情就船舶的安全和无害环境的拆解,向请求技术援助的缔约方提供支持:(1)培训人员;(2)确保相关技术,设备和设施的可用性;(3)发起联合研发计划;和(4)采取旨在有效执行本公约和本组织制定的有关准则的其他行动。 2. 缔约方承诺在遵守本国法律,法规和政策的前提下,在管理系统和技术的转让方面积极合作,以实现船舶安全无害环境的拆解。

与《气候变化框架公约》相比,上表中的大部分规定更加具体且具有拘束力,而非仅仅陈述共区原则或仅仅提出一项倡议。同时,如前所述,目前国际社会还在 BBNJ 协定谈判、塑料污染治理以及海洋酸化治理领域不断推进共区原则的适用,尤其是技术援助或技术转让方面制度的构建。由此可见,共区原则已经在公海环境治理领域的相关国际法规则中发挥了重要的指导作用,体现其精神的具体规则也不断被列入多边国际条约。

还需要指出的是,坚持将共区原则作为公海环境治理中的法律原则,并不意味着加剧发达国家与发展中国家的对抗。以美国为例,在气候变化领域,美国政府和国会在一定程度上是支持共同但有区别原则的,其处理气候变化承诺问题的基本立场为应当维护共同但有区别责任的基本原则的地位。[1] 由此可见,共区原则面临的困境并不是是否具有拘束力或是否应当被视为一项基本原则,而是各国在实践过程中应当如何更好地就共区原则的解读达成一致,从而保障共区原则在气候治理中发挥积极作用。鉴于公海环境治理与气候变化治理同样属于国际环境保护议题,具有共通之处,可以推测部分发达国家(如美国)在公海环境治理谈判过程中的态度与其在气候变化治理谈判中的态度具有相似性。这种相似性将在很大程度上发挥了共区原则的重要作用,并促进国际社会在公海环境治理领域的合作。

由此可见,应当认为共区原则在公海环境治理领域是一项法律原则,并继续得到各国的贯彻落实。

2. 具体问题具体分析,细化区别责任主体的分类

真正意义上的区别责任应当是基于特定的因素,切实地为不同种类的国家或地区设定区别条件的一种规则(norms)。[2] 建议在细化具体问题具体分析时,采取更加客观的动态标准,而不能拘泥于"发展中国家"或"发达国家"的概念本身,过于机械地处理有区别的责任问题。这一点在气候变化治理领域便有相应的体现,虽然《巴黎协定》仍然强调遵循上述区分,但与京都时代、

---

① PAUL G. HARRIS, COMMON BUT DIFFERENTIATED RESPONSIBILITY: THE KYOTO PROTOCOL AND UNITED STATES POLICY, pp. 46—47.

② Sumudu Atapattu, *International Law and Development: Emerging Principle of International Environmental Law*, Martinus Nijhoff Publishers, 2006, p. 380.

后京都时代相比,共区原则已经发生重大的动态演变:缔约方的分类由京都时代的"二分法"(附件一国家与非附件一国家)演变为实质上的"三分法"(发达国家,最不发达国家与小岛屿发展中国家,其余发展中国家);缔约方责任划分的基础从静态的"历史责任＋经济能力"向动态的"历史责任＋现实责任＋经济能力"转变。因此,有必要根据治理的具体公海环境问题,建立一个动态的标准,根据历史责任、经济发展水平、资金等要素来考虑相关的区别责任。

(1) 经济发展水平

经济发展水平仍然是目前国际社会区分国家或地区发展的重要指标,不应当在公海环境治理的语境下被忽略。此外,经济发展水平一般与科技发展水平密切相关,经济发展较好的国家往往能利用更多的资源研发和实施治理公海环境的技术。

(2) 与公海环境治理相关的技术的发展水平

从技术类型出发,可以从公海环境污染处理的技术发展水平、公海环境污染预防的技术发展水平、公海环境污染监测的技术发展水平等要素进行综合考虑。针对具体的事项,可以参考国际法文件中对相应技术发展水平的要求和定义。例如,在考察一国管辖范围以外区域海洋生物多样性的养护和可持续利用问题时,可以参考《联合国海洋法公约》中有关技术援助和转让的规定,以及 BBNJ 草案中对"海洋技术""环境影响评估""能力建设和海洋技术转让的类型"等规定,明确各国在相应领域的能力与技术储备,作为界定发达国家和发展中国家的重要参考。

(3) 参考不同国家对特定公海环境问题的历史责任并进行区分

共区原则的重要起源——《气候变化框架公约》的序言便初步肯定历史性责任在区别责任方面的重要参考。作为一项具有 198 个缔约方的国际条约①,可以认为包含历史性责任的序言在内的条约内容已经得到了国际社会的广泛注意。由前所述,共区原则在公海环境治理中应当被视为一项具有拘束力的国际法原则。历史责任作为共区责任中的重要部分,也应当作为判断区别责

---

① https://unfccc.int/process-and-meetings/the-convention/status-of-ratification-of-the-convention.

任的重要标准之一。需要指出的是,历史责任的确定既要依据针对特定公海环境治理问题开展的科学研究,又需要各国进行坦诚磋商和谈判,避免将全人类应当共同解决的环境问题扭曲为政治问题。

(4) 结合其他要素对海洋法中的具体国家类型作区分

结合《联合国海洋法公约》以及相关文本的表述,发达国家和发展中国家的分类还分为"太平洋小岛屿发展中国家""最不发达国家""群岛国""内陆国""非洲国家"等术语。为此,应当结合具体的概念以及相关的条文对相关国家进行区分。

例如,就非洲国家而言,作为一个地理概念,UNDP 将其划分为 46 个国家,这一概念的划分目前争议较小。[1] 那么,建议在公海环境治理的过程中继续沿用这一标准。同时,针对"沿海非洲国家"这一概念,建议结合《联合国海洋法公约》对沿海国的定义,并结合"非洲国家"这一较为确定的地理要素进行界定。

3. 细化区别责任在公海环境治理中的具体义务形式

依据何种标准来划分和构筑不同公约缔约方之间的气候治理责任与义务,这是各方围绕共区原则的解读和重构进行斗争与博弈的关键性内容。在本质上,"有区别的责任"是与"各自能力"的差异相联系的,所以共区原则一直是与"各自能力原则"紧密相连、不可分割的。在公海环境治理领域,可以借鉴《巴黎协定》中将共同但有区别责任具体划分为区别性减缓规则、区别性支持规则和区别性适应规则三种规则,以便明确共同但有区别责任中的区别责任。[2] 具体而言,区别性减缓规则可以要求缔约国在具体的公海环境治理中采取减缓公海环境恶化的规则。例如,在拟定相应的公海环境治理条约时,可以考虑加入有步骤地控制或减少向海洋倾倒塑料的行为或有步骤地减少向海洋排放持久性有机污染物行为的条款。区别性支持规则可以要求符合界分标准的发达国家向符合界分标准的发展中国家在公海环境治理的具体事项方面提

---

① https://www.africa.undp.org/content/rba/en/home/regioninfo/.

② 该分类法参考刘晶:《全球气候治理新秩序下共同但有区别责任原则的实现路径》,《新疆社会科学》2021 年第 2 期。

供资金、能力建设和技术援助。区别性适应规则应当充分考虑不同缔约国对公海环境变化的适应能力,在要求各国积极采取行动治理公海环境的同时,强调所有缔约方参与适应行动的规划和执行的义务。

4. 坚持以实质公平为核心,搭建共同但有区别责任的宏观建构及具体制度

共区原则根植于追求平等和代际公平的观念,[①]其中的区别责任原则甚至在《联合国宪章》中发挥了重要作用,并影响着《联合国海洋法公约》的起草。[②] 广义上说,平等(equality)要求主体在类似的情况下被相同地对待,但需要明确用以确定相似性的标准和要件。[③] 与强调中立性的形式平等相比,实质平等要求相关的因素必须能决定某一特殊事项能否被相同对待。[④] 发达国家在工业化时期对环境的消极影响、发达国家在处理环境问题上更强的能力以及发达国家致力于发展国际合作和伙伴关系的承诺等因素用以认定区别责任,符合对公平概念的广泛认识。[⑤] 公海环境治理作为国际环境保护下的一项,也应当参考上述因素,通过评估发达国家在相关方面以及特定领域的影响、能力以及国际合作的愿景,充分发挥其在公海环境治理中的区别责任,做到实质层面公平。可以肯定的是,若是让对公海环境造成较大消极影响的国家承担少量责任,让环境治理能力不足的国家承担与能力充足的国家类似的责任,或者不顾易受海洋环境恶化影响的国家的需求,都不能认为是"实质平等"。此时,在治理责任方面作出"差别化"安排的尝试,让不同国家承担有区别的责任,应当符合实质平等原则,也是共同但有区别责任的题中应有之义。

---

① International Law Association, Report of the Sixty-Sixth Conference 116 (1995), rejecting this ground and arguing for responsibility on the basis of "different contributions to global environmental degradation." Differential Treatment in International Environmental Law 93—94 (2006), at 150—51, 154—55.

② R. Anand, *Confrontation or Cooperation? International Law and Developing Countries*, Martinus Nijhoff, 1987, p. 45.

③ Fairness in the Climate Change Regime, p. 188.

④ Ibid.

⑤ Ibid, p. 189.

（二）具体领域的建议

1. 在海运减排领域考虑发展中国家的诉求，并在其他海洋酸化治理事项中充分落实共区原则

首先，建议国际社会今后发展海运减排领域制度时，重新考虑并加强共区原则的重要性，这一点已经在近期 IMO 的实践中有所体现。例如，在减排义务领域，2020 年 11 月 20 日，海洋环境保护委员会通过了 MEPC. 327(75)决议，鼓励成员国制定并提交自愿的国家行动计划，以解决船舶温室气体排放问题。① 由此可见，IMO 已经开始重视不同国家在海运减排方面应当结合实际情况履行义务的可能性，并参考《巴黎协定》"自下而上"承诺的实践经验，为共区原则在这一领域发挥作用作出尝试。

与此同时，在海洋酸化治理的其他国际合作领域，应当继续重视共区原则的落实。无论是制定专门的国际法律文书以处理海洋酸化问题②、进行区域合作③、基于《巴黎协定》减少温室气体排放以应对海洋酸化④，还是依靠《联合国海洋法公约》等现有的国际法文件来实现可持续发展目标，⑤都应当坚持将共区原则作为指导。海洋酸化问题与温室气体排放和气候变化治理的议题密切相关，共区原则作为发源于该议题的重要原则，同样应当适用于海洋酸化领域。具体而言，可以在制定专门治理海洋酸化问题的国际条约时继续引入技术转让和资金支持的条款，建立健全有效的技术转让和资金支持义务。考虑到二氧化碳减排技术的转让和资金支持与气候变化治理项下的义务也有密切联系，这一条款的制定和确立不仅有助于在治理海洋酸化领域落实共区原则，还有可能在一定程度上促进气候变化治理领域的国际合作。同时，在基于《联合国海洋法公约》或区域合作制度开展合作时，仍然应当坚持共区原则，强调所有参与方共同治理海洋酸

---

① https://www.imo.org/en/OurWork/Environment/Pages/RELEVANT-NATIONAL-ACTION-PLANS-AND-STRATEGIES.aspx.

② International Institute for Sustainable Development, Preparatory Meeting for the Ocean Conference: Our Oceans, Our Future: Partnering for the Implementation of Sustainable Development Goal 14, February 19, 2017, p. 3.

③ Ibid, p. 6.

④ Ibid, p. 7.

⑤ Ibid.

化的义务的同时,确保其中不同国家在治理海洋酸化方面的特殊需求。

2. 在公海塑料污染治理领域加强国际合作,鼓励发达国家领导和协助其他国家进行治理

建议国际社会设立一个具有国际性质的跨学科领域的合作平台,分享相关问题的新知识、研究结果以及经过标准化的研究数据。[1] 这一平台最好至少邀请每个国家设立一个由政府主导成立的科研机构,在一国政府没有能力主导成立科研机构的情况下,可以邀请其与非政府组织或私立高校科研机构合作,代表该国参加这一合作平台。在这一机制下,每一国家至少能参与与该国海洋活动具有强关联的公海区域的塑料研究,从而就目前的公海塑料污染治理交换信息、达成共识。特别需要指出的是,这一合作平台的参与方可以结合各自所处的位置和技术优势,通过实验探索甚至拟定浮动塑料碎片密度指数,帮助国际社会充分了解当前公海环境中的塑料污染情况。还需要指出的是,与人口稠密的地区相比,人为活动较少的偏远环境受塑料污染的影响可能更大,相关的治理措施也可能会产生更大的影响。[2] 因此,这些地区所在的国家应当获得治理塑料污染的技术援助和资金支持。

3. 落实优化发达国家在持久性有机污染物治理领域的资金支持和技术援助

发达国家提供资金支持和技术援助时,可以参考以下要素进行。

第一,发达国家可以结合自身的资金和预算,确定资金支持的总量。由前所述,新冠疫情暴发后,部分发达国家受疫情影响,颁布了相比发展中国家更加庞大的经济刺激计划,这些计划导致发达国家提升的债务水平比发展中国家更高。[3] 由此,这些发达国家不得不将国际技术援助或资金支持的预算置于帮助本国经济和社会恢复工作之后。根据国家主权原则,一国在不违反国际法规则的情况下,有权自行决定本国事务。因此,建议发达国家结合自身的实

---

① https://ec. europa. eu/info/sites/default/files/research _ and _ innovation/groups/sam/ec _ rtd _ sam-mnp-opinion_042019. pdf♯page19, p. 33.

② https://www. sciencedirect. com/science/article/pii/S0048969720338717♯bb0555.

③ https://unctad. org/system/files/official-document/osg2022d1_en. pdf, p. 48.

际情况,合理调整技术转让和资金支持的力度,协调本国经济恢复与公海有机物污染治理之间的矛盾。

第二,建议优先援助那些更容易受持久性有机污染物影响的国家和地区,包括公海在内的海洋被认为是持久性有机污染物最终的沉淀场所。① 持久性有机污染物对人类也会造成显著影响。一些饮食中含有大量高脂肪和当地获得的鱼类、贝类或野生食物的人群特别容易接触持久性有机污染物。例如,对土著人民来说,钓鱼和狩猎不是运动或娱乐,而是传统自给自足的生活方式的一部分,他们一般不会浪费任何捕捞上来的鱼类的可食用部位。② 这可能大大增加他们摄入 POPs 污染物的风险。

因此,发达国家可以考虑优先援助海洋哺乳动物较为密集的公海区域附近的国家,协助它们一同治理邻近公海片区中的持久性有机污染物。同时,可以适当将技术支持和资金援助向更容易通过饮食摄入持久性有机污染物的居民生活的国家和地区倾斜,尽量减少持久性有机污染物对这些国家或地区的居民造成的伤害。

4. 坚持发达国家应当在国家管辖范围以外区域海洋生物资源的养护和可持续利用方面负有海洋能力建设和技术转让的义务

作为联合国主持下的官方政府间谈判的法律文件,BBNJ 协定在法律性质上属于一种国际硬法,具有强制性的法律拘束力。也正因如此,这一协定在谈判的过程中难以达成共识,在程序上也有更加严格的要求。③ 当前只有极少数国家和极少数公司拥有国家管辖范围以外区域(ABNJ)的生物资源勘探能力,这种能力使他们在提交与海洋遗传资源有关的专利申请方面具有极强的优势,部分发达国家甚至利用现有的知识产权保护制度申请预先保护海洋遗传资源。④

---

① Inpact on climate change on toxicological and ecotoxicological effects of pops exposure,P. 35.

② https://www.epa.gov/international-cooperation/persistent-organic-pollutants-global-issue-global-response.

③ 江河、胡梦达:《全球海洋治理与 BBNJ 协定:现实困境、法理建构与中国路径》,《中国地质大学学报》(社会科学版)2020 年第 3 期。

④ Sophie Arnaud-Haond,J Arrieta and C Duarte,"Marine Biodiversity and Gene Patents," *Science*,Vol. 331,No. 25,2011,pp. 1521—1522.

若发达国家仅将海洋能力建设和技术转让作为一项"倡议"或"鼓励"的事项，而非一种义务，发展中国家将难以真正参与到 ABNJ 的生物多样性保护中。加之 BBNJ 协定对一国的海洋活动进行了限制，可能会进一步影响在这一领域刚起步的国家的技术研发。[①]　虽然技术转让可能在一定程度上影响发达国家进行科研的动力，但并不完全符合市场经济的基本规律，增加发达国家在 BBNJ 方面的国际义务。从长远来看，相应的措施既可以在一定程度上减少发达国家对 ABNJ 生物多样性资源的过度商业利用，也可以在增强发展中国家养护 ABNJ 生物多样性能力的同时增强发展中国家参与治理公海环境的责任感。[②]　况且，目前 BBNJ 协定对生物多样性的养护要求大多是公益性的，只有在涉及相关资源的利用时，才存在经济利益的分割问题。换言之，海洋能力建设和技术转让对发达国家的经济层面造成的消极影响可能并没有预想的那么大。

由此可见，坚持发达国家应当向发展中国家等其他国家进行海洋能力建设和技术转让，是利大于弊的。各国可以将这一原则作为谈判的重要内容，在技术转让的具体实施层面达成经济利益和生物多样性保护的统一，从而将共区原则以具有拘束力的形式落实到国家管辖范围以外区域海洋生物资源的养护和可持续利用方面。

第二节　公海保护区对于公海自由合理限制的问题

自 20 世纪末期以来，受海洋生态系统快速退化的影响，包括公海在内的海洋环境保护和生态系统养护正在遭遇挑战，由此引发国际社会的高度关注。基于保护国家域外海洋环境之目的，2015 年 6 月 19 日，联合国大会第 69/292 号

[①]　何志鹏、王艺婳：《BBNJ 国际立法的困境与中国定位》，《哈尔滨工业大学学报》（社会科学版）2021 年第 1 期。

[②]　江河、胡梦达：《全球海洋治理与 BBNJ 协定：现实困境、法理建构与中国路径》，《中国地质大学学报》（社会科学版）2020 年第 3 期。

决议决定根据《联合国海洋法公约》的规定就国家管辖范围以外区域海洋生物多样性的养护和可持续利用问题(BBNJ)拟订一份具有法律约束力的国际文书,并决定在举行政府间会议之前设立一个筹备委员会,①2017 年 7 月 10—21 日第四次筹备委员会会议召开,来自 131 个联合国会员国、2 个非会员国、联合国 2 个方案、基金和办事处、联合国系统 9 个专门机构和有关组织、10 个政府间组织和 23 个非政府组织的代表出席了会议,②7 月 31 日筹备委员会向联合国大会提交了该国际协定的实质性建议要素草案,12 月 24 日,第 72 届联合国大会通过了 249 号决议,决定将谈判正式转入政府间会议阶段。2018 年 9 月 4 日,首次 BBNJ 国际文书谈判政府间会议在联合国总部举行,标志着国际社会向制定一份具有法律约束力的公海及国际海底区域生物遗传资源国际管理协议迈出了重要一步。③

作为 BBNJ 的重要内容之一,建立国家管辖海域外的海洋保护区(以下简称"公海保护区")④也引发了各国关于公海保护区与公海自由冲突问题的争论。由于公海自由原则仍是现代海洋法的基石,若在公海上建立保护区并对捕鱼、航行、科学研究等实施管理势必会对现有的公海自由造成不同程度的影响。面对此情形,参加筹备委员会会议的与会国针对公海保护区与公海自由的关系、公海保护区的管理手段与方法、划区原则、管理措施对非缔约国的效力等问题展开了激烈讨论,歧见纷呈,尚无法达成共识。⑤ 虽然目前较为审慎的观点是公海保护区不能突破公海自由原则,只能对公海自由进行合理限制,但也由此进一步引申出了如下问题,即公海保护区可以合理限制公海自由的

---

① 2016 年 3 月 28 日至 4 月 8 日、2016 年 8 月 26 日至 9 月 9 日、2017 年 3 月 27 日至 4 月 7 日、2017 年 7 月 10 日至 21 日已召开了四次筹备委员会会议,地点均在美国纽约联合国总部。参见 https://undocs. org/ch/A/AC. 287/2017/PC. 4/2,2018 年 6 月 17 日访问。

② 同上。

③ 参见《BBNJ 养护与可持续利用协定政府间谈判开启》,http://www. sohu. com/a/253156375_100122948,2018 年 9 月 29 日访问。

④ 需要说明的是,国家管辖海域外的海洋保护区包括了公海和国际海底区域的海洋保护区,借用公海保护区的名义只为表述方便,所以本书中的公海保护区不仅指位于公海的海洋保护区,而且包括国际海底区域的海洋保护区。

⑤ See http://enb. iisd. org/download/pdf/enb25106e. pdf、http://enb. iisd. org/download/pdf/enb25118e. pdf、http://enb. iisd. org/download/pdf/enb25129e. pdf、http://enb. iisd. org/download/pdf/enb25141e. pdf,last visit on Sept. 30,2018.

方法与路径是什么？范围与程度又如何？

　　鉴于此,本节拟参酌四个既有的公海保护区①的实践经验,并综合考量国际政治与国家实践等影响因素,对公海保护区如何合理限制公海自由,包括合理限制的总体思路、具体路径与方法等进行探讨,为中国能在 BBNJ 磋商谈判中发挥作用建言献策。

一、公海自由原则及其合理限制的规定

　　海洋自由论的主张由"国际法之父"格劳秀斯在 16 世纪提出,是公海自由的重要理论基础。公海自由原则是指公海不得被某个(些)国家独占,所有国家,不论是沿海国还是内陆国,均可自由利用公海。公海自由是一个发展的概念,其内容经历了从 2 项自由到 3 项自由又到 4 项自由再到 6 项自由的演变过程。具体而言,公海自由起初只包括航行自由和捕鱼自由,随着航空器的出现,公海上空的飞越自由成为公海自由的第三项内容,《日内瓦公海公约》规定了航行自由、捕鱼自由、铺设海底电缆和管道的自由及公海上空飞越自由等 4 项公海自由。《公约》在此基础上又增加了建造国际法所容许的人工岛屿和其他设施的自由和科学研究的自由等 2 项公海自由,因而公海自由的总数达到了 6 项。可见,公海自由的涵摄范围是伴随人类开发海洋能力的增强而不断丰富与发展的。

　　但是,公海自由不是一种绝对自由,其受合理的限制,这些合理限制主要来自国际条约的相关规定。例如,《日内瓦公海公约》第 2 条第 2 款对公海自由的限制作出了一般性规定,即"所有国家行使这些自由以及国际法的一般原则所承认的其他自由时,都应适当顾及其他国家行使公海自由的利益"。又如,《公约》对公海自由的限制采用了"一般限制＋特殊限制"的模式,其中一般限制体现在三个方面:一是适当顾及其他国家行使公海自由的利益;二是适当顾及其他国家与国际海底区域内活动有关的权利;三是公海只用于和平目的。只不过这三个限制都存在较大的模糊性,实践中难以执行。特殊限制体现在

---

　　①　它们分别是:地中海派格拉斯海洋保护区、南极南奥克尼群岛南部大陆架海洋保护区(以下简称"南极南奥克尼海洋保护区")、东北大西洋海洋保护区和南极罗斯海地区海洋保护区。

第 87 条第 1 款中,具体包括:①对于铺设海底电缆和管道的自由受《公约》第六部分(大陆架)的限制;②建造国际法所容许的人工岛屿和其他设施的自由受到《公约》第六部分(大陆架)的限制;③捕鱼自由受到《公约》第七部分第二节规定条件的限制;④科学研究的自由受到《公约》第六部分(大陆架)和第十三部分(海洋科学研究)的限制。进入 20 世纪下半叶,科技进步让远海的人类活动也可能对沿海国产生重要影响。于是,在沿海国的推动下,现代海洋法的晚近发展又对公海自由作出了进一步的限制,主要涉及污染防治和资源养护。具体来说,在污染防治方面,有 1969 年《国际干预公海油污事故公约》、1973 年《国际防止船舶污染公约》及 1978 年议定书等;在资源养护方面,有 1993 年《促进公海渔船遵守国际养护和管理措施的协定》、1995 年《联合国鱼类种群协定》、1995 年《负责任渔业行为守则》等。其中,根据《国际干预公海油污事故公约》的规定,缔约国可在公海上采取必要措施,以防止、减少肇事船舶对其海岸造成严重的损害危险。《国际防止船舶污染公约》及 1978 年议定书也涵盖了所有由船舶排放的废弃物,并将船舶的适用范围扩大到在海上航行的任何船舶。在资源养护方面,如 1995 年的《联合国鱼类种群协定》将沿海国组成的区域性渔业组织对专属经济区和公海渔业资源安排的管辖效力扩大适用于非组织成员和非安排参与方。更重要的是,该协定还规定了船旗国可在特定情况下对非船旗国实施登临。

除此之外,公海自由原则还受国际习惯法的限制。根据国际习惯法,一国军舰和军用飞机既可在公海上打击海盗、打击奴隶贩卖行为以及打击毒品犯罪,也可在公海上登临检查悬挂"方便旗"的船舶。

国际条约和国际习惯法中的上述措施均构成了对公海自由的合理限制。由是可见,公海自由原则是具体的、相对的,不是抽象的、绝对的。尽管该原则仍是现代海洋法的基石,但从其演变过程、已有的国际条约和国际习惯来看,该原则正在受到越来越多的限制。诚如学者所言,无论是平时还是战时,无论是地理空间还是权利内容,对海洋自由的限制其实已经持续了上百年。① 所以,目前要研究的问题不在于是否要对公海进行限制,而是应聚焦于该如何对

---

① 张磊:《论国家主权对航行自由的合理限制——以"海洋自由"论的历史演进为视角》,《法商研究》2015 年第 5 期。

其进行合理限制上,这也是 BBNJ 谈判的重点与焦点,殊值研究。

二、BBNJ 谈判中与合理限制有关的主要争议点

在 BBNJ 谈判中,各国对于与合理限制有关的争议主要集中在以下几个方面。

(一)对设立公海保护区的态度不一,对公海保护区的概念界定差异较大

各国对设立公海保护区的态度以及何为公海保护区构成了合理限制公海自由的先决问题,对谈判产生了重要影响。

1. 就各国对公海保护区所持的态度而言,挪威等海洋捕捞大国反对设立公海保护区①,而欧盟和澳大利亚积极支持设立公海保护区。此外,当今世界包括世界自然保护联盟、绿色和平组织、世界自然基金会在内的绝大部分环境保护组织也积极支持建立公海保护区。② 大多数发展中国家则认为,由于国际社会关于设立公海保护区的问题尚未确立起普遍接受的法律框架和通行标准,特别是公海保护区将对发展中国家分享公海利益施加更多的限制,因此,各国应该秉持非常谨慎的态度。在此点上,美国、日本和发展中国家的态度相近,他们认为,在建立公海保护区之前很有必要进行充分的科学调查,收集尽可能多的科学资料,慎重作出决定。③

2. 就公海保护区的概念而言,迄今国际社会尚无关于"国家管辖范围外海洋保护区"的准确界定。对此,有的国家主张应充分借鉴现有国际文书的定义,如《生物多样性公约》特设专家技术组或世界自然保护联盟提出的关于海洋保护区的概念。④ 有的国家或国际组织主张规定一个尽可能宽泛的海洋保

---

① 宋旭:《公海保护区对公海自由的影响》,大连海事大学 2016 年硕士论文,第 8 页。

② 同上,第 7 页。

③ 第 63 届联合国大会 62 次全体会议记录,A/63/PV.62。

④ 持该立场的国家主要包括中国、77 国集团、牙买加、日本、新西兰、哥斯达黎加、巴西、新西兰、澳大利亚和欧盟。See IISD, Earth Negotiations Bulletin PrepCom1 Final, p. 9, http://www.iisd.ca/oceans/bbnj/prepcom1/, last visit on May 22,2018。

护区概念,以便将不同类别的海洋保护区涵括进来,如公海联盟认为,应将文化价值也纳入海洋保护区的概念中,①而哥斯达黎加则提出了自己关于"海洋保护区"的概念,即"海洋保护区是通过规范人类活动以实现保护与可持续利用海洋生物多样性的特定区域"②。

(二)对公海保护区限制公海自由的管理措施与方法、监督措施等存在分歧

这些措施直接与合理限制公海自由相关。就管理措施与方法而言,各国的争议点包括公海保护区内的管理措施能在多大程度上突破《公约》的六大自由、公海保护区内的非船旗国能否对违法船舶行使管辖权、公海保护区内的管理措施能否拘束非缔约国等。就公海保护区的监督措施而言,观点一认为,考虑将广泛利益相关者的咨询机制、表决机制、尊重《公约》的权利和义务等要素列入保护区的监督措施③;观点二认为,不需要有自己的管理机制,现有区域机构应被允许制定措施根据新协定确定的保护目标的立场④;观点三认为,所有建立海洋保护区的提案应基于科学标准被单独审查且不应禁止任何活动,并且应该是非永久性的和尊重沿海国大陆架权利⑤;观点四认为,审查提案时各方有责任不进行活动并进行通知和报告以及需要采取严格的环境评价标准⑥。

(三)争议较大的问题与合理限制措施密切相关

1. 公海保护区内遗传资源的法律属性问题。目前将公海保护区内的遗传

① 持有该立场的国家主要有美国、智利、挪威。See IISD, Earth Negotiations Bulletin PrepCom1 Final, p. 9, http://www. iisd. ca/oceans/bbnj/prepcom1/, last visit on May 22,2018。

② See Earth Negotiations Bulletin PrepCom2 Final , p. 6, http://www. iisd. ca/oceans/bbnj/prepcom2/,last visit on Sept. 20,2018.

③ 持有该立场的是欧盟。See IISD, Earth Negotiations Bulletin PrepCom1 Final, p. 10, http://www. iisd. ca/oceans/bbnj/prepcom1/, last visit on May 22,2018。

④ 持该立场的是挪威。See IISD,Earth Negotiations Bulletin PrepCom1 Final,p. 10, http://www. iisd. ca/oceans/bbnj/prepcom1/, last visit on May 22,2018。

⑤ 持该立场的是俄罗斯。See IISD, Earth Negotiations Bulletin PrepCom1 Final, p. 10, http://www. iisd. ca/oceans/bbnj/prepcom1/, last visit on May 22,2018。

⑥ 持该立场的是牙买加。See IISD,Earth Negotiations Bulletin PrepCom1 Final, p. 10, http://www. iisd. ca/oceans/bbnj/prepcom1/, last visit on May 22,2018。

资源是定性为人类共同继承财产还是共有物，争议颇大。对此，发达国家主张适用"共有物原则"，发展中国家则主张适用"人类共同继承财产原则"。前者允许各国自由开发，各自受益；后者则要求统一开发，共同受益。从法理逻辑来说，如果将遗传资源定性为"人类共同继承财产"则意味着对公海自由施加很大的限制；若将遗传资源定性为"共有物"，则只需在原有的基础上增加一些限制措施即可。

2. 公海保护区的环保标准及其对合理限制公海自由的影响。随着 BBNJ 谈判的深入，各国在环境影响评价标准问题上发生了较大分歧。以美、日为代表的发达国家强调应由缔约国自身开展公海保护区内的环境影响评价，拒绝第三方的干预。而欧盟、澳大利亚、新西兰等缔约方则高举"绿色环保"大旗，主张 BBNJ 应建立全球环境评价标准，由独立的科学机构参与环境影响评价过程，反对由缔约方进行内部的环境影响评价。[1] 除此之外，国际上一些知名环境保护组织，如世界自然保护联盟、绿色和平组织、世界自然基金会则积极推动设立公海保护区并主张采取"极端环保主义"的环保标准，即在公海保护区内采取最严格且最高的环境标准。[2] 很显然，不同的环保标准意味着公海自由的限制措施亦有所不同。若采用严格的环保标准，势必对公海自由采用严格的限制措施；若采用宽松的环保标准，则对公海自由采用宽松的限制措施。

3. 公海保护区的划区管理模式及其对合理限制公海自由的影响。关于公海保护区的划区管理模式，目前有三种观点：一是全球框架，新的国际文书可直接设立海洋保护区，制定全球标准和指南，要求区域或者是部门性的机构参考和遵守；二是区域主导，新的国际文书仅制定一些标准和指南，不能对现有的区域和部门机构发号施令；三是混合模式，即海洋保护区主要由区域或部门机构来设立和管理，但新的国际文书可以对区域或部门机构进行全球的监督。[3] 采取全球框架的模式需要制定全球标准和指南，这无疑是对公海自由进行大范围与深层次的限制；采取区域主导的模式，仅仅需要制定某些标准和指

---

① 胡学东：《围绕海洋生物多样性的国际较量》，《中国海洋报》2017 年 11 月 29 日。

② 宋旭：《公海保护区对公海自由的影响》，大连海事大学 2016 年硕士论文，第 7 页。

③ 徐宏：《徐宏司长在中国国际法学会 2017 年学术年会上的报告》，http://www.csil.cn/news/detail.aspx? aid=227,2018 年 5 月 8 日访问。

南,意味着对公海自由进行小范围和浅层次的限制;采取混合模式对公海自由的限制则居于二者之间。这些争议在经过长达两年的四次筹备委员会会议讨论后仍未能达成一致意见,会后达成的"国家管辖范围以外区域海洋生物多样性最终建议性文件"留有诸多空白,这都要留待后续会议加以解决。

三、既有的公海保护区实践对公海
自由合理限制的做法及启示

承前所述,国际社会已建立了地中海派格拉斯海洋保护区、东北大西洋海洋保护区、南极南奥克尼海洋保护区和南极罗斯海地区海洋保护区四个公海保护区。其中,地中海派格拉斯海洋保护区包含部分国家管辖下的领海和部分公海,并非完全意义上的公海保护区,其他三个则是完全意义上的公海保护区(基本情况如表 2-2 所示)。

表 2-2　四个公海保护区的概况

名称	法律依据和建立时间	缔约方	管理机构	地理范围
地中海派格拉斯海洋保护区	《巴塞罗那公约》及《关于建立地中海海洋哺乳动物保护区的协议》,1999年建立。	法国、意大利、摩纳哥	三国组成的保护区委员会	保护区面积约为8.75万平方千米,覆盖法国、意大利和摩纳哥水域及部分公海,其中约53％位于周边国家管辖海域范围之外。
南奥克尼群岛南部大陆架海洋保护区	《南极生物资源养护公约》以及《保护南奥克尼群岛南部大陆架的养护措施 91-03（2009）》,2009年建立。	阿根廷 等36 个缔约方①	南极海洋生物资源养护委员会②	南极半岛西部的凹形区域内,面积约 9.4 万平方千米,全部位于公海。

① 具体包括阿根廷、澳大利亚、比利时、巴西、智利、中国、欧盟、法国、德国、印度、意大利、日本、韩国、纳米比亚、新西兰、挪威、波兰、俄罗斯、南非、西班牙、瑞典、乌克兰、英国、美国、乌拉圭、保加利亚、加拿大、库克群岛、芬兰、希腊、毛里求斯、荷兰、秘鲁、瓦努阿图、巴基斯坦、巴拿马等36个缔约方。

② 南极生物资源委员会有阿根廷、澳大利亚、比利时、巴西、智利、中国、欧盟、法国、德国、印度、意大利、日本、韩国、纳米比亚、新西兰、挪威、波兰、俄罗斯、南非、西班牙、瑞典、乌克兰、英国、美国和乌拉圭等 25 个缔约方。

（续表）

名称	法律依据和建立时间	缔约方	管理机构	地理范围
东北大西洋海洋保护区	《保护东北大西洋海洋环境公约》,2011 年 4 月建立。	比利时等 16 个缔约方①	缔约方委员会	东北大西洋沿岸国家管辖范围以外海域,主要是亚速尔群岛西部和爱尔兰西部,具体包括 7 个总面积约 47 万平方千米的海洋保护区,组成了大西洋第一个国家管辖海域以外公海海洋保护区网络。包括了公海与区域。
南极罗斯海地区海洋保护区	《南极生物资源养护公约》以及《养护措施 91-05 (2016)》,2016 年 10 月建立。	阿根廷等 36 个缔约方	南极海洋生物资源养护委员会	南极罗斯海地区海洋保护区总面积约 155 万平方千米,保护区中约 112 万平方千米将被设为禁渔区,是世界上最大的公海保护区,分为基本保护区、特别研究区和磷虾研究区,全部位于公海。

上述四个公海保护区对于缔约国的主要管理措施、非缔约国的主要管理措施,以及违法船舶的管辖制度形成了一定特色(表 2-3),具有参考价值。

表 2-3 四个公海保护区对于缔约国和非缔约国的主要管理措施

	主要管理措施	南极南奥克尼海洋保护区	南极罗斯海地区海洋保护区	东北大西洋海洋保护区	地中海派格拉斯海洋保护区
对于缔约国的主要管理措施	捕鱼活动的限制措施	√	√	√	√
	航行活动的限制措施	√	√	√	√
	禁止倾倒废弃物的规定	√	√	√	√
	敦促缔约国遵守管理措施的软法性条款	√	√	√	√
	对于违法的非船旗国船舶采取登临和检查制度	√	√	×	×
	管理措施允许例外	√	√	×	√

---

① 具体包括比利时、丹麦、芬兰、法国、德国、爱尔兰、冰岛、挪威、卢森堡、荷兰、葡萄牙、西班牙、瑞典、瑞士、英国和欧盟等 16 个缔约方。

（续表）

主要管理措施		南极南奥克尼海洋保护区	南极罗斯海地区海洋保护区	东北大西洋海洋保护区	地中海派格拉斯海洋保护区
对于非缔约国的主要管理措施	直接给非缔约国设置义务	✕	✕	✕	✕
	为非缔约国规定了软法条款以敦促其履约	✓	✓	✕	✓
	缔约国对于违法的非缔约国船舶实施长臂管辖制度	✓	✓	✕	✕

（一）四个公海保护区对于缔约国的主要管理措施

第一，四个公海保护区对于缔约国的主要管理措施均是基于缔约方的共同意愿作出的。例如，南极南奥克尼群岛海洋保护区和南极罗斯海地区海洋保护区的管理措施是由《南极生物资源养护公约》的 36 个缔约方共同同意后作出的；东北大西洋海洋保护区的管理措施是由《保护东北大西洋海洋环境公约》的 16 个缔约方共同同意后作出的；地中海派格拉斯海洋保护区的管理措施是由《建立地中海海洋哺乳动物保护区条约》的缔约方法国、意大利和摩纳哥共同同意后作出的。除了东北大西洋海洋保护区的管理措施是建议性质的，其他三个海洋保护区的管理措施皆具有法律约束力。

第二，四个公海保护区对缔约国的管理措施均涉及对捕鱼活动、破坏环境的活动以及航行活动进行不同程度的限制，但侧重点各有不同。一方面，四个公海保护区的管理措施均包括对区域内交通情况的监测和管理、对区域内渔业作业的管理、对区域内生物资源及其生态环境情况的跟踪掌握与评估、对区域内污染的防控与管理、对区域内相关科研活动的批准与管理等。另一方面，四个公海保护区的管理措施重点也各有差别。如地中海派格拉斯海洋保护区的主要管理措施是针对保护区内的海洋哺乳动物，主要是保护区内的八种鲸类物种；南极南奥克尼海洋保护区主要针对保护区的信天翁、海燕、企鹅的重要觅食区规定了养护措施；南极罗斯海地区海洋保护区的主要管理措施是针对保护区内的鱼类种群；东北大西洋海洋保护区的主要管理措施是针对保护区内公海的水体和国际海底区域的生态环境；等等。

　　第三,虽然四个公海保护区对于缔约国采取了一些管理措施,但有些保护区允许存在例外。如南极南奥克尼海洋保护区禁止缔约国所有类型的捕鱼活动,但南极生物资源委员会同意并督促下的科研活动例外,①以及在涉及危及海上生命安全的情况下,不适用保护区内的禁止性养护措施。② 南极罗斯海地区海洋保护区禁止缔约国进行捕鱼活动,但经过授权的例外。③《建立地中海海洋哺乳动物保护区协议》第 7 条(a)项规定,禁止任何蓄意或故意骚扰哺乳动物的行为,但可能允许在紧急情况或在依照本协议进行现场科学研究情况下的非致命性捕获。④

　　第四,四个公海保护区对于缔约国的主要管理措施均包含一些"软法性"条款。国际法上的软法主要是指效力结构未必完整、无需依靠国家单独或集体的强制措施保障实施、但能产生社会实效的法律规范,⑤既包括单独的软法文件如宣言、建议等,也包括国际条约中的一些"软法条款"。软法一般仅具有宣誓或倡议的性质,不具强制执行的性质。如南极南奥克尼海洋保护区管理措施规定,为了监控保护区内的交通状况,鼓励渔船在通过该区域时向南极海洋生物资源养护委员会秘书处通知其预期的过境行为并提供船舶的船旗国、大小、国际海事组织编号、预期的航线等细节信息。⑥ 南极罗斯海地区海洋保护区的管理措施规定,鼓励缔约国渔船在通过该区域时向南极海洋生物资源养护委员会秘书处通知其预期的过境行为并提供船舶的船旗国、大小、国际海事组织编号、预期的航线等细节信息。⑦ 东北大西洋海洋保护区的管理措施规

---

　　① Conservation Measure 91-03 (2009) Protection of the South Orkney Islands southern shelf, Article 2, https://www.ccamlr.org/en/measure-91-03-2009,last visit on April 14,2018.

　　② Conservation Measure 91-03 (2009) Protection of the South Orkney Islands southern shelf, Article 6, https://www.ccamlr.org/en/measure-91-03-2009,last visit on April 14,2018.

　　③ Conservation Measures 91-05 Ross Sea region marine protected area, Article 7, https://www.ccamlr.org/sites/drupal.ccamlr.org/files/91/91-05_05_2.pdf,last visit on Sept.29,2018.

　　④ accord relatif a la creation en mediterranee d'un sanctuaire pour les mammiferes marins,Article 7 (a), http://www.sanctuaire-pelagos.org/en/resources/official-documents/version-francaise/texte-de-l-accord,last visit on Sept.29,2018. 中文翻译为《建立地中海海洋哺乳动物保护区关系协议》。

　　⑤ See Lynne M. Jurgielewicz, *Global Environmental Change and International Law: Prospects for Progress in the Legal Order*, University Press of America, 1996, p.46.

　　⑥ Conservation Measure 91-03 (2009) Protection of the South Orkney Islands southern shelf, Article 5, https://www.ccamlr.org/en/measure-91-03-2009,last visit on April 17,2018.

　　⑦ Conservation Measure 91-05 (2016) Ross Sea region marine protected area, Article 24, https://www.ccamlr.org/en/measure-91-05-2016,last visit on April 17,2018.

定,缔约方应该采取所有可能的措施阻止或者消除人类活动对该区域的污染以保护人类的健康和海洋生态系统。① 地中海派格拉斯海洋保护区的管理措施规定：①缔约各方应协同配合定期评估海洋哺乳动物种群状态、死亡原因、栖息地的威胁,特别是觅食及繁殖等生物行为;②②缔约各方应践行对保护区的监督,加紧防止一切形式的污染,包括海上或地下污染源;③③协议各方通过国家战略,逐步减少排放进入保护区的有毒化合物总量,并优先考虑"巴塞罗那公约议定书"附件一所列物质;④④缔约各方应通过协商以规范并酌情禁止在保护区的竞速赛船活动。⑤ 上述规定中的"鼓励""所有可能""协同配合""加紧防止""逐步减少""酌情"等措辞均表明了其软法性质。

(二) 四个公海保护区对于非缔约国的主要管理措施

四个公海保护区中的地中海派格拉斯海洋保护区、南极南奥克尼海洋保护区和南极罗斯海地区海洋保护区均对非缔约国规定了管理措施,这些措施具有以下特点。

1. 未直接对非缔约国设定义务。东北大西洋海洋保护区对此问题没有规定,换言之,该海洋保护区没有对非缔约国设置义务,其他三个海洋保护区虽对非缔约国规定了管理措施,但未直接为非缔约国设置义务。

2. 为非缔约国规定了软法条款以敦促其履约。如南极南奥克尼海洋保护区和南极罗斯海地区海洋保护区的管理措施均规定,敦促非缔约方与南极海洋生物资源养护委员会进行合作,以确保委员会的养护措施的有效性不会遭

---

① Conservation for the Protection of the Marine Environment of the North-East Atlantic, Article 2 (1), https://www. ospar. org/site/assets/files/1290/ospar_convention_e_updated_text_in_2007_no_revs. pdf,2018-04-17.

② Conservation Measure 91-03 (2009) Protection of the South Orkney Islands southern shelf, Article 5, https://www. ccamlr. org/en/measure-91-03-2009,last visit on April 14,2018.

③ Conservation Measure 91-03 (2009) Protection of the South Orkney Islands southern shelf, Article 6(1), https://www. ccamlr. org/en/measure-91-03-2009,last visit on April 14,2018.

④ Conservation Measure 91-03 (2009) Protection of the South Orkney Islands southern shelf, Article 6(2), https://www. ccamlr. org/en/measure-91-03-2009,last visit on April 14,2018.

⑤ Conservation Measure 91-03 (2009) Protection of the South Orkney Islands southern shelf, Article 9, https://www. ccamlr. org/en/measure-91-03-2009,last visit on April 14,2018.

到减损。① "敦促合作"是典型的软法条款。又如南极生物资源委员会若认为任何非本公约缔约方的国民或船舶采取的行动影响了实施本公约的目的,则应提请该国注意。② "提请注意"也属软法条款。

3. 要求非缔约国在国际法允许的范围内遵守管理措施。地中海派格拉斯海洋保护区是典型的例子。《关于建立地中海海洋哺乳动物保护区协议》第 14 条第 2 款规定,每一缔约国均有权确保本协定条款适用于悬挂其国旗的船舶,并在国际法规定范围内,适用于悬挂第三国旗帜的船舶。"在国际法范围内"表明若海洋保护区的管理措施要对非缔约国生效,其必须符合国际法。进一步言,条约无法拘束第三国,只有习惯法可以适用于非缔约国,但问题是,目前地中海派格拉斯海洋保护区的管理措施还未成为习惯法,故无法拘束非缔约方。

(三)四个公海保护区关于违法船舶的管辖制度

四个公海保护区对违法船舶的管辖采取以船旗国管辖为主、其他管辖制度为辅的做法。

第一,四个公海保护区均规定缔约国对本国违法船舶采取船旗国管辖为主的制度。船旗国管辖制度是符合公海通例的管辖制度。公海上的管辖权不同于国家的管辖权,公海因无专属性,故所有国家都不能在其上行使属地管辖权。在公海上,以船上悬挂的国旗为判断依据,船旗国对本国的船舶享有专属的管辖权,此为公海上属人管辖权的行使方式。

第二,南极南奥克尼海洋保护区和南极罗斯海地区海洋保护区规定了缔约国在海洋保护区内可对违法的非船旗国船舶采取登临和检查制度。《南极海洋生物资源养护公约》第 24 条原则性规定了各缔约方同意应建立观察和检查制度以及建立观察和检查委员会。《南极海洋生物资源养护委员会检查制度》具体规定了登临和检查制度的实施条件和程序:①检查员有权根据公约的

---

① Conservation Measure 10-07(2016)Scheme to promote compliance by non-Contracting Party vessels with CCAMLR conservation measures, Article 1, https://www. ccamlr. org/en/measure-10-07-2016,last visit on April 17,2018.

② 《南极海洋生物资源养护公约》第 10 条第 1 款,https://www. ccamlr. org/en/organisation/camlr-convention-text,2018 年 9 月 22 日访问。

规定在公约区域登上一艘渔船或渔业科研船以检查该船是否从事了与海洋生物资源有关的捕鱼或科学研究活动。① ②检查员有权检查船舶的捕获物、渔网和其他捕鱼装置且应当记录和报告这些捕获物和目前为止船舶所处的位置：(a)检查员都应携带身份文件,这个文件是经过委员会的核准且能证明该检查员已经过指定;(b)在登船检查时,检查员应出示上述文件;(c)检查应当使船舶受到最低限度的干扰和不便;调查应限于查明与遵守对有关船旗国有关的委员会措施有关的事实;(d)检查员可根据需要采取任何照片和/或录像,记录任何违反现行委员会养护措施的情况;(e)检查员应将委员会核准的识别标志贴在任何可能违反现行养护措施使用的网具或其他渔具上,并应在下文第八段所述的报告和通知中记录这一事实;(f)船长在检查员履行职责时应给予适当的协助,包括必要时对通信设备进行准入;(g)根据各自适用的法律和规章,包括在国内法院受理证据的规则,每一缔约方均应根据其检查员的报告,在与该计划下指定成员的检查员的报告中考虑和采取行动,缔约双方和指定的成员应进行合作,以促进任何此类报告引起的司法或其他诉讼。② ③如果一艘船舶拒绝停下或者不配合进行转移检查员,或者船长或雇员干预检查员经授权的检查活动,检查员应当制作一个详细的报告,该报告应包括当时情况的所有描述,该报告应当根据第九段的有关规定向指定该检查员的成员方转交：(a)对检查员的干扰或未能遵守检查员在履行职责时提出的合理要求,应由船旗国处理,犹如检查员是该国的检查员一样;(b)船旗国应当报告其根据第十四段规定所采取的措施。③ ④如果由于按照这些规定进行的视察活动,有证据表明违反了根据公约通过的措施,则船旗国应采取步骤起诉,并在必要时实施制裁。④

第三,南极南奥克尼海洋保护区和南极罗斯海地区海洋保护区规定了缔约国对于违法的非缔约国船舶实施长臂管辖制度。例如,两个海洋保护区的管理

---

① Text of the CCAMLR System of Inspection, Article 3, https://www.ccamlr.org/en/document/publications/ccamlr-system-inspection, last visit on April 17,2018.

② Text of the CCAMLR System of Inspection, Article 6, https://www.ccamlr.org/en/document/publications/ccamlr-system-inspection, last visit on April 17,2018.

③ Text of the CCAMLR System of Inspection, Article 7, https://www.ccamlr.org/en/document/publications/ccamlr-system-inspection, last visit on April 17,2018.

④ Text of the CCAMLR System of Inspection, Article 11, https://www.ccamlr.org/en/document/publications/ccamlr-system-inspection, last visit on April 17,2018.

措施均规定：①如果缔约方观测到在公约区域从事捕鱼活动的非缔约方船舶,应当根据养护措施的规定禁止其进入本国港口登岸或者转运;①②当非缔约国的渔船进入缔约国的港口时,除非前者能够证明其是按照《南极生物资源养护公约》的规定捕获这些鱼类,否则将受到后者的检查,且不被允许登岸或转运;②③在每一个年度会议上,南极海洋生物资源养护委员会应当查明那些在公约区域从事损害养护措施有效性的进行 IUU 捕鱼[非法的(Illegal)、不报告的(Unreported)和不受管制的(Unregulated)的捕捞活动]的非缔约方船舶,并且建立名单。③

四、公海保护区合理限制公海自由原则的总体思路

(一)须立足现实、稳妥地加以推进

首先,公海自由仍是现代海洋法的基石。虽然在海洋环境的保护中,公海自由正在向蓝色海洋的未来逐步作出退让,但从实践经验来看,这种退让应当同时具有坚固的理论基础和现实基础。迄今为止,公海自由仍是现代海洋法的基础。根据联合国大会第 69/292 号决议,BBNJ 谈判及谈判结果不可影响参加《公约》或任何其他相关协议的缔约国和非缔约国在这些文件中的法律地位,其中就包括《公约》规定的公海自由原则。④ 在各国磋商制定 BBNJ 的四次筹备委员会会议上,63％的国家主张维护公海自由原则。⑤ 而且,各国经过BBNJ 四次筹备委员会会议磋商达成的"国家管辖范围以外区域海洋生物多样

---

① Conservation Measure 10-07 (2016) Scheme to promote compliance by non-Contracting Party vessels with CCAMLR conservation measures, Article 4, https://www. ccamlr. org/en/measure-10-07-2016,last visit on April 17,2018.

② Conservation Measure 10-07 (2016) Scheme to promote compliance by non-Contracting Party vessels with CCAMLR conservation measures, Article 5, https://www. ccamlr. org/en/measure-10-07-2016,last visit on April 17,2018.

③ Conservation Measure 10-07 (2016) Scheme to promote compliance by non-Contracting Party vessels with CCAMLR conservation measures, Article 2, https://www. ccamlr. org/en/measure-10-07-2016,last visit on April 17,2018.

④ 胡学东:《围绕海洋生物多样性的国际较量》,《中国海洋报》2017 年 11 月 29 日。

⑤ 参见《BBNJ 养护与可持续利用协定政府间谈判开启》,http://www. sohu. com/a/253156375_100122948,2018 年 9 月 29 日访问。

性最终建议性文件"(简称"BBNJ 文件")第 4 条明确规定,文书中的任何内容都不应妨害《公约》规定的各国的权利、管辖权和义务,①这显然也包括了《公约》规定的"公海自由原则"。此外,BBNJ 文件作为《公约》的第三个执行协定,其主要作用就是在《公约》的框架下解释和执行《公约》,特别是对《公约》的公海自由原则和保护海洋环境原则等加以澄清和发展,而不是突破《公约》另搞一套。② 可见,公海自由原则仍是各国磋商制定 BBNJ 的基础。

其次,国家主权与海洋自由原则应在共存的前提下进行长期的博弈。一方面,保护海洋环境利益是大势所趋,由于海洋环境的持续恶化、海洋生物多样性受到威胁,越来越多的国家、国际组织和个人关注到海洋环境的保护问题,传统的海洋自由论正在受到越来越多的限制;另一方面,在以主权国家为基础的现代国际社会,限制公海自由的每一步努力都困难重重,国际社会必须谨慎平衡各方利益,不断完善全球治理机制,稳妥、逐步地往前推进。因此,国家主权对海洋自由的限制不是迅速推进的,更不是无节制的,相反,限制公海自由的进程是相当缓慢的,沿海国与船旗国在不同的历史时期都会形成一定的均势,进而构建起那一时期的公海自由制度并维持相当长的时间。③

最后,从实践来看,恣意突破公海自由原则的国家单边管理措施已招致各国的强烈反对。例如,位于加拿大的大浅滩历史上曾是世界极为高产的渔场之一,但因过度捕捞以及其他活动导致生态系统严重退化,大浅滩生物区环境资源一度几近耗竭。为了恢复大浅滩的海洋生态系统和渔业资源,1976 年加拿大通过《渔业区域法》建立专属渔区,并对该渔区施行了较为严格的渔业规则。但问题的关键在于,大浅滩有两处占其总面积 10% 的拐角位于加拿大 200

① 参见《大会关于根据〈联合国海洋法公约〉的规定就国家管辖范围以外区域海洋生物多样性的养护和可持续利用问题拟订一份具有法律约束力的国际文书的第 69/292 号决议所设筹备委员会的报告》,A/AC. 287/2017/PC. 4/2,http://www. un. org/ga/search/view_doc. asp? symbol = A/AC. 287/2017/PC. 4/2.

② Anna-Maria Hubert, UN General Assembly Resolution to Develop a New Legally Binding Instrument on the Conservation and Sustainable Use of Marine Biological Diversity of Areas Beyond National Jurisdiction, https://ablawg. ca/2015/08/14/un-general-assembly-resolution-to-develop-a-new-legally-binding-instrument-on-the-conservation-and-sustainable-use-of-marine-biological-diversity-of-areas-beyond-national-jurisdiction/, p. 4,last visit on Sept. 29,2018.

③ 张磊:《论国家主权对航行自由的合理限制——以"海洋自由"论的历史演进为视角》,《法商研究》2015 年第 5 期。

海里专属渔区范围之外，因不在加拿大的管辖范围内，遭到了外国渔船的长期过度捕捞，导致在加拿大专属渔区与公海的跨界鱼种受到了濒临灭绝的威胁。鉴于此，1994 年 5 月 12 日加拿大修正了《沿岸渔业保护法》，授权加拿大执法船对在大浅滩附近从事公海捕鱼的外国渔船进行调查和逮捕，并声称对公海上的这些捕鱼船享有管辖权。依据一般逻辑，《沿岸渔业保护法》修正案违背了一般接受的关于船舶在公海免受其船旗国以外其他国家干涉的国际法传统和国际法惯例，故而遭到了其他国家外交方面的抗议和反对。欧洲委员会曾向加拿大发出口头照会，表示该项立法不仅有违国际法，而且也违反了"国际社会关于提高渔业资源，特别是公海渔业资源管理的努力，尤其是对联合国粮食及农业组织及关于跨界鱼种的联合国会议制定的框架"。美国也在其向加拿大发出的外交照会中强调："沿海国的这种单方行动，打破了《公约》相关条款设定的利益平衡……《公约》并没有赋予沿海国未经船旗国同意，在公海上登临、检查或逮捕外国船旗国渔船或者起诉这些在公海从事捕捞活动的船舶的权利。"①

由是可见，公海保护区对公海自由的合理限制必须将相关国家的经济、政治利益皆纳入考量范围，只有维持精妙的利益平衡，才能既维护法律逻辑的完整性又确保相关国家守约，然而，这一过程显然是漫长的。

（二）以实在法为基础合理限制公海自由

首先，现代海洋自由的基础早已不是格劳秀斯援引的自然法，而是宾刻舒克之后发展起来的实在法。是故，以实在法为基础的现代海洋法的公海自由原则可以在各国同意的前提下根据现实需求对其施加限制。既然以实在法为基础，那么公海自由就既不能被视为神圣不可侵犯，也不能为其支持者提供抽象的道德优势，而应根据现实情况作出具体的是非判断。②

其次，各国谈判建立公海保护区是基于一致的利益。当今世界，国家仍是国际社会的主要行为体，在此背景下，公海保护区的实施更多地有赖于成员国的善意履行，这种履行的实质性基础是国际社会各种力量之间的制衡。公海

---

① 范晓婷：《公海保护区的法律与实践》，海洋出版社 2015 年版，第 170 页。
② 张磊：《论国家主权对航行自由的合理限制——以"海洋自由"论的历史演进为视角》，《法商研究》2015 年第 5 期。

保护区之所以能提上联合国大会的议事日程及置于各国的谈判桌前,是因为成员国之间有一致的利益特别是环境利益。四个公海保护区的实践均已表明,作为限制公海自由的公海保护区管理措施必须经过缔约国同意后才能实施,且不能直接拘束非缔约国。

最后,在 BBNJ 谈判中,各国对于限制公海自由的措施与方法、范围和程度等均存在较大争议,因此,协调各国利益成为今后谈判中应当予以关注的重点问题。只有各国意见一致,才能对公海自由进行合理限制。各国达成一致的具体方式有两种:一是协商一致;一是四分之三以上特定多数一致。这两种方法都能最大限度地协调各国意志,从而达成一致。

(三) 对公海自由的合理限制应既合乎法理又合于情理

既然对海洋自由进行合理限制有法理和实践依据,那么如何解读"合理"便至为关键。笔者认为,"合理"应当同时包括两个方面,即合乎法理与符合情理,且情理与法理应当相互统一。

合乎法理是指公海保护区对公海自由的限制必须符合现行的国际法,主要包括国际条约、国际习惯以及一般法律原则,其中国际条约是最主要的法律依据,现有的四个公海保护区就是基于缔约国的一致同意,以条约的形式对缔约国的航行、捕鱼、海上倾倒等活动进行合法限制。合乎情理是指公海保护区对公海自由的限制措施还应该符合人类的良知和理性。例如,四个公海保护区基于保护海洋环境的考量,对区域内交通情况进行了监测和管理,对区域内相关科研活动进行了批准与管理。上述管理措施是之前的国际条约和国际习惯所未规定的。换言之,四个公海保护区基于保护公海海洋环境与生物的资源之需规定了一定的合乎情理的管理措施,且为缔约国一致同意。

国际环境法中的可持续发展原则与风险预防原则均是统一法理与情理的重要措施。可持续发展原则是指既能满足当代人的需要,又不对后代人满足其需求的能力构成危害的发展。① 根据该原则,对于公海自由也可采取一些限制措施以保护公海环境与生物资源,而这些限制措施无疑要既合乎法理又合

---

① Philiple Sands, *Principles of International Environmental Law*, Manchester University Press, 1995, p. 198.

乎情理。比如,在 1893 年"白令海峡海豹仲裁案"中,仲裁庭虽然根据公海自由原则裁决美国败诉,但是又基于可持续发展的理念为公海海豹规定了一些保护措施,如禁猎季节和对捕猎方法及捕猎工具的限制规定。① 又如"国家管辖范围以外区域海洋生物多样性最终建议性文件"的序言要点指出,确认需要一个全面的全球制度,以更好地处理国家管辖范围以外区域海洋生物多样性的养护和可持续利用问题。② 此外,风险预防原则是指对于在科学上尚未得到最终明确的证实但如等到科学证实时才采取防范措施为时已晚的环境损害之威胁或风险,各国应该尽可能地采取各种措施进行事先防范。③ 根据风险预防原则,对公海自由可采取一些限制措施以保护公海环境与生物资源,而这些限制措施无疑既合乎法理又合乎情理。例如,东北大西洋海洋保护区明确将风险预防原则作为基本原则;④"国家管辖范围以外区域海洋生物多样性最终建议性文件"(3.1)一般原则与方法规定了包括风险预防在内的多项原则。⑤ 基于法理与情理相统一,可考虑在 BBNJ 文件中纳入一些保护国家域外海洋环境的新措施,如采取措施控制国家管辖域外海洋的温室气体排放量等。根据联合国大会 2014 年关于海洋与海洋法的决议,日益增多的温室气体排放是严重危害国家管辖域外海洋环境的主要因素之一,⑥故此,BBNJ 文件可对各国规定一

---

① Cairo A. R. Robb, *International Environmental Law Reports*, Cambridge University Press, 1999, pp. 43—88.

② 《大会关于根据〈联合国海洋法公约〉的规定就国家管辖范围以外区域海洋生物多样性的养护和可持续利用问题拟订一份具有法律约束力的国际文书的第 69/292 号决议所设筹备委员会的报告》,A/AC. 287/2017/PC. 4/2,http://www. un. org/ga/search/view_doc. asp? symbol＝A/AC. 287/2017/PC. 4/2。

③ 王曦编著《国际环境法》(第二版),法律出版社 2005 年版,第 111—112 页。

④ Convention for the Protection of the Marine Environment of the North-East Atlantic, Article 2 (1), https://www. ospar. org/site/assets/files/1290/ospar_convention_e_updated_text_in_2007_no_revs. pdf,2018-04-17.

⑤ 参见《大会关于根据〈联合国海洋法公约〉的规定就国家管辖范围以外区域海洋生物多样性的养护和可持续利用问题拟订一份具有法律约束力的国际文书的第 69/292 号决议所设筹备委员会的报告》,A/AC. 287/2017/PC. 4/2, http://www. un. org/ga/search/view_doc. asp? symbol＝A/AC. 287/2017/PC. 4/2。

⑥ Anna-Maria Hubert, UN General Assembly Resolution to Develop a New Legally Binding Instrument on the Conservation and Sustainable Use of Marine Biological Diversity of Areas Beyond National Jurisdiction, https://ablawg. ca/2015/08/14/un-general-assembly-resolution-to-develop-a-new-legally-binding-instrument-on-the-conservation-and-sustainable-use-of-marine-biological-diversity-of-areas-beyond-national-jurisdiction/,pp. 5—6,last visit on Sept. 29,2018.

些具体的义务以控制国家管辖域外海洋的温室气体排放量。

五、公海保护区合理限制公海自由的具体方法

（一）公海保护区管理措施不得为非缔约国设置义务

公海保护区以保护海洋生态环境为目的而设置一些管理措施，但这些措施只能为缔约国设置义务，不得为非缔约国设置义务。

第一，根据条约对第三国既无损也无益原则，公海保护区不得为非缔约国设置义务。作为条约法的一项基本原则，条约对第三国既无损也无益原则是指非缔约国既不能享受条约规定的权利，也不用承担条约规定的义务。所以，公海保护区的管理措施只能约束缔约国，而不能约束非缔约国。

第二，《公约》关于保护海洋环境的一般性规定也不能作为公海保护区为非缔约国设置义务的法律依据。《公约》第192条规定，各国有保护和保全海洋环境的义务。截至2018年4月18日，《公约》已有168个缔约国，[①]该公约的很多规定已成为国际习惯法。对此，有学者认为，《公约》第192条已成为国际习惯法，对各国具有普遍拘束力。[②] 但是，《公约》第192条的规定较为宽泛，不能为国家创设具体的权利和义务。此外，该义务的内容和违反义务的标准因缺乏具体的规定而显得难以判断和把握，导致无法被执行。因此，《公约》第192条既不能限制非缔约国在公海保护区内的活动，也无法构成此方面坚实的法律基础。

第三，从国际实践看，既有的四个公海保护区的实践效果尚不明显，更未形成新的国际习惯法，因为国际习惯法的形成要具备物质要素和心理要素，且物质要素要符合时间、数量和同一性三个方面的要求。[③] 从时间上看，四个公海保护区的实践只有5年到15年不等的时间，稍显短暂，实际效果亦不明显。

---

① https://treaties. un. org/pages/ViewDetailsIII. aspx? src ＝ TREATY&mtdsg _ no ＝ XXI-6&chapter＝21&Temp＝mtdsg3&clang＝_en,2018年4月18日访问。

② Scovazzt T. , "Marine Protected Areas on the High Seas: Some Legal and Policy Considerations," *The International Journal of Marine and Costal Law*, Vol. 19, No. 1, 2004.

③ 王虎华:《国际公法学》(第4版),北京大学出版社2015年版,第19页。

从数量上说,目前世界上只有四个公海保护区,其中地中海派格拉斯海洋保护区还不是完全意义上的公海保护区,且四个公海保护区的面积不足全世界公海面积的百分之一。此外,南极南奥克尼海洋保护区和南极罗斯海地区海洋保护区只有 36 个缔约方、东北大西洋海洋保护区只有 16 个缔约方、地中海派格拉斯海洋保护区只有 3 个缔约方,根本未达到绝大多数国家的数量要求。就同一性而言,四个公海保护区管理措施的侧重点各不相同,甚至存在很大差异,根本无法满足同一性的要求。因此,既有的实践尚未能形成新的国际习惯法,也无法为非缔约国设置义务。

(二)公海保护区的管理措施既要严格规制登临检查权,又要禁止长臂管辖权

第一,公海保护区的管理措施必须严格规制非船旗国的登临检查权。就性质而言,公海保护区内的登临检查权所针对的违法行为尚未达到严重破坏国际和平与国际秩序的程度,从而不能行使普遍管辖权。公海保护区内的登临权是基于保护海洋环境的目的,针对非船旗国违反保护区内有关航行、飞越、捕鱼、科学研究等管理措施而实施的,故而显得宽泛。相形之下,《公约》规定的公海上的非船旗国登临权主要是基于普遍性管辖权,即为了维护公海的正常法律秩序,各国对于在公海上发生的国际罪行进行管辖。《公约》规定的可以登临检查的事项,包括海盗、贩卖奴隶、非法广播、该船舶无国籍或悬挂方便旗。从执法主体来说,公海保护区的登临检查权是由缔约国的船舶和官员来实施的,而《公约》规定的登临权是由军舰、军用飞机或经过授权的政府船舶和飞机来实施的。前者的执法主体较为宽泛,而后者的执法主体有严格的限制。

第二,公海保护区的管理措施必须禁止缔约国的长臂管辖权。由于国际法层面迄今无法确立公海保护区管理措施对非缔约国的拘束力,因此,缔约国在本国管辖范围内针对非缔约国违反公海保护区管理措施的行为实施管辖的法律依据并不充分,其本质上属于长臂管辖权。这一起源于美国的权力在实践中争议极大,如果 BBNJ 文件贸然在全球范围内推广长臂管辖权,那么极易招致非缔约国的抗议和反对,难免减损公海保护区的公信力和权威性。

第三,从四个公海保护区的实践来看,只有南极南奥克尼海洋保护区和南极罗斯海地区海洋保护区规定了非船旗国的登临检查权,且设置了非常严格的条件。尽管南极南奥克尼海洋保护区和南极罗斯海地区海洋保护区赋予了缔约国长臂管辖权,对非缔约国进行检查,或禁止非缔约国登岸、转运,但这种管辖权仅限于非法捕鱼。其实,上述两个海洋保护区赋予缔约国长臂管辖权有其特殊的历史背景,因为保护南极海域的生物资源已是各国共识,《南极条约》第9条第1款就规定各缔约方应当就南极洲生物资源的保护和保存制定措施。更为重要的是,南极生物资源养护委员会的所有25个缔约方均同意赋予缔约国长臂管辖权以打击非缔约方在南极海域的非法捕鱼行为。但是,在实践中,已有国家对这种长臂管辖权提出了抗议。若贸然将长臂管辖权适用于全球的公海保护区,既未虑及不同海域的特殊情况,又极易招致其他国家的强烈反对。故此,公海保护区的管理措施既要严格规制登临检查权,又要禁止长臂管辖权。

(三)公海保护区可以酌情采用一些"软法"条款作为管理措施

第一,国际社会对于公海保护区应该采取哪些管理措施及其性质还存在严重分歧,无法达成一致。如果采用一些"软法"条款无疑可发挥较好的促进作用,一来可凝聚共识,二来可指导行动。从各国磋商制定 BBNJ 的实践来看,已经形成了三大派别,即以欧盟为代表的"务实推动派"、以发展中国家为代表的"惠益分享派"和以美俄日为代表的"资源利用派"。[1] 三大派别的相互斗争导致"国家管辖范围以外区域海洋生物多样性最终建议性文件"未能就主要内容达成全面共识,留下了诸多空白。[2] 如果采用一些"软法"条款,则可以保留较大的灵活性,这种灵活性主要针对以下两个方面而言:一方面,国际社会之所以可能采取共同行动是因为"求同",但分歧依然存在,因此,各国需要保留较大的

---

[1] 胡学东:《围绕海洋生物多样性的国际较量》,《中国海洋报》2017 年 11 月 29 日。

[2] "国家管辖范围以外区域海洋生物多样性最终建议性文件"由于上述三个派别分歧过大在诸多方面无法达成一致,包括:①关于人类共同继承遗产和公海自由问题;②关于海洋遗传资源,包括利益分享问题;③关于包括海洋保护区在内的划区管理工具等措施问题;④关于环境影响评价问题;⑤能力建设和海洋技术转让问题;⑥BBNJ 的机构安排问题。参见胡学东:《围绕海洋生物多样性的国际较量》,《中国海洋报》2017 年 11 月 29 日。

灵活性以便"存异";另一方面,由于是"摸着石头过河",即共同行动有可能失败或者需要进行重大调整,所以各国也需要保留较大的灵活性以便试错。很显然,"软法"既可存异,也可试错,充分满足了国际社会对灵活性的需求。①

第二,从既有的四个公海保护区实践来看,也是较多地采用"软法"条款来达到凝聚共识、推进合作之目的。前述做法值得各国在 BBNJ 文件谈判过程中加以借鉴。公海保护区的"软法"条款可考虑主要适用于以下领域:①对于海洋保护区要实现的保护海洋环境的整体目标,适宜采取"软法"条款,以保留必要空间和灵活性;②缔约方分歧较大的有关保护区内的捕鱼、航行、飞越、科学研究等的管理措施,适合采取"软法"条款,而不应该采取硬性标准;③关于非缔约国的管理措施,适合采取"软法"条款,以达到敦促非缔约国遵守公海保护区管理措施的目的等。

第三节　公海保护区对于捕鱼自由合理限制的问题

捕鱼自由是公海六大自由之一,而且与航行自由一起构成公海自由原则早期的具体表现形式。之后捕鱼自由原则不仅发展成为国际习惯法,而且还被载入《联合国海洋法公约》。然而,公海捕鱼自由原则不是绝对的,而是相对的。自 1958 年《捕鱼与养护公海生物资源公约》(以下简称"1958 年《捕鱼公约》")缔结之后,国际社会便开始对公海的捕鱼自由进行了一定程度的限制。这一限制在 1982 年《公约》、1995 年《执行 1982 年 12 月 10 日〈联合国海洋法公约〉有关养护和管理跨界鱼类种群和高度洄游鱼类种群的规定的协定》(以下简称"1995 年《鱼类种群协定》")、1995 年《负责任的渔业行为守则》(以下简称"《行为守则》")等国际法文件中得到进一步体现,并且在 BBNJ 协定的谈判

---

① 张磊:《论国家管辖范围以外区域海洋生物多样性治理的柔化——以融入软法因素的必然性为视角》,《复旦学报》2018 年第 2 期。

中再次引发国际社会的关注。

从决定制定关于养护和可持续利用国家管辖范围以外区域海洋生物多样性的具有法律约束力的国际文书(即"BBNJ 协定")开始,国际社会越来越重视保护包括公海在内的国家管辖范围外区域(ABNJ)。① 公海渔业问题与 BBNJ 协定密不可分,不可持续的捕捞行为不仅是国家管辖范围以外区域生物多样性的主要威胁,也是国家管辖范围以外区域综合治理需要解决的主要问题之一。② 与此同时,海洋保护区在保护海洋生物多样性方面发挥的作用越来越显著。③ 一些保护范围涵盖公海保护区甚至会为养护公海渔业资源专门作出规定。目前学界对公海保护区限制捕鱼自由的讨论和分析仍然不足,但当前公海保护区内如何合理限制捕鱼自由已经在理论层面与实践层面引起了一些争议。首先,公海自由原则没有具体定义各国在公海渔业资源方面的权利和义务。④ 其次,区域渔业管理组织在管养公海渔业资源方面存在局限。公海的每一部分都由至少一个区域渔业管理组织管理。⑤ 然而,部分区域渔业管理组织只管理针对特定鱼类的捕捞,⑥这些管理措施可能不够全面,无法实现建立公海保护区的目标。即便是受公海保护区保护的鱼类,区域渔业管理组织和海洋保护区采取的管理措施亦未能"充分"限制相应的捕捞量。⑦ 最后,国际社会

---

① UN, GA Resolution 69/292, 6 July 2015.

② Yunfeng Qu and Ruiyang Liu, "A Sustainable Approach towards Fisheries Management: Incorporating the High-Seas Fisheries Issues into the BBNJ Agreement," *Fishes*, Vol. 7, No. 6, 2022, p. 389.

③ Margaret A Young and Andrew Friedman, "Biodiversity Beyond National Jurisdiction: Regimes and Their Interaction," *AJIL Unbound*, Vol. 112, 2018, p. 123.

④ Tore Henriksen, Geir Hønneland and Are K Sydnes, *Law and Politics in Ocean Governance: The UN Fish Stocks Agreement and Regional Fisheries Management Regimes 3*, Martinus Nijhoff Publishers, 2006.

⑤ Sarika Cullis-Suzuki and Daniel Pauly, "Failing the High Seas: A Global Evaluation of Regional Fisheries Management Organizations," *Marine Policy*, Vol. 34, No. 5, 2010, p. 1036.

⑥ EJ Molenaar, Current Legal and Institutional Issues Relating to the Conservation and Management of High Seas Deep-Sea Fisheries, FAO Fisheries Report (FAO 2007), http://www.fao.org/docrep/010/a1341e/a1341e00.htm, visited on 27 January 2023.

⑦ Jake Rice and Lori Ridgeway, "Conservation of Biodiversity and Fisheries Management," in R Quentin Grafton and others (ed), *Handbook of Marine Fisheries Conservation and Management*, Oxford University Press, 2010, p. 139.

在限制公海保护区捕鱼自由方面存在分歧。例如,在南极罗斯海地区海洋保护区的建立过程中,中俄认为没必要划定大型的禁捕区,而美国、新西兰及比利时等国家则坚持需要大型的禁捕区。①

目前,国际社会尚无统一的关于海洋保护区的定义,根据最新版 BBNJ 协定案文第 1 条的定义,"海洋保护区"是指一个划定地理界限、为达到特定"长期生物多样性"养护目标而指定和管理并可能包括酌情允许符合养护目标的可持续利用的海区。② 为便于讨论,本节倾向于将公海保护区定义为:根据与保护公海渔业资源相关的国际条约或安排形成的不包括国家管辖范围内海域的地理空间。③

本节通过分析适用于公海保护区的合理限制公海捕鱼措施的主要国际法规定以及这些公海保护区的实践,为公海保护区合理限制捕鱼措施、管养渔业资源、保护公海环境提供建议,并为正在谈判过程中的公海保护区提供有关捕鱼限制措施方面的参考。

一、合理限制公海捕鱼措施的一般国际法规定述评

国际社会在限制公海捕鱼自由方面已有立法实践,基于公海保护区的性质,现有的一般国际法文件中限制公海捕鱼自由的规定适用于本节提及的所有公海保护区,其中包括 1958 年《捕鱼公约》、1982 年《联合国海洋法公约》、1995 年《鱼类种群协定》以及 1995 年《行为守则》。

第一,上述国际法文件均对包括公海保护区在内的公海捕鱼自由作出了一定的限制,表明对公海捕鱼自由的限制措施已经有了一些明文规定,而不是仅仅停留在理论层面。这是基于生态和政治的双重考虑。从生态角度看,有

---

① CCAMLR, Report of The Thirty-Fourth Meeting of The Commission, page 21—26, https://www.ccamlr.org/en/system/files/e-cc-xxxiv_0.pdf, visited on 11 June 2022.

② United Nations General Assembly, Intergovernmental Conference on an International Legally Binding Instrument under the United Nations Convention on the Law of the Sea on the Conservation and Sustainable Use of Marine Biological Diversity of Areas beyond National Jurisdiction Resumed Fifth Session New York, 20 February-3 March 2023, https://www.un.org/bbnj/sites/www.un.org.bbnj/files/draft_agreement_advanced_unedited_for_posting_v1.pdf visited on 15 March 2023.

③ Jon Day and others, Guidelines for Applying the IUCN Protected Area Management Categories to Marine Protected Areas, 8 (IUCN 2019).

害的捕捞行为会对公海的生物多样性造成破坏。① 在认识到过度捕捞等有害的捕捞行为日渐严重,生物多样性将因此受到严重影响之后,国际社会达成了应当限制公海捕鱼自由的共识。② 从政治层面看,国际上出现了与限制公海捕鱼自由有关的争端。例如,加拿大为了保护其大浅滩免受过度捕捞的危害,于1976 年颁布《渔业区域法》,建立专属渔区并实施较为严格的渔业管理规则。大浅滩有两处占其总面积 10％的区域位于加拿大 200 海里专属渔区范围之外,因不在加拿大的管辖范围内,遭到了外国渔船的长期过度捕捞,严重危及加拿大专属渔区与公海的跨界鱼种。于是加拿大在 1994 年 5 月 12 日修正了《沿岸渔业保护法》,授权加拿大执法船对在大浅滩附近从事公海捕鱼的外国渔船进行调查和逮捕,并声称对公海上的这些捕鱼船享有管辖权。依据一般逻辑,《沿岸渔业保护法》修正案违背了船舶在公海免受其船旗国以外其他国家干涉的国际法传统和国际法惯例,故而遭到了欧洲委员会与美国等国家强烈的外交抗议和反对。③

就具体条款而言,1958 年《捕鱼公约》第 1 条对公海的捕鱼自由做出了三点限制,④这可以视为《日内瓦公海公约》第 2 条中的"适当顾及"义务的具体化和明确化。⑤ 1958 年《捕鱼公约》第 3 条规定,当一国国民在公海任何区域内采捕任何一种或数种鱼源或其他海洋生物资源,而该区域内并无他国国民从事此种采捕时,缔约国应于必要时在该区域为本国国民采行养护有关生物资源之措施。

1982 年《公约》第七部分第 87 条第 1 款 e 项、第 87 条第 2 款和第 116 条均明确规定,不论是沿海国还是内陆国,公海对所有国家开放,所有国家均有权由其国民在公海上捕鱼。这是公海自由原则的明确体现。

---

① Rebecca R Helm and others, "Protect High Seas Biodiversity," *Science*, Vol. 372, No. 6546, 2021, pp. 1048—1049.

② Charles Higginson, "The UN Conference on High Seas Fishing," *Review of European Community & International Environmental Law*, Vol. 2, No. 3, 1993, p. 240.

③ 范晓婷:《公海保护区的法律与实践》,海洋出版社 2015 年版,第 170 页。

④ "第一,一国及其国民在公海上捕鱼应受其条约义务的限制;第二,尊重本公约所规定的沿海国的利益和权利;第三,遵守公约其他各条关于养护公海生物资源之规定。"

⑤ 1958 年《公海公约》第 2 条。

1982 年《公约》通过一般限制和特殊限制限制公海捕鱼自由。一般限制主要包括：①适当顾及其他国家行使公海自由的权利；[①]②适当顾及其他国家与国际海底区域内活动有关的权利；[②]③公海只用于和平目的。[③] 特殊限制主要集中于《公约》第 63—67 条以及第 116—120 条。第 63—67 条要求缔约国通过国际合作等方式养护诸如"海洋哺乳动物""高度洄游鱼类种群"等。第 63 条规定,如果鱼类种群横跨专属经济区和公海,沿海国和其他国家应开展国际合作建立区域渔业管理组织,管理公海相关鱼类种群。[④] 第 64 条规定,各国在其国民捕捞高度洄游鱼类种群时应予以合作。这种合作可以通过双边或多边安排或国际组织进行。在相关国家之间没有充分交换意见和信息之前,一国不应当随意禁止相关的捕鱼活动。[⑤] 结合其他国际条约,第 66 条为一些区域渔业管理组织执法以补充船旗国的执法权的措施提供了国际法基础。[⑥]《公约》第 116 条对限制公海捕鱼自由作出了一般性规定。[⑦]该条将《公约》规定的公海渔业权利和义务与其他规范公海渔业的国际法律文件相关联。如果一国是多个区域渔业条约或安排的成员,则应同时承担这些法律制度中与公海渔业有关的所有义务。[⑧] 第 117 条规定养护公海生物资源应作为《公约》第 116—120 条规定的法律义务的目的。[⑨] 第 118 条要求各国相互合

① 《联合国海洋法公约》第 87 条。

② 《联合国海洋法公约》第 87 条。

③ 《联合国海洋法公约》第 88 条。

④ Yannick J Roucou, *The Inclusion of Fisheries in a New Internationally Legally Binding Instrument for the Conservation and Sustainable Use of Marine Biological Diversity of Areas Beyond National Jurisdiction 14* (World Maritime University 2017), https://www. un. org/oceancapacity/sites/www. un. org. oceancapacity/files/yannick_compilation_final. pdf, visited on 30 January 2023.

⑤ William T Burke, "Highly Migratory Species in the New Law of the Sea," *Ocean Development & International Law*, Vol. 14, No. 3, 1984, pp. 282—283.

⑥ Rosemary Rayfuse, "Regulation and Enforcement in the Law of the Sea: Emerging Assertions of a Right to Non-Flag State Enforcement in the High Seas Fisheries and Disarmament Contexts," *Australian Year Book of International Law*, Vol. 24, 2005, p. 187.

⑦ "所有国家均有权由其国民在公海上捕鱼,但受下列限制：(a)其条约义务；(b)除其他外,第 63 第 2 款和第 64—67 条规定的沿海国的权利、义务和利益；(c)本节各项规定。"

⑧ Howard S Schiffman, "International Law and the Protection of the Marine Environment," in Aaron Schwabach and Arthur John Cockfield. J, *International Law and Institutions*, EOLSS Publications, 2009.

⑨ Otto Spijkers and Natalia Jevglevskaja, "Sustainable Development and High Seas Fisheries," *Utrecht Law Review*, Vol. 9, No. 1, 2013, p. 29.

作以管理公海区域内包括渔业资源在内的生物资源。需要在公海开发相同渔业资源，或在公海同一区域内开发不同渔业资源的国家，应通过谈判采取必要的养护措施，并为此目的建立国际组织或安排。依据该条，各国可结合自身情况通过加入区域渔业管理组织参与公海渔业资源的保护。① 第 119 条规定要求各国应采取措施确定各种鱼类和各海域可容许的渔获量，使捕捞鱼种的数量维持在或恢复到能够生产最高持续产量的水平。② 因此，各国应当依据可靠的科学证据，考虑发展中国家的特殊需求，并考虑捕捞方式和种群之间的生物关系，养护相关鱼种。③ 第 120 条将公海捕鱼自由的限制扩大到了海洋哺乳动物这一类目。

1995 年《鱼类种群协定》主要在第 5 条、第 6 条、第 7 条、第 8 条、第 10 条、第 11 条、第 16 条、第 17 条、第 18 条、第 19 条、第 20 条以及第 21 条等条款中对捕鱼措施进行了限制。上述条款要求缔约国考虑捕鱼方式对环境的影响，同时应当采取措施防止或消除渔捞过度和捕鱼能力过大的问题。此外，该协定还要求各国应当进行分区域或区域性合作，对被纳入协定的鱼类进行保护。该协定第 21 条具体规定了捕鱼活动中的一些严重违法行为，包括在禁渔区、在禁渔期，或在没有有关分区域或区域渔业管理组织或安排订立的配额的情况下或在配额达到后捕鱼④、指示捕捞受暂停捕捞限制或禁捕的种群⑤以及使用违禁渔具⑥。作为一项完整的全球性国际渔业协定，1995 年《鱼类种群协定》的影响力不容小觑。它体现了晚近国际社会逐步重视管养公海渔业资源的态度，并向沿海国和公海捕鱼国为履行管养义务开展国际合作提供了一个具有可操作性的机制。⑦

1995 年《行为守则》是联合国粮食及农业组织制定的有关渔业管理的国际

① Yannick J Roucou, *The Inclusion of Fisheries in a New Internationally Legally Binding Instrument for the Conservation and Sustainable Use of Marine Biological Diversity of Areas Beyond National Jurisdiction* 14 (World Maritime University 2017), https://www.un.org/oceancapacity/sites/www.un.org.oceancapacity/files/yannick_compilation_final.pdf, visited on 30 January 2023.

② David Freestone, "International Fisheries Law since Rio: The Continued Rise of the Precautionary Principle," in Alan Boyle and David Freestone (eds), *International Law and Sustainable Development: Past Achievements and Future Challenges*, Oxford University Press, 1999, p.147.

③ 傅崐成：《海洋法相关公约及中英文索引》，厦门大学出版社 2005 年版，第 41—42 页。

④ 1995 年《鱼类种群协定》第 21 条第 11 款(c)。

⑤ 1995 年《鱼类种群协定》第 21 条第 11 款(d)。

⑥ 1995 年《鱼类种群协定》第 21 条第 11 款(e)。

⑦ 张磊：《论公海捕鱼自由原则的逐步限制》，华东政法大学 2007 年硕士论文，第 29 页。

指导性文件,亦是一项"国际软法"。① 《行为守则》是通过设定有关捕鱼的基本原则和国际标准,要求各国在从事捕捞、养殖、加工、运销、国际贸易和渔业科学研究等活动时,应承担其责任的准则要求。② 具体而言,《行为守则》要求各国在制定渔业管养措施时,重视相关地区内现有的对环境无害的渔具和捕鱼方法。③ 同时,《行为守则》要求各国和区域渔业管理组织等机构合作推广管理和养护渔业资源的措施。④ 在捕鱼方法和捕鱼能力的限制方面,《行为守则》要求各国应当调查所有现有渔具和捕鱼方法的情况,并采取措施逐步取消不符合负责任渔业的渔具和捕鱼方法,代之以比较能接受的其他方法⑤,以及在捕鱼能力过剩时,应当建立机制把捕鱼能力降低到与渔业资源的持续利用相符合的水平。⑥

还需要指出的是,除软法文件外,上述具有代表性的国际条约对缔约国具有拘束力,若缔约国未能依据相关条约的规定合理限制公海捕鱼措施,将要承担相应的国际责任。由此可见,上述条约对捕鱼自由的限制是可以加以执行的。

第二,上述国际法文件中的限制措施总体来说比较原则笼统,可操作性不强。⑦ 例如,上述国际法文件均未对捕鱼的渔网、渔具等作出具体的限制规定。又如,上述国际法文件未对要保护的具体鱼类种群作出规定。再如,尚不明确《公约》第 87 条规定的"适当顾及"在限制公海捕鱼自由的语境下应当达到何种程度,是不严重影响他国的其他公海自由,还是必须保证各国的利益达到平衡? 同时,从限制的范围来看,"适当顾及"应当包括其他国家行使公海自由的权利。当一国的公海捕鱼自由与其他国家的其他公海自由相冲突时,应当如何进行"适当顾及"? 遗憾的是,《公约》的规定未能明确回答这些问题。

---

① Jake Rice and Lori Ridgeway, "Conservation of Biodiversity and Fisheries Management," in R Quentin Grafton and others (ed), *Handbook of Marine Fisheries Conservation and Management*, Oxford University Press, 2010, p. 143.

② Otto Spijkers and Natalia Jevglevskaja, "Sustainable Development and High Seas Fisheries," *Utrecht Law Review*, Vol. 9, No. 1, 2013, p. 30.

③ 1995 年《负责任的渔业行为守则》6.6。

④ 1995 年《负责任的渔业行为守则》7.1.10。

⑤ 1995 年《负责任的渔业行为守则》7.6.4。

⑥ 1995 年《负责任的渔业行为守则》7.6.3。

⑦ Zachary Tyler, "Saving Fisheries on the High Seas: The Use of Trade Sanctions to Force Compliance with Multilateral Fisheries Agreements," *Tulane Environmental Law Journal*, Vol. 20, No. 1, 2006, pp. 79—81.

第三,上述国际法文件中有的直接为非缔约国设置了义务,有的则根本未涉及限制非缔约国的捕鱼措施问题,均存在一定的漏洞。1995 年《鱼类种群协定》第 8 条在一定程度上限制了非缔约国在公海的捕鱼自由。其第 8 条第 4 款规定,若一国既不属于分区域或区域渔业管理组织的成员或安排的参与方,又不同意适用相关组织或安排所订立的养护和管理措施,将不能捕捞适用相关措施的渔业资源。因此,依赖公海渔业的国家应加入相关组织或安排,以捕捞相关鱼类种群。相比之下,1958 年《捕鱼公约》、1982 年《公约》并未限制非缔约国在公海捕鱼。如果条约不能限制非缔约国在公海捕鱼,各国可能会基于自身的经济或政治关切而不愿加入这些条约。鉴于此,一些国家可能会因为不加入《鱼类种群协定》或任何区域渔业管理组织而成为"搭便车者",同时继续在公海捕鱼。[1] 这些国家可以一边享受其他国家养护渔业资源的成果,一边无需承担任何保护鱼类种群的责任。

二、公海保护区内限制捕鱼措施的实践述评

目前,国际社会已建立地中海派拉格斯海洋保护区、东北大西洋海洋保护区、南奥克尼群岛南部大陆架海洋保护区和罗斯海地区海洋保护区四个公海保护区。地中海派拉格斯海洋保护区的面积约为 9 万平方千米,覆盖三国的水域以及部分公海,其中超过 50%区域位于邻国管辖水域以外。[2] 截至 2018 年10 月 1 日,东北大西洋海洋保护区网络包含 496 个海洋保护区,其中包括在ABNJ 中集体指定的 7 个公海保护区,这些地点的总表面积为 864 337 平方千米,占整个海洋保护区面积的 6.4%。[3] 南奥克尼群岛南部大陆架海洋保护区

---

① Tore Henriksen, Geir Hønneland and Are K Sydnes, *Law and Politics in Ocean Governance: The UN Fish Stocks Agreement and Regional Fisheries Management Regimes*, Martinus Nijhoff Publishers, 2006, p. 198.

② Pelagos Sanctuary, Area of Application and Coastal Municipalities, https://www. sanctuaire-pelagos. org/en/about-us/area-of-application-and-coastal-municipalities, visited on 11 June 2022.

③ OSPAR Commission, 2018 Status Report on the OSPAR Network of Marine Protected Areas, https://oap. ospar. org/en/ospar-assessments/committee-assessments/biodiversity-committee/status-ospar-network-marine-protected-areas/assessment-reports-mpa/2018, visited on 11 June 2022.

地处南极半岛西部凹面区域,覆盖约 10 万平方千米的南极海域。罗斯海地区海洋保护区的面积为 155 万平方千米。^① 四个公海保护区管理措施的重点各有差别。如地中海派拉格斯海洋保护区的主要管理措施是针对保护区内的海洋哺乳动物^②;南奥克尼群岛南部大陆架海洋保护区主要针对保护区内的信天翁、海燕、企鹅的重要觅食区规定了养护措施;罗斯海地区海洋保护区的主要管理措施是针对保护区内的鱼类种群;东北大西洋海洋保护区主要针对保护区内公海的水体和国际海底区域的生态环境采取管理措施。

第一,四个公海保护区都建立了限制捕鱼自由的措施,限制捕鱼的措施总体来说较为具体,有些规定甚至明确了针对具体物种的捕鱼方式或捕鱼工具,从而更具有可操作性。首先,就具体手段而言,建立地中海派拉格斯海洋保护区的条约《建立地中海海洋哺乳动物保护区协议》明确禁止"流网捕鱼"和任何蓄意夺取或故意干扰哺乳动物的行为。此外,地中海渔业总委员会(GFCM)制定的措施包括限制特定鱼类的总捕捞量、限制使用特定捕鱼措施、渔具和装置以及在必要时关闭捕鱼。东北大西洋渔业委员会(NEAFC)针对东北大西洋保护区内捕鱼自由的限制措施主要有以下四项:其一,对渔网的网眼尺寸作出限制;其二,禁止使用刺网、缠网或拖网;其三,对捕捞特定鱼类的流程进行限制;其四,对某一鱼类的总捕获量进行限制。^③ 南奥克尼群岛南部大陆架海洋保护区和罗斯海地区海洋保护区均原则上禁止缔约国所有类型的捕鱼活动。上述规定相较《公约》等只做出原则性规定的国际法文件来说,显然更具有可操作性。此外,考虑到渔业捕捞本身就是一项技术性很强的工作,若不能以专门的技术性文件加以规范,将难以真正实现保护公海生态环境的目标。因此,四个公海保护区限制捕鱼的上述措施更加符合实践需要,也更加合理。

第二,四个公海保护区的具体限制公海捕鱼自由的措施主要由相关区域渔业管理组织实施。例如,地中海派拉格斯海洋保护区是为保护海洋哺乳动物而

---

① CCAMLR, Ross Sea Region Marine Protected Area (RSr MPA) | CCAMLR MPA Information Repository, https://cmir. ccamlr. org/node/1, visited on 11 June 2022.

② Pelagos Sanctuary, About Us, https://www. sanctuaire-pelagos. org/en/about-us, visited on 11 June 2022.

③ Hands Frost, "European Union Fisheries Management," in R Quentin Grafton and others (ed), *Handbook of Marine Fisheries Conservation and Management*, Oxford University Press, 2010, p. 473.

建立的,除非使用流网等捕鱼行为危及生活在该公海保护区中的哺乳动物,否则传统渔业管理可能不会特别受到该公海保护区的关注。然而,GFCM/37/2013/1号决议确认GFCM应建立渔业禁区以保护渔业资源,特别是公海区域或全部或部分位于地中海重要特别保护区(SPAMI)的区域。① 地中海派拉格斯海洋保护区作为SPAMI之一②,也处于GFCM的管理范围。就东北大西洋海洋保护区而言,根据《保护东北大西洋环境公约》附件Ⅴ第4条,《保护东北大西洋环境公约》制定了公海保护目标,但不对渔业管理进行特别规定。渔业管理主要由东北大西洋渔业委员会(NEAFC)负责。③ 南奥克尼群岛南部大陆架海洋保护区和罗斯海地区海洋保护区是根据南极海洋生物资源养护委员会(CCAMLR)保护措施建立的。根据《南极海洋生物资源保护公约》第1条、第9条和第20条,CCAMLR负责公约区域内包括鱼类在内的生物资源的保护。因此,CCAMLR成为包括南奥克尼群岛南部大陆架海洋保护区和罗斯海地区海洋保护区在内的管理公约区域的最重要的组织,同时也应被视为区域渔业管理组织。

第三,所有公海保护区都结合区域渔业管理组织的措施,制定了打击IUU捕捞的措施。IUU捕捞作为影响公海渔业保护的重要问题,亟待国际社会合作解决。④ IUU船舶清单在打击公海保护区的IUU捕捞方面发挥着重要作用。NEAFC也会将不遵守相应规则的船舶视为参与IUU捕捞,并且纳入IUU清单。⑤ 从目前的实践可以看出,区域渔业管理组织在管理公海保护区内的捕鱼行为时,一般不再考虑条约的相对效力,而是采取"黑名单""观察清

---

① GFCM, Resolution GFCM/37/2013/1 on Area Based Management of Fisheries, Including through the Establishment of Fisheries Restricted Areas (FRAs) in the GFCM Convention Area and Coordination with the UNEP-MAP Initiatives on the Establishment of SPAMIs (2013), https://gfcmsitestorage. blob. core. windows. net/documents/Decisions/GFCM-Decision--RES-GFCM_37_2013_1-en. pdf, visited on 28 January 2023.

② The Regional Activity Centre for Specially Protected Areas, SPAMIs | Regional Activity Centre for Specially Protected Areas, https://www. rac-spa. org/spami, visited on 27 January 2023.

③ Lora L Nordtvedt Reeve, Anna Rulska-Domino and Kristina M Gjerde, "Future of High Seas Marine Protected Areas, The Ocean Governance for Marine Conservation," *Ocean Yearbook*, Vol. 26, 2012, p. 284.

④ OECD, *Fish Piracy: Combating Illegal, Unreported and Unregulated Fishing*, Organisation for Economic Co-operation and Development, 2004, p. 369.

⑤ NEAFC, NEAFC A and B Lists | North-East Atlantic Fisheries Commission, https://www. neafc. org/mcs/iuu, visited on 11 June 2022.

单"及禁止捕捞或者限制捕捞等一系列措施。[①] CCAMLR 自 1997 年至今也不断关注 IUU 捕捞。[②] CCAMLR 确定可能通过在公约区域内从事 IUU 捕捞而破坏 CCAMLR 保护措施有效性的非缔约方和缔约方的船舶,并在其年度会议上建立此类船舶的清单(NCP-IUU 船舶清单)。[③] 海上检查是打击 IUU 捕捞的又一重要措施。NEAFC 管理和执法计划第 15—19 条规定了缔约方的海上检查程序。该计划第 38 条授权 NEAFC 检查员在发出要求并获允许后可以登上非缔约方的船舶。就缔约方船舶而言,除船舶的船旗国外,NEAFC 的其他成员国也可以在海上检查其他成员国的船舶。[④] 这有利于在船旗国没有能力对本国船舶进行检查时补充监管捕捞活动的执法力量。又如,CCAMLR 于 2006 年通过了 25/XXV 决议,要求所有缔约方单独或联合,尽可能根据其适用的法律和法规,允许指定的 CCAMLR 检查员登船和检查被怀疑或被发现在公约区域内以 IUU 方式捕鱼的旗船。[⑤] 此外,港口国还可以通过采取一系列措施提高 IUU 捕捞渔获物的销售成本,从而打击 IUU 捕捞。这些措施包括要求进港前通知、限制在口岸靠岸或中转、在口岸查验等。港口国措施既可能扩展至非区域渔业管理组织成员国的国家,也可能对非区域渔业管理组织成员国的船舶适用。CCAMLR 通过决议,要求当 IUU 渔船利用非缔约方港口时,缔约方应与非缔约方港口国合作,根据养护措施 10-07 促进其监管行动。[⑥] 同时,CCAMLR 32/XXIX 号决议要求,当非缔约方的渔船进入缔约方的港口时,除非前者能够证

---

① 魏德才:《公海渔业资源养护机制变革的国际法考察》,吉林大学 2017 年博士论文,第 64 页。

② Kaija Metuzals, Rachel Baird, Tony Pitcher, U. Rashid Sumaila and Pramod Ganapathiraju, "One Fish, Two Fish, IUU, and No Fish: Unreported Fishing Worldwide," in R Quentin Grafton and others (ed), *Handbook of Marine Fisheries Conservation and Management*, Oxford University Press, 2010, p. 166.

③ CCAMLR, Conservation Measure 10 - 06 (2016) Scheme to Promote Compliance by Non-Contracting Party Vessels with CCAMLR Conservation Measures, 2016, para. 1; CCAMLR, Conservation Measure 10-07 (2016), Scheme to Promote Compliance by Non-Contracting Party Vessels with CCAMLR Conservation Measures, 2016, para. 2.

④ NEAFC, NEAFC Scheme of Control and Enforcement, 7 January 2022, Article 15.

⑤ CCAMLR, Resolution 25/XXV Combating Illegal, Unreported and Unregulated Fishing in the Convention Area by the Flag Vessels of Non-Contracting Parties, 2006, para. 1(iv).

⑥ CCAMLR, Resolution 25/XXV Combating Illegal, Unreported and Unregulated Fishing in the Convention Area by the Flag Vessels of Non-Contracting Parties, 2006, para. 2.

明其按照《南极海洋生物资源养护公约》的规定捕获相关鱼类，否则将受到后者的检查，且不允许相关的被捕获鱼类登岸或被转运。① 传统的船旗国管辖也可以通过区域渔业管理组织得到一定程度的加强。例如，GFCM 在 2021 年通过了一项决议，重申了船旗国的管辖义务，并鼓励 GFCM 协定缔约方作为船旗国进行自我评估，向合规委员会提交报告，以预防、阻止和消除 IUU 捕捞。②

第四，地中海派拉格斯海洋保护区、南奥克尼群岛南部大陆架海洋保护区和罗斯海地区海洋保护区都对捕鱼自由的限制设定了例外。捕鱼自由需要同时平衡生态环境效应、各国经济发展利益以及科学研究效益等一系列因素，若贸然"一刀切"地禁止在公海保护区内的所有捕鱼活动，可能会影响利益相关方的经济发展或科学研究的需求。这些公海保护区意识到传统的渔业制度在实践时可能没有足够重视包括当地生态系统的各种因素在内的科学信息③，因此就捕鱼限制措施设定了例外。地中海派拉格斯海洋保护区虽然禁止任何蓄意夺取或故意干扰哺乳动物的行为，但是可以授权在紧急情况下或在按照本协定进行"原地"科学研究的情况下进行非致命性捕捞。④ 就南奥克尼群岛南部大陆架海洋保护区而言，虽然其原则上禁止缔约国所有类型的捕鱼活动，但是 CCAMLR 同意并督促下的科研活动除外。就罗斯海地区海洋保护区而言，虽然其原则上禁止所有缔约方的捕鱼活动，但可以在特别研究区附条件定向捕捞南极牙鱼，在特别研究区内南极牙鱼捕捞限额应固定为总量的 15%。

第五，南奥克尼群岛南部大陆架海洋保护区和罗斯海地区海洋保护区针对非缔约国提出了倡议性的条款。其鼓励通过这些区域的所有渔船在进入划定区域之前通知 CCAMLR 秘书处其计划经过，并提供船旗国、尺寸、IMO 编号和计划航向的详细信息。⑤ 此类倡导性规定既能对非缔约方施加一定

① CCAMLR, Resolution 32/XXIX, Prevention, Deterrence and Elimination of IUU Fishing in the Convention Area, 2010.
② GFCM, GFCM/44/2021/10 on Flag State Performance, 2021.
③ Arlo Hemphill and George Shillinger, "Casting the Net Broadly: Ecosystem-Based Management Beyond National Jurisdiction," *Sustainable Development Law & Policy*, Vol. 7, No. 1, 2006, p. 56.
④ Accord Relatif A La Creation En Mediterranee D'un Sanctuaire Pour Les Mammiferes Marins, Article 7.
⑤ 条款补充：就本保护措施而言，"渔船"是指用于、装备用于或拟用于捕鱼或与捕鱼相关活动的任何大小的任何船舶，包括支持船、鱼类加工船、从事转运的船舶和配备运输渔业产品的运输船，集装箱船和会员的海洋科考船除外。

的影响,又符合国际法的基本原理。作为有关条约的习惯国际法编纂文本的《维也纳条约法公约》第 34 条明确:"条约非经第三国同意,不为该国创设义务或权利。"这一规则是国家主权原则具体体现之一。① 由前所述,国际社会在执行 1995 年《鱼类种群协定》的过程中就因条约对非缔约国不产生效力而出现了"搭便车"的现象。然而,管养公海渔业资源离不开国际社会的共同努力。南奥克尼群岛南部大陆架海洋保护区和罗斯海地区海洋保护区的倡导性规定作为一种软法条款,在认识到非保护区成员国不承担硬性义务的前提下,倡导各国以及各国船舶加强信息交流,有利于掌握保护区内各种船舶的情况,对防止保护区内船舶进行不符合养护规定的捕鱼行为起到了积极作用。

第六,部分公海保护区未就限制捕鱼措施的技术细节进行规定,比较原则笼统。例如,《建立地中海海洋哺乳动物保护区协议》第 7 条仅规定了禁止流网捕鱼,但未对流网的定义以及技术性细节作出相关规定。在地中海派拉格斯海洋保护区内,法国渔民往往会使用一种名为 Thonaille 的传统捕鱼方式,具有一定的文化和历史价值,但这种捕鱼方式会造成 4% 的误捕,对保护区内的海洋哺乳动物造成了不利影响。② 2007 年,欧盟颁布的一项条例中对流网进行了明确的定义③,基于该定义,这种捕鱼方法被明确认定为流网捕鱼的一种形式并因此被禁止。④ 2009 年 3 月,欧洲法院(当时被称为"European court of justice")作出判决,认定法国政府不禁止 Thonaille 捕鱼方式的行为违反了欧盟颁布的渔业管理措施,没有履行相应的义务。⑤ Thonaille 最终是被欧盟颁布的条例而非地中海派拉格斯海洋保护区的相关养护制度禁止的。这暴露了

---

①　劳特派特修订:《奥本海国际法》(上卷 第二分册),王铁崖、陈体强译,商务印书馆 1989 年版,第 346 页。

②　Pelagos Sanctuary, Bycatch, https://www. sanctuaire-pelagos. org/en/threats/bycatch, visited on 11 June 2022.

③　Council Regulation (EC) No 809/2007 of 28 June 2007 amending Regulations (EC) No 894/97, (EC) No 812/2004 and (EC) No 2187/2005 as concerns drift nets. 2007 (OJ L).

④　Oceana Europe, Thonaille: The Use of Driftnets by the French Fleet in the Mediterranean. Results of the Oceana 2007 Campaign, https://europe. oceana. org/sites/default/files/reports/Rederos_Franceses_2007_ING. pdf, visited on 11 June 2022.

⑤　Commission of the European Communities v French Republic [2009] ECJ Case C-556/07, para. 2.

地中海派拉格斯海洋保护区由于缺少具体的技术性细节规定而可能无法合理限制保护区内的捕鱼自由,无法充分保护区域内相关的海洋哺乳动物。由此可见,部分公海保护区未就技术性细节进行规定导致了其在实施过程中遭遇一定的困难。

三、与 BBNJ 协定的协调问题

由前所述,公海保护区内渔业与国家管辖范围以外区域生物多样性的保护密切相关。然而,公海保护区在限制捕鱼自由方面与 BBNJ 协定的协调性仍待加强。

第一,BBNJ 协定没有直接规制公海渔业。BBNJ 协定案文第二部分"海洋遗传资源,包括惠益分享问题"第 8 条规定,BBNJ 协定既不适用于"将鱼类和其他生物资源用作商品的活动和受相关国际法管制的捕鱼和渔业活动",又不适用于"在国家管辖范围以外的区域从事捕捞和与捕捞有关的活动中已知的鱼类或其他海洋生物资源",但根据 BBNJ 协定第二部分对此类鱼类或其他海上生物资源的利用进行管制的情况除外。

BBNJ 协定的回避有迹可循。在 BBNJ 协定筹备委员会会议上,与会国就公海保护区的捕鱼自由、公海保护区的管理措施和方法、区域的确定和非缔约方管理措施的有效性之间的关系进行了辩论。[1] BBNJ 工作组联合主席在 2014年的报告中已经强调了过度捕捞和非法、不报告、不受管制(Illegal,unreported and unregulated,即 IUU)捕捞等一些不可持续的捕鱼行为极大地危害了相关区域,特别是公海的海洋生物多样性。[2] 然而,在谈判期间,各国仍然就 BBNJ

---

① Chair of Preparatory Committee established by General Assembly resolution 69/292（2017）, Chair's streamlined non-paper on elements of a draft text of an international legally binding instrument under the United Nations Convention on the Law of the Sea on the conservation and sustainable use of marine biological diversity of areas beyond national jurisdiction, https://www. un. org/depts/los/biodiversity/prepcom_files/Chairs_streamlined_non-paper_to_delegations. pdf，visited on 11 June 2022.

② United Nations General Assembly，A/69/82 Letter Dated 5 May 2014 from the Co-Chairs of the Ad Hoc Open-Ended Informal Working Group to the President of the General Assembly, para 9‐10, https://documents-dds-ny. un. org/doc/UNDOC/GEN/N14/320/48/PDF/N1432048. pdf? OpenElement, visited on 30 January 2023.

协定是否应当规制公海捕鱼自由各执一词。冰岛、日本和俄罗斯等国强烈反对将公海渔业纳入 BBNJ 协定的规制范围,他们认为现有的区域渔业管理组织或安排是管理公海渔业的最有效机制,因此"BBNJ 协定"不需要涉及公海渔业。[①] 但非洲集团、哥斯达黎加、印度尼西亚、牙买加、新西兰、挪威、秘鲁和美国则支持 BBNJ 协定规制公海渔业。[②] 还有国家对 BBNJ 规制公海渔业问题持悲观的态度,它们认为,即便 BBNJ 协定最终通过,其应该只是呼吁加强区域渔业管理组织和其他组织之间的协调,但这种方法既不太可能解决现有公海环境中的治理问题,又不足以将公海渔业的管理水平提高到足以保证可持续发展的程度。[③]

诚然,BBNJ 协定回避直接规制公海渔业,有利于促进各国最终就协定文本达成一致,但这也可能对公海保护区内生物多样性保护的效率产生消极影响。鱼类作为公海生物多样性的重要组成部分,在海洋生态系统中扮演着极为重要的角色。[④] 然而,区域渔业管理组织的管理仅能涵盖包括公海在内的国家管辖范围外海域中 5% 的渔业资源,另外 95% 的鱼类生物多样性未能被充分保护。[⑤] 若公海保护区仍然将大部分限制捕鱼自由的措施交由区域渔业管理组织负责,且 BBNJ 协定回避对公海捕鱼自由规制,国际社会可能难以全面地保护公海中的渔业资源,从而无法充分实现保护生物多样性的初衷。

第二,即便认为 BBNJ 协定不直接规制公海捕鱼问题是合理的,该协定在

---

①　IISD Reporting Services, Daily Report for 29 March 2016 1st Session of the BBNJ Preparatory Committee, 25(98) Earth Negotiations Bulletin 1–2 (2016); IISD Reporting Services, Daily Report for 28 March 2016 1st Session of the BBNJ Preparatory Committee, 25(97) Earth Negotiations Bulletin 2 (2016).

②　Daniel Owen and others, Matters for Inclusion in a New International Legally-Binding Instrument under UNCLOS: Enhanced Cooperation and Effective Dispute Resolution, para 15, https://www.un. org/depts/los/biodiversity/prepcom_files/WWF_BBNJ_Prep_Com1_2016.pdf, visited on 30 May 2023.

③　Daniel C Dunn and others, "Empowering High Seas Governance with Satellite Vessel Tracking Data," Fish and Fisheries, Vol. 19, No. 4, 2018, p. 729.

④　Guillermo Ortuño Crespo and others, "High-Seas Fish Biodiversity Is Slipping through the Governance Net," Nature Ecology & Evolution, Vol. 3, No. 9, 2019, p. 1273.

⑤　The Pew Charitable Trusts, High Seas Treaty Must Reflect Critical Role of Fish in Marine Ecosystems 2, https://www.pewtrusts.org/-/media/assets/2022/03/high-seas-treaty-must-reflect-critical-role-of-fish-in-marine-ecosystems.pdf #: ~: text = High% 20Seas% 20Treaty% 20Must% 20Reflect%20Critical%20Role%20of, as%20tunas%20Getty%20Images%20Brief%20March%202022% 20Overview, visited on 23 February 2023.

间接层面应如何协调与公海保护区限制捕鱼自由措施的关系仍是不明确的。BBNJ 协定案文第 4 条规定解释和适用 BBNJ 协定时"不应损害相关法律文书和框架以及相关全球、区域、此区域和部门机构,并应促进与这些文书、框架和机构的一致性和协调性"。然而,"不应损害"一词始终未能被明确定义,①这其中有促进各国进行谈判的考量。② 然而,这一原则在谈判过程中却始终被各国代表提及。③ 有学者指出《鱼类种群协定》中所指的"损害"(undermine),指的是不对现有的国际组织或制度造成损害,BBNJ 协定可以参考《鱼类种群协定》的这一定义,减少术语层面的不确定性并强化现有国际组织的权能。④ 然而,也有学者认为 BBNJ 协定中的"不应损害"应从国家遵约的层面考虑,不应适用《鱼类种群协定》的定义。⑤ 前文所述的四个公海保护区在 BBNJ 协定最终生效之前就已成立,唯一能确认的是,BBNJ 协定的生效不应对这些公海保护区限制捕鱼自由的措施造成消极影响,但仍不明确二者应当如何在具体措施层面进行协调。例如,地中海派拉格斯海洋保护区、南奥克尼群岛南部大陆架海洋保护区以及罗斯海地区海洋保护区都对以科研为目的的捕鱼活动作出了例外规定。若这些科研捕鱼活动与海洋遗传资源有关,则很可能会受 BBNJ 协定的规制,此时,公海保护区内限制捕鱼自由的措施和 BBNJ 协定中的规则是否存在适用的先后顺序,以及应如何处理公海保护区成员国与 BBNJ 协定缔约国

① Zoe Scanlon, "The Art of 'Not Undermining': Possibilities within Existing Architecture to Improve Environmental Protections in Areas beyond National Jurisdiction," ICES Journal of Marine Science, Vol. 75, No. 1, 2018, pp. 405—416.

② Elizabeth Mendenhall and others, "A Soft Treaty, Hard to Reach: The Second Inter-Governmental Conference for Biodiversity beyond National Jurisdiction," *Marine Policy*, Vol. 108, 2019, p. 103664.

③ Elizabeth M De Santo and others, "Stuck in the Middle with You (and Not Much Time Left): The Third Intergovernmental Conference on Biodiversity beyond National Jurisdiction," *Marine Policy*, Vol. 117, 2020, p. 103957.

④ Kristina M Gjerde, Nichola A Clark and Harriet R Harden-Davies, "Building a Platform for the Future: The Relationship of the Expected New Agreement for Marine Biodiversity in Areas beyond National Jurisdiction and the UN Convention on the Law of the Sea," *Ocean Yearbook Online*, Vol. 33, No. 1, 2019, pp. 1—44.

⑤ Richard Barnes, "The Proposed Losc Implementation Agreement on Areas Beyond National Jurisdiction and Its Impact on International Fisheries Law," *The International Journal of Marine and Coastal Law*, Vol. 31, No. 4, 2016, pp. 583—619.

的国际法义务交叉或重叠等问题,都是不明确的。

四、国际法视角下公海保护区合理
限制捕鱼自由的完善建议

除前述的四个公海保护区外,CCAMLR 拟议在南极建立第三个公海保护区,目前已经有三个提案,分别是:①东南极海洋保护区提案(East Antarctic Marine Protected Area proposal);②威德尔海海洋保护区提案(Weddell Sea Marine Protected Area proposal);③区域 1 海洋保护区提案(Domain 1 Marine Protected Area proposal)。[1] 由此可见,国际社会越来越重视通过建立公海保护区加强对 ABNJ 的保护。基于国际法视角分析限制公海捕鱼自由的措施,进而可对未来公海保护区的建立和发展提出建议。

(一)公海保护区合理限制捕鱼自由原则的总体思路

第一,必须立足于现实、稳妥地推进对捕鱼自由的限制措施。首先,公海自由仍是现代海洋法的基石。根据联合国大会第 69/292 号决议,BBNJ 协定的谈判及谈判结果不可影响参加《公约》或任何其他相关协议的缔约国和非缔约国在这些文件中的法律地位,其中就包括《公约》规定的公海自由原则。[2] 在各国磋商制定 BBNJ 协定的四次筹备委员会会议上,63%的国家主张维护公海自由原则。[3] 可见,公

---

[1] CCAMLR, Marine Protected Areas | CCAMLR MPA Information Repository, https://cmir.ccamlr. org/, visited on 1 February 2023.

[2] 胡学东:《围绕海洋生物多样性的国际较量》,《中国海洋报》2017 年 11 月 29 日。

[3] IISD Reporting Services, "Summary of the First Session of the Preparatory Committee on Marine Biodiversity of Areas beyond National Jurisdiction: 28 March-8 April 2016," *Earth Negotiations Bulletin*, Vol. 25, No. 106, 2016, pp. 1—21; IISD Reporting Services, "Summary of the Second Session of the Preparatory Committee on Marine Biodiversity beyond Areas of National Jurisdiction: 26 August — 9 September 2016," *Earth Negotiations Bulletin*, Vol. 25, No. 118, 2016, pp. 1—22; IISD Reporting Services, "Summary of the Third Session of the Preparatory Committee on Marine Biodiversity beyond Areas of National Jurisdiction: 27 March — 7 April 2017," *Earth Negotiations Bulletin*, Vol. 25, No. 129, 2017, pp. 1—17; IISD Reporting Services, "Summary of the Fourth Session of the Preparatory Committee on Marine Biodiversity beyond Areas of National Jurisdiction: 10—21 July 2017," *Earth Negotiations Bulletin*, Vol. 25, No. 141, 2017, pp. 1—22.

海自由原则仍是各国磋商制定 BBNJ 的基础。这也是因为 BBNJ 协定是一个旨在执行《公约》的国际协议,《公约》中明确规定的原则应该维持和发展。[①] 捕鱼自由作为公海自由的重要内容,虽然在海洋环境保护的过程中该原则正在向蓝色海洋的未来逐步作出一些退让,但从实践经验来看,这种退让应当同时具有坚固的理论基础和现实基础。其次,国家主权与捕鱼自由原则应在共存的前提下进行长期博弈。一方面,保护海洋渔业资源是大势所趋,海洋环境恶化和海洋生物多样性锐减促使国际社会更加关注海洋渔业资源的管养,传统的捕鱼自由论正在受到越来越多的限制;另一方面,在以主权国家为基础的现代国际社会,限制捕鱼自由的每一步努力都困难重重,国际社会必须谨慎平衡各方利益,不断完善全球治理机制,稳妥、逐步地往前推进。因此,国家主权对捕鱼自由的限制不是迅速推进的,更不是无节制的。相反,限制海洋自由的进程是相当缓慢的,沿海国与船旗国在不同的历史时期都会形成一定的均势,进而构建起那一时期的公海自由制度并维持相当长的时间。

第二,必须以实在法为基础,通过适当的国际条约对公海捕鱼的限制措施进行详细规定。首先,以实在法为基础的现代海洋法的公海自由原则可以在各国同意的前提下根据现实需求对其施加限制。自然法理论强调普遍适用的道德和正义,而实在法则更强调成文的法律规则。[②] 然而,自然法理论已经不是现代国际海洋法的基础,[③]实在法具有明确的渊源和具体内容。[④] 由前所述,目前国际社会已经在国际条约中制定了限制公海捕鱼自由的条款。《国际法院规约》第 38 条规定了现代国际法的渊源。该条包含的限制公海捕鱼自由条款的国际条约应被视为国际法院的主要法律适用依据,也就是国际法的主要渊源之一。其次,各国谈判建立公海保护区是基于一致的利益。当今世界,

---

① Cymie R Payne, "New Law for the High Seas," *Berkeley Journal of International Law*, Vol. 37, No. 2, 2019, p. 349.

② Prabhakar Singh, "FROM 'NARCISSISTIC' POSITIVE INTERNATIONAL LAW TO 'UNIVERSAL' NATURAL INTERNATIONAL LAW: THE DIALECTICS OF 'ABSENTEE COLONIALISM'," *African Journal of International and Comparative Law*, Vol. 16, No. 1, 2008, p. 2.

③ Tara Davenport, "The High Seas Freedom to Lay Submarine Cables and the Protection of the Marine Environment: Challenges in High Seas Governance," *AJIL Unbound*, Vol. 112, 2018, p. 142.

④ James Bernard Murphy, *The Philosophy of Positive Law: Foundations of Jurisprudence*, Yale University Press, 2005, p. 2.

国家仍是国际社会的主要行为体,在此背景下,公海保护区的实施更多地有赖于成员国的善意履行,这种履行的实质性基础是国际社会各种力量之间的制衡。公海保护区之所以能提上联合国大会的议事日程及置于各国的谈判桌前,成员国之间有一致的利益特别是环境利益是原因所在。四个公海保护区的实践均已显示,作为限制公海自由的公海保护区管理措施必须经过缔约国同意后才能实施,且不能直接拘束非缔约国。最后,基于既有国际法文件在限制公海捕鱼自由措施方面的种种局限性,必须通过适当的国际条约对公海捕鱼的限制措施进行详细规定。具体来说,可以考虑在修改1982年《公约》或1995年《鱼类种群协定》时对公海捕鱼的限制措施进行详细规定,也可考虑将1995年《行为守则》升级成为"硬法"文件并对公海捕鱼的限制措施进行详细规定,还可以考虑在适当的时机制定专门的条约对公海捕鱼的限制措施进行详细规定。

第三,对公海捕鱼自由的限制措施应当宽窄适度。一方面,由上所述,《公约》中仅对公海捕鱼自由作出了一般限制和特殊限制两种限制,这些限制的措辞相对宽泛,无法落实到具体层面。因此,应当更加具体和直接地规定公海保护区内的捕鱼限制措施,而不应使用过于笼统的措辞。具体包括:①列明该保护区内主要保护的鱼类物种;②列明限制捕鱼自由的具体方式,例如禁止使用某种捕鱼方式、捕鱼工具,或禁止捕捞某一受保护的物种;③列明限制捕鱼自由的例外情况;④列明违反相应限制措施的法律后果,例如受到配合相应限制措施的港口国的制裁,或被禁止在相应区域内捕捞。另一方面,不能彻底禁止在公海保护区的捕鱼活动。截至2020年,全球海洋捕捞量已达7 800万吨,占总捕捞量的87%。[1] 同时,部分太平洋国家越来越依赖由公海捕获的金枪鱼制成的金枪鱼罐头保证日常生活。[2] 若完全禁止在公海保护区的捕鱼活动,会对渔业捕获量造成较大的影响,甚至影响部分太平洋国家人口基本的饮食保障。因此,过宽不能达到有效保护公海渔业资源的目的,过窄则不利于渔业资源的利用和满足部分人口的饮食需求,限制公海捕鱼自由的措施应该在保护与可持续利用之间找到一个最佳平衡点。

---

① FAO (ed), Towards Blue Transformation 3 (FAO, 2022).
② William Cheung, Vicky Lam and Colette Wabnitz, *Future Scenarios and Projections for Fisheries on the High Seas under a Changing Climate*, IEED Working Paper, 5 (2019).

（二）在具体措施层面的建议

基于上述四个公海保护区的实践，本节从合理限制捕鱼自由的角度出发，对公海海洋保护区未来的建立和发展提出建议。

第一，公海保护区内限制捕鱼的方式应当更加明确和细致。首先，应明确禁止已经被国际社会或科学报告认定会对渔业资源造成破坏性影响的捕鱼方式。其次，可以结合实际情况与科学报告，对禁止的捕鱼方式作出更加细致的分类。以刺网为例，针对不同的鱼种，刺网的结构和类型也并不相同。[1] 若在某个公海保护区内，使用刺网会导致严重的全局性的渔业资源失衡，此时可以直接制定禁止使用所有刺网的规定，不论该类刺网针对何种渔业资源。但是，若某个公海保护区专门保护某些特定鱼种，此时可以制定禁止使用针对这类鱼种定制的刺网的规定。还需要指出的是，在细化对具体捕鱼措施的限制时，建议船旗国和区域管理组织充分考虑相关渔业、品种和相关的生态系统，根据各种渔业的特性，参考《公海深海渔业管理国际准则》的相关规定，努力发展对环境影响较小的捕捞技术和捕捞方法。[2]

第二，提升公海渔业透明度以促进打击 IUU 捕捞。[3]渔业透明度主要指一国对有管辖权的船舶进行所有权、捕捞授权、转运和位置等数据的统计和报告的程度。[4] IUU 捕捞屡禁不止的原因不仅在于船旗国控制能力不足以及沿海国家的执法不力，[5]若港口国不能及时与相关国家或区域渔业管理组织进行信息交换，也难以及时有效管制靠港的 IUU 捕捞船。此时，相关国家在渔业方面的透明度将显著影响打击 IUU 捕捞的效率。然而，在现有的区域渔业管理组织的实践中，一些国家可能会因为缺乏足够的动力履行相关义务而有不参与相关组织或安排的倾向。[6]

---

① NOAA Fisheries, Fishing Gear: Gillnets | NOAA Fisheries, https://www.fisheries.noaa.gov/national/bycatch/fishing-gear-gillnets, visited on 11 June 2022.

② 贺小象:《公海渔业管理制度法律问题研究》,西南政法大学 2009 年硕士论文,第 25 页。

③ IUCN, Closing the Net: Stopping Illegal Fishing on the High Seas (High Seas Task Force 2006).

④ John Virdin and others, "Combatting Illegal Fishing through Transparency Initiatives: Lessons Learned from Comparative Analysis of Transparency Initiatives in Seafood, Apparel, Extractive, and Timber Supply Chains," *Marine Policy*, Vol. 138, 2022, p. 104984.

⑤ 刘乃忠:《规制国际 IUU 捕鱼行为的港口国措施分析》,《海洋开发与管理》2016 年第 7 期。

⑥ Andrew J Constable, "Lessons from CCAMLR on the Implementation of the Ecosystem Approach to Managing Fisheries: Lessons from CCAMLR on EBFM," *Fish and Fisheries*, Vol. 12, No. 2, 2011, p. 138.

此类倾向也包括对渔业透明度的不重视。作为首个专门打击 IUU 捕捞的具有拘束力的国际协定,《港口国措施协定》已经于 2009 年通过并于 2016 年生效,该协定是目前在港口国规制 IUU 捕捞层面最为重要的国际法文件。① 2021 年 5 月 31 日至 6 月 4 日召开的《港口国措施协定》第三次缔约方大会报告指出,目前《港口国措施协定》在实施的过程中仍然面临着一些挑战,例如,需要充分的国家级机构间协调和足够的机构能力来执行港口国措施,特别是发展中国家的措施,以及需要实现广泛的区域级合作和全球信息交流。② 因此,应当加强国际信息交换,以提升公海渔业的透明度,打击 IUU 捕捞。目前,《港口国措施协定》已经初步开展全球信息交换系统(Global Information Exchange System,即 GIES)的建设。该系统允许实时共享重要信息,包括拒绝进入港口或使用、悬挂外国国旗的船舶进入指定港口,以及有关涉嫌从事 IUU 捕捞的船舶的检查报告。③ 需要指出的是,非缔约方也可通过访问该系统获得与非缔约方相关的信息。④ 公海保护区可以鼓励作为《港口国措施协定》(PSMA)缔约方的成员国推广 GIES,并鼓励非 PSMA 缔约方成员国加入该系统或定期访问相关信息,从而提升全球有关 IUU 捕捞信息的透明度,并不断增强港口国措施在限制公海捕鱼自由尤其是 IUU 捕捞方面的作用。

第三,公海保护区内的捕鱼限制措施不能过于绝对,而应该有一些例外规定。这些规定包括但不限于:①经权威机关授权的以科学研究为目的的捕捞;②在与海上人命有关的紧急情况下,包括合理限制公海捕鱼自由在内的措施将暂时不予适用。这些例外规定有利于在保护公海保护区内渔业资源的同时合理开发利用相关渔业资源,从而实现可持续发展的目标。在制定

①　Background ｜ Agreement on Port State Measures (PSMA) ｜ Food and Agriculture Organization of the United Nations, https://www. fao. org/port-state-measures/background/en, visited on 1 February 2023.

②　FAO, Report of the Third Meeting of the Parties to the Agreement on Port State Measures to Prevent, Deter and Eliminate Illegal, Unreported and Unregulated Fishing para. 12, http://www. fao. org/documents/card/en/c/cb6596en, visited on 11 June 2022.

③　FAO, PSMA Parties Launch GIES Pilot Phase. Global Capacity Development Portal Online ｜ Agreement on Port State Measures (PSMA) ｜ Food and Agriculture Organization of the United Nations, https://www. fao. org/port-state-measures/news-events/detail/en/c/1403823, visited on 11 June 2022.

④　FAO, Frequently Asked Questions ｜ FAO Global Record, https://psma-gies. review. fao. org/zh/faq, visited on 11 June 2022.

例外规定时,应当注意以下事项:①明确有权制定例外事项和授权的机构,一般而言,此类机构应当为相关公海保护区成员国基于建立公海保护区条约设立的国际组织;②明确例外事项,例外事项应当足够明确,防止滥用例外事项的情况发生。就当前有些公海保护区实践看,将海上人命有关的紧急情况以及科学研究活动作为例外事项比较合理。此外,建议将例外事项的解释权赋予有权制定例外事项及授权的机构,这样有利于对相关规则作出统一的解释。

第四,为非缔约国设置更多的倡导性规定。条约对于非缔约国无拘束力,既是国际条约法的一项基本原则,也应当在限制公海捕鱼自由方面继续发挥作用,但这并不代表非缔约国可以置身事外,完全不参与公海渔业资源保护的行动当中。由上所述,部分公海保护区已为非缔约国设立一些倡导性规定,这些倡导性规定一般不会给非缔约国带来严重负担,但是可以更好地解决公海捕鱼的限制措施问题。具体而言,首先,在用语方面,建议在制定倡导性规定时,应采用"尽可能""尽力""尽量""协同配合""加紧防止"以及"逐步减少"等用词。这些用语可以充分体现对非缔约国的尊重,与"应当"(shall)相比并未施加强制性的国际法义务。同时,与"可以"(may)一词相比,"尽可能"等表述倡导非缔约国也应当在力所能及的情况下善意地采取行动,这些行动应当尽最大努力采取,而非基于自由裁量权"为"或者"不为"。其次,在具体措施方面,建议引入更多的倡导性规定,鼓励与非缔约国共同努力保护公海渔业资源。例如,建议参考南极两个海洋保护区的规定,鼓励非缔约国渔船在通过公海保护区时向保护区内的有权机关通知其预期的过境行为,并提供船舶的船旗国、大小、国际海事组织编号以及预期的航线。这一倡导性规定有利于公海保护区内的渔业管理委员会确认保护区内船舶的情况,更好地与检查员制度相配合,预防和制止 IUU 捕捞。

第五,增强与 BBNJ 协定的协调性。若 BBNJ 协定最终可以生效,公海保护区应当明确同时是公海保护区成员国与 BBNJ 协定缔约国的国家应如何兼顾原有的限制捕鱼自由的措施以及 BBNJ 协定中规定的养护义务。同时,可在能力建设和海洋技术转让方面探索对接 BBNJ 协定机制的路径。最新的 BBNJ 协定案文在附件 II"能力建设和海洋技术转让的类型"中规定能力建设和海洋技术转让的举措包括"增进各区域机构之间的合作关系,例如南北和南南合作,以及区域海洋组织和区域渔业管理组织之间的合作"①。渔业资源作为公海生物多样性不可或缺的组成部分,相比其他生物资源更早也更综合地受国际法的保护。BBNJ 协定案文附件 II 的规定较好地衔接了已有国际法规则与新国际法规则,有利于避免各国在公海利用和保护方面出现冲突。总而言之,公海保护区作为公海环境保护的"先锋",应当在后续的建立和发展中增强与诸如 BBNJ 协定等其他国际法文件的协调性,在确保对捕鱼自由的限制不会影响其他有关公海保护和利用的国际法文件执行的基础上,提升管养公海渔业资源的效率,从而真正做到"合理限制"。

五、对中国的启示

改革开放后,我国原有的水产供应能力越来越无法适应人口增长、居民消费需求增加以及消费水平提高的趋势。② 针对供应的水产品数量少、质量差导致"吃鱼难"问题,我国发布《国务院批转农牧渔业部关于发展海洋渔业若干问题的报告的通知》以及《中共中央、国务院关于放宽政策、加速发展水产业的指示》等一系列通知。公海捕鱼作为远洋渔业的重要组成部分,在发展海洋经济、提升人民生活水平方面起到了非常重要的作用。

第一,积极遵守现有公海保护区的合理限制捕鱼措施。虽然我国尚未批准 1995 年《鱼类种群协定》,但已成为《公约》的缔约国,且加入了 8 个区域渔业管理组织。③ 同时,我国作为 CCAMLR 的成员国,参与了罗斯海地区海洋保护区和南奥克尼群岛南部大陆架海洋保护区的管养工作。公海已经成为我

① United Nations General Assembly, Intergovernmental Conference on an International Legally Binding Instrument under the United Nations Convention on the Law of the Sea on the Conservation and Sustainable Use of Marine Biological Diversity of Areas beyond National Jurisdiction Resumed Fifth Session New York, 20 February — 3 March 2023, https://www. un. org/bbnj/sites/www. un. org. bbnj/files/draft_agreement_advanced_unedited_for_posting_v1. pdf, visited on 15 March 2023.
② 唐建业:《中国远洋渔业的发展与转型——兼评〈中国远洋渔业履约白皮书〉》,《中华海洋法学评论》2021 年第 1 期。
③ 中华人民共和国农业农村部:《中国远洋渔业履约白皮书》,http://www. moa. gov. cn/nybgb/2020/202012/202102/t20210201_6360831. htm,2023 年 5 月 11 日访问。

国远洋渔船的重要捕捞区域,我国在公海作业的远洋渔船占所有远洋渔船的59%。[①] 可持续地开发公海渔业资源,既是我国应当履行的国际法义务,也是功在当代、利在千秋的环保事业。我国应当继续基于船旗国管辖权,积极遵守区域渔业管理组织以及现有公海保护区的关于捕捞渔船的船数和吨位限额制度、捕鱼工具和捕捞方式的限制、分鱼种捕捞配额制度的规定,并严格执行有关禁渔区、禁渔期的养护管理措施。

第二,积极参与公海保护区的建设。随着时间的推移,国际社会可能会逐渐重视和开发包括渔业资源在内的公海资源,维护和发展本国在公海可得的利益。在罗斯海地区海洋保护区建立的过程中,个别国家倾向于将罗斯海地区海洋保护区的建立作为进行排他性地理分割,进而获取政治利益和经济利益的工具。[②]相比之下,在划区方面利益分歧较小的南奥克尼群岛南部大陆架海洋保护区的成立过程相对顺利。[③] 由此可见,国家推动公海保护区建设的目的,不仅包括养护生物资源,还包括在公海环境保护领域争取话语权,为本国谋取利益。因此,建议我国积极参与南极拟议新增的公海保护区的谈判,在这些公海保护区的建立谈判过程中充分表达我国的诉求,在平衡渔业资源管养和我国的国家利益的同时,尝试在公海保护区构建更加公平合理的公海渔业资源管养机制。

第三,提升渔业透明度,加强打击 IUU 捕捞的国际合作。作为 CCAMLR 的成员国,我国应当继续加强与 CCAMLR 其他成员国的合作,加强科学研究数据的搜集和交换,加强对南极两个公海保护区内船舶捕捞行为的监控。同时,我国还应当加强与非 CCAMLR 成员国的合作,在必要情况下及时分享涉嫌 IUU 捕捞船舶的信息,鼓励非 CCAMLR 成员国采取港口国措施,提高售卖 IUU 渔获物的成本,从而在经济层面打击 IUU 捕捞。除此之外,我国可以考虑利用 GIES 与其他《港口国措施协定》缔约方交换 IUU 捕捞信息,提升公海渔业透明度,通过船旗国管辖权、港口国措施等共同打击 IUU 捕捞。

---

① 唐建业:《中国远洋渔业的发展与转型——兼评〈中国远洋渔业履约白皮书〉》,《中华海洋法学评论》2021 年第 1 期。

② 潘敏、徐理灵:《南极罗斯海海洋保护区的建立——兼论全球公域治理中的集体行动困境及其克服》,《中华海洋法学评论》2020 年第 1 期。

③ Elizabeth M De Santo, "Implementation Challenges of Area-Based Management Tools (ABMTs) for Biodiversity beyond National Jurisdiction (BBNJ)," *Marine Policy*, Vol. 97, 2018, p. 34.

第三章
外空治理的国际法问题

引　言

　　1957 年 10 月 4 日,苏联成功发射人类第一颗人造卫星,拉开了人类航天时代的序幕。

　　随着人类航天技术的不断发展,外空活动变得日益频繁,国际社会意识到需要制定一套外空活动的规则体系加以规制,从而保障各方的合法权益。由此,外层空间的立法也不断受到重视并获得发展,在初期就确立了一系列人类外空活动的基本规则和原则,初步构成了外层空间的国际法律体系。

　　但是随着近年来人类航天科技的飞速发展,外空活动变得日益频繁,新问题不断凸显。当前的外空国际立法虽然在一定程度上仍然能为人类外空活动提供制度支持,却不可避免地存在滞后或是空白地带。国际社会虽然也在不断努力完善国际外空法律体系,但外空活动颇具复杂性和未知性,也就增加了这项任务的艰巨性,需要各方持续不断的付出与努力。

本章旨在从外空资源开发、外空商业化的责任归属以及外空交通管理规则三个重点问题出发,梳理当前上述三个外层空间细分领域的国际立法现状,并结合当前外空活动的实际发展进行分析,以求引发、提供一些前沿思考和启示。

第一节　外空资源开发的国际法规则研究

一、外空资源开发的重要性

随着科技水平的进步,人类对地球自然资源的需求也在不断提升,但是地球资源是有限的,终有一天会消耗殆尽,因此迫切需要寻求地球以外的资源为继。外空资源储备丰富,对其进行开发能够缓解地球资源紧缺,进而避免由此引发的资源争夺等问题,有利于促进人类社会和平有序发展,因此开发外空资源势在必行。

(一) 地球资源的有限性

地球资源分为可再生资源和不可再生资源,不可再生资源是地球资源有限性问题的主要成因。不可再生资源的形成需要经历漫长的地质活动,经过开发利用后,在短时间内无法再次形成,相对人类历史而言几乎不可再生,但是例如石油、煤等不可再生的能源资源都是维持人类社会运作必不可少的,而且正在被快速消耗。一旦地球资源消耗殆尽,人类社会当前的现代化水平将无法维持,人类文明也将倒退甚至面临终结。依据目前人类使用石油的速度可以估计,现有的石油储备还能供人类使用 50 年,因此外空资源开发作为解决人类资源短缺问题的一条重要途径,成了当前各国关注的焦点。

(二) 外空资源的丰富性

外层空间具有极其多样化的资源。月球以及与地球相对较近的火星、金星等天体所蕴含的大量金属矿产、稀有气体以及光能核能等资源可以满足人类很长一段时间的能源需要。随着对外层空间的不断探索,甚至可能出现一些以前从未发现过的资源,这些资源正等待人类的不断认识、发现与开发利用。外空资源的丰富性是人类无法想象和预估的,开发利用任何一种资源对人类的延续发展都会提供很大的帮助。

二、外空资源开发的相关国际法

当前,针对外空资源开发问题做出规制的国际法文件主要有以下四项:《外空条约》《责任公约》《登记公约》以及《月球协定》。这些条约在人类外空资源开发的各个方面发挥着不可忽视的作用。

(一)《外空条约》

《外空条约》(*Outer Space Treaty*)的全称为《关于各国探索和利用包括月球和其他天体在内外层空间活动的原则条约》,于 1966 年 12 月 19 日由联合国大会通过,1967 年 1 月 27 日在莫斯科、伦敦和华盛顿同时开放签署,同年 10 月 10 日生效。中国于 1983 年 12 月 30 日加入该条约。当今绝大多数会员国已经签署,并且已经批准生效。《外空条约》全文共 17 条,规定了外空活动的法律原则并建立了外空法律制度,是国际空间法的基础,被称为"外空宪章"。该条约是构成外空法律制度的第一部成文法,规定了一系列重要的原则和制度:①和平利用外层空间原则,即外层空间的使用仅限于为和平的目的[①];②自由平等原则,"所有国家可在平等、不受任何歧视的基础上,根据国际法自由探索和利用外层空间(包括月球和其他天体),自由进入天体的一切区域"[②];③合作和互助原则,即各国应以合作和互助原则为准则[③];④国际责任、赔偿责任和登记国的管辖权。各缔约国在外层空间从事的活动,要承担国际责任,国际组织在外层空间进行活动的责任,应由该国际组织及参加该国际组织的本条约缔

---

① 参见《外空条约》第 4 条。
② 参见《外空条约》第 1 条。
③ 参见《外空条约》第 9 条。

约国共同承担，①凡进行发射或促成把实体射入外层空间的缔约国，以及为发射实体提供领土或设备的缔约国，对该实体及其组成部分造成的损害，应负国际上的责任，②凡登记把实体射入外层空间的缔约国对留置于外层空间或天体的该实体及其所载人员，应仍保持管辖及控制权③；⑤关于救助宇航员的规定，在宇宙航行员发生意外、遇难或在另一缔约国境内、公海紧急降落等情况下，各缔约国应向他们提供一切可能的援助，在外层空间和天体进行活动时，任一缔约国的宇宙航行员应向其他缔约国的宇宙航行员提供一切可能的援助④；⑥条约的适用，本条约各项规定，应适用于各缔约国为探索和利用外层空间而进行的各种活动，不论这些活动是由一个缔约国还是与其他国家联合进行的，因国际政府间机构探索和利用外层空间而产生的任何实际问题，要由缔约国与主管国际机构，或与该国际机构中一个或数个缔约国一起解决⑤。

该条约确立的有关外层空间活动的原则对于各国和平探索和利用外空活动有一定指导意义，可以说该条约确立了各国家对外空资源平等开发利用的权利。

（二）《责任公约》

《责任公约》的全称为《外空物体所造成损害之国际责任公约》(*Convention on International Liability Caused by Space Objects*)，于 1971 年经联合国大会决议通过，于 1972 年 3 月 29 日开放签字，同年 9 月 1 日起生效。我国于 1988 年加入该公约。该公约共 28 条，明确了发射国对其射入外层空间的物体对地球表面或飞行中飞机造成的损害，以及因自己的过失而在地球表面外对另一发射国的空间物体造成损害的赔偿责任的相关规定。公约的主要内容包括：①发射国的赔偿责任。发射国对其外空物体在地球表面及对飞行中之航空器所造成之损害，应负给付赔偿之绝对责任。⑥ 当一发射国外空物体在地球表面

---

① 参见《外空条约》第 6 条。
② 参见《外空条约》第 7 条。
③ 参见《外空条约》第 8 条。
④ 参见《外空条约》第 5 条。
⑤ 参见《外空条约》第 13 条。
⑥ 参见《责任公约》第 2 条。

以外之其他地方对另一发射国的外空物体或此种外空物体所载之人或财产造成损害时,只有当损害是由于前一国家的过失造成的,该国才负有责任。① 当一发射国的外空物体在地球表面以外的其他地方对另一发射国的外空物体或所载之人或财产造成损害,并因此对第三国造成损害时,前两国的责任承担方式会根据不同情况有所区别,如果损害是在地球表面造成的,则由前两国共同承担,如果损害是在地球表面以外其他地方对第三国的空间物体或其上的人造成的,则由前两国具有过失的一方承担。② ②赔偿要求的提出、途径和期限。如果一国遭受损害或其自然人或法人遭受损害,则可以向发射国提出赔偿要求。如果遭受损害国未提出赔偿要求,另一国可以就任何自然人或法人在其领域内所受之损害,向发射国提出赔偿要求。③ 赔偿应通过外交渠道提出,④且应当于损害发生之日或查明应负责任的发射国之日起一年内向发射国提出⑤,提出赔偿时无须先用尽当地救济办法。⑥ ③赔偿金额的确定,应当根据国际法公平合理的原则进行确定,补偿受损害的一方。⑦

《责任公约》有助于空间物体损害责任的确定。随着各国探索寻求外空资源活动的增加,明确责任划分具有非常重要的意义。明确责任划分更能适应商业化进程日益加快下的探索外空资源活动,如果在开发外空资源的过程中出现损失,产生的责任划分问题便可通过此公约得到解决。

(三)《登记公约》

《登记公约》的全称为《关于登记射入外层空间物体的公约》(*Convention on registration of objects launched into outer space*)。该公约于 1975 年 1 月 14 日在纽约开放签字,1976 年 9 月 15 日生效。我国于 1988 年加入该公约。《登记公约》规定的主要内容包括:①登记国的确定及责任。每一登记国应在

---

① 参见《责任公约》第 3 条。
② 参见《责任公约》第 4 条。
③ 参见《责任公约》第 8 条。
④ 参见《责任公约》第 9 条。
⑤ 参见《责任公约》第 10 条。
⑥ 参见《责任公约》第 11 条。
⑦ 参见《责任公约》第 12 条。

切实可行的范围内尽速向联合国秘书长供给有关登入其登记册的每一个外空物体的情报,每一登记国应当随时向联合国秘书长供给有关其登记册内所载外空物体的其他情报,并且应在切实可行的最大限度内,尽速将其前曾提送情报的原在地球轨道内但现已不复在地球轨道内的外空物体通知联合国秘书长。① ②登记情报的公开。联合国秘书长应保持一份登记册,这份登记册所载情报应充分公开,听任查阅。② ③登记国对外层空间的物体具有管辖权和控制权。各国从事探索和利用外层空间应不妨碍各发射国间就外空物体及外空物体上任何人员的管辖和控制。

(四)《月球协定》

《月球协定》的全称为《关于各国在月球和其他天体上活动的协定》(*Agreement Governing the Activities of States on the Moon and Other Celestial Bodies*),于 1979 年 12 月 5 日联合国大会通过,18 日在联合国总部开放签署,1984 年 7 月 11 日生效。该条约主要包括以下内容:①月球及其他天体的和平利用和非军事化。月球应供全体缔约国专为和平目的而加以利用,禁止在月球上使用武力或以武力相威胁,禁止在月球上建立军事基地、军事装置及防御工事,试验任何类型的武器及举行军事演习。③ ②月球及其自然资源是全人类的共同财产,月球的探索和利用应是全体人类的事情并应为一切国家谋福利。应依照联合国宪章规定,充分注意今世与后代人的利益,以及提高生活水平与促进经济和社会进步与发展的需要,应遵循合作和互助原则从事一切有关探索和利用月球的活动。④ ③飞往月球的情报。缔约各国应在实际可行的范围内尽量将它们在探索和利用月球方面的活动告知联合国秘书长以及公众和国际科学界。⑤ ④月球环境的保护。缔约各国在探索和利用月球时,应采取措施,防止月球环境的现有平衡遭到破坏,不论这种破坏是由于在月球环境中导致不利变化,还是由于引入环境外物质使其环境受到有害污染,或由

---

① 参见《登记公约》第 4 条。
② 参见《登记公约》第 3 条。
③ 参见《月球协定》第 3 条。
④ 参见《月球协定》第 4 条。
⑤ 参见《月球协定》第 5 条。

于其他方式而产生。① ⑤缔约国报告探月活动的义务。缔约各国在进行本协定所规定的活动时,应将其在外层空间,包括月球在内所发现的可能危及人类生命或健康的任何现象以及任何有机生命迹象,通知联合国秘书长、公众和国际科学界。② ⑥对月球上人和物的管辖和控制权。缔约各国对其在月球上的人员、运载器、装备、设施、站所和装置应保有管辖权和控制权,但是如果遇到足以威胁人命的紧急情况时,可使用其他缔约国在月球上的装备、运载器、装置、设施或供应品。③ ⑦缔约国的国家责任和监督权利。缔约各国对于本国在月球上的各种活动应负国际责任,④所有缔约国有权监督任何缔约国有关月球的活动。⑤

三、外空资源开发的国际法问题

(一)外空资源开发权益分配的问题

如前文所述,针对外空资源开发问题作出规制的国际法文件主要有以下四项:《外空条约》《责任公约》《登记公约》以及《月球协定》。其中《外空条约》和《月球协定》与外空资源开发活动具有更为密切的联系,但是上述条约中对于外空资源开发权益如何分配却未提供切实可行的制度安排。虽然《外空条约》对外空资源的权属分配问题确立了"不得据为己有"原则,《月球协定》明确了外空资源"人类共同继承财产"的法律地位,这都为外空资源开发的利益分配提供了一定的基础,但是上述规定都过于原则性,缺乏可操作性,对于现实中外空资源开发权益分配问题无法提供具体的指引。

(二)外空资源开发的环境保护责任问题

当前各方对于外空资源开发问题的焦点主要集中于外空资源开发后的利

---

① 参见《月球协定》第 7 条。
② 参见《月球协定》第 5 条。
③ 参见《月球协定》第 12 条。
④ 参见《月球协定》第 14 条。
⑤ 参见《月球协定》第 15 条。

益分配问题,但鲜少考虑外空资源开发活动所带来的环境污染问题。现有航空器所使用的燃料或多或少都会对外空环境造成污染,而不当的开采也有可能对矿体本身造成破坏,但是当污染和损害发生时,应当由谁来承担责任,又以何种方式来承担责任,目前的制度都处于缺位状态。目前外空资源开采活动不断加剧,但相比之下外空环境保护的国际法基础尚在建立之中,相对薄弱,并未形成有效的制度保障,因此无法有效规制外空资源开发活动对环境造成的负面影响。在此前提下,一味追求资源开发与科技进步而忽视环境保护必然得不偿失。因此,外空资源开发所涉的环境保护责任问题也应是一个需要重点关注的问题。

(三)争端协调机制缺失

现有的外层空间问题协调的机构是联合国大会下属分支机构——联合国和平利用外层空间委员会,其虽然具备协调职能,但毕竟隶属于联合国,因此协调力度有限。当国家之间对外空资源开发产生争议时,并没有特别明确的争端解决机制。以往产生的争端有些会通过政治方式解决,但随着外空商业化程度的加深,由此产生的争端却并无协调机制可供遵循。只有有效的协调机制,才能更好地为外空资源的开发保驾护航。外层空间具有公有属性,它是全人类的共有物,有关外层空间资源开发的问题绝不是依靠一些个人、组织或几个国家就能解决的,必须依靠各个国家进行国际间的携手合作。目前各国科技发展水平差距大,更加需要一个稳定而有序的协调机制。

四、人类命运共同体理念下的外空
资源开发国际法律规制

党的十八大报告首次提出,要倡导人类命运共同体理念,在追求本国利益时兼顾他国合理关切,在谋求本国发展中促进各国共同发展,建立更加平等均衡的新型全球发展伙伴关系,同舟共济,权责共担,增进人类共同利益。这强调了全人类应共同构成一个同呼吸、共命运的整体。作为外层空间治理的新兴领域,当前外空资源开发中的诸多问题面临着国际法秩序缺位的挑战。将

人类命运共同体理念引入外空资源开发所涉及的一系列问题之中,是化解国际空间法传统价值观念困境的有益尝试。

例如在外空资源开发权益分配这一问题上,国际法秩序在完善的过程中可以考虑在人类命运共同体理念的指引下,一方面通过构建外空资源优先使用权的方式缓和各国在外空资源初始分配,即资源权属分配问题上的争议;另一方面可以通过引入平行开发制度和促进非货币利益分享的方式,提高发展中国家在外空资源利益再分配中的参与度和获得感,从而实现资源利益合理的再分配。[①]

又如在外空资源开发过程中的环境保护问题上,责任承担的主体可以明确为外空资源开发活动实施主体,并由其所属的缔约国承担连带责任。对于损害赔偿的方式,一方面可以由环境损害的明确施加方进行赔偿,赔偿款项由专门的国际机构用于环境的修复;另一方面,可以设立外空资源开发相关的环境保护基金,由缔约国共同出资,并由专门机构运作。该基金的款项则专门用于弥补外空资源开发过程中造成的无法确定责任主体的损害。

第二节　外空商业化的责任归属问题研究

一、外空活动商业化的概述

外空活动商业化是指为利用外层空间而提供卫星发射、通信、遥感或其他空间服务以及开发空间产品和资源,从而获得一定报酬的商业活动,也就是开发外层空间的营利性交易。根据这个定义,外层空间商业化利用的目的是为了进一步利用外层空间,商业化利用的手段是提供卫星发射、通信、遥感或其他空间服务以及开发空间产品和资源,其结果是获取一定的报酬。随着人类

---

① 王进:《论外空资源开发中权益分配的国际法秩序——以人类命运共同体理念为视阈》,《上海法学研究》2019 年第 21 卷。

空间技术的发展,外层空间的商业化利用的范围不断扩大,方式不断创新。

随着空间技术的不断发展,外层空间的商业化利用方式不断丰富,商业化利用的范围不断扩展。从外层空间商业化利用的国际实践来看,外层空间商业化利用呈现两个明显特征:一是外空商业化利用趋势与私营化趋势的平行发展,外空商业化吸引了私营实体的参与,并推动了外空商业化的进一步发展;二是外空商业化利用的发展并没有减缓外空军事化的发展,相反,外空商业化促进了空间活动军民融合趋势的发展。近年来,各国通过商业化方式,将军事空间技术和空间设施商业应用于民事和商事,通过商业利润进一步促进外空军事利用的发展。同时,通过军事利用外空的技术和设施,促进民用空间的发展,从而推动外空商业化的进一步发展。[1]

二、外空活动商业化对国际外空法的挑战

外空商业化利用是人类探索和利用外空的新趋向,联合国框架下现行的国际空间法并没有关注于此。外空商业化利用必然会产生一些新的法律问题,因此,完善和发展有关外空商业化利用的国际及国内立法是促进和规范外空商业化发展的必然要求。

(一)外空商业化利用促使空间活动主体呈现多元化的发展趋势

在传统国际空间法下,空间活动的主体是主权国家和政府间国际组织,因此,传统的国际空间法是纯国际公法性质,即国际空间法调整的对象只能是国家和政府间国际组织。外空商业化利用产生的潜在巨大商业利益必然吸引私营实体、私营资本进入外空商业化利用活动。

(二)空间商业化中的责任问题

由于私营企业商业化活动的不断增加,《外空条约》关于国家为私营企业

---

[1]　李寿平:《外层空间的商业化利用及中国的对策》,《北京理工大学学报》(社会科学版)2013年第1期。

活动承担国际责任和赔偿责任的规定日益受到重视。《外空条约》第6条对此明文规定,各缔约国对其(不论是政府部门还是非政府的团体组织)在外层空间所从事的活动,要承担国际责任,并应负责保证本国活动的实施符合规定,非政府团体的活动应由有关的缔约国批准,并连续监督。但外空商业化活动的实际情况纷繁复杂,单一的条文无法形成体系化的制度保障以应对多变的情况,因此,空间商业化中的责任问题也成了一个有待解决的问题。

三、外空活动商业化的责任制度

由于私营企业商业化活动的不断增加,《外空条约》关于国家为私营企业活动承担国际责任和赔偿责任的规定日益受到重视。从事空间活动涉及的责任问题尤为突出,主要涉及责任主体的确认、归责原则及承担责任的法律依据以及争端解决机制。

(一)主体问题

外层空间法中规定国家是外空活动的唯一主体,《外空条约》等五项公约明确规定了国家的权利及义务。

《外空条约》第6条规定,国家需要承担外空活动中造成损害后果的责任,这意味着国家是参与外空活动的主体,在参与外空活动中造成的环境污染、对其他国家造成的损害应由其自行承担。《外空条约》第10条规定,各国有考虑其他国家的要求、观测其所发射的空间物体飞行的义务,这种要求在平等基础上对对方国家也有相同要求。根据《外空条约》的保护空间环境原则,国家对外层空间及月球天体的研究和探测需要避免对外层空间及月球天体造成有害污染,这从侧面规定了国家需要对外层空间及月球天体的有害污染进行预防,如果发生则需要采取积极措施和妥善的准备。从上述《外空条约》内容来看,这些规定都意在约束国家,因为国家才是外空活动的主体。

《责任公约》对于发射国承担相应损害责任。发射国这一主体中的4项规定也主要是对发射国具体明确责任范围,发射国的范围并没有扩展到非国家实体。《责任公约》第2条明确规定,发射国对其空间物体在地球表面造成损害,或给飞行中的飞机造成损害的应该对其负有绝对赔偿责任。对于发射国的具体含义进行了界定,即指①发射或者促成空间物体发射的国家;②在它的领土上发射空间物体的国家。综上所述,目前《责任公约》的条款是对各国在发射过程中权利、义务的规定,即"发射国"有何权利,又有何义务。

(二) 归责原则及承担责任的法律依据

第一,过错责任原则。过错责任原则规定,一个国家发射的空间物体经过另一个国家上空时造成了损害,但只有发射国家在外空活动中出现了过错才会进行合理赔偿。基于过错来评估责任的传统理论来看,索赔国需要证明发射国犯有过错,换句话说,需要证明发射国的行为没有达到在该情况下被认为合理的谨慎程度。因此,过错责任原则的缺点是,索赔人很难确定造成事故的确切故障,且很难证明故障是由于发射国控制工具出现疏忽所导致或其他原因。由于航天器构成复杂且部件数量繁巨,多数情况下事故发生的原因被判定为技术出现了障碍,并且即使索赔人能够获得所有必要的数据,其中一些涉及秘密的相关条款也可能不被国内法律允许披露。

第二,绝对责任理论。绝对责任理论指索赔人无须证明发射国存在疏忽或故意的不当行为。这一责任制度长期以来在英美法国家的其他法律体系被采用。在涉及判定由空间物体造成的损害责任承担的情况下,该理论的适当性基于两个理由:一是免除了索赔人由传统制度所强加的禁止性举证责任,索赔法庭无需根据其有限的相关经验标准来判定发射国的行为是否合理;二是将物体发射到外层空间是人类对外部危险领域的探索。虽然没有人怀疑外空活动为全人类带来的社会和经济价值,但人们普遍认为除了某些有限的免责情况,伤害或损害的风险不应由该风险的创造者转移给广大民众。之所以对发射国施加严格责任是因为获得外层空间活动利益的国家应承担可能对全人类造成伤害或损害的风险。由于与外层空间活动有关的风险往往与和平使用原子能所产生的风险类似,因此,在核能领域关于对第三方承担责任的条约也可被视为先例。例如,这一领域的第一个多边协定是在巴黎签署的《核能领域第三方责任公约》。根据该公约,核设施的"操作者"应对涉及核设施的事故造成的损害或损失承担责任。1962年在布鲁塞尔召开的第十一届海洋法外交会议上也提出了类似的责任评估的基础。该会议通过的《1962年核动力船舶经营人责任公约》(尚未生效)第2条指出,核动力船舶经营人对核动力船舶产生的核燃料或者放射性产品、废物造成的核事故所造成的核损害,应当负绝对责任。

尽管将外空活动责任确定为《外空条约》缔约方所需承担的一般义务,但仍应进一步考虑各种附属问题。虽然推导责任所依据的理论相对比较容易,但在试图将该理论应用于各种可能的实际情况时,就会出现困难。如上所述,在某些无罪的情况下,发射国并不需要承担责任。例如根据《罗马公约》,如果飞机的地面人员的行为是坠机的原因,那么飞机的操作者就不承担责任。关于空间物体造成的损害,如果发射国可以证明损害是索赔国的居民的故意不当行为,或由完全超出发射国控制的某些事件造成的,例如流星在轨道上撞击航天器,则此种情况下有学者认为发射国不应承担赔偿义务。

(三) 争端解决机制

外层外空商业化责任纠纷的争端解决机制的构建主要还是以联合国通过的五项公约为法律依据,主要内容如下。

一方面,《外空条约》规定了关于外空的争端解决机制,但其规定都比较原则化,实施中存在很多问题。如该条约第2条规定的,"对于外层空间主权问题不得随便据为己有",对于该条约是否可以解释为各国没有权利对主权问题进行争端解决,显然并没有一项具体规定来确定它的争端范围;该条约还规定各国应该对外空活动带来的损害承担责任。这一条约约束的主体范围还是仅限制国家,对于外空商业化活动出现的非国家实体,却没有一套系统的规则来确定它的主体地位,这代表《外空条约》还存在很多原则性规定不能解决实际问题。

另一方面,《责任公约》也存在一些问题,比如对于归责规定,它规定在外空活动的一切主体产生损害的责任都要归结于其所在的国家,这一规定将不利于非国家实体在外空活动,国家对于非国家实体进行外空活动的许可制度会更加严格,甚至可能导致国家不会允许非国家实体进行发射活动,这一做法严重阻碍了外层空间法的稳定发展。《责任公约》第11条第1款规定了求偿国或求偿国所代表的自然人、法人可以直接向发射国法院或其相应机关提出赔偿要求,但《责任公约》规定的责任主体只有国家,因此这种请求就必然会触及国家豁免问题。

外空争端解决过程中,虽然在外层空间法中涉及外空争端解决机制,但仍存在问题,以上外层空间法中的规定并没有详细应用。《月球协定》确立了采用和平方式解决争端问题,更多采用的是政治方法解决,所以创建一套系统的以法律为中心的争端解决机制是有必要的。

第三节　外空交通管理规则的方案研究

一、外空交通管理制度概述

随着空间活动的日益频繁,空间逐渐变得拥挤。根据美国忧思科学家联盟(The Union of Concerned Scientists,即 UCS)发布的报告,截至 2019 年 1 月,轨道上约有 1 957 颗卫星。随着技术的发展,每个月都有新的物体被发射进入轨道,这个数字仍在持续增长。根据 UCS 的数据,轨道卫星数量从 800 颗增至 1 000 颗需要人约六年半的时间,但从 1 000 颗到近 2 000 颗也只用了六年半的时间。一方面,不断增加的轨道卫星数量加剧了人们对外层空间拥堵的担忧;另一方面,空间碎片数量的不断上升也对外空安全形成了极大的威胁。根据 NASA 发布的数据,外层空间可能有超过 1 000 000 件碎片。2009 年,铱星 33 号卫星与已发生故障的 Cosmos 2251 号航天器碰撞,人们开始认识到空间交通拥挤的严峻现实,也促使国际社会开始关注空间交通管理的问题。

21 世纪以来,空间交通管理陆续成为诸多外空合作平台上各方讨论的重点议题之一。2006 年,国际宇航科学院在前期空间交通管理研究课题基础上发布《空间交通管理研究报告》,指出空间交通管理是为了保障航天器空间进入、空间运行和空间返回地球期间免受物质和电磁波等的干扰,而制定的一系列技术和法律规范。2016 年,联合国外空委法律小组委员会专门设定议题讨论空间交通管理问题。2017 年,欧洲航天局(European Space Agency)发表

《实施欧洲外空交通管理制度》白皮书,指出空间交通管理是为确保安全的载人和无人洲际飞行、亚轨道飞行以及穿越近地空间和空气空间的飞行,所实施的所有必要管理、监督和控制运行措施。2018 年,美国发布空间政策三号令《国家太空交通管理政策》,明确空间交通管理是指为提高外空环境中行动的安全性、稳定性和可持续性,而对外空活动进行的规划、协调和在轨同步等工作。

二、相关国际条约

(一)《外空条约》

如前文所述,《外空条约》是国际空间法的基础,也称"外空宪章"。《外空条约》虽然并没有直接与空间交通管理相关的内容,但其中的部分内容间接地适用于空间交通管理,分别是第 1 条中规定的共同利益原则、第 5 条中规定的援救宇航员原则、第 6 条及第 7 条中规定的国家责任和赔偿责任原则、第 8 条中规定的管辖权和控制权原则、第 9 条中规定的保护空间环境原则以及第 11 条中规定的空间物体登记原则。这几条规范事实上为空间交通管理机制的部分问题奠定了基础。

(二)《营救协定》

《营救协定》全称是《关于营救宇航行员、送回宇航行员和归还发射到外空的实体的协定》,于 1967 年 12 月 19 日通过,1968 年 12 月 3 日生效。中国于 1988 年 12 月 14 日加入该协定。该条约的目的是建立一种宇航员和外空物体的应急返还制度,使各国负有主动营救和返还的义务。[1]

(三)《责任公约》

《责任公约》完善了《外空条约》第 6 条和第 7 条关于国家责任原则和赔偿责任原则的规定,澄清航天器造成损害时的赔偿责任,并建立了空间物体造成损害的争端解决机制。首先,就空间物体造成的损害导致的赔偿,《责任公约》

---

[1]　刘李明:《宇航员营救制度的现状和展望》,《黑龙江社会科学》2006 年第 2 期。

首先确定,赔偿责任的主体即空间活动的主体,也就是空间物体的发射国。其次,就不同的损害情形,《责任公约》规定,空间物体对地球表面的人或物体、飞行中的飞机造成损害时,应负绝对责任;而对于外空中造成的损害,则负过错责任。再次,空间物体造成损害可供索赔的范围,包括生命损失、人身伤害、健康损害和财产损害,但不涉及精神损害。最后,受损害的主体在主张索赔时,应依据国际法和公平合理原则,而不是一国的国内法。可以看出,《责任公约》基本建立了完善、详细的赔偿责任制度和索赔制度,是空间活动责任制度的一大进步。

(四)《登记公约》

《登记公约》进一步完善了空间交通管理的责任机制。《登记公约》在序言中规定,这种登记的目的主要是识别空间物体的国籍,以便于确认在空间物体受到损害时的损害赔偿责任,这就为实践中的空间物体造成损害的追责提供了依据,完善了空间交通事故的追责机制。此外,该公约也进一步完善了发射国对空间物体的权责机制。通过登记,《登记公约》明确了发射的空间物体的相关信息与发射国,使得空间物体及权利主体的关系更加明确。该公约确立了避免外空活动发生危险的重要途径。《登记公约》要求发射国登记所发射的空间物体的轨道参数,以便知道其位置,利于新的发射国在发射空间物体时,将其设置于非冲突的轨道位置,以免发生碰撞。

(五)《月球协定》

《月球协定》是基于《外空条约》、针对月球这一特定天体进行的条文细化和重申。与《外空条约》相同,该条约并没有与空间交通管理直接相关的内容,但其中的部分内容对空间交通管理制度的发展具有重要意义。《月球协定》引入了"人类共同继承财产原则",这一原则回答了外层空间不得被据为己有以及国际合作探索利用外层空间的根本原因,事实上为空间交通管理制度奠定了法理基础。①

---

① 尹玉海、刘冰钰:《月球协定四十年:价值与挑战之再讨论》,《北京航空航天大学学报》(社会科学版)2019年第6期。

（六）软法规范及其他法律文件

前述五项外空国际条约为外空交通管理制度体系奠定了基础,也对外空活动的发展产生了一定的积极影响。但是随着外空活动的加剧,前述五项外空国际条约已经无法提供充足的制度保障,外空活动所带来的一系列新问题也难以得到有效解决,由此,国际社会也积极探寻国际条约以外的方式以求解决这些新问题。

由于空间碎片问题的严峻性,1993 年美国国家航空航天局、欧洲航天局、日本宇宙开发事业团和俄罗斯联邦航天局联合发起了机构间空间碎片协调委员会(IADC),并于 2002 年提出《空间碎片减缓指南》,旨在减少空间碎片的产生。2008 年 2 月 21 日,联合国和平利用外层空间委员会(外空委)通过了《空间碎片减缓准则》(以下简称《减缓准则》),旨在系统监管外空碎片治理。

另外,随着外空技术的发展,原有的"发射国"概念遭到挑战。发射阶段是空间活动的基础阶段,在空间交通管理过程中占据着重要的地位,联合国外空委法律小组委员会进行了一系列的研究,最终联合国大会通过了第 59/115 号决议,即《适用"发射国"概念》的决议,并于 2007 年第 62 届会议上通过了第 62/101 号决议,即《关于加强国家和国际政府间组织登记空间物体的做法的建议》。

三、人类命运共同体理念下的外空
交通管理国际法律规制

发展外空交通管理既是人类命运共同体理念下空间系统发展的必然,也是我国建设航天强国的急需,更是我国争夺国际话语权的有力武器。人类面对的是同一个外空,外空活动能否长期可持续发展不仅关乎人类的当下,还关乎人类的未来。空间交通管理作为促进外空活动长期可持续发展的重要规则和手段,已经成为外空战略博弈的新焦点。我们应秉承人类命运共同体理念,构建空间交通管理体系,与国际社会共同应对外空威胁与挑战,促进外空长期可持续发展。

从当前的情势来看,各方不断主张各自的利益诉求。欧盟等区域性国际组织也希望能够推动国际外空行为准则的谈判,以不断强化其在外空领域的一些领导力。而一些发展中国家更加强调其对未来发展权益、发展空间和航天基础能力建设的关注,通过合作协商集体发声的方式参与国际规则的制定。国际宇航联、国际宇航科学院、空间研究委员会等非政府国际合作组织,则通过开展专题研究并与各国政府合作的方式,扩大成果影响力,以期影响国际规则的建立。

但与此同时,国际社会更愿意采用国际合作模式推动在空间的交通管理问题,这在一定程度上与人类命运共同体理念是不谋而合。在这一过程中,国际组织不断发挥作用,联合国、国际民航组织、国际电信联盟、机构间空间碎片协调委员会、空间标准委员会等专业性政府间国际组织推动制定相关国际规则,不断发挥实际作用。

第四章
网络治理的国际法问题

引　言

2014 年 2 月,中央网络安全和信息化领导小组第一次会议提出建设网络强国的目标,从国际国内大势出发,总体布局,统筹各方,创新发展,努力把我国建设成为网络强国。[①] 2015 年 12 月,第二届世界互联网大会声明,推进全球互联网治理体系变革,应该坚持四项原则,即尊重网络主权、维护和平安全、促进开放合作、构建良好秩序,并提出网络空间是人类共同的活动空间,网络空间的前途命运应由世界各国共同掌握。各国应该加强沟通、扩大共识、深化合作,共同构建"网络空间命运共同体"。[②] 党的二十大报告提出要"健全网络综合治理体系,推动形成良好网络生态"。

在世界处于百年未有之大变局的当下,网络空间的规则博弈无疑是大国

---

① https://www.gov.cn/xinwen/2014-02/27/content_2625112.htm.
② 《习近平出席第二届世界互联网大会开幕式并发表主旨演讲》,《人民日报》2015 年 12 月 17 日。

博弈的焦点,网络空间国际规则的制定将会在很大程度上成为未来国际秩序重塑的关键推动力。

第一节　全球数字治理规则博弈的 发展趋向及中国方案

近年来,互联网、大数据、云计算、人工智能等数字技术快速发展,引发了一场被誉为"第四次工业革命"的数字化浪潮,人类社会的生活方式、生产方式和治理方式正在发生深刻变革。在人类社会加速迈向"数字文明"的历史性进程中,数字技术以及作为驱动要素的"数据"居于核心位置,具有重要的战略价值,甚至可能成为结构性改变全球格局的关键力量,这在很大程度上决定了一个国家在数字时代的前途命运。数字领域的国际竞争是经济之争、技术之争,更是规则之争和价值之争。只有积极参与国际数字规则的制定与塑造,才能在未来的竞争中占据优势和主动权。世界上主要国家均在极力推动形成新的数字治理规则,相关规则的博弈异常激烈。当今世界正处于百年未有之大变局,国际力量对比正在发生深刻变化,世界之变,最终会体现为国际秩序、国际规则的演变。主权国家作为国际社会中最重要的行为体,对全球数字治理规则的产生与发展具有直接的推动作用,始终是观察和理解全球数字治理规则演进的关键因素。有鉴于此,本节在国际法下探讨全球数字治理规则博弈的发展趋向,进而提出中国有理有利有据地维护国家主权、安全和发展利益,参与全球数字治理秩序构建和推动构建人类命运共同体的启示与建议。

一、全球数字治理规则博弈的现状与发展趋向

(一)全球数字治理规则博弈的现状

当前,以数字经济规则为主要代表的全球数字治理规则正处于形成的关

键期。一方面,在多边层面短时间内难以达成数字经济规则的普遍共识;另一方面,双边、区域层面的数字经济规则不断涌现,呈现出多元发展的态势。世界主要国家均积极致力于数字经济规则的谈判和制定,加紧塑造有利于自身利益的全球数字经济秩序,试图在激烈的国际规则博弈中抢占更大的话语权、获取更多的制度性利益。从现实的维度来看,全球数字治理规则的博弈主要围绕对数据、数字技术的管控和个人数据保护等主题展开,由此形成了数据本地化存储与数据自由流动、数据自由流动与个人数据保护、数字技术开放共享与数字技术封闭垄断等二元对立的价值主张与规则吁求。

关于数据跨境流动规则的制定已经构成全球数字经济治理规则博弈中的核心议题,围绕数据跨境流动规则的博弈已经全面展开。从权力视角来看,与全球经济的其他要素相比,数据与权力更紧密地交织在一起。[1] 现实中哪个国家掌握的数据越多,就越容易确立起自身的竞争优势地位,甚至进一步获得具有垄断性的数据霸权。因此,许多国家纷纷出台加强对数据控制和管理的国内规则,并且以率先制定的国内规则为基础向国际层面进行规则输出。2018年,欧盟通过《一般数据保护条例》,以保护个人信息的名义对境内数据施加高标准的保护,数据控制者或处理者如果想要向第三国或国际组织传输数据,对于数据的保护必须达到欧盟的标准或欧盟认可的标准。[2] 与之相对应,尽管美国长期以来致力于推动数据跨境流动自由,但是其国内已经开始酝酿或出台相关数据隐私保护规则,例如《美国数据隐私和保护法案》《加州消费者隐私法》《加州隐私权法》等。除了欧美外,中国、印度、巴西等国纷纷通过各种方式强化对数据的控制和管理。2021年8月20日,十三届全国人大常委会第三十次会议表决通过《中华人民共和国个人信息保护法》,其中不仅要求符合条件的主体应当将其在中国境内收集的个人信息进行本地化存储,还明确规定了向中国境外提供个人信息的,需要通过国家网信部门组织的安全评估。不仅如此,国际层面的数据跨境流动规则也不断发展演进。2021年,G20数字经济部长会议、联合国大会和七国集团(G7)贸易部长会议等均将数据跨境流动列

---

[1]　Matthew J. Slaughter and David H. McCormick, "Data Is Power," *Foreign Affairs*, Vol. 100, 2021, p. 54.

[2]　翟志勇:《数据主权的兴起及其双重属性》,《中国法律评论》2018年第6期。

为重点议题并提出相应的倡议和宣言。在《全面与进步跨太平洋伙伴关系协定》(CPTPP)、《数字经济伙伴关系协定》(DEPA)、《区域全面经济伙伴关系协定》(RCEP)等国际经贸协定中,有关数据跨境流动规则都是协定中的核心条款。① 然而,不同的国际规则之间在数据跨境流动规则的内容方面存在较为明显的差异,主要体现在为数据跨境流动设置了严格程度不一的标准和门槛要求。

在数据跨境流动规则博弈之外,其他领域的数字治理规则也正在兴起,相关规则的博弈逐渐升温。数字技术为人类社会带来了虚拟与现实不断交织融合的新形态,传统治理议题均在不同程度上面临着朝数字化方向转移的境况。这正是因为数字空间不再像网络空间那样是一个纯粹虚构的空间,而是一个建立在现实社会数字化基础上,能够映射现实社会的空间。数字空间基本是真实世界的再现。所以,数字空间虽然必须依托互联网才能实现数据流动,但是在联网流动数据之外,还有大量可数字化、非联网数据共同构成数字空间的重要内容,②这些内容同样需要强化治理。归根结底,数字治理是对数字科技及其社会影响进行治理,③而数据治理仅是其中的重要内容之一。

随着通信网络、大数据、云计算、物联网等数字技术的发展,仅拥有对本国数据的占有、处分与控制的权力,根本不能实现对关键核心技术的自主可控和减少对他国技术的非对称性依赖,依然可能会在激烈的国际竞争和数字经济发展浪潮中被边缘化。因此,世界上很多国家也在不断加强对数字技术、数字经济反垄断、数字税、数字货币等规则的制定。在数字技术规则方面,加强对数字技术研发的投入以维持相应的领先地位成为数字技术规则制定的重心。这主要在于对数据的管控必须要依托于数字技术,否则长期来看也会逐渐丧失对数据的控制力,行使数据主权的能力也将难以为继。为此,2022 年 2 月,欧盟出台《欧洲芯片法案》以用于增强欧盟在半导体技术领域全球竞争力。④而美国参议院也于 2022 年 7 月通过《芯片和科学法案》,明确规定运用补贴和税收优惠等方式提供数百亿资金推动芯片产业发展。在数字经济反垄断规则

---

① 何波:《中国参与数据跨境流动国际规则的挑战与因应》,《行政法学研究》2022 年第 4 期。

② 李芳、程如烟:《主要国家数字空间治理实践及中国应对建议》,《全球科技经济瞭望》2020 年第 6 期。

③ 张吉豫:《数字法理的基础概念与命题》,《法制与社会发展》2022 年第 5 期。

④ 马国春:《欧盟构建数字主权的新动向及其影响》,《现代国际关系》2022 年第 6 期。

方面,欧盟正在加紧推进《数字市场法案》和《数字服务法案》的立法进程,构建针对大型互联网平台的反垄断监管规则体系。在数字税和数字货币方面,作为对经济数字化带来的税收挑战的规则回应,2021年10月,经济合作组织发布《关于应对经济数字化税收挑战双支柱方案的声明》,获得了国际社会较为广泛的共识支持。[①] 此外,大多数国家在研究和推进主权数字货币,国际清算银行2020年1月发布的一项研究表明,全球80%的中央银行在进行关于法定数字货币的金融体系研究。作为融合了区块链技术、大数据技术、智能合约等数字技术而产生的"数字货币",其造成了从技术再到法律的全方位风险,这在客观上催生了制定数字货币治理规则的需求。因此,除了对数据的获取、控制、流动等方面进行规范之外,对于数字技术、数字基础设施的控制与管理,以及对所有数字经济、社会发展活动等进行的规范和治理进程逐渐受到高度关注和重视。

(二) 全球数字治理规则博弈的发展趋向

随着全球数字治理规则博弈的逐渐深入,相关共识赤字将进一步放大,全球数字治理规则博弈的复杂性、长期性也将随之加剧,全球数字治理规则呈现愈发严重的单边化、差异化和碎片化特点。

第一,单边立法行动引发数字治理规则的单边化发展趋向。在全球数字治理规则博弈的过程中,主权国家愈发普遍地依靠单边行动强化自身规则主张,不仅极大地增加了不同国家数字治理规则之间发生冲突的可能性,也给将来达成全球数字治理规则的共识蒙上阴影。单边主义法律措施的增加同时会降低国际法生成的意愿,增加形成多边主义国际法的难度。根据联合国贸易和发展会议的统计,全球197个国家中已经有137个国家进行了保护数据和隐私的立法,[②]充分表明各国正在加紧出台国内数字治理规则。中国也于2021年分别出台《数据安全法》和《个人信息保护法》等有关数字治理的立法。然

---

① 韩霖、高阳、邓汝宇:《数字经济国际税改"双支柱"方案的历史意义与现实应对——专访中国国际税收研究会会长张志勇及国家税务总局国际税务司司长蒙玉英》,《国际税收》2022年第2期。

② United Nations Conference on Trade and Development, Data Protection and Privacy Legislation Worldwide, https://unctad.org/page/data-protection-and-privacy-legislation-worldwide.

而,在具有普遍性的全球数字治理规则缺位的情况下,各国国内立法将缺乏必要的协调标准,国内数字治理规则之间难免存在相互冲突的内容。举例而言,美国《澄清境外数据的合法使用法》授权执法机构可以调取存储在境外的数据,而欧盟《一般数据保护条例》却要求第三国对欧盟个人数据的保护水平实质上与欧盟处于相同水平时,才允许将数据传输出境。二者的规定实际上存在潜在的冲突。2019 年 7 月 10 日,欧盟发布《美国云法案对于欧盟个人信息保护法律框架以及欧盟—美国关于跨境电子取证协议谈判影响的初步法律评估》,其中明确指出:"适用 GDPR 或其他欧盟或成员国法律处理个人数据的服务提供商将容易面临美国法与 GDPR 之间的法律冲突。"实践中,二者之间也确实产生了一定的摩擦。例如,2020 年 7 月 16 日,欧洲法院基于美国未能达到欧盟对数据保护标准的理由,裁定欧盟与美国之间用于数据传输的协议——《隐私盾协议》(*Privacy Shield Framework*)无效,从而产生禁止美国企业依据该协议将欧盟国民的数据传输到美国的效果。[①]

第二,全球数字治理规则的差异化趋向更加明显。美国主导形成了以《美日数字贸易协定》《美墨加协定》及《全面与进步跨太平洋伙伴关系协定》(CPTPP)为主要代表的数字贸易规则的"美式模板",而欧盟也逐渐形成了以《加拿大与欧盟自由贸易协定》《欧日经济伙伴关系协定》为主的数字贸易规则的"欧式模板"。除美欧以外,《区域全面经济伙伴关系协定》(RECP)、《数字经济伙伴关系协定》(DEPA)也是利益相近国家率先在区域层面达成的数字贸易规则。对比分析之下不难发现,不同协定之间的规则存在较为明显的差异。以数据跨境流动规则为例,《美日数字贸易协定》第 11 条第 1 款明确规定:"任何一方均不得禁止或限制通过电子方式进行信息(包括个人信息)的跨境转移,如果此活动是为了开展所涵盖人员的业务。"《美墨加协定》第 19.11 条也规定了与《美日数字贸易协定》相同的规则,即禁止对数据的跨境流动施加任何限制。可见,美国主导下的跨境数据流动规则往往原则上以促进数据自由流动为根本导向。对于欧盟主导订立的有关协定而言,相关规则没有为数据跨境流动设定具有约束力的义务,有些仅强调了个人信息保护和隐私保护。[②] 例

---

① 王贵国:《网络空间国际治理的规则及适用》,《中国法律评论》2021 年第 2 期。
② 谭观福:《数字贸易中跨境数据流动的国际法规制》,《比较法研究》2022 年第 3 期。

240

如,《欧日经济伙伴关系协定》第 8.81 条仅规定:"双方应在本协定生效之日起三年内重新评估是否需要将数据自由流动条款纳入本协定。"欧盟在对待数据跨境流动问题上展现出一种不同于美国的立场,即数据跨境流动应当以符合欧盟数据控制标准和要求的方式进行。作为东亚经济一体化进程的重要里程碑,《区域全面经济伙伴关系协定》对数据跨境流动的规则又与欧美等主导下的协定有所差异。具体而言,其一,《区域全面经济伙伴关系协定》第 12.15条明确缔约国仅负有"不阻止"(not prevent)数据跨境流动的义务,但并没有直接否定缔约国对数据跨境流动监管的权力,反而尊重各缔约国"对于通过电子方式传输信息可能有各自的监管要求"。这与美国主导的数据跨境流动规则明确禁止缔约国干预存在本质上的不同。其二,《区域全面经济伙伴关系协定》第 12.8 条体现了对个人信息的保护,要求缔约方应当制定个人信息保护的法律框架。然而,美国主导的数据跨境流动规则却明确禁止缔约方对个人信息的跨境流动施加任何限制,无疑暗含要求缔约方放弃对个人信息跨境流动采取保护措施的意味。其三,相较于欧盟要求数据跨境流动满足自身标准的做法,《区域全面经济伙伴关系协定》明显更具有包容性和开放性,其第 12.8 条作出了"加强合作以保护个人信息的跨境流动"的规定,意味着各缔约国需要在合作基础上以共同商定的标准推进个人信息的保护,而不是单方面的以某个国家的标准为准。可见,不同的数据跨境流动规则正在进行差异化发展,背后不仅体现各国在该问题上的理念差异,更体现出利益差异和文化差异。

第三,全球数字治理规则的碎片化程度明显加剧。在数字技术不断发展迭代的情况下,人工智能、区块链、数据跨境流动等带来的挑战具有全球性,任何一个国家都没有能力单独应对,需要加强国际合作以共同应对,这决定了在多边层面推动达成全球数字治理的普遍性规则不仅必要而且合理。普遍接受的多边规则可以最大限度地凝聚各方共识,为所有国家参与全球数字治理提供基本的指引、方向和底线,保障全球数字经济的发展始终处于法治轨道。然而,作为世界上规模最大的多边贸易体制,WTO 早在 1998 年的部长级会议上便意识到新的信息技术可能会影响全球贸易,通过《全球电子商务宣言》来协调工商部门和政府的作用、中小企业参与、消除障碍和技术合作等问题。^① 但是，长期以来，WTO 的电子商务谈判进展缓慢。尽管中国、美国、俄罗斯、日本以及欧盟等 76 个 WTO 成员方在 2019 年签署了《关于电子商务的联合声明》，但是面对跨境电子商务向数字经济迅猛发展的现状，WTO 成员在具体关注点方面存在明显差异，^②共识成果的达成必将是一个漫长艰难的过程。进一步而言，考虑到 WTO 所采取的"协商一致"决策规则，^③可能导致即便最终达成相关多边规则，也会因为多方妥协而使具体条文仅能反映最低限度的共识和具有相当高程度的模糊性，^④难以满足数字经济发展的需求和解决数字经济带来的问题。因此，主权国家更加倾向于寻求同利益相近的国家达成双边或区域协定，少数大国或经济体主导的双边或区域协定中均纳入了专门的数字贸易规则。虽然这种双边或区域安排能够更加灵活和有针对性地对全球数字经济治理中的特定问题进行回应，并且能够作为未来多边贸易条约的有益先例和基础，^⑤但也进一步加剧了各类双边、区域协定各行其是、相互排斥的碎片化程度，甚至是形成具有排他性的"小圈子"，阻碍多边规则的发展，背离解决全球数字治理赤字的"多边主义"的正确方向。例如，拜登政府考虑与包括澳大利亚、加拿大、日本、马来西亚、新加坡等在内的亚太国家及地区达成数字贸易协议的可能性，以重塑美国在亚太地区的领导力，孤立中国。^⑥又如，CPTPP 设置了诸多新兴经济体难以接受的条款以达到遏制其发展的目的。^⑦ 在普遍性多边规则长期缺位的情况下，目前全球数字治理领域的规则碎片化程度将进一步加深，各种规范和制度之间缺乏结构上的有机联系，相互冲

① WTO, *Declaration on Global Electronic Commerce*, WT/MIN (98)/DEC/2, May 25, 1998.

② 石静霞：《数字经济背景下的 WTO 电子商务诸边谈判：最新发展及焦点问题》，《东方法学》2020 年第 2 期。

③ Barry Buzan, "Negotiating by consensus: Developments in Technique at the United Nations Conference on the Law of the Sea," *The American Journal of International Law*, Vol. 75, 1981, pp. 324—328.

④ 赵骏、孟令浩：《"一揽子交易"为何难以达成"最佳共识"——多边国际造法的实践难题》，《探索与争鸣》2022 年第 5 期。

⑤ Gabriella Blum, "Bilateralism, Multilateralism, and the Architecture of International Law," *Harvard International Law Journal*, Vol. 49, 2008, p. 376.

⑥ 周念利、孟克：《美国拜登政府的数字贸易治理政策趋向及我国应对策略》，《太平洋学报》2021 年第 10 期。

⑦ 谢卓君、杨署东：《全球治理中的跨境数据流动规制与中国参与——基于 WTO、CPTPP 和 RCEP 的比较分析》，《国际观察》2021 年第 5 期。

突、彼此矛盾的问题愈演愈烈。① 这不仅对国际法的整体发展带来了极大的挑战，导致以国家为主体的国际法体系因此失去整体性和完整性，②也势必会加剧未来全球数字治理规则博弈的不确定性。

二、影响全球数字治理规则博弈走向的主要因素

数字化时代，主权在不断顺应数字化发展的同时，也在不断向各种新兴的数字治理领域延伸。尽管自近代民族国家产生以来，国际法的发展离不开主权的不断"让渡"，但在当前的数字治理领域，主权则在持续寻求"扩张"，绝大多数国家均在极力强化自身的主权诉求，反映出一种区别于其他领域国家主权不断受国际法限制的趋势。③ 在此背景之下，具有普遍性、统一性的全球数字治理规则将更加难以形成。不过，这同时也为各国提出和重塑公正、合理的全球数字治理秩序提供了机遇。

（一）国家主权双重性的促动

国家主权的内核是权力和权利，④即具有权力与权利的双重性，⑤这种特性使主权在某种程度上处于事实和规范、政治和法律的边缘。当违法性变得极端时，主权可以将自己转化为新的合法性标准，从而显现出一种自相矛盾的特性。⑥ 在国际社会中，主权概念完全根据国际社会每个成员的意愿推断出国际法的约束力。⑦

当前，全球数字治理中的国家主权主张体现出"自由"与"控制"的双重性特征。概言之，国家对本国的数据资源、数字技术或数字基础设施设定苛刻的

---

① 古祖雪：《现代国际法的多样化、碎片化与有序化》，《法学研究》2007年第1期。

② 薛捍勤：《国际法治的挑战》，《国际经济法学刊》2021年第3期。

③ 蔡从燕：《国家的"离开""回归"与国际法的未来》，《国际法研究》2018年第4期。

④ 何志鹏：《主权：政治现实、道德理想与法治桥梁》，《当代法学》2009年第5期。

⑤ 江河：《国家主权的双重属性和大国海权的强化》，《政法论坛》2017年第1期。

⑥ Hent Kalmo, *Sovereignty in Fragments: The Past, Present and Future of a Contested Concept*, Cambridge University Press, 2010, p. 114.

⑦ H. Lauterpacht, *The Function of Law in the International Community*, Oxford University Press, 2011, p. 3.

保护标准,严防任何外来"侵犯",这体现出主权的权力性、防御性。与此同时,国家又强调各类主体在数字空间中的活动自由,倡导"数据自由流动原则"以尽可能多地获取他国的数据,反对其他国家的任意干涉,从而又体现出主权的权利性、进攻性。作为这方面最为典型的例子,在数据跨境流动规则的博弈中,美国一方面不容许其他国家任意染指本国数据,强调"只有能够保护本国数据的国家才有主权"①;另一方面却凭借技术优势破除他国数据保护壁垒,在全球范围内随意获取数据服务于美国的利益。美国批评其他国家所采取的数据本地化措施,将其他国家的相关政策看作数据保护主义,却没有意识到自身也在采取相同或者相似的措施。② 无独有偶,欧盟采取了类似的做法以谋求自身利益的最大化,其在抬高数据流出门槛的同时,也在积极运用长臂管辖权促使企业将数据带回欧盟境内。因此,由于主权所具有的双重性,其可以从正反两个方面为国家的自身利益辩护提供正当性与合法性,这势必会进一步加剧全球数字治理规则博弈的激烈程度。

(二) 国家利益需要的塑造

不同时代的国家利益呈现出明显的差异,而始终处于变动之中的国家利益需要在很大程度上决定了全球数字治理规则的主要内容。只有善于将本国的利益需要以国际规则的形式固化,才能在激烈的国际竞争中始终占据主动。在全球数字治理规则博弈的过程中,国家会从自身实力地位和利益出发,提出有助于利益最大化的主张和诉求。不同的国家明显具有不同的国家利益需要,因此这些不同的利益需要之间难免会发生一定的碰撞和冲突。

在数字治理领域,美国主导推动的数字规则背后便深刻反映出其利益需要。美国的数字经济规模位居全球首位,其不仅引领着全球人工智能、大数据等数字技术的发展方向,而且还拥有一大批具有全球性影响的数字企业巨头。为了继续保持和进一步扩大自身在数字领域的优势地位,美国向来积极主张

① Pompeo: Huawei Tech Threatens National Sovereignty, https://www. nexttv. com/news/pompeo-huawei-tech-threatens-national-sovereignty.

② Susan Ariel Aaronson, "What Are We Talking about When We Talk about Digital Protectionism?" *World Trade Review*, Vol. 18, 2019, p. 558.

构建一个自由开放的全球数字治理秩序,从而通过尽可能多地获取其他国家的数据来促进本国数字产业的发展。在数字时代,数据的价值进一步提高,其已成为支撑和驱动大数据、人工智能等一系列新兴数字技术得以实际应用的核心。数据又被称为"二十一世纪的石油"或"数字经济的货币"①。数据已成为一种新型的资源和数字经济时代最为关键的生产要素,其本质上是一种具有相当高价值的资产。因此,在全球数字治理规则博弈中,美国坚决反对数据本地化措施,强调数据跨境流动自由,逐渐形成了以《美墨加协定》等自由贸易协定为主的、符合自身数字经济发展利益的美式规则。不仅如此,美国也在积极推动相关规则的多边化,以期最终构建起一个以"数字自由化"为基础的全球数字治理规则体系。

(三)国际社会结构的影响

当今的国际社会处于一种平权的状态,在主权国家之上不存在任何超国家的权威,更不存在集中统一的立法机关,②国际法仍然作为平等主体的国家之间通过协商谈判的规范。国际法主要是由主权国家推动制定,体现了各国的"协调意志"与"共同同意"。反过来,国际法也主要调整和规范主权国家的行为。主权国家既是国家法的主体,又是国际造法的主体,③这决定了全球数字治理规则本质上需要依靠国际合作才能顺利达成并有效实施。国际法的力量来自国家认同与社会认可,只有国家普遍地持有认可和支持态度,国际法才具有权威和信用。④ 因此,全球数字治理规则必须充分体现各个主权国家的利益,而这也意味着国家之间需要进行长期反复的规则博弈和利益协调。

在尚未形成统一的全球数字治理规则之前,主权国家也广泛拥有借助自

---

① Data is the 21st century's oil, says Siemens CEO Joe Kaeser, https://economictimes. indiatimes. com/magazines/panache/data-is-the-21st-centurys-oil-says-siemens-ceo-joe-kaeser/articleshow/64298125. cms? from=mdr.

② 赵骏、孟令浩:《我国碳排放权交易规则体系的构建与完善——基于国际法治与国内法治互动的视野》,《湖北大学学报》(哲学社会科学版)2021年第5期。

③ 古祖雪:《国际造法:基本原则及其对国际法的意义》,《中国社会科学》2012年第2期。

④ 何志鹏:《以诺为则:现代性国际法的渊源特质》,《当代法学》2019年第6期。

身实践影响规则博弈的自由。主权国家不分大小强弱，一律平等。主权国家应当相互尊重对方的主权，一国行使主权不得以损害他国的主权为代价，由此可以推导出不得预先推定国家独立性受限这一结论。1927 年，国际常设法院就法国与土耳其之间的"荷花号"案（*Lotus case*）中提出了"在理解国际法时，不可假定国际法对国家的独立性有所限制"[①]的著名论断，从而明确在条约或习惯国际法不加禁止之时，国家享有充分的行动自由。因此，主权国家实际上在尚未存在明确的国际法规范的领域内，享有广泛的自由，可谓是"国际法无禁止即自由"。实践中，许多国家据此为自身的行为辩护。例如，在 1996 年关于核武器的咨询意见中，有些国家援引"荷花号"案——主张只要国际法没有禁止，使用核武器便合法。又如，在专属经济区的军事侦查或测量活动问题上，美国也曾援引"荷花号"案主张这些活动的合法性。[②] 这种论断为国家依据自身利益提出主张创造了空间，在当前缺乏统一的全球数字治理规则的情况下，各国实际上享有依据不同情况以不同方式适用主权原则的自由，[③]其他国家出于主权平等而不得随意干涉，直接导致在全球数字治理规则博弈中，主权国家可以根据自身利益需要自由地提出相关主张并付诸实践。

三、全球数字治理的中国方案

全球数字治理秩序可以从历史的发展中汲取经验。国际海洋秩序的演化过程一定程度上可以为当前全球数字治理规则的博弈提供前车之鉴。历史上，海洋秩序演化过程中就一直存在"自由"与"控制"、"开放"与"封闭"、"分享"与"独占"的竞争，此消彼长、此起彼伏，至今都未平息。[④] 在经过长达几个世纪的博弈之后，以 1982 年《联合国海洋法公约》为基础的国际海洋法秩序，既规定了主权国家对于领海、毗连区、专属经济区、大陆架享有控制和管理的主

[①] SS *Lotus*（France v Turkey）（1927）PCIJ Ser A，No 10，pp. 18—19.

[②] Yoshifumi Tanaka，*The International Law of the Sea*，Cambridge University Press，2012，p. 344.

[③] 王超：《主权原则在网络空间适用的理论冲突及应对》，《法学》2021 年第 3 期。

[④] 郑志华：《中国崛起与海洋秩序的建构——包容性海洋秩序论纲》，《上海行政学院学报》2015 年第 3 期。

权或主权权利,也保留了主权国家在公海上的航行、飞越、捕鱼等公海自由权利,最终实现了主权国家对于海洋利用"自由"与维护海洋安全"控制"之间的平衡兼顾。从国际海洋秩序的发展演变历史可以发现,当前全球数字治理规则博弈中表现出来的"自由"与"控制",本质上是对立统一的关系,二者之间的持续性张力对全球数字治理规则及治理秩序起到关键性的塑造作用。全球数字治理规则的博弈必将是一个曲折而漫长的过程,唯有努力推动达成"自由"与"控制"之间的协调平衡,才能真正构建起一个稳定、包容的全球数字治理秩序。国际合作始终是推进全球数字治理、构建公正合理的全球数字治理秩序的基本路径。为此,中国作为负责任的数字经济大国,需要在推进"数字中国"建设的过程中,加快形成具有中国特色的数字治理主张,并以此为基础在国际层面提出中国方案、贡献中国智慧。

(一)国内层面:加强数字法治建设,为参与全球数字治理提供有力支撑保障

全球治理以国际治理与国内治理为交互作用的两端,[①]国内法治与国际法治则是全球治理的规范表达。在数字全球化时代,国内法治与国际法治依然存在日渐密切且持续双向的互动。[②] 一方面,国内法治能够成为国际法治的重要渊源,主权国家参与国际规则的制定往往倾向于将本国的成功经验输出;另一方面,国际法治也可能成为国内法治的重要借鉴对象,主权国家在制定国内规则时也会充分遵守和借鉴国际规则。在全球数字治理面临"规则赤字"的当下,集中反映各国数字利益的国内法治对国际法治的单向度影响尤为明显。这启发我们,法治无疑是全球数字治理的重要依托和基本手段,全球数字治理的法治化是一种应然方向。通过国内法治影响国际法治的方式,将自身的主权观输至国际层面,是在全球数字治理过程中维护本国主权、安全和发展利益的重要路径。从主权与法治的内部关系来看,主权是法治的基础,制定良法与实施善治都依靠对主权中立法权、执法权与司法权的行使。这意味着法治反映主权的偏好并在主权设定的轨道上运行。在数字治理领域,主权国家依靠

---

① 曾令良:《法治中国与国际法治紧密相连》,《法制与社会发展》2013 年第 5 期。
② 赵骏:《"一带一路"数字经济的发展图景与法治路径》,《中国法律评论》2021 年第 2 期。

数字法治推进国内数字治理的过程就是彰显和行使主权的过程,数字法治是一个国家数字利益的法治化表达,加强数字法治建设是加快推进数字中国建设的题中应有之义。我国应当在坚持统筹推进国内法治和涉外法治思想的指导下,从立法、执法、司法等层面推进数字法治建设。

第一,明确数字治理的价值定位。从单国视角出发,数字治理应当追求何种价值目标是一个必须回应的前提性问题。面临数字治理领域的价值多元化,不同的价值目标决定了不同的数字治理走向。欧盟将自身数字治理价值目标定位为"安全为主 兼顾效率",总体目标是防御外部影响和减少外部依赖,增强自身在数字领域的自主权与实力。为此,欧盟不仅加快对域内数字产业的投资,而且还通过加强对外国数字企业巨头的监管、征收数字服务税等手段削弱外国影响。与欧盟相反,美国具有领先的数字产业优势和极具竞争力的数字企业巨头,"效率为主 兼顾安全"是其推进数字治理的首要价值目标。因此,美国保持了相当程度的克制,尽量减少干预,只有数量十分有限的数据安全、隐私保护立法,以减少企业的合规成本,帮助其更好地进行全球扩张。就我国而言,在数字治理的价值选择上显然面临比美欧更为复杂的现实情况,过分追求效率可能会加剧数字经济垄断、资本无序扩张等问题,而过分强调安全势必不利于进一步增强我国数字经济的竞争力和影响力。我国当前特别强调统筹发展与安全,基于此探索确立平衡兼顾效率与安全的数字治理价值导向,并根据具体情况进行灵活调适,不失为一种理想选择。

第二,加快数字领域的立法步伐,尝试划定数字治理的内外边界。我国的数字立法首先应当为数字化转型提供保障。以数字政府建设为例,其可以提升政府的行政效率、服务水平和治理的科学化程度,但也会产生公共数据的共享不规范、自动化行政的算法不透明、大数据侵犯个人隐私等问题,这些都需要加强立法以明晰公共数据的共享规则、完善政府运用算法的条件与标准、探索最优的个人信息保护规则。其次,立法应当对那些侵犯国家主权、安全以及企业公民合法利益的行为进行规制,加快人工智能、区块链等数字技术的立法步伐,防范数字技术对国家主权侵蚀的风险,进一步完善国家安全立法、阻断外国数字长臂管辖权立法和反制裁、反干涉立法。最后也应当促进和保障数字经济的健康有序发展,维护数字时代的社会公平正义。一方面,完善反垄断立法,加快推进《反垄断法》《反不正当竞争法》修订,增设关于互联网经营者市场支配地位进行规范认定的规定,提高对相关违法行为的处罚额上限,防止资本无序扩张;[①]另一方面,促进数字经济发展,弥合数字鸿沟立法,让数字技术的发展以造福人类为根本目标,为人们在数字时代对美好生活的向往提供基本的立法保障。

第三,强化数字领域的执法与司法,保障数字权益不受侵犯。首先,完善主管部门、监管机构职责,分工合作、相互配合,改进提高监管技术和手段,把监管和治理贯穿创新、生产、经营、投资全过程。[②] 特别是要加强数字经济的竞争规制、数据规制和算法规制,增强反垄断执法的能力与水平,规范数字平台不当竞争行为、数据收集行为和加强对算法的反垄断审查,遏制算法共谋。其次,强化数字经济的司法保障。这不仅要求司法机关加强知识产权保护、促进并保障竞争、强化消费者合法权益保护、合理界定平台责任,而且还要保护公民个人信息,妥善处理个人隐私与数据利用的关系,精准打击数字经济犯罪。在此基础上,司法机关也要支持监督行政机关依法行政,推动完善数字经济多元化纠纷解决体系,探索涉虚拟财产与数字资产的保全与执行,促进审判执行工作与社会信息体系建设深度融合。

(二)国际层面:倡导人类命运共同体理念,推动构建包容性的全球数字治理秩序

国际海洋秩序的历史演变为当前全球数字治理秩序的构建提供了借鉴,不同国家对全球数字治理秩序提出不同的主张和制度构想的状况可以比拟海洋领域。长期以来,国际海洋秩序一直为安全与效率两种价值原则所塑造。20 世纪 60 年代,"人类共同继承财产"原则经马耳他常驻联合国代表帕多提出后,获得广泛认可并被写入 1982 年《联合国海洋法公约》,成为支配国际海底区域的基石原则。"人类共同继承财产"原则代表着全人类的共同利益,所有国家都公平地享有开发国际海底区域的收益,体现为一种"公平"的价值导向,即各国不应当再局限于狭隘的海上安全与资源利益,而是应当避免冲突对抗,以

---

① 孙佑海:《论构建和完善促进共同富裕的法律体系》,《中州学刊》2022 年第 1 期。

② 习近平:《不断做强做优做大我国数字经济》,《求是》2022 年第 2 期。

更具包容性的心态加强合作,增进全人类的共同利益和福祉。在塑造全球数字治理秩序的"安全"与"效率"之外,还应倡导"公平"导向的秩序价值。全球数字治理应当努力实现从权力政治到规则之治、从威胁施压到平等协商、从各行其是到有效协调的转变。我国要以国内数字法治建设的经验,在促进数字治理领域国内规则与国际规则良性互动的过程中,推动构建包容性的全球数字治理秩序。

我国应倡导数字命运共同体理念,为全球数字治理秩序注入更多"公平"元素。作为我国对外关系领域的根本性指导思想,①人类命运共同体理念为推动构建全球数字治理秩序、数字命运共同体提供了坚实的理论基础。首先,数字命运共同体理念与全球数字治理的需求高度契合。数字技术的发展正在从整体上将人类社会带进"数字时代",数据可以突破传统观念上的国家疆域流动,网络攻击、数据安全等风险对世界各国提出了共同的挑战,所有国家都具有共同的数字发展利益,形成一个紧密联系的命运共同体。因此,合作推进全球数字治理成为数字命运共同体理念的题中应有之义和必然要求。其次,数字命运共同体理念本质上是一种公平导向的价值原则。命运与共意味着权责共担,各国在全球数字治理规则博弈中应当真正树立全球数字治理的共同体意识,任何国家的主权都必须在合理的限度内行使,在寻求本国利益的同时,应当积极承担共同的治理责任。最后,数字命运共同体理念契合全球数字治理秩序包容性发展的趋势,其将"合作"推进到"共商共建共享"的高度,深化了合作的意涵,使国际合作从合作发展到共商共建共享。② 各国应当在规则的制定过程中坚持真正的"多边主义",在相互尊重彼此主权和民主协商的基础上,促进现有数字治理规则的互动与融合,将全球数字治理领域"打造成各方合作的新疆域,而不是相互博弈的竞技场"③。

我国在探索将数字命运共同体理念嵌入全球数字治理的过程中,还应当注重路径的选择。在国际法上,相较于具有法律拘束力的条约、国际习惯等,还存在一些诸如宣言、倡议、决议等不具有法律拘束力但又具有一定法律效果

---

① 张辉:《人类命运共同体:国际法社会基础理论的当代发展》,《中国社会科学》2018 年第 5 期。
② 谢海霞:《人类命运共同体的构建与国际法的发展》,《法学论坛》2018 年第 1 期。
③ 习近平:《共同构建人类命运共同体》,《人民日报》2017 年 1 月 20 日。

的国际文件,这类规则通常被称为国际软法。① "软法"产生的根源在于新事物的出现和"硬法"制定的滞后。② "软法"最大的特点在于其不具有法律拘束力,对主权国家的约束性较小,谈判的成本较低,更容易促进各方达成共识。目前,在全球数字治理领域,已有数量可观的"软法",彰显"软法"在推进国际合作与弥合分歧方面的积极作用。③ 同时也应当注意到,现有全球数字治理领域的软法性文件,多是由少数政治集团或区域组织主导,真正具有普遍意义的软法性文件仍然比较缺乏。此外,以国际条约为代表的"硬法"意味着相对较强的拘束力,可以在有力约束各国行为的同时,增强国际社会成员之间的可预期性与稳定性,是全球数字治理规则的理想模式,现有的双边、区域数字经济协定无一例外均采取了条约的形式。

作为全球治理的新疆域,全球数字治理应当充分发挥"软法"与"硬法"的比较优势,在"软法"与"硬法"有机结合的基础上,推动全球数字治理秩序的构建与完善。2020 年 9 月,中国提出的《全球数据安全倡议》得到了国际社会的广泛关注和普遍赞誉,在此基础上,中国可以在联合国层面主动发起有关全球数字治理的倡议,推动以联合国大会决议或世界各国宣言等形式从更高层面凝聚全球数字治理的普遍共识,循序渐进推动"软法"的硬法化,助力数字治理领域的冲突与竞争朝着包容与合作的方向发展。

四、结　论

数字化时代,主权国家作为世界上控制最充足资源、具备最高权威和行动能力的主体,仍然在多元化的全球数字治理中占据主导性地位。单纯依靠市场中私主体的自发行动虽然能在一定程度上实现数字化发展的效率最大化,但却不可避免会带来新的问题,寄希望于在国家主权之外打造一个独立

---

① 王铁崖,《国际法》,法律出版社 1995 年版,第 332 页。

② 赵骏:《"一带一路"数字经济的发展图景与法治路径》,《中国法律评论》2021 年第 2 期。

③ 这些软法既包括《隐私保护和个人数据跨境流动指南》《二十国集团领导人罗马峰会宣言》《二十国集团数字部长宣言》《二十国集团数字经济发展与合作倡议》《数字经济大阪宣言》《互联网和数字经济路线图》等多边性质的软法,也包括《中国—东盟关于建立数字经济合作伙伴关系的倡议》等双边性质的软法。

的数字帝国的理念与实践必将面临现实中的各种挑战,最终无法引领全人类真正迈向数字文明。尽管面临诸多困难,主权国家在全球数字治理中的主导性参与,无疑是一个长期的动态过程,其中最关键的是有效协调不同国家之间的主权冲突,在不断弥合各国在安全、经济、人权、道德伦理等数字利益诉求的基础上,统筹推进全球数字治理的国际合作。对于我国而言,参与全球数字治理是一次构建数字命运共同体的重要机遇,应当"主动参与国际组织数字经济议题谈判,开展双多边数字治理合作,维护和完善多边数字经济治理机制,及时提出中国方案,发出中国声音"①,最终推动形成一个公平合理的包容性全球数字治理秩序,为迎接全人类数字文明时刻的真正到来作好准备。

第二节　网络空间主权适用的国际法问题

第二届世界互联网大会将尊重主权原则作为推进网络空间国际治理的基础。② 目前,主权原则适用于网络空间已经得到国际社会的普遍认同,但因网络空间的特殊性和独特性,在如何适用方面还存在着诸多分歧。

一、网络空间主权适用问题概述

(一) 网络空间主权的含义

主权是一个国家的固有属性,是一种以国家为范围的对内最高统治权和对外独立权。国家主权以国家的地理疆界为界限,不可转让、不可分割、不受限制。③ 主权一般说来包含内部主权和外部主权两个方面,二者密切联系,可

---

① 习近平:《不断做强做优做大我国数字经济》,《求是》2022 年第 2 期。
② 《习近平出席第二届世界互联网大会开幕式并发表主旨演讲》,《人民日报》2015 年 12 月 17 日。
③ 让·博丹:《主权论》,李卫海、钱俊文译,北京大学出版社 2008 年版。

以说,外部主权是内部主权的必然结果。内部主权是指国家在其管辖范围内对其他团体的优越性,而外部主权是指国家在其与其他国家的关系上行动独立和不受外部控制的自由。[①]

网络主权是国家主权在网络空间的自然延伸,是一国基于国家主权对本国境内的网络设施、网络主体、网络行为及相关网络数据和信息等享有的最高权和对外独立权。[②] 具体而言,主要包括以下几个方面。

1. 独立权

主权国家有权自主选择网络发展道路、治理模式和公共政策,不受任何外来干涉。

2. 平等权

按照《联合国宪章》主权平等原则,主权国家有权平等参与网络空间国际治理,共同制定国际规则。

3. 管辖权

管辖权可分为立法规制权、行政管辖权和司法管辖权三个方面。

立法管辖权是主权国家为保障国家安全、社会公共利益,保护公民、法人和其他组织的合法权益,有权对本国境内的网络设施、网络主体、网络行为及相关网络数据和信息等制定法律法规。

行政管辖权是主权国家为维护良好的网络空间秩序,有权依法对本国境内的网络设施、网络主体、网络行为及相关网络数据和信息等加以管理。

司法管辖权指主权国家有权依法对本国境内的网络设施、网络主体、网络行为及相关网络数据和信息等进行司法管辖。

主权国家有权基于公认的国际法原则,对本国境外与本国具有真实充分联系的特定网络行为,以及与之相关的网络设施、网络主体等行使必要且合理的属人管辖权、保护性管辖权和普遍性管辖权。为顺利实施此类管辖权,主权

---

① 王铁崖:《国际法引论》,北京大学出版社 1998 年版。

② 《网络主权:理论与实践(2.0 版)》,http://www.cac.gov.cn/2020-11/25/c_1607869924931855.htm。

国家可以本着克制、礼让和对等的精神,寻求相关国家和地区的协助。

4. 防卫权

主权国家有权开展本国的网络安全能力建设,并有权在《联合国宪章》框架下采取合法合理措施,维护本国在网络空间的正当权益不受外来侵犯。

(二)行使网络主权的基本原则

1. 平等原则

《联合国宪章》提出的主权平等原则,是各国行使网络主权时应遵循的首要原则。主权国家无论大小、强弱、贫富,在法律上是平等的,都有权平等参与网络空间国际事务,也有权受到他国的平等对待,更有义务平等对待他国。

2. 公正原则

各国应坚持网络空间的公平正义,推动互联网治理体系向公正合理的方向发展,使其反映世界大多数国家的意愿和利益,尤其是要维护好广大发展中国家的正当权益,确保网络空间的发展由各国人民共同掌握。各国不应滥用自身在网络领域的设施、技术、系统、数据优势地位,干涉他国行使网络主权,或推行网络霸权、网络孤立等不公正行为。

3. 合作原则

网络空间具有全球性,任何国家都难以仅凭一己之力实现对网络空间的有效治理。基于《联合国宪章》提倡的"善意合作"原则,各国应尊重他国的国际法主体地位,秉持共商共建共享理念,坚持多边参与、多方参与,打造多领域、多层次、全方位的治理体系,致力于维护网络空间的安全与发展。

4. 和平原则

网络空间互联互通,各国利益深度交融。各国应遵守《联合国宪章》的宗旨与原则,和平利用互联网,以和平方式解决网络空间争端。各国应采取有效措施,防范利用信息通信技术从事破坏和平的行动,防止网络空间军备竞赛,预防并打击网络犯罪与网络恐怖主义,维护网络空间的和平与安全。

5. 法治原则

各国应推进网络空间国际治理法治化,共同维护国际法的权威性,反对双重标准。各国应完善国内立法,依法行使网络主权,对内保护本国公民、法人和其他组织在网络空间的合法权利,对外尊重他国网络主权,遵守国际规则和国际法原则,不得利用网络干涉他国内政,不得从事、纵容或支持损害他国国家安全和利益的网络活动。

二、网络空间主权适用的发展历程与分歧

对于网络空间是否能够运用主权原则来规制,国际社会经历了一个逐渐变化的过程。

(一) 去主权化的"全球公域"主义

全球公域(global commons)指国家主权管辖之外为全人类利益所系的公共空间,如公海、国际空域、外层空间、极地、网络空间等。[①]

2005 年起,在美国涉及网络空间的战略报告以及一些重要的讲话中,美国领导人和战略制定者多次使用"全球公域"这个词语,并在《2010 年四年防卫评估报告》中,进一步将网络空间明确为"信息环境中的全球领域"。[②] 互联网或许可以为以民族国家为主导的现代政治带来一个新的选择,将其作为一个"去主权化"的全球公域由全球的技术社群来治理和维护。

然而,学界认为,网络空间本质上非自然造化,而系人力所为。[③] 不符合"超出各国管辖范围之外的地球自然资产"这一联合国关于全球公域的界定。[④] 随着网络信息技术的发展,网络空间与现实社会的连接越发精密,网络空间"全球空域"概念也不为多数国家所接受。

---

① 韩雪晴、王义桅:《全球公域:思想渊源、概念谱系与学术反思》,《中国社会科学》2014 年第 6 期。

② U. S. Department of Defense, "The Strategy for Homeland Defense and Civil Support," http://fas. org/man/eprint/homedefstrat. pdf.

③ 孙灿、郑普建:《国内学界"全球公域"研究综述》,《战略决策研究》2014 年第 3 期。

④ 张新宝、许可:《网络空间主权的治理模式及其制度构建》,《中国社会科学》2016 年第 8 期。

（二）多利益攸关方模式

多利益攸关方模式（The Multistakeholder Model）作为一种政策制定的对话机制于 2004 年左右进入国际互联网政治场。[1] 2005 年，联合国在信息社会世界高峰会上通过《突尼斯议程》（Tunis Agenda），首次提出网络治理中的"多利益攸关方主义"，意即政府、私营部门和民间团体通过发挥各自的作用，秉承统一的原则、规范、规则、决策程序和计划，为互联网确定演进和使用形式。

这一弱化政府参与的多利益攸关方治理模式看似为平衡各方利益的完美方案，并得到了西方国家和非政府网络治理机构的支持，但其"正当性"和"有效性"一直受学界和别国政府质疑。[2]

（三）国家主权原则引导的网络空间治理

以中国、俄罗斯为首的互联网新兴国家主张应提高主权原则在网络空间治理中的重要性，并主张联合国等政府间国际组织应在治理中发挥更大作用。

2003 年，联合国信息社会世界峰会通过的《日内瓦原则宣言》就提出"互联网公共政策的决策权是各国的主权"。2011—2015 年，中俄等国在《信息安全国际行为准则》中提出"重申与互联网有关的公共政策问题的决策权是各国的主权"。2013 年和 2015 年，联合国信息安全政府专家组在其报告中指出，"国家主权和在主权基础上衍生的国际规范及原则适用于国家进行的信息通信技术活动，""国家主权原则是增强国家运用信息通信技术安全性的根基"。2015 年，二十国集团领导人在《安塔利亚峰会公报》中指出，"确认国际法，特别是《联合国宪章》，适用于国家行为和信息通信技术运用，并承诺所有国家应当遵守进一步确认自愿和非约束性的在使用信息通信技术方面的负责任国家行为准则"。以国家主权原则引导的网络空间治理逐渐成为当下网络空间治理的主流。

---

[1] 崔保国：《网络空间治理模式的争议与博弈》，《新闻与写作》2016 年第 10 期。

[2] 张新宝、许可：《网络空间主权的治理模式及其制度构建》，《中国社会科学》2016 年第 8 期。

三、各国与国际组织关于网络空间主权的基本立场

（一）中国

中国始终倡导和践行网络主权原则。2015 年生效的《中华人民共和国国家安全法》第 25 条首次以法律形式明确了"网络空间主权"[①];2016 年通过的《中华人民共和国网络安全法》将"维护网络空间主权"作为网络空间立法的根本宗旨[②];同年发布《国家网络空间安全战略》,提出"国家主权拓展延伸到网络空间",并将网络空间主权作为国家主权的重要组成部分[③];2017 年发布《网络空间国际合作战略》,将主权原则列为网络空间国际合作的基本原则之一,并将"维护主权与安全"作为参与网络空间国际合作的首要战略目标[④];中国还在联合国信息安全政府专家组和开放式工作组、亚非法律协商组织等多边平台明确主张主权原则适用于网络空间。

（二）美国

美国政府虽然转而提倡"全球公域"和"多利益相关方"模式,但其去主权化不是完全的自由无度。其重要前提是不能危及美国的国家安全(例如反恐、经济竞争力),不能妨碍美国企业的全球竞争力,从而确保美国在经济和军事领域的竞争力和绝对领先优势。[⑤] 2018 年,美国政府先后出台《网络安全战略》《国家网络战略》等重要文件,将中俄锁定为竞争对手,制定了一系列政策和法规,强化政府的网络控制力,综合运用多种手段维护美国在科技创新、产业发展和军事保障等方面的国家利益。例如,2018 年 3 月时任美国总统的特朗普签字生效的《澄清域外合法使用数据法案》(CLOUD)为美国政府部门(如 FBI)直接从全球各地的美国数据控制者手中调取数据提供了法律依据。

---

① 《中华人民共和国国家安全法》,https://www.gov.cn/xinwen/2015-07/01/content_2888316.htm。

② 《中华人民共和国网络安全法》,http://www.npc.gov.cn/npc/c30834/201611/270b43e8b35e4f7ea98502b6f0e26f8a.shtml。

③ 《国家网络空间安全战略》,http://www.cac.gov.cn/2016-12/27/c_1120195926.htm。

④ 《网络空间国际合作战略》,http://www.cac.gov.cn/2017-03/01/c_1120552617.htm。

⑤ 郎平:《网络空间国际治理与博弈》,中国社会科学出版社 2022 年版。

（三）欧盟

欧盟同样认同与美国的价值观,支持"多利益相关方"的互联网治理模式,但是欧盟在实践中始终坚持加强政府对网络空间的管控。2018 年 5 月,欧盟实施《欧盟通用数据保护条例》,对个人数据的跨境流动予以严格管制,并通过个人数据处理活动的域外管辖权拓展其主权边界。同时,欧盟于 2020 年 2 月提出"技术主权",强化欧盟对网络空间的科技、规则和价值的控制力和主导权。

（四）俄罗斯

俄罗斯是网络空间主权的坚定拥护者。2011 年,俄罗斯发布《国际信息安全公约草案》,其中明确提出"所有缔约国在信息空间享平等主权"。[1] 2016年,俄罗斯发布修订后的《俄罗斯联邦信息安全学说》,进一步明确国家在信息领域的国家利益,明确网络空间主权的内涵。[2] 在保护本国网络免受威胁、干扰、攻击和破坏方面,俄罗斯于 2019 年 5 月出台《稳定俄网法案》,旨在确保俄罗斯互联网资源的自主性与可靠性,在无法连接国外服务器情况下仍能保障俄罗斯网络正常运行。

第三节　联合国网络空间国际规则的 制定与解释适用问题

从 2003 年信息社会世界峰会召开起,联合国正式介入网络空间治理。20年来,在联合国框架下推进全球网络空间治理进程,已经成为国际社会的共识,并陆续发起了信息社会世界峰会(WSIS)、互联网治理论坛(IGF)、信息安全政府专家组(UNGGE)、联合国信息安全开放式工作组(OEWG)等治理进程。

---

① https://www.mid.ru/tv/?id=1698725&lang=ru.

② http://www.scrfgovru/security/information/DIB_engl/.

一、信息社会世界峰会

2001 年联合国大会第 56/183 号决议依据国际电联倡议决定分两个阶段举行信息社会世界峰会（WSIS）。①

（一）信息社会世界峰会第一阶段

WSIS 第一阶段会议于 2003 年 12 月 10 日至 12 日在日内瓦举行，由瑞士政府主办。第一阶段的目标是制定和促进一项明确的政治意愿声明，并采取具体步骤为建立一个惠及所有人的信息社会奠定基础，反映所有不同的利害关系。②

在 WSIS 日内瓦阶段，近 50 位国家元首/政府首脑和副总统、82 位部长、26 位副部长和代表团团长以及来自国际组织、私营部门和民间社会的高级别代表为 2003 年 12 月 12 日通过的《原则宣言》和《行动计划》提供了政治支持。来自 175 个国家的 11 000 多名与会者出席了首脑会议和相关活动。

《原则宣言》和《行动计划》确定了建设信息社会的纲领性原则和奋斗目标，将共同展望和指导原则化作具体行动方针，以通过更广泛地利用基于信息通信技术的产品、网络、服务和应用实现达成国际共识的发展目标，同时帮助各国跨越数字鸿沟。《原则宣言》中构想的信息社会将通过各国政府和所有其他利益相关方的合作和团结一致得以实现。③

WSIS 第一阶段会议是联合国各成员国及有关各方共同努力的结果，明确了网络空间治理的发展方向，对于促进各国之间的相互合作与共同发展，具有重要的推动作用。

（二）信息社会世界峰会第二阶段

WSIS 第二阶段会议于 2005 年 11 月 16 日至 18 日在突尼斯举行，第二阶

---

① https：//www. itu. int/net/wsis/basic/about. html.

② https：//www. itu. int/net/wsis/geneva/index. html.

③ 参见《行动计划》，https：//www. itu. int/dms _ pub/itu-s/md/03/wsis/doc/S03-WSIS-DOC-0005‼ PDF-C. pdf。

段的目标是启动第一阶段的《行动计划》，并在互联网治理、融资机制以及第一阶段和第二阶段文件的后续行动和执行等领域找到解决方案并达成协议。①

来自 174 个国家的近 50 位国家元首/政府首脑和副总统，197 位部长、副部长及来自民间社会的高级别代表参加了 WSIS 突尼斯阶段会议，并对 2005 年 11 月 18 日通过的《突尼斯承诺》和《突尼斯信息社会议程》给予了政治支持。来自 174 个国家的 19 000 多名与会者出席了首脑会议和相关活动。

《突尼斯信息社会议程》重申了在第一阶段信息社会世界峰会做出的承诺，并表示将在突尼斯对其加以拓展，重点将放在弥合数字鸿沟的融资机制、互联网治理及相关问题以及对峰会日内瓦阶段和突尼斯阶段所做各项决定的落实和跟进工作方面。②

WSIS 表达了"建设以人为本、包容性和面向发展的信息社会的共同愿望和承诺"，首次明确表达了建立数字互联社会的政治意愿，造福所有人和人民。利用信息通信技术(ICT)支持发展目标。通过其产生的《日内瓦行动计划》和《突尼斯议程》，信息社会世界峰会为在互联网治理和信息通信技术融资机制以及以目标和行动方针形式实施的措施方面达成协议奠定了基础。

二、互联网治理论坛

《突尼斯信息社会议程》第 72 条要求联合国秘书长以开放和包容的方式在 2006 年第二季度召开新的多利益相关方政策对话论坛会议，即互联网治理论坛(IGF)。

（一）互联网治理论坛的主旨与任务

联合国秘书长于 2006 年 7 月 18 日宣布召开 IGF。IGF 旨在将来自不同利益相关者群体的人们平等地聚集在一起，讨论与互联网相关的公共政策问题。虽然没有谈判结果，但 IGF 会通知和激励公共和私营部门的决策者。在他们的年会上，代表们相互讨论、交流信息并分享良好做法。IGF 有助于就如

---

① https://www.itu.int/net/wsis/basic/about.html.
② 《突尼斯信息社会议程》，https://www.itu.int/net/wsis/docs2/tunis/off/6rev1-zh.pdf.

何最大限度地利用互联网机会及应对出现的风险和挑战达成共识。①

依据《突尼斯信息社会议程》,IGF 的任务包括:讨论与互联网治理关键要素相关的公共政策问题,以促进互联网的可持续性、稳健性、安全性、稳定性和发展;促进处理有关互联网的不同跨领域国际公共政策的机构之间的讨论,并讨论不属于任何现有机构范围的问题;与适当的政府间组织和其他机构就其职权范围内的事项进行交流;促进信息和最佳做法的交流,并在这方面充分利用学术、科学和技术界的专业知识;向所有利益相关者提出建议,以加快发展中世界互联网的可用性和可负担性;加强利益相关者对现有和/或未来互联网治理机制的参与,特别是来自发展中国家的机制;查明新出现的问题,提请相关机构和公众注意,并酌情提出建议;为发展中国家的互联网治理能力建设作贡献,充分利用当地的知识和专长;持续促进和评估 WSIS 原则在互联网治理流程中的体现。除其他外,讨论与互联网资源有关的关键问题,帮助寻找解决因使用和滥用互联网而引起的日常用户特别关注的问题的方法,发布会议记录。

(二)互联网治理论坛的成果

自 2006 年以来,IGF 已在不同国家和地区举办了 17 届年度论坛,为不同利益相关方平等讨论全球数字政策中的紧迫问题提供了平台。

近年来,围绕互联网治理和数字合作方法的讨论取得了进展,联合国秘书长的数字合作路线图(2020)以及联合国秘书长《我们的共同议程》的报告都强调了这一点。这些文件参考了 IGF 以及致力于推进数字合作的其他潜在活动和举措,如《我们的共同议程》中强调的数字契约提案。②

三、信息安全政府专家组

(一)信息安全政府专家组主旨与任务

联合国大会第 73/266 号决议请秘书长设立一个在国际安全背景下促进国

---

① https：//www. intgovforum. org/zh-hans/about.

② https：//www. intgovforum. org/en/content/igf-expert-group-meeting.

家在网络空间负责任行为的政府专家组(UNGGE)。

UNGGE政府专家组由来自25个国家的专家组成,他们以个人身份开展工作,其主席将在闭会期间与所有联合国会员国举行两次非正式磋商。其任务还包括与非洲联盟、欧洲联盟、美洲国家组织、欧洲安全与合作组织和东南亚国家联盟区域论坛等区域组织就此问题进行协商。①

(二)信息安全政府专家组成果

UNGGE在2019年举行第一次会议,并于2021年向联合国大会提交了《从国际安全角度促进网络空间负责任国家行为政府专家组的报告》。该报告载有专家组关于当下国际网络安全主题的结论意见,包括:现有和新出现的威胁;各国负责任行为准则、规则和原则;国际法;建立信任措施;信通技术安全和能力建设方面的国际合作和援助。② 在每一个议题上,该报告都为往届政府专家组的结论意见和建议提供了更深一层的理解。该报告重申了国际法,特别是整个《联合国宪章》对信息通信技术环境的适用性,并指出国际人道主义法只适用于武装冲突局势。然而,需要进一步研究将包括人道原则、必要性原则、比例原则和区分原则在内的既定国际法律原则应用于使用信通技术。③

四、信息安全开放式工作组

(一)信息安全开放式工作组议题

2018年联合国大会通过第27/2019号决议,设立了一个不限成员名额的工作组,即信息安全开放式工作组(OEWG)。该小组于2021年开始工作,并与工业界、民间社会和学术界举行了闭会期间磋商会议,不限成员名额工作组将定期举行会议,直至2025年。

---

① https://disarmament.unoda.org/group-of-governmental-experts/.

② https://documents-dds-ny.un.org/doc/UNDOC/GEN/N21/075/85/PDF/N2107585.pdf? OpenElement.

③ https://dig.watch/resource/un-gge-2021-report.

不限成员名额工作组的工作侧重于以下总体议题：现有和新出现的威胁；国际法如何适用于信息通信技术的使用；国家负责任行为的规范、规则和原则；建立信任措施；能力建设。

（二）信息安全开放式工作组的成果

2022 年，联合国大会第七十七届会议通过了一项题为"推进从国际安全角度使用信息和通信技术的国家负责任行为的行动纲领"的决议。

决议表示关切针对为公众提供基本服务的关键基础设施和关键信息基础设施的恶意信息和通信技术活动，认为有必要防止为犯罪或恐怖主义目的使用信息资源或技术，强调寻求以和平手段解决争端，促进为和平目的使用信息和通信技术，防止因使用信息和通信技术而产生的冲突，符合所有国家的利益，着重指出在使用信息和通信技术时尊重人权与基本自由的重要性，重点指出必须弥合数字鸿沟，在每个社会和部门建立复原力，并坚持以人为本的做法。①

第四节　网络空间治理领域国际规则制定的新动态

一、网络空间治理领域国际规则制定的多边化

除联合国外，多边合作组织也陆续提出了关于网络空间治理领域的国际规则制定的内容与议题。目前，经济合作与发展组织、上海合作组织、北大西公约组织（北约）等国际或区域组织都加强了成员国间有关网络安全问题的合作，并设立了相关的机构以推动共同行为准则的制定。网络空间治理领域国际规则制定呈多边化趋势。

---

① https://documents-dds-ny.un.org/doc/UNDOC/GEN/N22/737/73/PDF/N2273773.pdf? OpenElement.

（一）经济合作与发展组织

自 1990 年代初以来,经济合作与发展组织(简称"经合组织")一直在促进国际合作,并制定数字安全方面的政策分析和建议。其在这一领域的工作旨在制定和促进加强信任的政策,同时又不抑制信息和通信技术(ICT)创新、竞争力和增长的潜力。

经合组织一直是数字安全领域的先驱,并在过去 30 年中不断更新其方法。1992 年,经合组织理事会通过《关于信息系统安全指南的建议》,这是该组织首次起草制定信息系统安全指南,其中包括关于如何将安全作为实现信息和通信技术(ICT)的经济和社会潜力的条件的高级别原则。① 考虑到互联网的出现,2002 年经合组织发布《信息系统与网络安全准则：发展安全文化》,随后更新《安全准则》。② 2015 年,《2002 年安全准则》被《关于数字安全风险管理促进经济和社会繁荣的建议书》所取代,该建议书强调了经济和社会角度,而不仅仅是数字安全风险的技术性质。③

自 1992 年以来,经合组织还扩大了其专业知识和数字安全政策标准。两次更新的高级数字安全原则已被用作制定其他建议的基础。1997 年,经合组织理事会通过《关于密码学政策指南的建议书》(简称"《密码学指南》"),以促进密码学的使用,而不会过度危害公共安全、执法和国家安全。2007 年理事会通过了《关于电子认证的建议》。2008 年,通过《关于保护关键信息基础设施的建议书》,并于 2019 年更新,成为《关于重要活动数字安全的建议书》(简称"2019 年建议书")。

2022 年在对 2015 年建议书和 2019 年建议书进行审查后,经合组织决定提供更新的、更全面的一揽子数字安全建议,并于同年通过《国家数字安全战略理事会建议书》。建议书中要求有效的数字安全政策制定要所有利益攸关方,从政府机构到公共和私营部门组织及个人,以一致的方式联合起来。因此,国家数字安全战略应旨在创造条件,鼓励所有利益攸关方管理数字安全风险,培养对数字环境的信任和信心,增强安全性和弹性,并促进数字化转型。

---

① https://www.oecd.org/digital/ieconomy/oecdguidelinesforthesecurityofinformationsystems1992.htm.

② https://www.oecd.org/digital/ieconomy/oecdguidelinesforthesecurityofinformationsystemsandnetworkstowardacultureofsecurity.htm.

③ https://www.oecd.org/sti/ieconomy/digital-security-risk-management.htm.

国家战略将有超出《建议书》范围的其他目标,如国家安全或网络犯罪,而《建议书》仅限于"数字安全"以及随后的经济和社会繁荣。①

(二)上海合作组织

2006 年,上海合作组织颁布第一份信息安全合作领域的文件《上海合作组织成员国元首关于国际信息安全的声明》,信息安全正式进入上海合作组织的国际议程中,各国也表示出合作共同应对信息安全威胁的意愿。同时,声明决定建立本组织成员国国际信息安全专家组,吸收本组织秘书处、本组织地区反恐怖机构执委会代表参加,以制定国际信息安全行动计划,明确在本组织框架内全面解决国际信息安全问题的各种途径和方法。②

2013 年,上海合作组织比什凯克峰会宣言中明确提出,要以尊重国家主权、不干涉内政原则为基础,构建和平、安全、公正和开放的信息空间,主张制定统一的信息空间国家行为准则。2014 年的杜尚别峰会宣言进一步指出,成员国支持所有国家平等管理互联网的权利,支持和保障各自互联网安全的主权权利。在上海合作组织信息安全议题的子领域中,重点关注打击恐怖主义、极端主义和分裂主义等核心议题。2017 年 6 月成员国元首在阿斯塔纳峰会上签署了《上海合作组织成员国元首关于共同打击国际恐怖主义的声明》,强调恐怖主义和极端主义利用互联网散播危险思想的风险,呼吁各国预防和打击利用互联网开展的一系列宣传、煽动恐怖主义和极端主义的活动。2020 年的莫斯科峰会,成员国签署了《上海合作组织成员国元首理事会关于保障国际信息安全领域合作的声明》和《上海合作组织成员国元首理事会关于打击利用互联网等渠道传播恐怖主义、分裂主义和极端主义思想的声明》,呼吁国际社会在信息领域紧密协作,共同构建网络空间命运共同体。

(三)北约

2013 年出版的《塔林手册》是分析国际法在网络战中应用的首次全面而权威的尝试。它是由一个国际法律学者团队应位于爱沙尼亚塔林的北约合作网

---

①　https://legalinstruments.oecd.org/en/instruments/OECD-LEGAL-0480#backgroundInformation.

②　《上海合作组织成员国元首关于国际信息安全的声明》,http://chn.sectsco.org/documents/。

络防御卓越中心的要求制作的。该手册代表作者个人的观点,并不反映北约或其成员国的官方政策。

《塔林手册》确定了适用于网络战的国际法原则,并列举了管辖此类冲突的 95 条规则。讨论的主题包括主权、国家责任、诉诸战争权、国际人道法和中立法。每条规则都附有详尽的评注,阐述了该规则在条约和习惯法中的依据,解释了专家组如何解释规范在网络背景下的适用,并概述了专家组内部对每条规则适用的分歧。

2017 年出版的《塔林手册 2.0》以极具影响力的第一版为基础,扩大了覆盖范围,包括未达到战争行为水平的恶意网络行动。它确定了管理这些类型网络行动的 154 条规则,并对每条规则进行了广泛的评论。除了主权和国家责任外,它还涉及人权以及空气、空间和海洋法等主题。①

2021 年,北约国际法律学者团队启动了"塔林手册 3.0 项目",预期五年内完成编写,将涉及修订现有章节和探索对各国具有重要意义的新主题。除了国家实践和国家关于国际法的正式声明外,还将考虑国际论坛的活动和声明,例如联合国和区域层面的活动和声明以及涉及政府、行业和民间社会的多利益攸关方倡议。②

二、网络空间命运共同体

(一)网络空间命运共同体的提出

2015 年 12 月,习近平主席在第二届世界互联网大会开幕式的主旨演讲中提出"构建网络空间命运共同体"的重大命题,强调"网络空间是人类共同的活动空间,网络空间前途命运应由世界各国共同掌握"。2023 年 7 月,习近平总书记在对网络安全和信息化工作作出的重要指示中进一步指出,党的十八大以来,网络空间国际话语权和影响力明显增强,网络强国建设迈出新步伐,要

---

① https://www. law. georgetown. edu/international-law-journal/wp-content/uploads/sites/21/2018/05/48-3-The-Tallinn-Manual-2. 0. pdf.

② https://ccdcoe. org/research/tallinn-manual/.

求坚持推动构建网络空间命运共同体,坚持建设忠诚干净担当的网信工作队伍,大力推动网信事业高质量发展,以网络强国建设新成效为全面建设社会主义现代化国家、全面推进中华民族伟大复兴作出新贡献。

(二)网络空间命运共同体的内涵

2022年,国务院新闻办公室发布《携手构建网络空间命运共同体》白皮书,指出构建网络空间命运共同体,坚持共商共建共享的全球治理观,推动构建多边、民主、透明的国际互联网治理体系,努力实现网络空间创新发展、安全有序、平等尊重、开放共享的目标,做到发展共同推进、安全共同维护、治理共同参与、成果共同分享,把网络空间建设成为造福全人类的发展共同体、安全共同体、责任共同体、利益共同体。①

1. 发展共同体

构建发展共同体,就是采取更加积极、包容、协调、普惠的政策,推动全球信息基础设施加快普及,为广大发展中国家提供用得上、用得起、用得好的网络服务。充分发挥数字经济在全球经济发展中的引擎作用,积极推进数字产业化发展和产业数字化转型。

2. 安全共同体

构建安全共同体,就是倡导开放合作的网络安全理念,坚持安全与发展并重、鼓励与规范并举。加强关键信息基础设施保护和数据安全国际合作,维护信息技术中立和产业全球化,共同遏制信息技术滥用。进一步增强战略互信,及时共享网络威胁信息,有效协调处置重大网络安全事件,合作打击网络恐怖主义和网络犯罪,共同维护网络空间和平与安全。

3. 责任共同体

构建责任共同体,就是坚持多边参与、多方参与,积极推进全球互联网治理体系改革和建设。发挥联合国在网络空间国际治理中的主渠道作用,发挥

---

① 《携手构建网络空间命运共同体》,https://m.thepaper.cn/baijiahao_20625235。

政府、国际组织、互联网企业、技术社群、社会组织、公民个人等各主体作用,建立相互信任、协调有序的合作。完善对话协商机制,共同研究制定网络空间治理规范,更加平衡地反映各方利益关切特别是广大发展中国家利益,使治理体系更公正合理。

4.利益共同体

构建利益共同体,就是坚持以人为本,推动科技向善,提升数字经济包容性。加大政策支持,帮助中小微企业利用新一代信息技术促进产品、服务、流程、组织和商业模式的创新,让中小微企业更多从数字经济发展中分享机遇。注重对弱势群体的网络保护,加强网络伦理和网络文明建设,推动网络文化健康发展,培育良好网络生态。在全球范围内促进普惠式发展,提升广大发展中国家网络发展能力,弥合数字鸿沟,共享互联网发展成果,助力《联合国2030年可持续发展议程》的有效落实。

(三)网络空间命运共同体的国际实践

网络空间命运共同体理念为全球网络空间治理提供了一整套新框架,指明了网络空间的发展方向。在网络空间命运共同体理念指引下,中国以尊重网络主权为基本原则,在国际社会广泛开展多层次网络空间合作。2021年,中国和阿拉伯国家联盟秘书处发表《中阿数据安全合作倡议》,标志着双方数字领域战略互信和务实合作进入新阶段,打开了中阿政治关系发展的新篇章,也为中阿共同推动全球数字治理和国际规则制定提供了契机。2022年通过的《金砖国家领导人第十四次会晤北京宣言》指出,应通过落实《金砖国家网络安全务实合作路线图》以及网络安全工作组工作,继续推进金砖国家务实合作。中国以数字丝绸之路为抓手,向沿线各国提供能力建设、人才培养等多种形式的援助,与东道国开展数字技术与产业领域的紧密合作,"中国-东盟信息港"的建设就是其中的典型。

推动构建网络空间命运共同体,是网络强国建设的重要组成部分,也是中国为网络空间国际治理提供的一项重要公共产品,将为实现全球网络空间和平与发展提供重要助力。[①]

---

① 鲁传颖:《坚持推动构建网络空间命运共同体》,《光明日报》2023年7月28日。

第五章
两极治理的国际法问题

引　言

南北极具有极其重要的军事、政治、经济、科技和安全价值。一方面，随着经济和科技实力的增强，我国参与南北极活动更加深入和频繁。在南极，我国已于1983年成为《南极条约》的缔约国，1985年又成为29个协商国中的一员。在北极，我国参与北极事务由来已久，早在1925年中国即已加入《斯匹茨卑尔根群岛条约》，此后关于北极的探索不断深入。2013年中国取得北极理事会观察员身份。另一方面，我国已经连续多年获选国际海事组织A类理事国（在提供国际航运服务方面具有最大利害关系的国家），而国际海事组织的主要任务即为改进海上安全、防止海洋污染以促进海事技术合作。近年来，中国企业也开始积极探索北极航道的商业利用、资源的开发等领域，无论是科学考察、旅游还是能源开发、国际货物运输，都离不开法律的保障。本章聚焦综合研究极地国家的公约体系、极地国家法律规定，为中国企业及公民在极地的活动提供法律依据。

第一节　南极海洋保护区与资源利用的国际法问题

南极是南极点周围地区的统称,包含南极大陆以及环绕南极大陆的海洋。因北面缺乏传统意义上的陆地界限,历史上人们一直认为南极大陆被南大西洋、南太平洋和南印度洋环绕,科学家们认为南极附近副热带辐合线内的南极水域在气候上具有均一物理特性,且供养了统一生物区系,因此将这片水域称为南大洋。① 由于气候与洋流组成的天然屏障将南大洋与其他海洋分隔,南大洋具有完整独特的生态系统,这其中蕴藏了丰富的海洋生物资源,已知的鱼类有 200 多种、头足类 20 种和磷虾 8 种,其中南极磷虾的生物总量约为 10 亿—30 亿吨,是全球单一物种蕴藏量最大的生物资源。② 南大洋绝大部分属于公海,自 1982 年 4 月 7 日《南极海洋生物资源养护公约》(*The Convention For The Conservation Of Antarctic Marine Living Resources*,即 CCAMLR)生效以来,南极海洋生物资源养护委员会就成为这片海域生物资源的主要守护者和管理者。建立海洋保护区是 CCAMLR 实现公约目标的主要养护措施之一。

一、《南极海洋生物资源养护公约》

(一)《南极海洋生物资源养护公约》的签署

早在 18 世纪末期,人类已经开始探索南大洋,随着捕捞技术的发展,南极海洋生物逐渐成为商业开发的对象。最开始遭受商业捕杀的南极海洋物种是海豹,到 1825 年,已有部分海豹物种濒临灭绝。此后人类又转向南极海象、企

---

① 学术界关于南大洋的定义有不同意见,反对者认为南极洲与其他大陆板块之间的水域缺乏中洋脊,因此不认为这是独立的大洋。本文无意探讨南极地理属性,仅以"南大洋"统称相对独立的海洋生物系统水域,以方便行文。

② 刘勤、黄洪亮、李励年等:《南极磷虾商业化开发的战略性思考》,《极地研究》2015 年第 1 期。

鹅和鲸鱼等物种,以获取这些物种的油脂,至 20 世纪初,南极的鲸鱼被猎杀到几乎灭绝。20 世纪 60 年代中期开始,人类又开始了大规模有鳍鱼类捕捞,其中重要的鱼种包括灯笼鱼、鲭鱼、大理岩鳕等。到 20 世纪 70 年代末,一些有鳍鱼物种已经被严重过度捕捞。①

为应对南极海洋生物资源被过度捕捞的问题,《南极条约》组织下的南极研究科学委员会于 1977 年制定了"南极海洋系统和种群生物调查方案"(Biological Investigation of Marine Antarctic Systems and Stocks,简称"BIOMASS")。BIOMASS 的主要目标是"深入了解南极海洋生态系统的结构和动态功能,以此作为未来管理潜在生物资源的基础",并致力于"增加人类对海洋的理解,建立南大洋海洋生物资源开发、生态系统养护的应对机制"。② 与此同时,1977 年在伦敦召开的南极条约协商会议第九次会议 2 号建议③中,呼吁《南极条约》缔约国为南极海洋生物资源的科学研究作贡献,遵守保护南极海洋生物资源的临时准则,并举行南极特别协商会议,为这些资源建立一个明确的保护制度。这推进了 1978 年在澳大利亚堪培拉召开的第二次南极特别协商会议④,这次会议围绕建立南大洋海洋生物资源养护制度草案,并敦促各国在 1978 年年底务必完成确定草案。经《南极条约》缔约国各方努力,《南极海洋生物资源养护公约》于 1980 年 5 月 20 日在堪培拉签署,并于 1982 年 4 月 7 日生效。为执行《公约》,缔约方设立了南极海洋生物资源养护委员会,委员会由原始签署方和加入方组成,其中原始签署国共计 8 个,均同属《南极条约》原始签署国,中国于 2006 年 9 月 19 日批准该公约,2007 年 10 月 2 日正式成为 CCAMLR 成员。⑤

(二)《南极海洋生物资源养护公约》及其管理措施简述

CCAMLR 的适用地理范围包括南纬 60°以及该纬度与构成部分南极海洋

---

①　https://www.ccamlr.org/en/organisation/fishing-ccamlr.

②　"the IX Consultative meeting preparatory meeting", https://www.ats.aq/devAS/Meetings/DocDatabase? lang=e#.

③　Report of The Ninth Consultative Meeting.

④　https://documents.ats.aq/SATCM2_1/fr/SATCM2_1_fr001_e.pdf.

⑤　https://www.fmprc.gov.cn/web/wjbxw_673019/t370968.shtml.

生态系统的南极幅合带之间区域,具体而言为以"南纬50°,0°;南纬50°,东经30°;南纬45°,东经30°;南纬45°,东经80°;南纬55°,东经80°;南纬55°,东经150°;南纬60°,东经150°;南纬60°,西经50°;南纬50°,西经50°;南纬50°,0°"作为连接点的封闭区域(如图5-1)。

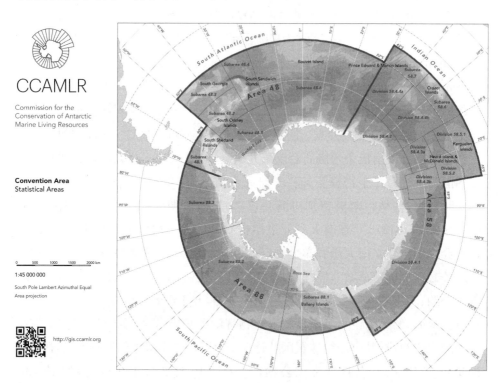

图 5-1　CCAMLR 的适用地理范围图①

　　CCAMLR 适用公约区域内所有的海洋生物资源,包括鳍鱼、软体动物、甲壳类动物以及依靠这些物种生存的鸟类。现有的养护措施主要集中在对南极磷虾、犬牙鱼、冰鱼等物种的保护,其他海洋生物资源的养护主要体现在生态系统的养护之中,如限制海底拖网措施是针对海底生态系统的保护,减少副捕获物损害措施是对非捕捞目标鱼类的保护等。

---

　　①　https://www.ccamlr.org/en/system/files/CCAMLR-Convention-Area-Map.pdf,2021 年 5 月 3 日访问。

公约包括正文 33 条、与仲裁庭相关附件 1 个,同时包含南极海洋生物资源养护会议主席的声明 1 份。①

这其中,第 2 条确定了公约"养护海洋生物资源"的目标,并进一步解释"养护"(conservation)包括对海洋生物资源的"合理利用"(Rational use)。需要指出的是,公约没有对"养护"与"合理利用"之间的法律关系进一步阐述,这为缔约方制定和实施公约管理措施带来法律解释的分歧。

公约第 3—5 条将《南极条约》适用范围扩大到公约成员方,尤其将《南极条约》下"和平目的""主权冻结"等原则的效力延伸到养护公约缔约方之间,并要求公约缔约方遵守《南极条约》协商会议为保护环境所推荐的措施。

向公约授权海洋生物资源养护职责的主要条款为公约第 9 条,规定 CCAMLR 的职责范围,其中最重要的职责是通过对海洋生物资源与生态系统调查研究及海洋生物资源总量、分布、捕捞等数据的统计,得以制定、通过和修改养护措施,并确保养护措施的有效性。其中第 9 条第 2 款第 7 项"为科学研究或养护目的,确定捕捞和禁捕地区、区域或次区域,包括用于保护和研究的特殊区域",该条可理解为授予 CCAMLR 为实现养护之目标建立海洋保护区的权利。

除以上重要条款,公约第 12 条规定了 CCAMLR 实质性事项"协商一致"、非实质事项"多数同意"的决策形式,公约第 24、25 条分别设立了观察和检查制度,以及争议解决制度。

二、CCAMLR 海洋保护区的管理措施

传统国际法应对海洋生物资源被过度开发带来的危机显得力不从心,沿海的多种鱼类被捕捞消失殆尽,生产力发展导致远洋渔业产量不再是取之不竭的。这种状况急需新的治理模式和法律工具来应对,海洋保护区是近些年来被反复实践并被确认有效的新管理工具。

最早的海洋保护区概念由世界自然保护联盟首次提出,此后经由国内法、国际公约所推进并发展。在公海领域,CCAMLR 则是公海海洋保护区实践活

---

① 《南极海洋生物资源养护公约》,《中华人民共和国国务院公报》2006 年第 32 期。

动的开创者。

（一）海洋保护区概念

海洋保护区实践较晚,且受各国实践不同影响,目前尚无明确、权威的"海洋保护区"概念。本节拟结合国际法及国内法两个层面提炼海洋保护区要素,进而尝试给出"海洋保护区"的概念。

海洋保护区建设初期,世界自然保护联盟(International Union for Conservation of Nature and Natural Resources,即 IUCN)试图建立一个统一的海洋保护区概念,联盟在 1988 年的 17 届会议决议案中将"海洋保护区"定义为"对区域内其中部分或全部环境进行封闭保护的,任何潮间带、潮下带陆架区域,包括其上覆水体部分、动物和植物群落、历史属性和文化属性等,建立方式应是以法律程序或其他有约束力的方式建立"。IUCN 进一步指出,建立海洋保护区的目标为"构建全球范围的海洋保护区网络,在保护区内采取一定措施,对保护区网络内使用和对海洋环境带来影响的人类活动进行管理"①。2008 年,IUCN 对"保护区"概念进一步明确和细化,"保护区必须是个边界明确清晰的地理空间,并以法律,或者其他等效方式来识别、设定、维持,其目的是实现保护与生态、文化价值相关的自然环境的目标"②。2018 年,IUCN 在《全球海洋保护区的养护标准》中指出,海洋保护区应至少具备以下特征：①以自然养护为优先;②保护区目标应明确反映养护价值;③保护区的尺寸、位置、设计等需以实现养护价值为限;④保护区的边界应以公平商定的形式以明确界定;⑤应建立管理方案或其他类似文件体系,以实现解决养护海洋保护区主要价值以及实现其社会与经济目标;⑥有效执行的资源和能力。③

1992 年《生物多样性公约》是现行国际法体系中唯一界定海洋保护区概念的法律文件,公约在正文对保护区(不是海洋保护区)给出明确定义,即保护区是

---

① IUCN, Resolution 17. 38 of 17th general assembly of the IUCN(1988). p. 16.

② IUCN, Guidelines for Applying Protected Area Management Categories, Switzerland, 2008, p. 8.

③ IUCN & WCPA, Applying IUCN's Global Conservation Standards to Marine Protected Ares (MPA); Delivering effective conservation action through MPAs, to secure ocean health & sustainable development [EB/OL]. https://www. iucn. org/sites/dev/files/content/documents/applying _ mpa _ global_ standards_final_version_050418. pdf, 2020 年 3 月 15 日访问。

"指一个为达到特定保护目标而划定的一个地理区域,在该区域内制定并实行管制和管理"①。2004 年的《生物多样性公约》缔约方大会于第七次会议决议通过了对"海洋和沿海保护区"的定义,该定义吸收了世界自然保护联盟所有类别的保护区,即"通过包括但不限于法律、习惯等在内的有效方式,在海洋环境范围以内或与海洋环境相邻的区域内建立的与周边环境有明确界限的区域,在该区域范围内对海洋和沿海的生态环境系统和生物多样性的保护程度比界限以外地区更高,保护内容包括该区域的上覆覆盖的水体和区域内的动植物、文化特征与地理特征等"②。

2007 年,联合国大会第 62 届会议上,秘书长在报告中厘清海洋保护区与其他海上管理工具的区别,指出"海洋法"中海洋保护区和禁捕区、特别敏感区③等划区管理工具的区别,即"海洋保护区是对界限范围内的海洋整个生态环境的综合和系统的管理",而"特别敏感区和禁捕区等划区管理工具是对捕捞或航海活动的特别管理,这种管理是单一的"。根据海洋保护区的保护价值及目的存在五种不同类型:①用于管理渔业和恢复资源的海洋保护区;②用于生态系统或环境保护的海洋开发区;③用于生物多样性保护的海洋保护区;④用于珍稀、濒危物种保全的海洋保护区;⑤用于旅游、娱乐、教育和科学研究的海洋保护区。目前,在公海设立的保护区主要是第三种类型,即用于生物多样性的保护。

国内立法层面的海洋保护区也具有借鉴意义。2000 年 5 月美国发布第13158 号行政命令,其中认为海洋保护区是指"通过法律或其他有效手段来识别和管理的一个明确的地理空间,以实现对自然环境、生态系统、文化和历史价值的长期维持和保护。由联邦、州、部族或地方法律保留海洋环境的任何区域,以对其中的部分或全部自然和文化和历史资源进行持久的维持和保护"④。

---

① 1992 年《生物多样性公约》第 2 条。

② 《生物多样性公约》缔约方大会第 7 次会议上通过的决定,VII/5 海洋和沿海生物多样性,第 10 段。

③ 比如,国际海事组织(IMO)制定的《国际防止船舶造成污染公约》1978 年议定书规定了"特殊区域"的概念,指"鉴于与海洋地理、海洋生态和海上交通特征相联系的技术原因,在特定海域需要实施特定的强制规定,以保护该区域免受油类、有毒液态物质或垃圾的污染";1991 年,国际海事组织将"特别敏感海域"(PSSA)界定为"鉴于公认的生态、社会经济、科学研究上的重要性,并极易受到海事活动的影响造成环境损害,需要通过 IMO 采取行动以提供特别保护的区域";国际海底管理局(ISA)采用了"特别环境利益区"的用语,认为"在特定的海底区域内,为保护和保全海洋环境,将需要在一些地区禁止可能进行的采矿活动"。

④ "Nomination of Existing Marine Protected Areas to the National System of Marine Protected Areas and Updates to the List of National System Marine Protected Areas," https://www.federalregister. gov,2021 年 4 月 10 日访问。

综上,基于对国际、国内不同法律规范的定义分析,海洋保护区概念应包含如下要素。

其一,地理要素。海洋保护区是由法律或其他方式在海洋特定区域内界定的有限区域,划定区域是为了减少保护区对海洋活动的限制。需要特别指出的是,海洋保护区的地理要素并不限于二维的水体范围,海洋保护区域的保护将是对海底、水体以及封闭区域水体上空一定空间的保护。

其二,法律要素。该区域的识别、设定、管理应建立稳定的法律制度,法律要素是在保护区内采取管理措施以限制人类在该区域内的活动,因而海洋保护区具有一定程度的限制性。针对国家管辖外区域的海洋保护区,条约和一般国际法构成其主要法律要素,而对于国家管辖的海洋保护区,则依赖一国国内立法规制。

其三,目的要素。该区域内一般是具有特定的需要而进行保护的生态环境和海洋资源,是有突出的自然与社会价值的。相对于传统的针对单一物种的保护及对特定污染的防护措施,海洋保护区是对海洋生态系统和生物多样性的多元管理,在目的和管理上更具有系统性和综合性,且能实现对其长期的保护,此为海洋保护区与划区管理工具的根本区别。

结合海洋保护区的要素,海洋保护区可定义为:"为保护特定海域海洋环境、海洋资源及具有其他社会价值属性,以稳定的法律制度识别、建立并保持有效运营的,对其上或其内的覆水体及相关的动植物群落、历史及文化属性进行保护的特定封闭区域。"按照海洋保护区所属范围不同,可分为国家管辖范围内海洋保护区,此类保护区受一国主权管辖,本节不予讨论,另外即为国家管辖范围外的海洋保护区,也有文章称之为"公海保护区"。因CCAMLR相关法律文件均采用"海洋保护区"(Marine Protected Areas,简称"MPAs")的提法,所以本节中提及海洋保护区,如无特殊说明,均指公海海洋保护区。

(二) CCAMLR 既有海洋保护区的管理措施及法律依据

1. CCAMLR 区域海洋保护区的法律实践

目前CCAMLR南大洋关于海洋保护区域的管理措施主要有三组,包括

2009 年通过的《保护南奥克尼群岛南大陆架海洋保护区养护措施》①、2011 年通过的纲领性文件《关于建立 CCAMLR 海洋保护区的总体框架》②、2016 年通过的《罗斯海地区海洋保护区养护措施》。③ CCAMLR 已建立的两个海洋保护区是现有公海海洋保护区的典范,但法律实践的逻辑注定了新型的法律管理制度必然存在争议和改进空间。

2. 南奥克尼群岛大陆架海洋保护区与罗斯海地区海洋保护区既有管理措施梳理

两保护区对成员方的管理措施梳理如表 5-1。

表 5-1　CCAMLR 现行海洋保护区执行措施

海洋保护区名称	执行与监督措施
南奥克尼群岛南大陆架海洋保护区	1. 所有类型的捕鱼活动应当被禁止,经 SC-CCAMLR 建议并且由南极海洋生物资源养护委员会同意的那些为了监测或其他目的的渔业科研活动除外。这些科研活动应当符合养护措施 24-01 的规定。 2. 禁止任何渔船在该区域进行排放与倾倒废物的活动。 3. 禁止包括渔船、运输船在内的船舶在该区域进行转运活动。 4. 为了监测和控制保护区内的交通状况,鼓励渔船在通过该区域时向南极海洋生物资源养护委员会秘书处通知其预期的过境行为并提供船舶的船旗国、大小、国际海事组织编号、预期的航线等细节信息。 5. 在涉及危及海上生命安全的情况下,不适用保护区内的禁止性养护措施。 6. 根据《南极海洋生物资源养护公约》第 10 条的规定,当非缔约方的国民或者船舶进入到公约区域时,南极海洋生物资源养护委员会应该将上述养护措施提请非缔约方国家注意。 7. 有关南奥克尼群岛南大陆架海洋保护区的详细事宜应当由《南极条约》协商会议沟通决定。 8. 上述养护措施的实施情况在 SC-CCAMLR 建议的基础上由南极海洋生物资源养护委员会在 2014 年的固定会议和每五年一次的会议审议。

① Conservation Measure 91-03 (2009), Protection of the South Orkney Islands southern shelf.

② Conservation Measure 91-04 (2011) General framework for the establishment of CCAMLR Marine Protected Areas.

③ Conservation Measure 91-05 (2016), Ross Sea region marine protected area.

（续表）

海洋保护区名称	执行与监督措施
罗斯海地区海洋保护区	1. 保护区具体养护目标。养护措施为保护区设定 11 个养护目标,包括"保护整个罗斯海地区各级生物组织的自然生态结构、动态和功能""为监测自然变化和长期变化提供参考领域""促进关注海洋生物资源的研究和其他科学活动(包括监测)""保护负责生态系统生产力和功能完整性的大规模生态系统过程"等,更为具体的目标细节以编号为 91-05/B 的附录形式给出。 2. 保护区分区。根据保护针对性不同分为三个部分,分别为一般保护区、特别研究区、磷虾研究区。一般保护区的所有研究捕捞活动(Research Fishing Activity)应遵循 CM24-01 以及本措施之具体目标,磷虾研究区除磷虾外的研究捕捞行为应遵循 CM24-01,以及本措施之具体目标。 3. 捕捞限制/禁止。除第 8、9、21 条所授权外,海洋保护区内禁止进行捕鱼活动;从 2020—2021 年度的捕捞季节开始,按照养护措施所规定之条件,成员国可根据 CM41-09 在特别研究区对南极犬牙鱼进行定向捕捞;成员国可以依据 CM51-04 和本养护措施第 3 条海洋保护区的具体目标,在磷虾研究区和特别研究区对南极磷虾进行定向捕捞。 4. 环境保护。渔船和从事南极海洋生物资源科学研究活动的船舶,应当避免在本海洋保护区内倾倒、排放废弃物或者其他物质。至少 CM26-01 的规定适用于本海洋保护区。 5. 禁止转运。尽管有 CM10-09,除非船舶涉及海上生命安全或者从事搜救行动的紧急情况,任何渔船不得在本海洋保护区进行转运活动。 6. 管理计划。管理措施和行政安排以编号 91-05/B 附则形式给出。该附则分别对委员会、SC-CCAMLR、秘书处、成员方的责任进行划分和安排。 7. 科研/监控计划与报告。成员方每五年提交秘书处关于他们根据 MPA 研究和监控计划行动的报告,并鼓励成员方随时提交 MPA 研究与监控相关搜集的数据与罗斯海地区海洋保护区相关的出版的材料或报告。 8. 海洋保护区复查。SC-CCAMLR 定期复查特殊研究区具体目标实现情况。委员会每十年将对养护措施和研究、检测计划进行复查,以确定具体目标是否实现或者相关联,对于复查发现的情况,委员会可基于 SC-CCAMLR 建议修改养护措施。 9. 保护期限。保护区有效期为三十五年,现有罗斯海地区海洋保护区的保护效力至 2052 年年度会议。 10. 履约与监控。CCAMLR 缔约方应向在养护公约区域获得许可证的所有渔船提供本养护措施的副本;鼓励参加南极海洋生物资源养护委员会检查系统的成员方派遣人员开展检测和监察活动,以验证活动是否遵守本养护措施和其他适用的养护措施;为监测海洋保护区内的交通情况,根据 CM10-04,船旗国须在悬挂其国旗的船舶进入海洋保护区之前通知秘书处。船旗国可准许或指示船舶直接向秘书处提供此类通知。鼓励对南极海洋生物资源进行科学研究活动或经过该地区的船舶,通知秘书处他们打算通过海洋保护区的计划,以及包括船名、船旗国、船舶大小、无线电呼号和国际海事组织编号在内的船舶详情。

（续表）

海洋保护区名称	执行与监督措施
罗斯海地区海洋保护区	11. 与其他国家、组织的合作。委员会应提请国民或船舶在公约地区开展活动的非缔约方的任何国家注意本养护措施；委员会应将关于海洋保护区的信息传达给《南极条约》协商会议，并应鼓励《南极条约》协商会议在其职权范围内采取适当行动，促进实现第3条所述的具体目标，特别是指定和实施罗斯海地区的南极特别保护区和南极特别管理区，及管理人类活动，包括旅游活动。

3. CCAMLR 建设海洋保护区的法律依据

（1）从一般国际法层面寻找 CCAMLR 建设海洋保护区的依据

针对海洋生物资源管理范围，缔约国数量众多，且影响力较大的主要有 1982 年《联合国海洋法公约》、1992 年《生物多样性公约》（CBD）、2002 年可持续发展世界首脑会议（WSSD）规范性文件，除此外，世界自然保护联盟（IUCN）虽不是政府间国际组织，但其最早规范海洋保护区的界定并对此进行分类，因此该组织关于海洋保护区界定和分类的文件具有重要的参考价值。CCAMLR 在《关于建立 CCAMLR 海洋保护区的总体框架》（简称"《框架》"）序言部分，分别对 CBD、WSSD 和 IUCN 的法律规定进行了确认，《框架》认为其法律依据是 2002 年 WSSD 在 2012 年之前建立 MPAs 代表网络的决定，建立 MPAs 的目标是在公约区域内养护海洋生物多样性，CCAMLR 的海洋保护区属于 IUCN 的第Ⅳ类保护区。同时在《框架》第 1 条，CCAMLR 认为其下的海洋保护区建设应按照国际法实施，包括《联合国海洋法公约》所反映的国际法。

1982 年《联合国海洋法公约》虽未规定海洋保护区概念，但在"公海自由"一章中规定，捕鱼自由应受到同一章中第六部分关于公海海洋生物资源养护和管理规定的限制①。考虑到 1982 年《联合国海洋法公约》刚刚通过，而彼时海洋保护区的法律概念尚不成熟，因此在当时的语境下很难说《联合国海洋法公约》第 87 条的规制包含了海洋保护区限制捕鱼自由的解释，海洋保护区能否得到《联合国海洋法公约》的支持关键得依赖其是否能发展为一般国际法。

1992 年的 CBD 是第一个尝试在全球范围保护生物多样性的国际法律文

---

① 《联合国海洋法公约》第 87 条（e）。

件。在可持续利用生物资源方面,CBD 提出采用保护区域的方式,从而达到保护生物多样性目标。就海洋保护区相关内容,CBD 第 8 条规定:"每一缔约国应尽最大努力酌情:①需要采取额外手段保护生物多样性地区或建立保护区体系;②如有需要,应为选择、建设和维持保护区或需要采取特别手段以保护多样性地区而拟定准则数据。"根据该条的文义及法条位置,应理解为该条是赋予缔约国在其管辖范围内建立保护区,因此也不能作为公海海洋保护区的法律依据。不过 2004 年 CBD 缔约方大会第七次会议上通过的决定(UNEP/CBD/COP/7/21)明确指出,海洋保护区是帮助实现国家管辖范围之外生物多样性保护和可持续利用的工具,该决定是对公海海洋保护区合法性的确认。同次会议上成立了名额不限的保护区问题特设工作组(United Nations Ad Hoc Open — Ended informal Working Group),该工作组对保护区工作规划的执行进行审查,并直接向大会负责。同时,缔约方大会要求名额不限的保护区问题特设工作组研究讨论进行合作的方案,以便大会以国际法和科学信息为依据建立国家管辖范围以外的海洋保护区。①

2002 年的 WSSD 通过了包括《WSSD 执行计划》在内的一系列关于建立保护区和其他海洋保护措施的建议。其中执行计划再次对《里约环境与发展宣言》及《21 世纪议程》(Agenda 21)进行了确认和申明,其第 31 条明确,为执行《21 世纪议程》,在各个层面促进对海洋的养护和管理,须对五个方面给予必要的注意。其中之一提及"促进和利用多种工具,包括生态系统原则、避免破坏性捕捞生产活动、建设以科学为根据的、以国际法规定为基础的海洋保护区、周期性和分区域关闭保护区域以及合理地利用靠近海洋的陆地"②。

IUCN 在海洋保护区的发展中具有重要作用。其不仅对保护区有较为权威的定义,还将保护区进行分类并逐类定义③。CCAMLR 在其海洋保护区建设中采纳了 IUCN 的分类,将 CCAMLR 下的海洋保护区归纳为 IUCN 第Ⅳ类保护区。

---

① 《生物多样性公约》缔约方大会第 VII/28 号决定,第 25、29 段,www. cbd. int/doc/decisions/cop-07/full/cop-07-dec-zh. pdf. 2021 年 4 月 25 日访问。

② WSSD Plan of Implementation, paragraphs 29a & 29b,para 31,转引自陈力:《南极海洋保护区的国际法依据辨析》,《复旦学报》(社会科学版)2016 年第 2 期。

③ World Commission on Protected Areas (WCPA), Guidelines for Marine Protected Areas. https://portals. iucn. org/library/efiles/documents/PAG-003. pdf,2021 年 5 月 22 日访问。

表 5-2　世界自然保护联盟对海洋保护区的分类及定义

类别	世界自然保护联盟的定义
第Ⅰ类　严格的自然保护区（Strict Nature Reserve）/荒野地区（Wilderness Area）	通常包含"最大限度的保护"要求，即所有的资源获取行为都将被严格禁止。例如肯尼亚和伯利兹这样的国家，该种海洋保护区允许其为了维持当地社区的生存而进行最低风险的资源利用活动。
第Ⅱ类　国家公园（National Park）	海洋公园强调保护生态系统，但允许轻度的人类利用活动。海洋公园可以禁止捕捞或提取资源，但允许娱乐。一些海岸公园，如坦桑尼亚的公园，被划定允许在低风险地区进行捕鱼等活动。
第Ⅲ类　自然遗迹（Natural Monuments or Features）	用来保护历史遗址，如沉船和文化遗址及原住民渔场的保护区。
第Ⅳ类　生物/物种管理区 Habitat/Species Management Area）	建立保护某些物种，有利于渔业、稀有生境，作为鱼类产卵/护理的区域以保护整个生态系统。
第Ⅴ类　海洋景观保护区（Protected Seascape）	进行有限度的主动管理以保护海洋景观。
第Ⅵ类　自然资源的可持续利用区（Sustainable Use of Natural Resources）	暂无

（2）《南极条约》体系对 CCAMLR 海洋保护区建设的支持

1959 年《南极条约》同样不包含海洋保护区建设的条款，但该条约第 9 条将南极生物资源的保护管理权授权给南极条约协商国会议（ATCM）。历史上 ATCM 对建立海洋保护区的实践包括：1964 年 ATCM 通过的《南极动植物养护协议措施》第一次以法律的形式提出在南极区域建立"特别保护区"（Specially Protected Areas，简称"SPAs"）；1972 年第七届 ATCM 讨论通过了建立特别科学兴趣区的建议，以保护《南极条约》区域内的人类活动不会对南极资源造成侵扰[①]；1987 年第十四届 ATCM 通过了建立海洋特别科学兴趣区的建议（Marine SSSIs）[②]；截至 20 世纪末，《南极条约》区域陆续提出建设八类不同类别的保护区，包括特殊区、科学兴趣特别区、旅游兴趣特别区、历史遗

---

① Recommendation Ⅶ—3,1972 年 ATCM 会议。

② Recommendation ⅩⅣ—6,1987 年 ATCM 会议。

迹、坟墓、特别保留区①、多用途规划区(MuPAs)②等。

签署于 1991 年并在 1998 年生效的《南极条约环境保护议定书》将整个南极洲指定为仅用于和平与科学的自然保护区(Natural reserve),议定书以附件形式在评价环境影响、环境责任、保护南极动植物、处理与管理废弃物、海洋污染的预防以及区域保护与管理等方面贯彻《南极条约》体系对南极环境保护的政策。依据《南极条约环境保护议定书》附件五,2002 年 ATCM 第二十五届会议上通过"南极特别保护区的编号与命名系统",将八类区域重新分为两类,分别为特别保护区和特别管理区。自此,这两类保护区/管理区正式取代了ATCM 此前通过的各类保护区建议。特别保护区与特别管理区在保护目标、管理对象、许可制度以及保护区提出的形式和建设的程序等方面存在差异,但二者都可以涵盖《南极条约》覆盖的南极海域。

(3) 建立海洋保护区对 CCAMLR 养护目标的支持与突破

CCAMLR 第 2 条制定的目标是实现海洋生物资源的养护,第 9 条围绕公约目标赋予 CCAMLR 养护和管理南极海洋生物资源方面的职能,其中体现区域划分职责的唯一条款是第 9 条第 2 款第 7 项"为科学研究或养护目的,确定捕捞和禁捕地区、区域或次区域,包括用于保护和研究的特殊区域",该条可理解为授予CCAMLR 为实现养护之目标建立海洋保护区的权利,从海洋保护区的建设目标来看,其正在引领 CCAMLR 向海洋生物资源养护目标前进。

海洋保护区的设立起源于自然资源保护,最早的自然保护区的实践重点不是平衡渔业开发利用与保护,而是侧重对生物多样性、海洋生态系统的保护。2007 年,联合国大会第 62 届会议秘书长对海洋保护区及"海上划区管理工具"加以区别,他认为包括"禁渔区"在内的划区管理工具是对渔业或航行单一的管理,而海洋保护区是对相应区域海洋的生态系统的管理。从这个角度来分析,海洋保护区的范围要大于公约明文赋予 CCAMLR 的职责范围,但是又符合 CCAMLR 生态系统管理路径的做法。这个问题已经成为 CCAMLR 海洋保护区议题上最大的争议点,提案反对方的主要意见之一是在南极海洋生物资源养

---

① Recommendation ⅩⅤ—10,1989 年 ATCM 会议。
② Recommendation ⅩⅤ—11,1989 年 ATCM 会议。

护公约的语境下，19世纪七八十年代人类对南大洋渔业过度开发是公约成立的唯一动因，CCAMLR的养护措施绝大多数仍是采取港口国和船旗国工具围绕渔业限制、打击IUU捕捞等制定和实施，从这个角度上，如不考虑CCAMLR的生态系统养护路径，可以确认其已经超出了CCAMLR的养护目的。

国际社会对海洋保护区的关注和讨论来源于《生物多样性公约》，以及现代国际海洋法立法重点问题BBNJ养护和可持续利用的讨论和研究。2011年的《关于建立CCAMLR海洋保护区的总体框架》将建立海洋保护区的第一目的设定为"以适当的规模保护海洋生态系统、生物多样性和栖息地的代表性例子，以长期保持其生存能力和完整性"，2016年的《罗斯海保护区养护措施》序言中继续强调CCAMLR海洋保护区的生物多样性功能，CCAMLR在序言中申明"为公约区域内实现海洋生物多样性养护以促进公约目标之实现，并根据2002年可持续发展问题世界首脑会议到2012年建立海洋保护区代表系统的目标"。

就此看来，如不考虑生态系统路径因素，海洋保护区的目标或已超过公约目标，或者说，公约的目标正在受海洋保护区建设的影响，向着生物多样性养护领域转移。从生态系统路径视角出发，仍可看到CCAMLR的海洋保护区建设是沿着"养护中心主义"并引导CCAMLR实现其目标的新路径。

三、南极地区建设海洋保护区面临的挑战

（一）变相的"海洋圈地运动"

南大洋的领土争议由来已久，虽然《南极条约》冻结了利益国的主权声索，但这并未使声索国放弃他们对南极领地控制的努力，这种尝试避开了《南极条约》体系以其他方式来进行。《南极条约》存续期内，尤其至1982年《联合国海洋法公约》时代，主权声索国以《海洋法公约》为契机，将主权声索从南极大陆延伸到南大洋。① 这种主权声索客观上增加了人们对CCAMLR管理权的担

---

① 至今已经有六个国家提出领海主张，分别是澳大利亚、新西兰、法国、英国、阿根廷和智利；提出毗连区的国家包括澳大利亚、新西兰、法国、阿根廷和智利；向大陆架划界委员会提出大陆架划界案的国家包括澳大利亚、英国和挪威，新西兰也提出保留南极领土外大陆架划界权利。

忧,CCAMLR 在这种背景下由主权声索国提案的海洋保护区建设,无疑加重了人们对"海洋圈地运动"的疑虑。

"海洋圈地运动"并非法律概念,通常指海洋大国远海海洋、海底资源勘探、科学研究的海上竞争,而就法律层面而言,则是海洋国家基于国际法或者虽被质疑但试图寻求法律正当性基础的海上主权扩张行为。第一轮的海洋圈地运动发端于《联合国海洋法公约》生效。根据公约,沿海国如认为其伸向海洋的大陆架自然延伸超过 200 海里,则其应在指定时间内向联合国大陆架界限委员会申请,同时应提交证明材料以支持其申请中主张的内容。联合国大陆架界限委员会官网显示,2001—2009 年共有包括俄罗斯、巴西、澳大利亚、法国在内的 11 个海洋国家申请超出 200 海里的大陆架主张。

2009 年后,大陆架划界问题基本解决,此后的海洋保护区建设成为沿海国海上权利扩张的新工具,尤其自 2006 年以来,专属经济区内的保护区面积急剧增长。有学者将这种保护区建设称为新海洋圈地运动,并将其分为两类:①由国际组织建立的公海保护区,以此限制其他组织或国家在相应范围内开展科学研究和资源开发等活动,此类保护区往往由部分沿海国或利益存在国建立,建立保护区以保持其对该海域的存在优势,并保护已经获得的利益,这其中比较典型的是沿海国通过区域渔业组织设立的禁渔区、污染防治区、敏感区等特别海区来保护该海区的生态系统及环境,但其本质是为保护自身的资源利益;②沿海国根据《联合国海洋法公约》对专属经济区的规制,于专属经济区内设立保护区,以限制其他国家在相应海域的经济、科研活动,变相扩大对该海域的管辖范围,这在一定程度上对其他国家的权益造成减损。①

有些国家在远岛周围海域设立大型海洋保护区的行为,尤其受国际社会关注。自 2006 年以来,美国、基里巴斯和英国先后在偏远岛屿附近海域设立多个大型海洋保护区,并且这些保护区面积均刷新记录成为当时面积最大的海洋保护区。2010 年,英国在查戈斯群岛附近海域设立的保护区面积达 63 万平方千米,是当时面积最大的海洋保护区。2011 年,澳大利亚政府宣布将在大堡礁国家公园东侧的珊瑚海建设新的大型海洋保护区,建成后的保护区面积超

---

① 丘君:《悄然兴起的"新海洋圈地运动"》,《中国海洋报》2012 年 3 月 2 日。

过 98 万平方千米。为回应《约翰内斯堡执行计划》建设海洋保护区的目标，为数不少的沿海国将海洋保护区的建设目标设定为于 2020 年以前覆盖 20％管辖海域。根据世界自然保护联盟（IUCN）统计数据，截至 2020 年 4 月，全球范围的海洋保护区只有相应海域的 7.43％。

《联合国海洋法公约》和其他国际法并未禁止沿海国建立海洋保护区，为管辖范围内的海洋环境保护和保全而设立保护区的方式并不违法。《公约》要求其他国家在行使专属经济区内海洋管理权时应考虑沿海国的权利，其中包括遵守沿海国制定的专属经济区内的海洋保护区管理规定。但沿海国把大面积的专属经济区划为海洋保护区，并制定需要其他国家考虑和遵守的保护区管理规定，实质上削弱了其他国家，尤其是其他沿海国原本享有的权利，并变相扩大了本国对专属经济区的管辖权。

公海领域同样存在这样的政治猜忌，海洋大国为介入公海的管理，保护其在公海的利益优先，也在以此为契机积极推进海洋保护区建设，此类行为引发国际社会的担心和顾虑。① CCAMLR 的海洋保护区属国家管辖范围以外区域海洋保护区，存在同样的问题。

（二）CCAMLR 海洋保护区与政治利益及主权声索国的利益纠葛

在《南极条约》体系下，南极环境保护问题被认为既是主权要求国维护其既得利益的有效手段，又是非主权要求国试图获得新利益的借助对象。② 迄今为止，现有南极海洋保护区设立提案国包括英国（南奥克尼群岛南大陆架海洋保护区）、新西兰和美国（罗斯海地区海洋保护区）、澳大利亚、法国和欧盟（东南极海洋保护区）、欧盟（威德尔海海洋保护区）、阿根廷与智利（西南极半岛海洋保护区），这些国家基本属于南极主权声索国和主权保留国，且其提案设立南极海洋保护区的地理范围与其本国或联合提案国在南极的主权诉求范围保持一致。③

---

① 马得懿：《公海元叙事与公海保护区的构建》，《武汉大学学报》（哲学社会科学版）2018 年第 3 期。
② 郭培清、石伟华：《南极政治问题的多角度探讨》，海洋出版社 2012 年版。
③ 刘惠荣、齐雪薇：《设立南极海洋保护区的法律困境与出路：兼谈中国的应对》，《海洋开发与管理》2021 年第 4 期。

关于海洋保护区建设与地缘政治控制的议题讨论由来已久，俄罗斯在2014年第37届南极条约协商国会议（ATCM）上提交了关于"南极条约体系下的海洋保护区"的讨论文件，文件指出，"考虑到《南极条约》和《南极海洋生物资源养护公约》中的七个成员方/缔约国就南极地区提出了陆地领土主张，俄罗斯不能不担心，领土主张国有可能以海洋保护区为借口来建立相应的地缘政治控制"。俄罗斯稍后又将该文件提呈CCAMLR年会。2014年的CCAMLR年会上，对俄罗斯文件中的观点，澳大利亚提出反驳。澳大利亚代表指出，海洋保护区不是提案国的保护区，而是委员会在CCAMLR框架下由成员方协商一致建立的养护措施。新西兰强调，在南极属地附近海域，其完全遵守《南极条约》第4条的规定，且未提出领海或专属经济区的主张，并进一步强调，南大洋海洋保护区（罗斯海地区海洋保护区）的建立是协商一致的事项，保护区的维持也需共同决策和管理，且会接受CCAMLR的监督。法国认为，作为《南极条约》下协商国成员，其尊重并遵守《南极条约》关于冻结领土主张的规定，因此没有任何依据和基础将东南极提案与任何地缘政治控制相联系。[①]

为避免南极矛盾的升级，《南极条约》缔约国确实同意通过条约冻结领土主张，但该公约是南极主权声索国与相关利益国互相妥协的产物，因此《南极条约》下这些国家并未放弃其主张。以澳大利亚为例，在七个南极大陆主权声索国中，澳大利亚是提出声索领土面积最大的国家，也是地理位置上距离南极大陆较近的国家。澳大利亚早在2004年即向联合国外大陆架界限委员会提交了200海里外大陆架申请，申请中包括了澳大利亚南极领土的外大陆架。[②] 在这样复杂的情况下，再同时考虑海洋保护区及领土主张的地缘控制之间的关系，无疑不可避免地让海洋保护区建设成为国际社会对海洋圈地运动兴起的担忧及顾虑。[③]

除了带有地缘政治色彩的圈地运动猜忌，海洋保护区给捕捞业带来的圈地猜忌同样存在。一种观点认为海洋保护区建设实质排斥了不同捕捞国的渔业活动，比如俄罗斯提出，欧盟及欧盟成员国、英国、新西兰、智利、阿根廷等保

---

①　Report of the thirty-third meeting of the commission, para. 7.48—7.69. (Hobart, Australia).

②　Brady A M., "New Zealand's strategic interests in Antarctica," *Polar Record*, Vol. 47, No. 2, 2011, pp. 126—134.

③　Smith D, Jabour J., "MPAs in ABNJ: Lessons from two high seas regimes," ICES *Journal of Marine Science*, Vol. 75, No. 1, 2018, pp. 417—425.

护区提案国均为南大洋捕捞国,且主要产量来自其主张建立海洋保护区的海域。故而有理由怀疑,这些作为捕捞国的海洋保护区提案国为关闭相应区域的作业渔场,以建设海洋保护区的形式将其他捕捞国排除出来,从而保护并垄断其渔业利益。据此,俄罗斯认为,南极海洋保护区的建设可能成为相关成员方的政治目标。不少保护区提案国对俄罗斯的观点提出异议:美国认为海洋保护区的建设没有降低相应海域现有渔业捕捞配额,因此不存在提案国利用这些配额排斥其他捕捞国的可能性;法国认为这种在南大洋存在专属经济区的成员方计划以海洋保护区排斥其他捕捞国的观点不能接受;新西兰也认为该国现有的专属经济区内没有大量渔业生产,就南极犬牙鱼渔业,其与俄罗斯两国渔船在相同的渔场作业。① 主权声索国、沿岸国的提案,与会议期间各成员方的辩论,反映国际社会对相关成员方海洋圈地运动的猜忌和疑虑,这也恰恰是近几年来海洋保护区议题屡屡被政治化的根本原因。

第二节　《防止中北冰洋不受管制公海渔业协定》的后续法律问题

当前,全球气候变暖对北极生态环境的影响愈发明显。2018 年 10 月 8 日,联合国政府间气候变化专门委员会(IPCC)在韩国仁川发布特别报告,指出全球气温可能在 2030 年到 2052 年之间上升 1.5℃,这一变化将导致许多海洋物种的活动范围向高纬度地区转移,低纬度地区渔业和水产养殖的生产力将受到影响,并加剧海洋生态系统遭受破坏的程度。② 北极气温上升的速度是全球平均升温速度的 2 倍。③ 海冰融化导致低纬度的鱼类种群开始出现在此前

---

① Report of the thirty-third meeting of the commission,2014:paragraphs 7.48—7.69R]. Hobart, Australia:CCAMLR,2014.

② Global Warming of 1.5 ℃ [EB/OL]. (2018-10-08)[2019-01-09]. https://www.ipcc.ch/sr15/chapter/summary-for-policy-makers/.

③ 杨剑:《〈中国的北极政策〉解读》,《太平洋学报》2018 年第 3 期。

的冰封区域,北冰洋未来可能成为新的渔场。当今世界由于陆地资源的过度消耗和枯竭,各沿海国家开始把目光转移到海上。① 于是,北极的战略价值、航道价值和资源价值等不断提升,其日益受国际社会的普遍关注。渔业是促进粮食安全和营养、生计和经济发展的主要因素,地位举足轻重。② 因此,为了应对即将在北极开展的公海渔业活动,提前防止过度捕捞对北极公海区域内鱼类种群的威胁,2018 年 10 月 3 日,加拿大、丹麦(代表格陵兰岛和法罗群岛)、挪威、俄罗斯、美国五个北冰洋沿岸国与中国、欧盟、冰岛、日本、韩国签署了《防止中北冰洋不受管制公海渔业协定》(以下简称"《协定》"),③结束了中北冰洋公海区域缺乏全面性的区域渔业协定的历史,正式确立了北极公海渔业的国际法律秩序。

尽管我国目前在北极地区尚未开展商业捕捞,但北极渔业资源的巨大经济价值仍然不容忽视。渔业在海洋权益博弈中发挥着关键作用,在一定程度上甚至是"渔权即是海权"。④《中国的北极政策》白皮书指出:"中国应适时开展探捕活动,建设性地参与北冰洋公海渔业治理。"但我国远洋渔业履行国际义务的能力与相关要求仍不匹配。⑤ 因此,有必要从国际法角度对《协定》的内容进行全面梳理与分析,以提升中国参与北极公海渔业治理的能力,为中国将来在北极公海区域的渔业活动奠定基础。

一、《防止中北冰洋不受管制公海 渔业协定》的主要内容检视

2007 年,美国参议院首先提出应当就管理北冰洋移栖和跨界鱼类种群启

---

① 张君丽:《中国南海渔业维权执法模式研究》,《海南热带海洋学院学报》2018 年第 1 期。

② United Nations General Assembly. Oceans and the law of the sea: Report of the Secretary-General[EB/OL]. (2018-09-05)[2019-01-09]. http://undocs. org/a/73/368.

③ European Commission. Agreement to prevent unregulated high seas Fisheries in the Central Arctic Ocean[EB/OL]. (2018-06-12)[2019-01-16]. https://eur-lex. europa. eu/resource. html? uri=cellar: 2554f475-6e25-11e8-9483-01aa75ed71a1. 0001. 02/DOC_2&format=PDF.

④ 黄硕琳:《渔权即是海权》,《中国法学》2012 年第 6 期。

⑤ 中华人民共和国农业部:《"十三五"全国远洋渔业发展规划》,(2017-12-08)[2019-01-09]. http://jiuban. moa. gov. cn/zwllm/ghjh/201712/t20171221_5985078. htm。

动与其他国家的国际谈判。① 随后,五个北冰洋沿岸国进行了一系列的谈判,并在 2015 年达成了不具有法律拘束力的《防止中北冰洋不受管制的公海捕鱼的宣言》(以下简称"《宣言》")。《宣言》指出应当采取临时措施,防止中北冰洋公海无管制的渔业捕捞。② 《宣言》肯定了其他非北冰洋沿岸国在防止中北冰洋不受管制公海捕鱼方面的作用,鼓励在更广泛的进程中与上述国家进行合作,以制定符合《宣言》的措施或者达成国家的承诺。正是因为认识到与其他国家进行合作的必要性,《宣言》成员国才正式邀请中国、欧盟、冰岛、日本和韩国加入制定《协定》的谈判中来。随后,经过历时两年的谈判,各国最终于 2018 年 10 月 3 日正式签署《协定》。

(一)《协定》的宗旨与适用范围

关于《协定》的宗旨,缔约国认为虽然中北冰洋生态系统相对来说尚未暴露于人类活动面前,但由于气候变化和其他现象,这些生态系统正在发生变化,而这些变化的影响尚未得到充分了解。因此,有必要提前采取预防措施。随后,各国认为由于近年来中北冰洋公海区域海冰覆盖范围正在减少,未来在该水域进行捕鱼变为可能。因此,各国在认识到健康和可持续的海洋生态系统及渔业对粮食和营养的重要作用的基础上,应当根据预防方法采取措施,以防止在中北冰洋公海开始的无管制捕捞活动,同时定期审查是否需要采取额外的养护和管理措施。换言之,《协定》的宗旨在于,在对中北冰洋公海区域进行捕捞的条件尚不成熟时,通过预防性养护和管理措施来预防中北冰洋公海区域的无管制的捕鱼活动,以便为渔业活动确立基本的国际法律秩序,防止此后鱼类种群的崩溃。

关于《协定》的地理适用范围,缔约方将其限定在被加拿大、丹麦王国、格

---

① S. J. Res. 17-A joint resolution directing the United States to initiate international discussions and take necessary steps with other Nations to negotiate an agreement for managing migratory and transboundary fish stocks in the Arctic Ocean[EB/OL]. (2007-03-08)[2019-01-09]. https://www.congress. gov/bill/110th-congress/senate-joint-resolution/17/text.

② Declaration concerning the Prevention of Unregulated High Seas Fishing in the Central Arctic Ocean, https://www. regjeringen. no/globalassets/departementene/ud/vedlegg/folkerett/declaration-on-arctic-fisheries-16-july-2015. pdf.

陵兰、挪威王国、俄罗斯和美国行使渔业管辖权的水域所包围着的中北冰洋单一公海区域。因此,该区域的南端与东北大西洋渔业委员会(NEAFC)的管辖范围具有小部分的重合之处,从而使得 NEAFC 在《协定》区域享有一定的管理职能。在该重合部分区域内的渔船必须遵守 NEAFC 现行的管理措施,违反管理规定的船只可被视为进行非法、无管制或未报告(IUU)的捕捞活动。此外,值得注意的是《协定》在界定适用范围时使用的表述为"行使渔业管辖权区域"而不是"国家管辖范围",其原因在于避免对斯瓦尔巴德群岛周边水域的法律地位产生任何潜在的影响。早先,根据 1920 年《斯瓦尔巴条约》,缔约方在承认该岛的主权属于挪威的同时,所有缔约国的船舶和国民也享有在该岛领海内捕鱼的权利。但是,1977 年挪威在斯瓦尔巴德群岛周边海域建立了渔业保护区(Fisheries Protection Zone),并声称《斯瓦尔巴条约》规定的缔约方捕鱼权利仅限于该岛的领海而不包括更广泛的专属经济区,进而拒绝给予其他缔约方在渔业保护区内平等的捕鱼权利。因此,挪威与《斯瓦尔巴条约》其他缔约方之间就渔业保护区的法律地位一直存在争议。但不可否认的是,虽然渔业保护区严格意义来讲是否完全属于挪威国家管辖范围尚未确定,但挪威在该区域内行使渔业管辖权的客观事实业已明确。因此,《协定》使用此种表述具有在一定程度上回避上述争议的作用,因为当前《协定》的十个缔约国同时也是《斯瓦尔巴条约》的缔约国。

关于《协定》的鱼类种群范围,其包括该区域内的所有鱼类、软体动物和甲壳类动物,但排除了属于《联合国海洋法公约》第 77 条所界定的在可捕捞阶段海床上或海床下不能移动或其躯体须与海床或底土保持接触才能移动的生物,即通常所说的定居种。《协定》将定居种排除在适用范围外,使得北冰洋沿岸五国可以在北极大陆架划界尚未明确之前,保留各自对定居种享有的权利。因为根据《联合国海洋法公约》第 77 条的规定,沿海国对其大陆架上的定居种享有勘探开发的主权权利,但该权利的行使首先应当以大陆架界限明晰为前提。当前,在北冰洋沿岸五国向大陆架界限委员会提交的划界案中,各方的大陆架主张存在严重重叠,因而就中北冰洋公海下的大陆架归属来说,目前尚无明确的结论。可见,为了避免各国在大陆架上享有的权利相冲突,《协定》所规范的捕捞活动仅限于水体之中的鱼类物种。

(二)《协定》所规范的活动及其他可适用的法律

《协定》主要规范的渔业活动为寻找、吸引、定位、捕获鱼类或任何可合理预期会引发吸引、定位、捕获鱼类的活动。一方面,与大多数渔业协定主要规范鱼类的捕获活动不同,《协定》特别将探捕活动纳入其中。根据《协定》的规定,探捕是指以通过提供与此类渔业有关的科学数据来评估未来商业渔业的可持续性和可行性为捕捞目的的一种活动。《协定》将探捕纳入的原因在于当前中北冰洋公海区域的海冰未完全消融而尚不具备大规模捕捞的条件,因此主要威胁来自前期的试探性捕捞活动。此外,需要特别指出的是,上述捕捞活动仅限于以商业目的而进行的捕捞,而不涉及以科研或任何其他目的所进行的捕捞活动。更进一步来说,《协定》所禁止的是"无管制"的商业性捕捞活动,而不是商业性捕捞本身。无管制的捕鱼活动在国际渔业法上具有特定内涵,根据联合国粮食及农业组织于 2001 年制定的《预防、制止和消除非法、不报告和不管制捕捞的国际行动计划》,无管制捕鱼是指:(a)在有关区域渔业管理组织的适用区域,无国籍船舶或悬挂该组织的非缔约国旗帜或捕鱼实体的船舶进行的不符合或违反该组织养护和管理措施的活动;或(b)在没有适用养护和管理措施的区域或鱼类种群,开展的捕捞活动不符合该国依据国际法养护海洋生物资源的责任。① 因此,根据《协定》第 3 条第 1 款(a)项的规定,缔约方可以授权悬挂其国旗的船舶在该地区根据现有的区域渔业管理组织采用的养护和管理措施从事商业性捕捞。此外,根据《协定》第 3 条第 1 款(b)项以及第 5 条第 1 款(c)项(ii)的规定,若缔约方在充分科学信息的基础上考虑到鱼类的分布、迁移和丰富程度是否足以支持可持续性商业捕捞等因素,决定采取其他临时措施以外的管理措施时,同样可以进行商业性捕捞。因此,《协定》并没有完全禁止在公海区域的商业性捕鱼活动。

另一方面,《协定》所规范的捕鱼活动同样受适用于该区域的其他国际法律的规范。例如,除《协定》的规定外,缔约方明确同意在中北冰洋公海区域进

---

① Food and Agriculture Organization of the United Nations. Internonal Plan of Action to Prevent, Deter and Eliminate Illegal, Unreported and Unregulated Fishing[EB/OL]. (2001-03-02)[2019-01-09]. http://www. fao. org/3/a-y1224e. pdf.

行的捕捞活动还受《联合国海洋法公约》《鱼类种群协定》和1995年联合国粮食及农业组织通过的《负责任渔业行为守则》及其他有关文书的规范。因此,《协定》的规定不得改变任何缔约方因与《协定》相符的其他协议而产生的权利和义务,不得影响其他缔约方根据本《协定》享有的权利以及承担的义务,也不得破坏任何与渔业管理有关的现有国际机制的作用和职能。

(三)《协定》的临时性养护和管理措施

《协定》为商业性捕捞、涉及捕捞鱼类的科学研究活动、探捕规定了临时性养护和管理措施。首先,商业性捕捞必须遵守(a)现有的区域渔业管理组织采用的养护和管理措施,或者《协定》缔约方所采取的针对商业性捕捞的临时管理措施。其次,缔约方应确保其在"协定区"包含捕捞鱼类的科学研究活动必须保护海洋生态系统,并且不会损害其他缔约方对防止无管制的商业性捕捞和探捕所做出的努力。此外,《协定》鼓励缔约方相互通报其授权此类科学研究活动的计划。最后,缔约方在授权悬挂其国旗的船只在协定区内进行探捕时,应当遵守:(a)不损害《协定》的宗旨;(b)探捕的期限、范围和规模应受限制,以尽量减少对鱼类种群和生态系统的影响,并应遵守《协定》第4条第5款关于数据共享议定书中规定的标准要求;(c)缔约方只有在基于合理的科学研究的基础上,并在符合科学研究和监测联合计划及其国家科学计划的情况下,才可授权进行探捕;(d)缔约方只有在向其他缔约方通报其捕捞计划后才可授权进行探捕,并应当为其他缔约方提供对这些计划发表评论的机会;(e)缔约方必须充分监测其授权的任何探捕活动,并向其他缔约方报告此类捕捞的结果。

关于《协定》规定的临时性养护和管理措施,适用于不同类型捕捞活动的临时措施的严格程度不同。就商业性捕捞而言,缔约方只要遵守将来可能在该区域成立的区域渔业管理组织的规定或缔约方将来共同商定的管理措施即可。因此,虽然《协定》允许缔约国在中北冰洋公海区域进行商业性捕鱼,但鉴于当前并未成立区域渔业管理组织或制定临时措施,所以开展商业性捕鱼活动的条件并不成熟。换言之,各缔约国虽然目前尚不能在协定区域进行商业性捕鱼活动,但存在之后进行商业性捕捞的可能性。就涉及捕捞鱼类的科学研究活动而言,临时措施并未做出具体规定,而仅规定必须保护海洋生态系统。众所周知,根据《联合国海洋法公约》第 87 条的规定,各国在公海均享有科学研究的自由。与此同时,《联合国海洋法公约》要求各国在开展海洋科学研究时应遵守保护和保全海洋环境的规章。可见,《协定》实际上并未禁止涉及捕捞鱼类的科学研究活动,而该活动是否保护和保全了海洋生态系统则留有较大的解释空间。就探捕而言,在《协定》生效三年之内,缔约方会议必须制定一系列针对探捕的较为严格的管理措施后,缔约方才可以进行探捕,并且此种探捕也不得用作商业目的。

(四)《协定》关于开展联合科学研究与监测计划的规定

《协定》为缔约方开展联合科学研究与监测进行了规定。首先,缔约方会议应当在《协定》生效后两年内制定一项开展联合科学研究和监测的计划,以提高对该区域生态系统,特别是对现在或将来可能存在于可持续收获的协定区域内的鱼类种群数量的认识,以及此类渔业对生态系统可能产生的影响。其次,缔约方应指导科学研究和监测联合计划的制定、协调和实施。再次,缔约方应确保在开展联合科学研究和监测时,考虑到相关科学技术组织、机构和计划以及地方土著所掌握的知识与开展的工作。最后,缔约方应在本协定生效后两年内通过数据共享议定书,并根据通过的议定书直接或通过相关科学技术组织、机构和程序进行有关数据的共享。此外,缔约方应至少每两年举行一次联合科学会议,并至少在举行缔约方会议之前两个月举行联合科学会议,以提交其研究结果,便于审查最佳科学信息,并为缔约方会议提供及时的科学建议。《协定》要求缔约方应在本协定生效后两年内通过关于联合科学会议运作的职权范围和其他程序。由此可见,联合科学研究与监测计划主要有以下几个特点:第一,联合科学研究与监测计划的目的在于确定该区域内鱼类种群能否在可持续的基础上被捕捞以及此种捕捞对生态系统的影响,其兼具海洋生物资源养护中的生态系统方法与预防原则的特征;第二,联合科学研究与监测计划中的"联合"是指《协定》全体缔约方,而非少数缔约方之间的联合;第三,联合科学研究与监测计划的主要作用是指导缔约方在协定区域内进行科学研究活动和探捕活动;第四,联合科学研究与监测计划的具体内容及其附带的数据共享协议目前尚未出台,该部分内容仍然有待全体缔约方进一步磋商,但必须在《协定》生效后两年之内完成。

(五)《协定》缔约方会议的职责

根据《协定》的规定,缔约方应当每两年举行一次会议,(a)以审查本协议的执行情况,并在适当时根据第 13 条第 2 款审议与本协议期限有关的任何问题;(b)审查通过联合科学研究和监测计划、国家科学计划以及任何其他相关来源(包括土著和地方知识)而获得的所有可用科学信息;(c)在上述信息的基础上,考虑是否开始谈判以建立一个或多个区域渔业管理组织或管理捕鱼的安排,或者是否在开始谈判以及商定了确保鱼类种群可持续性的机制后,就协定区内的这些种群建立额外的或不同的临时养护和管理措施;(d)在本协定生效后三年内,决定采取管理和养护探捕的措施。因此,每两年召开一次的缔约方会议可以看作是《协定》的最高决策机构,其享有较为广泛的职能。总结来看,《协定》缔约方会议具有四个主要职能:①审查《协定》执行情况、科学研究开展情况、日落条款的职能,其中包括做出是否延长《协定》期限的决定;②启动建立区域渔业组织谈判的职能;③采取临时养护和管理措施的职能;④采取针对探捕的养护和管理措施职能。

《协定》缔约方会议要解决具体问题,都须做出决定,而为了做出决定,必须有程序规则以资遵循,此种程序则为表决制度。[1] 就《协定》的表决制度而言,按照决策事项的不同分别规定了不同的表决要求。当拟议事项为程序性事项时,决定应由投赞成票或反对票的缔约方以简单多数的方式做出。而当拟议事项为实质性事项时,则应当在协商一致的基础上做出决定。此外,如果任一缔约方认为一项问题是实质性的,则该问题应被视为是实质性的,因而需要在缔约国协商一致的基础上做出决定。协商一致是晚近逐渐发展起来的一种表决制度,其弥补了投票表决制度的弊端,更加尊重少数意见和更容易达成共识。正如美国学者指出的:"当代国际决策的关键问题在于,国际体系会员国的扩展所导致的权力与多数表决制的分离,由大国组成的少数群体的被疏远,将导致多数表决制在(国际)立法决策方面逐渐失效。在一个高度分裂的

---

[1] 江国青:《演变中的国际法问题》,法律出版社 2002 年版,第 167 页。

国际体系中,需要一种技巧来确保对决策的广泛支持。正是基于此,协商一致才产生吸引力。"①协商一致的表决制度在具体运作时主要存在以下特征,即不经过投票表决、各方达成普遍同意、没有出现正式的反对意见。值得注意的是,一方面《协定》并未规定在协商一致失败时,缔约方会议应当遵循何种规则继续做出决定。因此,可能造成的潜在后果是当缔约方之间难以达成统一意见时,缔约方会议的决策容易陷入僵局。另一方面,这将导致缔约方会议的决策过程十分缓慢,具有约束力的最终决定往往因为要满足各方意愿而失去部分效力。

二、《防止中北冰洋不受管制公海渔业协定》存在的主要国际法问题

(一) 参与方问题

根据《协定》第 9 条规定,仅允许五个北冰洋沿岸国家和其他五个受邀国家(包括中国)立即签署及随后的批准、接受或核准。除上述十个国家之外的其他国家,则只能根据《协定》第 10 条的规定,在《协定》生效之后加入。《协定》第 11 条规定了生效的条件,即自保管者收到第 9 条第 1 款所列国家和欧洲联盟批准、接受、核准或加入本协定的所有文书之日起 30 天后生效。当前,《协定》十个缔约方虽然已经签署了《协定》,但尚未完全履行完后续程序,例如中国当前并未将批准书交存给保管者,即加拿大政府。② 因此,就目前而言,其他国家不符合加入《协定》的首要条件。但是,其他国家在加入《协定》时还必须满足以下两个条件:一、其他国家必须对中北冰洋公海渔业表现出"真正的兴趣或利益"(real interest);二、其他国家必须得到上述十个国家在协商一致基础上做出的邀请其加入的决定。然而,这两个条件与既有国际法的规定存在一定

---

① BUZAN B, "Negotiating by consensus: Developments in Technique at the United Nations Conference on the Law of the Sea," *The American Journal of International Law*, Vol. 2, 1981, pp. 324—328.

② 中华人民共和国条约数据库, [EB/OL]. (2019-01-01)[2019-01-09]. http://treaty.mfa.gov. cn/Treaty/web/detail1.jsp? objid=1545033178819。

的差异。就"真正的兴趣或利益"的表述而言,其曾出现在1995年《鱼类种群协定》第8条第3款,该条规定:"对有关渔业真正感兴趣的国家可成为这种组织的成员或这种安排的参与方。这种组织或安排的参加条件不应使这些国家无法成为成员或参加;也不应以歧视对有关渔业真正感兴趣的任何国家或一组国家的方式适用。"该条中的这种组织或安排是指有权就某些跨界鱼类种群或高度洄游鱼类种群订立养护和管理措施的区域渔业管理组织或安排。因此,需要进一步考察《协定》是否属于上述区域渔业组织或安排。

根据《鱼类种群协定》第1条(d)项的规定,安排是指两个或两个以上国家根据《公约》和本协定制定的,目的在于除其他外在分区域或区域为一种或多种跨界鱼类种群或高度洄游鱼类种群制定养护和管理措施的合作机制。可见,主要的判断标准在于此种合作机制是否以制定养护和管理措施为目的。而根据上文对于《协定》管理措施的梳理,《协定》第5条第1款(d)项明确授权缔约方会议针对协定区域的试探性捕鱼制定养护和管理措施。因此,《协定》应当属于《鱼类种群协定》所认定的区域渔业安排。随后,《鱼类种群协定》还要求渔业安排的参加条件不应使这些国家无法成为成员或参加或有其他歧视。因此,若严格遵守《鱼类种群协定》的上述规定,那么《协定》所规定的协商一致邀请其他国家加入的制度实际上不得做出任何拒绝其他国家加入的决定。

(二)非缔约方遵守问题

当前,《协定》的缔约方仅限于最初签署的十个国家,而在缔约方之外还有大量非缔约方对中北冰洋公海区域的渔业资源真正感兴趣,因此如何确保非缔约方在该区域的活动不致损害《协定》的有效性则成为关键问题。众所周知,《协定》在国际法上的性质属于条约,其受到条约法相关规则的限制,其中最重要的特征在于条约的效力仅限于缔约方之间,而不能对非缔约方产生法律拘束力。根据《维也纳条约法公约》第34条的规定:"条约非经第三国同意,不为该国创设义务或权利。"与此同时,该规定还被视为一项"条约对第三方无损益"的习惯国际法规则,因而对所有国家具有普遍的效力。由上文可知,《协定》目前的临时养护和管理措施集中于商业性捕鱼、涉及捕捞鱼类的科学研究活动以及探捕三种。因此,一般来说,《协定》非缔约方在从事上述渔业活动时,不必遵守《协定》的有关规定。然而,《协定》所规定的养护和管理措施可能因为《鱼类种群协定》的原因而具有间接拘束非缔约方的效力。因为根据《鱼类种群协定》第8条第4款的规定:"只有属于这种组织的成员或安排的参与方的国家,或同意适用这种组织或安排所订立的养护和管理措施的国家,才可以捕捞适用这些措施的渔业资源。"鉴于《协定》所规定的地理范围属于公海区域,与《鱼类种群协定》第8条第1款所限定的区域相一致,因此当《协定》的非缔约方同时是《鱼类种群协定》的缔约方时,其必须遵守上述义务。但此种间接拘束力还必须满足两个条件:其一,根据《协定》所采取的养护和管理措施必须是针对跨界鱼类和高度洄游鱼类;其二,《协定》缔约方会议已经实际采取了该种养护和管理措施。

《协定》第8条"非缔约方"的内容也只是明确要求缔约方应鼓励本协定非缔约方采取与本协定规定一致的措施,并且应采取与国际法一致的措施,制止有权悬挂非缔约方旗帜的船舶从事有损本协定有效执行的活动。因此,单纯就目前的情况来看,《协定》暂时不能因为《鱼类种群协定》的规定而获得拘束非缔约方的间接效力。

(三)《协定》的日落条款及过渡办法

《协定》第13条规定了独特的日落条款,即规定了16年的有效期。日落条款指在立法中专门规定法律规范的有效期,在有效期届满之前需要对其进行审查并重新确认其效力,否则该法律规范应当在有效期间届满时失效的条款。日落条款的理念最早由美国前总统杰弗逊提出,其认为法律应当既有生效时间又有失效时间,就如同日出日落一样,这样才能适应社会的发展变化。① 在海洋生物资源养护和管理领域,日落条款也已经得到了运用,例如南极海洋生物资源养护委员会在2016年通过的《罗斯海海洋保护区养护和管理措施91-05》中就规定了35年的有效期。② 《协定》规定在16年的初始期限届满之

---

① KYSAR,R M,"The sun also rises:The political economy of sunset provisions in the Tax Code,"*Georgia Law Review*,Vol. 2,2006,pp. 335—405.

② Conservation Measure 91-05(2016) Ross Sea region marine protected area[EB/OL]. (2016-10-17)[2019-01-09]. https://www.ccamlr. org/sites/default/files/91-05_11. pdf.

后,每次可以自动续期 5 年,但《协定》规定了两种终止路径。其一是任一缔约方在初始期限或此后任一延长期届满前的最后一次缔约方会议上对本协定延期提出正式反对;其二是任一缔约方不迟于各期限届满前 6 个月以书面形式向保管者对延期提出正式反对。可见,《协定》为日落条款创设了"自动续期"的机制,但此种"自动续期"的条件较为严格。换言之,《协定》在 16 年有效期届满后终止的可能性较大,因为只要任何一个缔约方提出反对续期的正式意见,则《协定》应到期终止。因此,一方可以阻止触发机制(就像一方可以阻止其他保护措施的采用一样)的制度安排,体现出《协定》谈判中对所涉及的缔约方之间利益的谨慎平衡。

此外,结合《协定》第 5 条的规定,若缔约方想要根据上述第一条路径到期终止《协定》,则至少应当在《协定》生效后第 14 年的缔约方会议上提出正式的反对意见,而留给缔约方准备反对意见的时间则可能更短。若缔约方想通过向保管者提出反对的路径终止《协定》,则至少应当在 16 年有限期届满前 6 个月提出。理论上而言,第二个终止路径仅规定了最晚期限,而未对缔约方提出反对的最早时间做出限制。因此,缔约方在《协定》生效后可以随时行使终止的权利,但正式反对必须等到 16 年届满才可以发生终止的效力。最后,若《协定》在 16 年有效期届满或在此后任何时期终止后,在新建立区域渔业组织或安排之前,各缔约方仍然应当承担制定过渡办法的义务,以保护健康的海洋生态系统并确保协定区域鱼类种群的养护和可持续利用。

三、关于中国应对的建议

通过梳理《协定》的主要内容,可以发现《协定》存在大量附有期限的条款并且为缔约方做出了较多义务性的规定。总结来看,需要经过缔约方或缔约方会议再次对《协定》进行细化的内容有:①制定临时养护和管理措施;②制定联合科学研究和监测计划;③制定附属于联合科学研究和监测计划的数据共享协议;④制定联合科学会议的职责范围和其他运作程序;⑤制定针对探捕的养护和管理措施;⑥制定《协定》终止后的过渡办法。因此,就中国而言,虽然当前已经签署了《协定》但并不意味着结束了对中北冰洋公海区域渔业治理的参与过程,因为《协定》涉及缔约国渔业利益的关键部分——养护和管理措施的内容仍有待确定,中国反而应当以更加积极的态度投入《协定》未完成规则的制定中去,以进一步推动《协定》更好地发挥作用,切实保障我国未来在该区域的渔业利益。一方面,就《协定》存在的上述具体国际法问题而言,在参与方问题上,中国应该秉持开放的态度,在遵守现有国际法的基础上赞成接纳其他国家加入《协定》,以共同维护该区域的渔业秩序和生态环境;在促进非缔约方遵守问题上,鉴于当前平权的国际社会遵循"平等者无管辖权"原则,《协定》在一般国际法原理方面不能对非缔约方发生效力,因此,中国应当在尊重这一国际法现状的前提下,尽可能通过与非缔约方合作的方式敦促其遵守《协定》;在《协定》的日落条款方面,不论中国将来对《协定》是否应当终止的立场,都应当早作准备,并提早谋划《协定》终止后的过渡办法。

另一方面,中国长期以来对北极的科学研究重视程度远不及南极,中国迄今为止在北极地区只建立了一座科考站,而在南极已经建成五座科考站。目前,中国在南极已有三座常年科考站,数量上与传统极地强国如美国、澳大利亚等持平。外海与远洋渔业作为海洋渔业中资金、技术、人才密集的代表领域,其发展要以先进科学技术为依托。[1] 因此,中国应当以《协定》要求制定联合科学研究和监测计划为契机,加强对北极地区的科学研究投入,进一步掌握北极地区生态环境和资源现状,为将来深度参与北极治理、实现建设海洋强国的战略目标和构建人类海洋命运共同体打下坚实的基础。

---

[1]　应验:《海南海洋渔业发展方向与对策研究》,《海南热带海洋学院学报》2017 年第 6 期。

下 编

中国法治进程与中国在
国际法领域的创新

第一章
完善中国领事保护制度的国际法思考

引　言

随着全球化的不断深入以及"一带一路"倡议的不断推进,我国对外交往的实践也在不断深入。我国企业正在逐步走向世界,并通过海外投资、设厂等形式开展生产经营活动;在海外留学、旅游、工作的中国公民人数亦不断增加。然而,在海外的中国公民及法人的合法权益难免受自然灾害、恐怖袭击及暴力事件等侵害,从而蒙受损失。领事保护制度作为国际法上的一项重要制度,为中国在接受国保护中国公民的合法权益提供了重要的国际法依据。本章基于中国视角,结合国际法基本理论、制度以及中国的大量实践,分析中国在制定领事保护法时应当把握的原则以及中国应当如何完善领事探视制度,从而更好地服务在海外的中国公民和法人,保护他们的合法权益,为我国全面参与全球化进程、推动本国经济不断发展提供国际法和国内法的制度支撑。

第一节　关于制定中国领事保护法的思考

中国的领事保护立法起步于十年前,但是由于制定该法涉及的问题广泛、复杂,且人民群众的关注度高,故难度较大。随着中国出境人数不断刷新,2016 年中国的出境人员已达 1.37 亿人次,且覆盖当今世界各个角落,涉及劳务纠纷、刑民事案件、安全事故等各种问题,中国制定领事保护法保护海外公民的需要日益迫切。基于此,笔者通过对相关问题展开研究以期为制定领事保护法提供相关助力。

一、关于制定中国领事保护法的 法律依据问题的分析

总体来说,制定我国领事保护法的法律依据涉及五个方面。其一,公认的国际法原则,例如国家主权原则、不得干涉他国内政原则、平等互利原则等。其二,《维也纳外交关系公约》。截至 2014 年 4 月 2 日,该公约已经有 190 个缔约国,可以说,该公约的许多规定体现了国际习惯法的性质,应该由包括中国在内的各缔约国加以遵守。该公约在领事保护方面有一些原则性的规定,比如第 3 条第 1 款乙项规定于国际法许可之限度内,在接受国中保护派遣国及其国民之利益。其三,《维也纳领事关系公约》。截至 2017 年 5 月 22 日,该公约有 179 个缔约国,①具有非常普遍的代表性。该公约有许多规定是直接关于领事保护与领事协助的,可以作为中国制定领事保护法的基本法律依据。其四,中国与外国签订的双边领事条约。截至 2015 年 2 月 27 日,中华人民共和国与外国签订了 46 个双边领事条约,为我国制定领事保护法奠定了基础②。其五,中国相关的国内法规定,如《中华人民共和国国籍法》《中华人民共和国领事特权与豁免条例》等,还

---

① https://treaties. un. org/pages/ViewDetails. aspx? src＝TREATY&mtdsg _ no＝III-6&chapter＝3&clang＝_en. 2017 年 5 月 22 日访问。

② 参见《法制日报》2015 年 2 月 27 日的报道。

有外国与领事保护相关的国内法规定。

关于我国领事保护法的制定,可从以下几个方面着手。第一,《维也纳领事关系公约》有许多直接关于领事保护的规定,可作为我国制定领事保护法的基本法律依据。换言之,一方面,该公约关于领事保护职务的规定可成为我国驻外使领馆履行领事保护职责的基本法律规定,这不仅仅是因为《维也纳领事关系公约》的很多基本规定已经成为国际习惯法,被各国广泛遵守,而且也是我国履行"条约必须遵守原则"①的必然要求。另一方面,在制定领事保护法时,还应充分考虑并结合我国国情,发挥立法的自主性,制定符合我国需要的领事保护法。《维也纳领事关系公约》毕竟是40多年前的立法产物,有些规定已经落后于当前的形势,中国的领事保护法应该充分考虑当前的形势,包括增加一些可预见性的内容。第二,我国与外国签订的双边领事条约有关于领事保护特别规定的,应该作为优先适用的规定。从国际法来说,这既是特别法优先于普通法的体现,也是后法优先于前法的要求。中国于1979年加入《维也纳领事关系公约》,而中国与外国签订的现行有效的双边领事条约都是在中国加入《维也纳领事关系公约》以后。就内容来说,《维也纳领事关系公约》对于领事保护有基本规定,而双边领事条约含有特别的规定,所以应该从其特别规定。需要指出的是,我国迄今为止只与两个非洲国家签订了双边领事条约。这种状况对于保护我国在非洲的公民非常不利,仍需要扩展并加强。第三,关于接受国的相关领事保护的法律规定作为依据的问题,应该慎重对待。中国在接受国从事领事保护原则上应该遵守接受国相关领事保护的法律规定,但并不是无条件的。《维也纳领事关系公约》第36条第1款第3项规定,本条第一项所称各项权利应遵照接受国法律规章行使之,但此项法律规章务须使本条所规定之权利之目的得以充分实现。换言之,接受国的法律规章不得妨碍派遣国领事保护权利的实现。笔者认为,如果接受国的法律规章不符合公认国际法原则,或者不符合《维也纳领事关系公约》的基本规定,或者不符合中国与接受国双边领事条约的规定,从而阻碍了中国使领馆行使领事保护的职权,中国驻外使领馆可以不用遵守之。

---

① 该原则是指,凡是合法有效的条约,必须要得到诚实和善意的遵守。

二、正确界定中国领事官员联系和探访
受羁押的中国国民的职权

《维也纳领事关系公约》以及一系列中外双边领事条约中都有中国领事官员联系和探访受羁押的中国国民的规定。首先,这种联系和探访权是派遣国领事官员对于接受国的权利,而不是义务,不是中国应当这样做,而是中国可以这样做。《维也纳领事关系公约》采用的措辞是领事官员"有权"联系和探访,《中美双边领事条约》等一系列中外双边领事条约也采用了"有权"的措辞。其次,保障中国驻外使领馆这种联系和探访权恰恰是接受国的一项义务。《维也纳领事关系公约》以及一系列的中外双边领事条约都为接受国提供了应当保障此种权利实现的可能。国际法院在审理德国诉美国的拉格朗德案的判决中指出,受羁押的国民获得本国领事的联系和探访,是该国民一项个人人权。该权利应该得到接受国的法律保障。再次,这种职权不应当必须要依中国国民的请求才能行使。《中国领事保护与协助指南》(2023 年版)规定必须是依照国民的请求才能行使领事保护。《维也纳领事关系公约》规定有的情况下,需要国民请求才能行使。例如《维也纳领事关系公约》第 36 条第 1 款第 2 项:遇有领馆辖区内有派遣国国民受逮捕或监禁或羁押候审或受任何其他方式之拘禁之情事,经其本人请求时,接受国主管当局应迅即通知派遣国领馆。有的情况下不需要国民请求就能行使,例如第 36 条第 1 款第 3 项:领事官员有权探访受监禁、羁押或拘禁之派遣国国民,与之交谈或通讯,并代聘其法律代表。领事官员并有权探访其辖区内依判决而受监禁、羁押或拘禁之派遣国国民。但如受监禁、羁押或拘禁之国民明示反对为其采取行动时,领事官员应避免采取此种行动。《中国领事保护与协助指南》(2023 年版)规定必须要经过中国国民的请求,中国驻外的使领馆才能行使领事探访权。笔者认为,这样的规定对于某些特殊情况下的领事探访问题,比如特别重要的中国公民(如政治人物、商界精英)的保护是非常不利的。笔者建议,可以采取以受羁押的国民请求保护为原则,而领事依职权保护为例外的做法。最后,为了促使中国领事官员更好地履行这一职务,切实保障我国在国外被羁押国民的基本人权,我国宜在国内法中将此种职务规定为领事对于我国国民的义务。当今世界相当一部分国

家已经在法律中明文规定派遣国驻外使领馆承担联系和探访受羁押国民的义务，这种做法很值得中国借鉴。

三、拓宽中国领事保护的实施前提

《中国领事保护与协助指南》（2023年版）第一部分指出，"如您在海外遭遇紧急情况或重大事故，可按照领区划分联系中国驻当地使领馆并寻求领事保护与协助"。笔者认为这样的规定过于狭窄，实际上限制了领事保护的实施前提。实施领事保护并不一定要求损害事实已经存在，而是只要存在损害威胁即可，即实施领事保护的前提是存在损害或损害威胁。

领事保护的主要目的是为我国海外公民提供保护和协助。因此不必等到损害实际发生之后才能实施。如果我国海外公民的利益受到了损害威胁，我国也可以提供领事保护。实践中，有些国家采取领事保护的预警机制，通过各种渠道及时地向民众发布涉及海外安全的预警信息，同时在防范危机和应付危机方面加强对出国公民和在海外运营的企业的教育和培训，提高海外公民及企业对危机的防范和应对能力。上述做法本质上也属于领事保护措施，且着眼于损害发生之前，对于中国的领事保护制度很有借鉴意义。特别是，当代国际法的"人本化"趋势十分明显，国际法的理念、价值、原则、规则、规章和制度越来越注重个人及整个人类的法律地位、各种权利和权益的确立、维护和实现。[1] 许多国家不仅在国内法中设置了较高的领事服务标准，进行领事保护制度的改革，还致力于在条约中相互推动本国公民权益的保护程度。这些做法都值得中国学习。

四、正确解读中国公民在海外先积极
自救、再寻求领事保护

《中国领事保护与协助指南》（2023年版）第一部分强调，"在海外展开领事保护与协助工作，必须遵守所在国法律法规，不能超出工作职责范围"。

---

[1]　曾令良：《现代国际法的人本化发展趋势》，《中国社会科学》2007年第1期。

首先,从我国公民的角度来看,随着国际人权保护观念的强化和对政府保护公民职责的强调,人们对领事保护的期望值越来越高。特别是,随着交通、通信技术的发展,走出国门的公民人数急剧上升,他们的足迹遍布世界各地,再加上日益复杂的国际安全环境,遇到困难的可能性大大增加,领事保护的需求也随之大幅度增加。从我国政府的角度来看,实施领事保护的能力有限:驻外使领馆的外交官和领事官员人数有限;领事对海外本国公民的保护常常受制于接受国的主权;领事在国外不拥有任何能够控制事件进展的实质性的行政或司法权力,领事只能通过建议、监督、敦促等方式来促使接受国当局保护我国海外公民的权益。可见,中国领事保护工作中存在着客观的"供需矛盾",即政府所能提供的实际保护与公民对领事保护的需求及期望值之间存在不小的差距。因此,积极倡导中国公民在海外先积极自救、再寻求领事保护非常必要。

其次,该条规定并不等同于"用尽当地救济规则"。"用尽当地救济规则"是指受害国国民在获得国籍国的外交保护之前,必须用尽东道国的所有行政救济和司法救济,该规则是国家行使外交保护的前提条件。领事保护本质上是国家履行保护海外国民的职责,不属于外交保护的范畴,无需海外公民用尽当地救济规则。实践中,对于身处战乱之地或法治落后之地的中国海外公民来说,"用尽当地救济规则"还会成为阻碍中国行使领事保护权的因素。

最后,中国的领事官员应该为中国海外公民就开展积极自救提供法律、政策、经济等方面的指引,为中国公民在海外走出困境提供帮助。

第二节　中国领事探视法律制度的构建

近年来,我国在世界各地的领事保护与协助案件不断增多:2012—2014年的领事保护案件分别为 3.682 1 万起、4.170 3 万起和 5.952 6 万起;[1]2015

---

[1]　《2014 年中国境外领事保护与协助案件总体情况》,http://cs. mfa. gov. cn/gyls/lsgz/ztzl/ajztqk2014/t1277568. shtml,2017-12-08。

年的领事保护案件近8万起;①2016年则超过10万起。② 相应地,中国公民在
国外卷入的犯罪案件也不断增长,2015年已达6 487件,主要涉及偷盗抢劫、人
身伤害、绑架勒索等。③ 特别是,有一些案件是中国公民集体违法犯罪引起的,
案情复杂,我国驻外领事机关需花费大量时间和精力来处理相关事宜。例如,
加纳警方、肯尼亚警方和菲律宾警方分别在2013年6月、2014年12月、2015
年7月在其国内抓扣了大批涉嫌违法犯罪的中国公民。④ 此外,根据我国外交
部领事保护中心不完全的统计数据,截至2017年9月,中国公民因在国外犯罪
而入狱服刑的人数已近5 000人。⑤ 这表明,海外中国公民尤其是被羁押中国
公民的合法权益保护问题日益引人关注。

另一方面,我国长期以来没有专门的领事保护法。从2006年开始,在一些
全国人大代表和全国政协委员的多次提案呼吁之下,我国才将领事保护专门
立法提上日程。2009年11月19日,国务院法制办公室全文公布《中华人民共
和国领事工作条例(征求意见稿)》(以下简称"《领事工作条例(征求意见
稿)》"),并且向社会各界征求意见。《领事工作条例(征求意见稿)》以行政法
规的形式规定了领事机关和领事官员向我国海外公民提供领事保护与协助的
职责,其中第9条第1款是关于对被拘禁的海外中国公民进行领事探视的内
容,即"接受国有中国公民被拘留、逮捕或者正在服刑以及其他被限制人身自
由情形的,驻外领事机关和领事官员应当对其进行探访或者与其通讯,但该中
国公民明确表示不接受的除外"。但是,该规定过于简单粗陋。直到党的二十
大报告指出,"加强海外安全保障能力建设,维护我国公民、法人在海外合法权
益"。2023年7月9日,国务院出台《中华人民共和国领事保护与协助条例》
(简称"《领事保护与协助条例》"),其中第9条明确规定获知在国外的中国公

---

① 《"中国领事保护与服务:盘点2015,期冀2016"——外交部举行领事工作国内媒体吹风会》,
http://www. fmprc. gov. cn/web/wjbxw_673019/t1337903. shtml,2017-12-08。

② 赵海涵:《"海外中国"加速形成,领事保护立法势在必行》,《法制日报》2017年8月5日。

③ 《2015年中国境外领事保护与协助案件总体情况》,http://cs. mfa. gov. cn/gyls/lsgz/ztzl/
ajztqk2014/t1360879. shtml,2017-12-08。

④ 夏莉萍:《中国领事保护需求与外交投入的矛盾及解决方式》,《国际政治研究》2016年第4期。

⑤ 赵岭:《中国公民在海外违法犯罪与"领事保护"》,http://news. xinhuanet. com/world/2017-07/
13/c_129653626. htm,2017年12月8日访问。

民、法人、非法人组织因涉嫌违法犯罪被驻在国采取相关措施的,驻外外交机构应当根据相关情形对其进行探视或者与其联络,为维护我国海外公民的合法权益提供重要的制度保障。

一、领事探视的基本问题分析

(一)领事探视的概念与特征

领事探视源自《维也纳领事关系公约》第 36 条第 1 款第 3 项的规定,[1]具体是指派遣国领事机关和领事官员与被接受国拘禁的本国国民通讯联系,对其进行探访,并提供必要的协助。

领事探视的主要特征有三。第一,领事探视本质上是一项重要的领事职务,其目的在于对被接受国拘禁的本国公民提供必要的协助。与其他情形相比,被接受国拘禁者因被限制或剥夺人身自由,需要给予特别的协助,各国亦予以额外重视。[2] 派遣国通过领事探视可以了解并敦促接受国政府保障被拘禁本国公民的人道主义待遇以及其他合法权利。第二,领事探视的具体行为是指领事机关和领事官员所采取的保护和协助被拘禁海外公民的具体措施或手段,包括与被拘禁的海外公民通讯联系、对其探访以及提供包括法律协助在内的必要协助。第三,领事探视长期以来就是各国领事实践的重要内容,在《维也纳领事关系公约》出台之前就已存在,它已经成为一项国际习惯法规则。[3]

(二)领事探视的主要法律依据

领事探视的主要法律依据有:派遣国的相关国内法、接受国的相关国内法、《维也纳领事关系公约》以及双边领事条约。

第一,派遣国的相关国内法。虽然迄今为止将领事探视设置为国内法制

---

① 领事探视,即"领事官员有权探访受监禁、羁押或拘禁之派遣国国民,与之交谈或通讯,并代聘其法律代表。领事官员并有权探访其辖区内依判决而受监禁、羁押或拘禁之派遣国国民"。

② 郭志强:《领事协助法律制度研究》,外交学院 2013 年博士论文,第 101 页。

③ Harvard Research Draft Convention on the Legal Position and Functions of Consuls, 1932, Art 11(d).

度的国家数量不多,但已有的国家大多是在"领事法规"中专门规定了领事探视制度。例如《德国领事官员、领事职务和权限法》《乌克兰领事条例》《瑞士领事保护法令》《爱沙尼亚领事法》《俄罗斯联邦领馆法规》《哈萨克斯坦领事法规》《芬兰领事服务法案》《匈牙利领事保护法》等。需要指出的是,如美国、欧盟、塞浦路斯等国是通过外交部网站或指导意见对领事探视进行规范。① 从这个意义上说,中国的领事探视立法具有领先时代的意义。

第二,接受国的相关国内法。当今世界的绝大多数国家都没有专门的国内法规范外国的领事探视行为,但这并不意味着其不受接受国的任何法律规范。有一些国家是通过"刑法"或者"刑事诉讼法"对探视罪犯、旁听庭审等设置一些限制性条件,而且这些限制也同样适用于领事探视。

第三,《维也纳领事关系公约》。虽然《维也纳领事关系公约》是领事探视制度的直接法源,但是各国适用《维也纳领事关系公约》的方式并不相同。关于条约在国内法上的地位,即国内法接受条约的方式,一般有两种:一种是将条约规定转变为国内法即转化方式;另一种是无须转变而将条约规定纳入国内法即纳入方式。② 由于美国、法国、德国等国采取的是纳入的方式,故《维也纳领事关系公约》可以在上述国家直接适用,并作为领事探视的直接法律依据。此外,英国以及一些英联邦国家采取的是转化的方式,故上述国家在未将《维也纳领事关系公约》转化为本国国内法之前,该公约无法作为领事探视的直接法律依据。

第四,双边领事条约。当今世界,国家之间的双边领事条约一般都规定了领事探视制度。如在《维也纳领事关系公约》通过之前,美国在与 28 个国家缔结的双边领事条约中均包含了领事探视的条款。③ 双边领事条约关于领事探视的规定总体来说比《维也纳领事关系公约》更加具体详细,由此可能产生双边领事条约与《维也纳领事关系公约》关于领事探视规定的协调问题。

(三)领事探视过程中的权利与义务

第一,在国家层面,领事探视是派遣国对于接受国的国家权利,亦即接受

---

① 郭志强:《领事协助法律制度研究》,外交学院 2013 年博士论文,第 104—106 页。

② 李浩培:《条约法概论》,法律出版社 2003 年版,第 314 页。

③ 郭志强:《领事协助法律制度研究》,外交学院 2013 年博士论文,第 128 页。

国对于派遣国的国家义务。作为国家之间的条约,《维也纳领事关系公约》采用"派遣国领事官员有权"以及"接受国有义务保障"的表述可以作为强有力的证据。具体来说,接受国对于派遣国承担两方面的义务:一方面是消极的不作为义务,即在派遣国对其被拘禁的国民进行领事探视时,如对接受国的属地管辖权构成限制,接受国负有尊重和容忍的义务,以及对派遣国与其被拘禁国民的通讯和会见,不得予以不当的限制;另一方面是积极的作为义务,即在特定情况下,接受国有义务采取一定的积极行动,为派遣国探视其被拘禁的国民提供便利。

第二,在国内法层面,领事探视过程中的权利与义务比较复杂。首先,领事探视的双方当事人均处于派遣国法律与接受国法律的双重管辖之下。具体来说,领事探视的双方当事人一方是驻外的领事机关和领事官员,另一方是被接受国拘禁的海外公民。由于领事探视是基于派遣国法律的属人管辖权而适用于在域外即接受国境内的,因此,双方当事人都还必须服从接受国的属地管辖权。换言之,驻外领事机关和领事官员在域外实施领事探视时,必须充分尊重接受国的法律规章制度。其次,领事探视的双方当事人之间的具体权利义务是由派遣国的国内法规定的。考察各国情况,存在两类主要做法。第一类是在国内法中明文规定领事机关和领事官员对被拘禁的海外公民承担领事探视的义务,如《哈萨克斯坦领事法规》第37条、《乌克兰领事法规》第39条、《格鲁吉亚领馆法》第38条、《德国领事官员、领事职务和权限法》第7条等。第二类是在外交部门内部工作手册或对外宣传资料中表示领事机关和领事官员可以探视被拘禁的海外公民,但未明确其为义务,如美国国务院《外交事务手册》第7卷、挪威外交部的《对海外旅行挪威公民的建议》、巴西外交部的《领事与法律服务工作手册》等。

(四) 领事探视的制度价值

首先,领事探视是国际法人本化趋势下保障人权的重要措施。现代外交理念是以维护海外公民合法权益为外交工作的首要任务。[①] 1998—2009年,

---

① 古祖雪:《论国际法的理念》,《法学评论》2005年第1期。

国际法院先后审理了与《维也纳领事关系公约》第 36 条有关的 4 个案件,上述判决均指出《维也纳领事关系公约》第 36 条第 1 款的领事通知权是被羁押者的个人权利。① 这说明,在全球化和人本化发展的大背景下,《维也纳领事关系公约》第 36 条已经着重从被拘禁者个人权利角度来解读。正如已故美洲人权法院院长肯萨多·特林达德(Cancado Trindade)法官指出,近 20 年来,人们开始从一个新的角度来解释《维也纳领事关系公约》,至少是《维也纳领事关系公约》中的一些条款,将它们与人固有的权利联系起来,这是不可避免的一种趋势。② 可见,通过合理地解释《维也纳领事关系公约》,可以得出第 36 条为被拘禁者创设了个人权利的结论。③ 值得注意的是,尽管《维也纳领事关系公约》的各个缔约国对公约的不同条款提出不同的保留,但是对于第 36 条的内容没有一个国家提出保留,即使在国际法院的一系列判决中已经确认领事通知权是一项个人权利后,也没有任何一个缔约国对第 36 条的内容提出保留。④ 上述实践既反映了各国充分尊重《维也纳领事关系公约》第 36 条的态度,也表明领事探视是国际法人本化趋势下保障人权的重要措施。

其次,领事探视既是国家保护海外公民合法权益的必要手段,又体现了国家不袒护、不纵容本国公民海外违法犯罪的原则。一方面,维护海外公民的合法权益本身就是国家驻外领事机关与领事官员义不容辞的职责,被拘禁的海外公民由于身处特殊境地,更需要这方面的保护。通过领事探视,国家驻外领事机关和领事官员积极与被拘禁的海外公民联系、会面以便及时了解其实际状况;积极敦促接受国当局保证被拘禁的海外公民的基本人权以及保障其人道主义待遇;为被拘禁的海外公民提供必要的法律协助等。另一方面,在领事探视过程中,国家驻外领事机关和领事人员不能出于同胞之情混淆是非、对错,从而纵容甚至帮助海外公民逃避罪责。具体来说,第一,对于那些在海外

---

① 国际法院审理的四个案件分别是布里尔德案(巴拉圭诉美国)(1998)、拉格朗(德国诉美国)(1999—2001)、阿韦纳案(墨西哥诉美国)(2003—2004)、麦德林案(墨西哥诉美国)(2008—2009)。

② Antonio Augusto Cancado Trindade, "The Humanization of Consular Law: The Impact of Advisory Opinion No. 16 (1999) of the Inter-American Court of Human Rights on International Case-law and Practice," *Chinese Journal of International Law*, Vol. 6, No. 1, 2007, p. 2.

③ John Quigley, William J. Aceves, Adele Shank, *The Law of Consular Access: A Documentary Guide*, Routledge, 2009, p. 73.

④ 谢海霞:《论领事通知权的性质》,《中国政法大学学报》2009 年第 6 期。

违法犯罪而被拘禁的公民,驻外领事机关只能提供合法的领事协助,且不得超过法律规定的必要标准;第二,驻外领事官员不能纵容甚至帮助海外公民毁灭罪证、作伪证、恶意规避接受国法律,从而逃避罪责;第三,对于那些虽未违反接受国法律但已违反派遣国法律的海外公民,驻外领事机关和领事人员必须记录在案,作为日后追究责任的依据,从而做到"内外等同,有罪必究"。

最后,领事探视以充分尊重当事人意愿为原则。领事探视的开始以及继续实施以充分尊重当事人的意愿为原则。换言之,驻外领事机关以及领事官员不得违反当事人的意愿强行开展探视或者强行继续实施探视。《维也纳领事关系公约》第 36 条第 1 款第 3 项规定:"但如受监禁、羁押或拘禁之国民明示反对为其采取行动时,领事官员应避免采取此种行动。"这一规定表明领事探视应该充分尊重个人的意愿,且不得违反个人意愿强行开展。特别是,国际法的多个判例已经表明《维也纳领事关系公约》第 36 条是人权条款。从法理上说,领事探视是被拘禁者的一项个人权利,那么基于权利的能动性和可选择性特征,被拘禁者可以放弃这项权利,且不能受到任何外来干涉或者侵犯。

二、中国领事探视制度的法律构建

(一)我国领事探视制度的法律构建方式

首先,我国应当采取转化的方式适用《维也纳领事关系公约》中的领事探视规定。在我国的立法实践中,由于宪法和宪法性文件并未明确条约在国内法中的地位,导致国内法对于条约的接受方式也不明确。那么,仅就《维也纳领事关系公约》而言,我国国内法应采取何种方式接纳会比较合理呢?笔者认为,转化方式更为合理,理由如下。第一,我国立法实践表明,纳入方式多适用于国际民商事条约。可见,我国对于非国际民商事条约在国内法上的地位问题持更加谨慎的态度。从《维也纳领事关系公约》的性质来看,其主要调整两国政府及领事机关之间的关系,而不是调整跨国的民商事主体之间的关系。因此,转化方式适用于《维也纳领事关系公约》似乎更为妥当。第二,从《维也纳领事关系公约》的内容来看,其涉及领馆人员的构成、领馆的职务、领事特权与豁免、领事保护与协助等具体内容,具有原则性和抽象性的特点,不具有可操作性。因此,不宜采用纳入方式。第三,从《维也纳领事关系公约》的发展历程来看,《维也纳领事关系公约》是 20 世纪 60 年代初制定通过的,已经有半个多世纪之久,其很多规定是最基本的要求,滞后性渐显。现代领事实践对于领事保护与协助提出了更高的要求,很多国家的领事保护法或者领事保护实践都采取了比《维也纳领事关系公约》更高的标准。采用纳入方式很难做到与现代领事保护法治与时俱进。第四,从其他国家的普遍做法来看,如英国、爱尔兰、波兰、澳大利亚、瑞典、爱沙尼亚等国都以转化的方式在国内法中规定与《维也纳领事关系公约》相关的内容。①

其次,应当协调好《领事保护与协助条例》与中外双边领事条约关于领事探视规定的差异。我国与外国缔结的且迄今仍然有效的 48 个双边领事条约均含有领事探视的规定,这 48 个双边领事条约分别构成了我国在 48 个国家开展领事探视的直接法律依据。② 事实上通过对比,不难发现《领事保护与协助条例》与这 48 个双边领事条约关于领事探视的规定还是存在较大差异的,主要表现在:①领事探视的具体行为;②领事探视的对象范围;③领事探视的开始时间和探视频率;④领事探视的例外情况等。那么,将来的《领事保护与协助条例》应当如何处理其与这 48 个双边领事条约的关系呢? 笔者建议,当《领事保护与协助条例》与中外双边领事条约关于领事探视的规定不一致时,中国领事机关和领事官员在接受国开展领事探视时,应当优先适用中国与该接受国签订的双边领事条约。之所以如此,理由如下:第一,《维也纳领事关系公约》与中外双边领事条约是一般法与特别法的关系,依据特别法优于一般法的法理规则,当《维也纳领事关系公约》与中外双边领事条约不一致时,应该优先适用特别法即中外双边领事条约的规定。由于《维也纳领事关系公约》的规定已经转化为《领事保护与

---

① 谢海霞:《论领事通知权的性质》,《中国政法大学学报》2009 年第 6 期。

② 截至 2017 年 8 月 31 日,中国与外国签订的双边领事条约迄今仍然有效的有 48 个,涉及 48 个国家分别是美国、马其顿、斯洛文尼亚、波黑、黑山、塞尔维亚、波兰、朝鲜、匈牙利、意大利、蒙古、墨西哥、保加利亚、捷克、斯洛伐克、土耳其、老挝、伊拉克、也门、古巴、阿根廷、罗马尼亚、印度、突尼斯、哈萨克斯坦、立陶宛、巴基斯坦、乌克兰、摩尔多瓦、玻利维亚、土库曼斯坦、白俄罗斯、吉尔吉斯、阿塞拜疆、秘鲁、乌兹别克斯坦、亚美尼亚、格鲁吉亚、克罗地亚、加拿大、越南、澳大利亚、俄罗斯、新西兰、日本、菲律宾、柬埔寨、韩国。

协助条例》的规定,故当《领事保护与协助条例》与中外双边领事条约关于领事探视的规定不一致时,应该优先适用后者的规定。第二,依据我国国内的一项法律原则,当我国参加的国际条约与我国国内法不一致时,应当优先适用国际条约。不仅如此,1995 年外交部、最高人民法院、最高人民检察院、公安部、安全部、司法部《关于处理涉外案件若干问题的规定》第 3 条以及 1998 年最高人民法院《关于在执行刑事诉讼法若干问题的解释意见》也都有类似规定。第三,采用双边领事条约优先的做法可以充分保障《领事保护与协助条例》的执行。基于《领事保护与工作条例》的普遍适用性,采取双边领事条约优先的做法,可以协调立法的普遍性与特殊性的矛盾,从而保证《领事保护与协助条例》的实施效果。

最后,在完善领事探视法律制度时,必须立足于我国的实际情况,充分考虑我国领事探视的实施能力以及我国长期以来的领事探视实践,做出客观具体的法律规定。只有这样才有利于维护我国的国家主权以及海外公民的合法权益。

(二)我国领事探视的权利属性

领事探视的权利属性问题,是指将领事探视设定为我国驻外领事机关和领事官员对被羁押中国公民的权利还是义务的问题。该问题的解决对于设计我国领事探视制度的具体内容影响巨大。权利具有两个本质属性,即能动性和可选择性。与之相反,义务则是受动的。① 确定不同的法律属性将影响我国领事探视法律制度的具体内容沿着完全相反的方向发展。笔者认为,将领事探视设定为我国驻外领事机关和领事官员对被羁押的中国公民的义务比较合理,具体理由如下。

第一,将领事探视设置为义务是我国履行"条约必须遵守原则"的必然要求。如前所述,《维也纳领事关系公约》以及 48 个中外双边领事条约均包含领事探视的规定,根据"条约必须遵守"原则,我国有义务履行上述规定。虽然对于国家来说,领事探视是派遣国对于接受国的权利,但是对于个人来说,领事探视不应该作为领事官员对被拘禁的中国公民的权利,否则无法起到督促领事官员履行领事探视职责的作用。

第二,将领事探视设置为义务也符合当今世界各国的普遍做法。如前所

---

① 张文显主编《马克思主义法理学——理论、方法和前沿》,高等教育出版社 2003 年版,第 289—300 页。

述,当今世界凡是将领事探视设置为国内法律制度的国家,几乎都将领事探视设置为义务。

第三,将领事探视设置为义务有助于促进我国驻外领事机关和工作人员进一步贯彻"以人为本"的理念,践行依法行政,更好地开展领事保护与协助工作。中华人民共和国成立后的一段时间,我国外交和领事官员受传统理念和作风的影响,为民服务的意识不强。[1] 在"执政为民""以人为本"理念的指导下,中国的领事保护有了较大的改进。我国外交部非常重视驻外使领馆的领事业务,要求驻外使领馆的主要官员,甚至包括大使都要亲自负责领事业务,并且将该工作作为一个重要指标对大使进行工作考核。[2] 但是,由于领事探视的法律属性缺乏国家法律法规层面的明确界定,导致领事机关及其官员开展探视的法律依据不足,工作深度和广度难以进一步拓展,制约了依法行政的开展。因此,将领事探视设置为一项义务,有助于促进我国领事机关及其官员进一步贯彻"以人为本"的理念,依法行政,开展领事探视工作。

(三)我国领事探视的对象范围分析

领事探视的对象范围是指因故被驻在国当局限制或被剥夺人身自由的本国公民。从《维也纳领事关系公约》第 36 条第 1 款第 3 项的规定来看,领事官员可以行使领事探视的对象有两大类:第一类是受监禁、羁押或拘禁之派遣国国民;第二类是依判决而受监禁、羁押或拘禁之派遣国国民。

就第一类对象来说,虽然《维也纳领事关系公约》、国际司法判决或仲裁裁决没有对"监禁、羁押或拘禁之派遣国国民"的具体范围进行解释,但《维也纳领事关系公约》第 36 条为这一类人专门设置了领事告知与领事通知两个措施。[3] 对于第一类被拘禁的国民而言,领事告知、领事通知是构成领事探视的前提条件。在派遣国国民被拘禁的情况下,只有接受国主管部门予以领事告知,使

---

① 梨海波:《中国领事保护理念的人本转向:具体案例的分析与实证》,《江南社会学院学报》2010年第 2 期。

② 夏莉萍:《试析近年来中国领事保护机制的新发展》,《国际论坛》2005 年第 3 期。

③ 领事告知是指接受国主管部门告知被拘禁派遣国国民有权要求接受国主管部门将本人被拘禁之事通报派遣国领馆,并与派遣国领事官员自由通讯与会见。领事通知指接受国主管部门通知派遣国领馆其国民被拘禁之事情。

其知道其可以要求将自己被拘禁一事告知派遣国领事官员,接受国主管部门才有可能在其要求的情况下进行领事通知,从而派遣国领事官员才有可能进行领事探视。领事告知和领事通知的存在,使被拘禁国民与派遣国领事官员之间沟通的渠道得以畅通,从而使领事探视成为可能。值得一提的是,《维也纳领事关系公约》规定的是经过被拘禁国民本人请求,才能进行领事告知。而现代的领事保护实践一般均采取"强制性的领事通知制度",即无须本人请求,接受国也要告知派遣国被拘禁国民的情况。此外,48个中外双边领事条约也均规定了强制性的领事通知制度。换言之,有了强制性的领事通知制度,能有效保证我国驻外领馆和领事官员及时获知被拘禁中国公民的信息,从而及时有效地开展领事探视。

就第二类对象来说,由于并不存在领事告知与领事通知,导致派遣国的领事机关和领事官员没有固定的法律渠道知晓其被拘禁的信息,从而给领事探视带来很大的障碍。虽然中国与25个国家签订的双边领事条约中规定,领事官员有权探视服刑人员,[①]但是这25个双边领事条约中的绝大部分没有规定接受国必须将服刑人员信息及时告知派遣国的义务。就两国之间的权利义务关系来说,探视服刑人员,是派遣国对于接受国的权利。但是如果将探视服刑人员设置为领事官员对于服刑人员的义务,则由于信息方面的客观障碍,可能存在无法履行的风险。

(四)我国领事探视的开始时间

关于领事探视的开始时间,虽然《维也纳领事关系公约》和《领事保护与协助条例》均没有规定,但是这个问题值得研究。因为合理设置领事探视开始时间对于及时保护我国被羁押的公民以及督促我国领事机关积极履行探视职责意义重大。一方面合理设置领事探视开始时间,有利于我国领事官员及时了

---

① 这25个条约分别是:《中国和菲律宾领事条约》《中国和保加利亚领事条约》《中国和波兰领事条约》《中国和罗马尼亚领事条约》《中国和古巴领事条约》《中国和巴基斯坦领事条约》《中国和玻利维亚领事条约》《中国和克罗地亚领事条约》《中国和捷克领事条约》《中国和斯洛伐克领事条约》《中国和秘鲁领事条约》《中国和马其顿领事条约》《中国和斯洛文尼亚领事条约》《中国和波黑领事条约》《中国和黑山领事条约》《中国与塞尔维亚领事条约》《中国和老挝领事条约》《中国和立陶宛领事条约》《中国与柬埔寨领事条约》《中国和印度领事条约》《中国和越南领事条约》《中国和突尼斯领事条约》《中国和也门领事条约》《中国和土耳其领事条约》《中国和韩国领事协定》。

解我国被拘禁公民因何被拘禁，有无程序不当或司法不公，以便我国领事机关尽快与接受国进行交涉。另一方面，合理设置领事探视开始时间，有利于我国领事官员及时了解被拘禁公民在看守所中的生活健康状况以及是否遭遇不人道的待遇，如看守所向其提供的基本生活条件是否低于国际人道主义标准，其是否遭受看守所管教人员的虐待、体罚、打骂；看守所是否拒绝为其提供必要的医疗救治；等等。若发现有上述情况，我国领事机关应该尽快与接受国进行交涉，要求其尽快纠正。笔者建议，关于我国领事探视的开始时间应该采取"尽快开始"的表述，理由如下。

首先，从外国的普遍实践来看，美国、德国、匈牙利、塞浦路斯、芬兰、匈牙利、爱沙尼亚、日本、韩国等国均强调领事探视应尽快开始。例如，《芬兰领事服务法案》第 19 条规定，如果被拘禁者提出要求，领事机关应毫不迟延地与其联络。应被拘禁者的要求，领事机关应毫不迟延告诉其直系亲属或其他指定人员被剥夺自由的情况。

其次，48 个中外双边领事条约中的 46 个均规定应当尽快开始领事探视，占总数的 96%。这 46 个中外双边领事条约可以分为四种类型：①《中国和美国领事条约》等 5 个条约规定"领事通知后的 2 天内即可探视，可以重复探视"；①②《中国和阿塞拜疆领事条约》等 19 个条约规定"领事通知后的 3 天内即可探视，可以重复探视"；②③《中国和巴基斯坦领事条约》等 17 个条约规定"尽快安排探视"；③④《中国和也门领事条约》等 5 个条约规定"尽快安排探视、

---

①　这 5 个条约是:《中国和美国领事条约》《中国和澳大利亚领事协定》《中国和加拿大领事协定》《中国和新西兰领事协定》《中国和意大利领事条约》。

②　这 19 个条约是:《中国和阿塞拜疆领事条约》《中国和白俄罗斯领事条约》《中国和菲律宾领事条约》《中国和保加利亚领事条约》《中国和波兰领事条约》《中国和朝鲜领事条约》《中国和蒙古国领事条约》《中国和乌兹别克斯坦领事条约》《中国和匈牙利领事条约》《中国和亚美尼亚领事条约》《中国和哈萨克斯坦领事条约》《中国和格鲁吉亚领事条约》《中国和吉尔吉斯领事条约》《中国和罗马尼亚领事条约》《中国和摩尔多瓦领事条约》《中国和土库曼斯坦领事条约》《中国和乌克兰领事条约》《中国和古巴领事条约》《中国和俄罗斯领事条约》。

③　这 17 个条约是:《中国和巴基斯坦领事条约》《中国和玻利维亚领事条约》《中国和克罗地亚领事条约》《中国和秘鲁领事条约》《中国和墨西哥领事条约》《中国和马其顿领事条约》《中国和斯洛文尼亚领事条约》《中国和波黑领事条约》《中国和黑山领事条约》《中国与塞尔维亚领事条约》《中国和老挝领事条约》《中国和立陶宛领事条约》《中国与柬埔寨领事条约》《中国和伊拉克领事条约》《中国和印度领事条约》《中国和越南领事条约》《中国和日本领事协定》。

但最迟不得晚于一定的天数"。① 另一方面,从实践来看,中国驻外领事机关和领事官员一般都会在获得相关信息后立即开展领事探视。例如,2013 年 3 月 3 日,一名中国公民擅自闯入美军横须贺基地而被日本警方拘禁,中国大使馆获悉后立即派出领事官员前往探视。② 又如,2014 年 5 月 15 日,一艘浙籍渔船在日本长崎附近海域因涉嫌违规作业而被日本海警抓扣,中国驻福冈总领馆获悉后立即派员进行了探视,并要求日方保障中方船员的基本人权。③

最后,强调"领事探视应当尽快开始",既有利于我国保护被拘禁的中国公民的人权,又有利于督促我国领事机关和领事官员积极履行探视职责。在领事探视实践中,我国存在极少数领事部门的责任意识和人权意识不够强,认为事不关己,相互扯皮,从而延误或耽搁最佳救济时机。④ 强调"领事探视应当尽快进行"有利于改变或扭转这种状况。

(五)我国领事探视的频率

领事探视的频率是指领事机关和领事官员可以重复探视被拘禁中国公民的时间范围。虽然《维也纳领事关系公约》对这一问题没有具体规定,但是随着各国对被拘禁海外公民人权保护程度的不断提高,这一问题也越来越受到重视。可以说,合理设置领事探视的频率对于驻外领事机关和领事官员持续地检查并督促接受国当局改善被拘禁者的境遇、保障其获得人道主义待遇而言,意义重大。从外国的普遍实践来看,美国、德国、匈牙利、塞浦路斯、芬兰、匈牙利、爱沙尼亚、韩国等国均强调在首次领事探视后的合理时间内可以再次探视。例如,《匈牙利领事保护法》第 9 条规定,领事机关应持续关注在海外的匈牙利公民案件情况。只要有可能,领事机关就应该亲自探访。

从中国的实际情况来看,有 24 个中外双边领事条约规定,领事探视可以重

---

① 这 5 个条约是:《中国和也门领事条约》《中国和土耳其领事条约》《中国和突尼斯领事条约》《中国和捷克领事条约》《中国和斯洛伐克领事条约》。

② 《一名中国公民私自进入美军驻横须贺基地被捕》,http://www.china.com.cn/news/local/2013-03/04/content_28126806.htm,2017-12-08。

③ 商西:《中国 12 名渔民被日本抓扣,中领馆探视核实情况》,《京华时报》2014 年 5 月 17 日。

④ 王秀梅:《国际法人本化趋向下海外中国公民保护的性质演进及进路选择》,《现代法学》2010 年第 4 期。

复进行,占总数的50％。此外,中国的领事探视实践中也有多次探视被拘禁海外公民的例子。例如,2010年4月,中国留美学生翟某被校方指控"恐怖威胁"罪而被美国警方逮捕以后,中国驻纽约总领馆多次派员对其探视,确保其人道主义待遇。[①] 又如,中国驻日本新潟总领事馆自2010年7月以来,多次派领事走访领区内各个监狱以及警署,探视服刑的中国公民和被拘禁的中国公民。[②]

关于如何设置具体的领事探视频率问题,由于各国的司法体制差异或者各案具体情况的差异以及不同接受国的不同态度等因素,而无法设置一个统一的时间范围。特别是,对于某些重大紧急的案件,很有必要在短时间内进行重复探视。例如,2014年12月19日,安哥拉拘禁了31名中国公民,中国领事官员多次探视被拘禁的中国公民,并且协助他们补充相关资料和证件,敦促安哥拉立即释放合法人员。两天不到,18名中国公民已经被释放。[③] 因此,笔者建议可以采取"在合理时间内应当重复探视"的表述来解决这一问题。

(六) 我国领事探视的具体行为

首先,根据《维也纳领事关系公约》第36条规定,领事探视具体行为有探访、交流或通讯、代聘法律代表。但是从一些国家的国内法或者内部规定来看,领事探视的行为已经扩大到相当的范围。①领事机关和领事官员应当关注被羁押者得到基本的人道主义待遇。例如,美国国务院的《外事手册》(美国公民在国外被拘禁部分)指出:美国国务院和驻外使领馆致力于确保在海外服刑的美国公民得到公正和人道待遇;可关注其在外国监狱的状况,可应要求就在监狱服刑美国公民指控受到虐待提出抗议;与监狱官员一道确保有关待遇符合国际可接受人权标准。[④] 再如,根据欧盟理事会2010年6月发布的报告

---

① 《中国驻纽约总领馆官员再次探视被关押的中国留学生翟田田》,http://news.163.com/10/0605/21/68EQ1AD600014AEE.html,2017-12-08。

② 孙辉:《在日服刑中国人十年翻倍,中使领官员赴各地探视》,http://www.chinanews.com/hr/2010/11-27/2685090.shtml,2017-10-24。

③ 《安哥拉警方释放18名提供合法证件的中国公民,仍有13人被羁押》,http://new.qq.com/cmsn/20141223017531,2017-12-08。

④ 美国国务院网站:https://fam.state.gov/FAM/07FAM/07FAM0410.html,2017-12-08。

显示,当公民在海外被拘禁时,所有成员国都可提供以下形式的协助,包括关注被拘禁者的最低待遇。① ②领事机关和领事官员提供法律协助事项的多样化。例如,《芬兰领事服务法案》第 20 条规定,领事机关可应被剥夺自由个人要求,协助其申请从轻处罚或提前释放或推迟实施入狱判决。又如,《匈牙利领事保护法》第 8 条规定,应被拘禁者的要求,就选择律师或翻译提供建议。再如,塞浦路斯外交部指出,应向被拘禁的公民提供当地专于特定领域的律师名单,或曾有此前为塞浦路斯公民辩护经验者;确保被拘禁塞浦路斯公民了解自身权益、依据当地法律所享有权利,向其提供所在国法律系统的信息,如何申请法律代表或寻求法律帮助,保释条件;等等。③领事机关为被羁押者提供必要的费用或物品。例如,《匈牙利领事保护法》第 9 条规定,在有关财政预算规定框架内,外交部长可提供不需偿还的资助,如果有关拘禁情况明显及严重危及被拘禁者生命、身体状况或健康,并且没有其他协助可能。又如,《德国领事官员、领事职务和权限法》第 5 条规定,领事官员可以为包括羁押者在内的海外公民提供一些紧急的协助,并且先行垫付费用,但受协助者应该偿还。再如,塞浦路斯外交部指出,向被拘禁塞浦路斯公民提供费用并在允许范围内,安排购置食品、药品、衣物和其他必需品,以补偿较差的监狱状况。②

其次,中国与外国签订的 48 个双边领事条约(协定)对于领事探视的具体行为,也做出了扩展性的规定。①《中国和美国领事条约》等 7 个中外双边条约规定了"领事旁听审判或法律诉讼"。③ ②《中国和日本国领事协定》等 5 个中外双边条约规定了"领事官员可以选择适当的语言与被羁押国民交谈。"④ ③《中国和美国领事条约》《中国和加拿大领事协定》则规定了"领事官员有权供给被羁押国民食品、衣服、医药用品、读物和书写文具等生活用品"。④《中国和波兰领事条约》《中国和阿根廷领事条约》则规定了"领事可以为被羁押国

---

① 欧盟网站,http://register.consilium.europa.eu/doc/srv? l=EN&f=ST%2010698%202010%20INIT,2017-12-08。

② 转引自郭志强:《领事协助法律制度研究》,外交学院 2013 年博士论文,第 106—107 页。

③ 这 7 个条约是:《中国和美国领事条约》《中国和越南领事条约》《中国和新西兰领事协定》《中国和柬埔寨领事条约》《中国和澳大利亚领事协定》《中国与韩国领事协定》《中国和意大利领事条约》。

④ 这 5 个条约是:《中国和日本国领事协定》《中国和阿根廷领事条约》《中国和美国领事条约》《中国和意大利领事条约》《中国和加拿大领事协定》。

民提供法律辩护或者法律申辩协助"。⑤《中国和韩国领事协定》规定,领事官员有权要求接受国向领馆提供关于该国民被指控的详细信息和庭审信息。①

最后,从中国的领事探视实践来看,中国领事机关和领事官员的领事探视行为也远远超出了上述基本的范围。具体来说,①中国领事机关和领事官员有为被拘禁的中国公民提供水、食物、药品等的实践。例如,2013 年 6 月 5 日,加纳当局拘禁了 124 名涉嫌非法采金的中国公民之后,中国领事官员已多次赴移民局拘留所探视被押人员,送去食品和饮用水等,安排医务人员对被押人员进行检查和治疗,派发药品。② ②中国领事机关和领事官员也有为被判刑的中国公民核实案情的实践。例如,2015 年 7 月 22 日,150 名中国籍伐木工被缅甸判处重刑的当天,中国领事官员亲自向法庭核实有关案情,并为中国公民提供必要的领事协助。③ ③中国领事机关和领事官员还有出席旁听庭审的实践。例如,2012 年 11 月,4 名中国巴士司机因与雇主发生劳资纠纷而被新加坡警方逮捕之后,中国驻新加坡大使馆不仅派出领事官员前往拘留所实施探望,还派出领事官员旁听了庭审。④ 又如,2016 年 4 月 7—8 日中国驻南非开普敦总领事馆领事官员出席旁听了被拘禁的中国公民高某的庭审。⑤

综上,我国领事探视的行为不能仅仅局限于《维也纳领事关系公约》第 36 条规定的探访、交流或通讯、代聘法律代表。

(七)我国领事探视制度之例外情况

领事探视制度的例外情况是指在特殊情形下,领事机关和领事官员应该停止探视行为。规定我国领事探视制度的例外情况,旨在排除我国驻外领事

---

① 包括该国民的姓名、性别、出生日期、护照号码或其他身份证件情况,以及被采取强制措施的具体时间、地点、原因、法律依据、涉案情况、主管机关及联系方式。如该国民因刑事案件在接受国受审,还需向领馆提供开庭时间、地点和所受指控情况。

② 邵海军、魏梦佳:《加纳拘捕 124 名涉嫌非法采金中国公民》,http://news.sina.com.cn/c/2013-06-05/223127323172.shtml,2017-12-08。

③ 《150 名中国籍伐木工在缅甸被判入狱 20 年》,《河南法制报》2015 年 7 月 24 日。

④ 《中国使馆官员探望在新加坡被捕的中国巴士司机》,中国新闻网,http://www.chinanews.com/gj/2012/11-30/4373915.shtml,2017-12-08。

⑤ 参见驻开普敦总领馆:《我馆赴奥尚市监狱探视被羁押中国公民》,http://www.nanfei8.com/huarenzixun/nanfeishilingguan/2016-04-12/29202.html,2017-12-08。

机关和领事官员履行探视职责的客观障碍,从而使我国的领事探视制度在符合实际的基础上有效运作。笔者认为,我国领事探视制度的例外情况主要包括以下两种。

第一,被接受国拘禁的中国公民本人的明示反对。《维也纳领事关系公约》第 36 条第 1 款第 3 项的规定已经表明领事探视应该充分尊重个人的意愿。从国家实践来看,美国、德国、匈牙利、塞浦路斯、匈牙利、芬兰、爱沙尼亚、日本、韩国等国均强调不得违反被羁押国民的意愿强行开展领事探视。例如,《匈牙利领事保护法》第 10 条第 1 款规定,如果被拘禁者明示反对,则不能进行领事探视。此外,《中国和新西兰领事协定》等 10 个双边领事条约规定,如果被羁押公民明示反对,则不得开展领事探视。① 其中《中国和日本国领事协定》等 4 个双边领事条约规定"明示反对"是指"书面明示反对"。②

与之密切相关的一个重要问题是,中国与外国缔结的现行有效的 48 个双边领事条约中均没有规定"被拘禁公民明示反对时,不得开展领事探视",这是否意味着上述 48 个双边领事条约允许"强制性的领事探视"?③ 笔者对此并不赞同。如前所述,《维也纳领事关系公约》第 36 条已经被解释成"人权条款",并且获得了世界各国的广泛尊重,违反被拘禁国民的个人意愿对其进行领事探视,显然既是对"人权条款"的严重破坏,也是违反国际法人本化根本趋势的。此为其一。其二,48 个中外双边领事条约并没有明文规定"被拘禁公民明示反对时,也可以开展领事探视",故也无法从条约约文本身得出允许"强制性的领事探视"的结论。其三,从领事探视的实践角度来分析,允许开展"强制性的领事探视"将带来诸多弊端。例如,这会造成被不同国家拘禁的中国公民之间权利的不平等;"强制性的领事探视"可能引发被拘禁的中国公民的反对甚至对抗行为;接受国可能会以中国违反《维也纳领事关系公约》提出强烈抗议等。

---

① 这 10 个条约是《中国和新西兰领事协定》《中国和突尼斯领事条约》《中国和日本国领事协定》《中国和古巴领事条约》《中国和俄罗斯联邦领事条约》《中国和澳大利亚领事协定》《中国和阿根廷领事条约》《中国和菲律宾领事协定》《中国和克罗地亚领事条约》《中国和韩国领事协定》。

② 这 4 个条约是《中国和日本国领事协定》《中国和俄罗斯联邦领事条约》《中国和韩国领事协定》《中国和菲律宾领事协定》。

③ 所谓强制性的领事探视,是指不管被拘禁公民赞成还是反对,驻外领事机关和领事官员均可以开展领事探视。

因此,笔者认为,没有作出规定的这48个中外双边领事条约均不能被理解为允许"强制性的领事探视"。

第二,接受国依本国法律拒绝我国领事探视。如果接受国依据本国法律拒绝我国开展领事探视,则我国驻外领事机关和领事官员应该停止领事探视。这既是属地管辖权优于属人管辖权的表现,也是《维也纳领事关系公约》第36条第2款的明确规定。① 此外,我国与外国签订的48个双边领事条约也都做出了与《维也纳领事关系公约》第36条第2款类似的规定。

同时,应当考虑一个与之相关的重要问题,如果有接受国假借本国法律之名,拒绝我国领事机关和领事官员开展正常的探视工作时怎么办呢? 根据《维也纳领事关系公约》第36条第2款规定,接受国的法律规章不得妨碍我国驻外领事机关和领事官员正常开展探视工作。但是《维也纳领事关系公约》第36条第2款在具体执行时却并不容易判断。首先,中国领事官员身处国外,且对接受国法律法规尚不精通,即使遇到接受国假借本国法律之名拒绝我方的领事探视,也无法完全准确分析外国法律的正确含义以及辨明外方的真正意图。其次,当今世界,接受国直接拒绝我国的领事机关和领事官员与被拘禁的中国公民联系、见面以及提供法律协助的情况是非常罕见的。换言之,接受国采用隐性的方式拒绝我国领事探视,给中国驻外领事机关和领事官员的领事探视工作带来了不小压力。具体来说,接受国以涉及国家秘密为由拒绝我国领事官员旁听庭审;接受国以国家安全为由拒绝提供被拘禁中国公民的犯罪信息;接受国以国家安全为由拒绝接受我国提供给被拘禁公民的药品和物品。

在上述情况下,我国的领事机关和领事官员需要慎重应对。笔者建议,在上述情况下,我国领事机关和领事官员均不宜强行开展探视工作。如果我国驻外领事机关和领事官员有充分的理由辨明接受国当局真正的不良意图,可以直接向其提出抗议,反之,则不宜提出抗议。我国领事机关应将相关情况记录在案,及时向我国外交部领事司予以汇报,并由后者作出决定。

---

① 《维也纳领事关系公约》第36条第2款规定:本条第一项所称各项权利应遵照接受国法律规章行使之,但此项(接受国)法律规章务须使本条所规定之权利之目的得以充分实现。

第二章
民法典时代^①完善中国条约适用制度的思考

引　　言

《维也纳条约法公约》第 26 条规定国家应当善意履行经批准生效的条约中的义务。作为一项被写入该公约的习惯国际法,条约必须信守原则成为国际法体系的基石之一。同时,即便某项条约对缔约国产生了拘束力,该条约也并不一定在该国国内立即产生法律效力,缔约国需要在国内实施某项行为,从而履行条约中规定的义务,此时便牵涉条约的国内适用问题。作为一个负责任的大国,中国恪守国际法义务,不断推进适用条约的实践。从适用条约的部门来看,我国的立法、司法和执法机关都积极参与了条约适用制度的构建和完善;从适用条约的种类来看,中国适用的条约涵盖民用航空、国际司法协助、国际货物买卖以及海商海事等多个领

---

① 本书所指的民法典时代是指从 2021 年 1 月 1 日《中华人民共和国民法典》正式实施以来至其后有效的这段时期。

326

域。我国主要依靠国内法中的一系列法律依据直接适用条约,以避免出现适用法律不当的情况,其中最重要的的依据便是《中华人民共和国民法通则》(简称"《民法通则》")第142条。《中华人民共和国民法通则》于2021年1月1日废止后,便依据《中华人民共和国民法典》(简称"《民法典》"),《民法典》删去了原《民法通则》第142条有关条约适用的规则,导致适用条约的实践受到一定的影响。本章通过分析民法典时代我国适用条约制度存在的不足,并就如何完善我国条约适用制度提出相应的建议。这些建议不仅针对涉外案件,也针对非涉外案件,不仅包括完善相应的法律法规和司法解释,也包括发挥指导性案例以及当事人意思自治制度的作用,以促进我国准确、高效地适用条约,并为善意履行国际法义务提供助力。

第一节　中国法院在非涉外案件中直接
适用条约的证成与完善

中国国际法学领域长期重点关注条约在国内的适用问题,从理论和实践层面深入研究,部分内容达成共识,对能否在国内非涉外案件[①]中直接适用条约却存在较大争议。目前主要有三种观点:一是"同意说",认为我国参加的条约本身没有排除非涉外法律关系的适用,条约可直接适用于非涉外案件;[②]二

---

① 关于非涉外案件,我国国内尚无权威定义,2012年《最高人民法院关于适用〈中华人民共和国涉外民事关系法律适用法〉若干问题的解释(一)》提出关于"涉外民事关系"的定义。有下列情形之一,人民法院可以认定为涉外民事案件:(一)当事人一方或者双方是外国公民、无国籍人、外国法人或者其他组织的;(二)当事人一方或者双方的经常居所地在中华人民共和国领域外的;(三)标的物在中华人民共和国领域外的;(四)产生、变更或者消灭民事关系的法律事实发生在中华人民共和国领域外的。以上是关于涉外民事案件的判断标准。另外,我国国际私法学者认为,涉外民事法律关系就是在民事法律关系三要素中,至少有一个要素与外国具有联系,包括主体涉外、客体涉外和内容涉外。参见杜涛:《国际私法原理》,复旦大学出版社2014年版,第3页。以上述标准为重要参照,笔者认为不具有下列任何情形的,可以认定为非涉外案件:(一)当事人一方或者双方是外国人、无国籍人、外国企业或者组织的;(二)当事人一方或者双方的经常居所地在中华人民共和国领域外的;(三)标的物在中华人民共和国领域外的;(四)产生、变更或者消灭法律关系的法律事实发生在中华人民共和国领域外的。如果不具有上述任何一种情况的案件就是非涉外案件。

② 徐锦堂:《关于国际条约国内适用的几个问题》,《国际法研究》2014年第3期。

是"否定说",主张条约不能直接适用于非涉外案件,只能适用于具有涉外因素的法律关系;①三是"折衷说",认为应赋予我国参加的条约以法律效力,但不应在我国法院直接适用条约。国内法与条约都有规定的,适用国内法规定;国内法与条约不一致的,则适用条约规定。② 三种观点各异,但均具有一定的合理性,却也存在缺乏实证分析、说理不够透彻的通病,有待进一步完善。

国内学者多认可"否定说",主张只能在涉外案件中直接适用条约。③ 事实上,非涉外案件中直接适用条约具有比较扎实的法理基础和充分的法律基础,国内相关判决在一定程度上也予以证成,故应当秉持"同意说"。然而,深入考察我国在非涉外案件中直接适用条约的司法实践,相关案例数量很少,适用条约类型有限,条约的援引方式不统一,案件被改判或被否定的情形时有发生。此外,我国在非涉外案件中直接适用条约的法律依据和法律规范也存在诸多问题,在很大程度上影响我国法院在非涉外案件中直接适用条约的法律效果。因此,有必要明确我国法院在非涉外案件中直接适用条约的指导思想与具体适用条件,并在法律制度层面和司法实践层面不断完善相关制度,解决非涉外案件中我国法院直接适用条约的诸多问题。

一、证成与诠释:中国法院在非涉外案件中直接适用条约的正当性

中国法院在非涉外案件中直接适用条约具有扎实的法理基础和充分的法律依据,并且已经获得一些司法判例的直接支持,加之其他主要国家也有相关判例予以呼应或间接支持,从而证实了中国法院在非涉外案件中直接适用条约的正当性,也为相关制度的完善奠定了坚实基础。

(一)中国法院在非涉外案件中直接适用条约的法理基础

中国法院在非涉外案件中直接适用条约具有深厚的法理基础,具体可以

---

① 宋建立:《国际条约国内适用的若干问题》,《人民司法》2015年第5期。
② 郭瑜:《海商法的精神——中国的实践和理论》,北京大学出版社2005年版,第30页。
③ 万鄂湘、余晓汉:《国际条约适用于国内无涉外因素的民事关系探析》,《中国法学》2018年第5期。

从条约法的基本原则、条约在国内的效力、条约本身的适用范围以及条约所保障的利益类型等方面进行考察,具体分析如下。

一是条约必须遵守原则。条约必须遵守原则是国际法的一项重要原则,要求缔约国善意地、全面地、不折不扣地履行条约规定的义务。[①]各国在国际社会中一律平等,不存在超国家的强制机构,因而缔约国信守自己的承诺是履行国际义务的重要途径。缔约国信守条约,包括缔约国在国际层面和国内层面全面履行条约规定的义务。其中,国内层面全面履行条约规定的义务要求缔约国承担在国内适用条约的义务,这可作为中国法院在非涉外案件中直接适用条约的重要法理依据。

二是中国在国内认可条约的效力。我国宪法和宪法性文件尚未规定条约在国内的效力,但缔结的条约在国内法上具有直接效力已成通论。王铁崖教授曾指出:"在中华人民共和国,作为通例,并不需要制定法律以执行条约,条约的内部效力在中华人民共和国主席颁布后立即发生。"[②]此外,中国在多种国际场合亦庄严重申条约在国内具有法律效力。1991年11月14日,中国代表张克宁在联合国大会社会、人道和文化问题委员会上发言时指出:"按照中国的法律制度,有关的条约一经中国政府批准或加入并对中国生效后,中国政府就承担了相应的义务,不再为此另行制定国内法进行转换,《禁止酷刑和其他残忍、不人道或有辱人格的待遇或处罚公约》被中国批准后,已经在中国直接生效。"[③]中国于1992年10月提交的《执行〈禁止酷刑和其他残忍、不人道或有辱人格的待遇或处罚公约〉的报告之补充报告》指出:"根据中国的法律制度,中国缔结或者参加的国际条约,要经过立法机关批准或国务院核准程序,该条约一经对中国生效,即对中国具有法律效力,我国即依公约承担相应义务。"[④]可见,中国缔结完成的条约具有国内法上的拘束力,在国内得到认可。

三是条约的适用范围没有限定于涉外因素,即条约本身没有限制非涉外法

---

① 李浩培:《条约法概论》,法律出版社1987年版,第329页。

② 邓正来编《王铁崖文选》,中国政法大学出版社1993版,第386页。

③ 李兆杰:《条约在我国国内法效力若干问题之探讨》,《中国国际法年刊》1993年刊。

④ 中国于1992年10月提交《执行〈禁止酷刑和其他残忍、不人道或有辱人格的待遇或处罚公约〉的报告》之补充报告,CAT/C/7/Add.14,第61段,https://documents.un.org/prod/ods.nsf/xpSearchResultsM.xsp,2021年2月19日访问。

律关系的适用。缔约各方就相关内容达成一致后,条约的适用范围原则上由其自身规定。各个条约的适用范围存在一定的差异,但均未将涉外性作为共同的适用条件。具体来讲,《儿童权利公约》《濒危野生动植物种国际贸易公约》《与贸易有关的知识产权协定》(TRIPs)、《建立工业品外观设计国际分类洛迦诺协定》、1969年《国际油污损害民事责任公约》及其《1976年议定书》和1972年《国际海上避碰规则公约》的适用范围均未限定在涉外法律关系。①

四是我国需要在国内适用涉及私权益的条约以保障私权益。私权益是与公权益相对的一个概念,后者是指国家和政府的权益,前者是指自然人和法人的权益。法律可以分为公法和私法。② 相应地,条约也可以分为公法性条约与私法性条约(或涉及私权益的条约)。③ 涉及私权益的条约,一般指涉及中国公民或中国企业在经济、文化和政治等方面权利义务的条约。④ 涉及私权益的条约在中国具有可适用性,法律依据如下。①自联合国成立以来,伴随着国际社会生产力的提高、全球经济一体化的快速发展,越来越多的条约规定国家保障个人或法人权利,即涉及私权益的条约越来越多。中国加入的500多项多边条约和27 000多项双边条约中,⑤相当一部分条约规定中国公民和中国企业在劳工、人权、国际贸易、知识产权、投资、金融、争端解决、海商海事等方面的权利

---

① (1)1972年《国际海上避碰规则公约》第1条第1款规定:本规则条款适用于在公海和连接公海而可供海船航行的一切水域的一切船舶。(2)《儿童权利公约》第1条和第2条规定:本公约适用于缔约国管辖范围内的18岁以下的任何人。(3)《濒危野生动植物种国际贸易公约》第2条规定:本公约适用于缔约国的管辖范围内的濒危野生动植物的国际贸易。(4)《与贸易有关的知识产权协定》第1条第1款规定:各成员有权在其各自的法律制度和实践中确定实施本协定规定的适当方法。(5)《建立工业品外观设计国际分类洛迦诺协定》第1条规定:①适用本协定的国家组成专门联盟;②上述国家采用统一的工业品外观设计分类法。(6)1969年《国际油污损害民事责任公约》和《1969年国际油污损害民事责任公约的1976年议定书》第2条规定:本公约仅适用于在缔约国领土,包括领海上发生的污染损害,以及为防止或减轻这种损害而采取的预防措施。(7)《生物多样性公约》第4条规定:本公约规定应按下列情形对每一缔约国适用:(a)生物多样性组成部分位于该国管辖范围内的地区内;(b)在该国管辖或控制下开展的过程和活动,不论其影响发生在何处,此种过程和活动可位于该国管辖区内也可在国家管辖区外。

② 卢云:《法学基础理论》,中国政法大学出版社1994年版,第55页。

③ 涉及私权益的条约,也称"涉及人民的权利义务的条约",参见周鲠生:《国际法》(下册),商务印书馆1976年版,第652页;亦有学者称其为"对私人产生效力的条约",参见车丕照:《论国际条约对私人的效力》,载朱晓青、黄列主编《国际条约与国内法的关系》,世界知识出版社2000年版,第45页。

④ 王勇:《条约在中国适用之基本理论问题研究》,北京大学出版社2007年版,第27页。

⑤ 贾桂德:《新中国成立70年来中国的国际法实践和贡献》,http://aoc.ouc.edu.cn/2019/0719/c9828a254036/page.htm,2021年2月19日访问。

义务。②涉及私权益的条约具有国内可适用性,能实现此类条约的宗旨。涉及私权益的条约或属"私法性条约",或该条约中含有"私法性条款",唯有将该条约保护的私权益落实到中国公民或中国企业,才是对此类条约或条约中此类条款的全面履行,此即实现此类条约的宗旨。③在国家的保障下,涉及私权益的条约在国内适用可保障中国的公民和企业获得条约规定的正当权益。利益是产生法律的源泉,①为实现私权益,国家必须采取立法措施使抽象原则的条约权利具体化,促使我国公民及企业以权利主体的身份享有条约赋予的权利。因此,周鲠生教授指出:"有的条约既确立了国家间的关系,又涉及人民的权利义务,国家为了履行国际义务,必须保证在国内执行(该条约)。"②综上,经由条约必须遵守原则、在国内认可条约的效力、不限制条约在非涉外法律关系的适用以及在国内适用涉及私权益的条约以保障私权益四个方面的论述,可证成中国法院在非涉外案件中直接适用条约具有比较扎实的法理基础。

(二)中国法院在非涉外案件中直接适用条约的法律基础

从中国现有法律、行政法规、地方性法规、行政规章、司法解释的规定及学界对相关法条的解释来看,条约的适用并不局限于非涉外案件。中国法院在非涉外案件中直接适用条约存在正当的法律基础,以下分论之。

一是中国有 58 部法律和行政法规将直接适用条约作为主要方式或唯一方式,且条约的适用未局限于涉外领域,宏观上构成非涉外案件中直接适用条约的法律基础。③ 相关法律和行政法规可以分为四种类型:(1)在相关事项上,应遵守条约的规定,这类法律法规有 3 部。④ (2)当国内法规定与条约规定不一致时,适用条约规定,但我国声明保留的除外,这类法律法规有 21 部。⑤ (3)在相关事项上直接适用条约,这类法律法规有 26 部。⑥ (4)在相关事项上,

---

① Philipp Heck, *The Formation of Concepts and the Jurisprudence of Interests*, Harvard University Press, 1948, p. 158.

② 周鲠生:《国际法》,商务印书馆 1976 年版,第 652 页。

③ 本文的法律法规的截止时间是 2020 年 12 月 30 日。

④ 例如,(1)2022 年 6 月 24 日修订的《中华人民共和国体育法》第 14 条;(2)2017 年 2 月 24 日修订的《中华人民共和国红十字会法》第 4 条;(3)2017 年 3 月 1 日修订的《中华人民共和国水文条例》第 7 条。

⑤ 包括 1986 年 9 月 5 日通过的《中华人民共和国外交特权与豁免条例》等 21 部法律法规。

⑥ 包括 1986 年 9 月 5 日通过的《中华人民共和国外交特权与豁免条例》等 26 部法律法规。

有条约的,直接适用条约,没有条约的,按国内法或外交途径办理,这类法律法规有 8 部。① 根据《中华人民共和国立法法》(简称"《立法法》"),法律和行政法规是我国法律体系中层级较高的规范,如此多的法律和行政法规将直接适用条约作为主要方式或唯一方式,表明我国法院在非涉外案件中直接适用条约的正当性。

二是中国地方性法规和地方政府规章中也存在一些在非涉外事项中直接适用条约的规定,涵盖文化遗产保护②、非物质文化遗产保护③、船舶技术标准④和规范性文件合法性审查⑤等方面,为我国法院在非涉外案件中直接适用条约提供了一定的法律基础。依循《立法法》的规定,地方法规和地方政府规章虽在我国法律体系中层级较低,但也广泛存在一些非涉外事项中直接适用条约的规定,其合法性再次得以彰显。

三是部分司法解释也为我国法院在非涉外案件中直接适用条约提供了一定的可能性。最高人民法院和最高人民检察院发布的《关于办理环境污染刑事案件适用法律若干问题的解释》第 15 条规定,将《关于持久性有机污染物的斯德哥尔摩公约》附件所列物质认定为《中华人民共和国刑法》(简称"《刑法》")第 338 条规定的"有毒物质"。⑥ 2016 年 8 月 2 日起施行的《最高人民法院关于审理发生在我国管辖海域相关案件若干问题的规定(一)》序言和第 2 条将我国缔结或参加的国际条约作为司法管辖和法律适用的一项依据,为我国管辖海域发生的各类案件适用国际条约创造了可能性。

四是中国法院在非涉外案件中适用条约具有直接的国内法依据。如中国法院在非涉外案件中直接适用《建立工业品外观设计国际分类洛迦诺协定》的直接

---

① 包括 1985 年 4 月 10 日通过的《中华人民共和国继承法》等 8 部法律法规。

② 例如,2014 年 11 月 28 日修改施行的《浙江省文物保护管理条例》第 30 条、2017 年 3 月 24 日修改的《吉林省文物保护条例》第 15 条。

③ 例如,2014 年 1 月 1 日施行的《苏州市非物质文化遗产保护条例》第 12 条、2017 年 3 月 1 日施行的《南京市非物质文化遗产保护条例》第 14 条。

④ 2019 年 1 月 16 日修改的《珠海市防治船舶污染水域条例》第 6 条、第 7 条、第 28 条。

⑤ 例如,2005 年 8 月 31 日发布的《海南省人民政府办公厅关于做好规范性文件法律审核工作的通知》第 5 条。

⑥ 参见法释〔2023〕7 号,2023 年 8 月 15 日起施行的《最高人民法院、最高人民检察院关于办理环境污染刑事案件适用法律若干问题的解释》第 17 条。

法律依据是 1994 年 9 月 29 日最高人民法院颁布施行的《最高人民法院关于进一步加强知识产权司法保护的通知》。① 中国法院在非涉外案件中直接适用《濒危野生动植物种国际贸易公约》的法律依据有两个：①《最高人民法院、最高人民检察院关于办理破坏野生动物资源刑事案件适用法律若干问题的解释》（法释〔2022〕12 号）②②1989 年 11 月 8 日通过，2004 年 8 月 28 日、2009 年 8 月 27 日及 2022 年 12 月 30 日修正的《中华人民共和国野生动物保护法》第 40 条均规定："中华人民共和国缔结或者参加的与保护野生动物有关的条约与本法有不同规定的，适用条约的规定，但中华人民共和国声明保留的条款除外"。③ 我国法院在非涉外案件中直接适用 1972 年《国际海上避碰规则公约》的法律依据亦有两个：①《交通部关于执行"1972 年国际海上避碰规则公约"若干问题的通知》，即（81）交船检字 665 号；④②1999 年 12 月 25 日修正的《中华人民共和国海洋环境保护法》第 97 条，大致内容为：中华人民共和国缔结或者参加的与海洋环境保护有关的条约与本法有不同规定的，适用条约的规定；但是中华人民共和国声明保留的条款除外。此款规定均在 2016 年 11 月 7 日修正的《中华人民共和国海洋环境保护法》第 96 条、2017 年 11 月 4 日修正的《中华人民共和国海洋环境保护法》第 96 条、2023 年 10 月 24 日修订的《海洋环境保护法》第 123 条中得以保留。

　　五是我国有一些法律在涉外关系篇中规定，当国内法与我国缔结或加入的国际条约不一致时，适用国际条约的规定，但中华人民共和国声明保留的除外。⑤

----

①　该《通知》指出：人民法院审理知识产权案件，要严格适用《中华人民共和国商标法》《中华人民共和国专利法》《中华人民共和国技术合同法》《中华人民共和国著作权法》和《中华人民共和国反不正当竞争法》等法律、法规以及我国参加或者缔结的有关知识产权的条约，充分、平等、及时地保护当事人的合法权益，严厉制裁各类侵犯知识产权的违法行为。

②　法释〔2022〕12 号第 1 条规定：为《刑法》第 151 条第 2 款规定的走私国家禁止进出口的珍贵动物及其制品，包括列入经国家濒危物种进出口管理机构公布的《濒危野生动植物种国际贸易公约》附录一、附录二的野生动物及其制品和列入《国家重点保护野生动物名录》的野生动物及其制品。

③　遗憾的是，之后分别于 2016 年 7 月 2 日、2018 年 10 月 26 日及 2022 年 12 月 30 日修订的《中华人民共和国野生动物保护法》中，均取消了该条款的内容。

④　我国交通部在（81）交船检字 665 号明确指出："一船舶在海上和海港航行或停泊时，其操作和显示的信号应执行'本规则'（即 1972 年《国际海上避碰规则》）；在其他水域航行或停泊时，执行我'内河规则'。"

⑤　涉及的具体法律规定有：1986 年《民法通则》第 142 条第 2 款、1989 年《中华人民共和国行政诉讼法》第 72 条、1991 年《中华人民共和国民事诉讼法》第 238 条、1992 年的《中华人民共和国海商法》第 268 条第 1 款、1995 年《中华人民共和国民用航空法》第 184 条第 1 款、1997 年《中华人民共和国国防法》第 67 条、2004 年《中华人民共和国票据法》第 95 条、2012 年《中华人民共和国民事诉讼法》第 260 条等。

部分学者主张上述规定已表明条约只适用于涉外案件,①然而,上述法律规定不能成为阻碍中国法院在非涉外案件中直接适用条约的法律依据,理由如下:①上述规定均指出,当国内法与条约规定不一致时,条约处于优先的地位。从性质上来讲,此类规定与其说是关于条约适用的规范,不如说是关于条约与国内法效力等级的规范,②因此不能以这些规定为理由否定中国法院在非涉外案件中直接适用条约;②条约在国内的适用是我国国家主权范围内的事项,则对于权利义务内容明确、未禁止适用于非涉外案件的条约,我国可自主决定是否适用于非涉外案件,而不受上述规定的影响。(3)我国至少有 21 部法律法规在总则中规定应当直接适用条约,而非于涉外篇中规定条约的直接适用,③表明直接适用条约并不局限于涉外案件。(4)2020 年 5 月 28 日十三届全国人大三次会议表决通过的《民法典》第 1260 条规定,包括《民法通则》在内的 9 部法律自本法 2021 年 1 月 1 日实施之日起同时废止,《民法通则》第 142 条关于条约适用的规定也被废止。因《民法典》未对条约适用问题作出任何规定,我国法院在非涉外案件中直接适用条约不应被阻碍。综上,经由国内法律、行政法规、地方性法规、地方政府规章、司法解释的规定及相关法条的解释,条约的适用并不局限于非涉外案件,我国法院在非涉外案件中直接适用条约具有一定的法律基础。

(三) 司法实践的支持

一是我国法院已经有一些在非涉外案件中直接适用条约的案例,从而具有一定的司法实践基础。笔者收集整理了北京第一中级人民法院、上海市浦东新区人民法院、上海市长宁区人民法院、上海市闸北区人民法院、上海市虹口区人民法院、上海市第二中级人民法院、浙江省高级人民法院、宁波海事法

---

① 万鄂湘、余晓汉:《国际条约适用于国内无涉外因素的民事关系探析》,《中国法学》2018 年第 5 期,第 16 页。又参见徐锦堂:《关于国际条约国内适用的几个问题》,《国际法研究》2014 年第 3 期,第 74 页。

② 美国著名的 WTO 专家 John H. Jackson 认为"当条约与国内法发生冲突时何者优先的问题就是规范等级问题"。See John H. Jackson, *the jurisprudence of GATT and the WTO —— Insights on Treaty Law and Economic Relations*, Cambridge University Press, 2000, pp. 301—304。

③ 包括《中华人民共和国野生动物保护法》等 21 部法律法规。

院近 20 年来在非涉外案件中直接适用条约的 12 个案例,这 12 个案例分别是上海市浦东新区人民法院(2011)浦刑初字第 1541 号、(2011)浦刑初字第 2549 号、(2012)浦刑初字第 3234 号、上海长宁区人民法院(2009)长刑初字第 415 号、上海闸北区人民法院(2011)闸刑初字第 26 号、上海市虹口区人民法院(2012)虹刑初字第 785 号、上海市第二中级人民法院(2003)沪二中民五(知)初字第 239 号、北京市第一中级人民法院(2003)一中行初字第 209 号、浙江省高级人民法院(2002)浙经二终字第 55 号、(2009)浙海终字第 49 号、宁波海事法院〔2004〕甬海法事初字第 74 号、浙江省高级人民法院〔2005〕浙民三终字第 225 号。综上,我国的司法实践可以为我国法院在非涉外案件中直接适用条约的正当性提供直接的支持。

二是美国、法国、日本等当今世界主要国家同样承认条约在国内法中的直接效力,也有一些在非涉外案件中直接适用条约的案例,既反映出在非涉外案件中直接适用条约是一种较为普遍的做法,又能与我国法院在非涉外案件中直接适用条约形成呼应,并为其正当性提供间接的支持。

首先,美国明确将条约视为本国法律的一部分,条约一经批准就具有国内法上的效力,《美国宪法》还赋予条约很高的国内法位阶。[①] 美国在司法实践中对于条约的适用区分"自动执行条约"与"非自动执行条约"。"自动执行条约"可以直接适用,"非自动执行条约"不能直接适用。按照美国的判例法,一个条约除非含有需要立法执行的明文规定,或者由于其涉及必须经美国国会立法才能实施的政府行动,因而按其性质是不能径直适用的那类条约,就是自动执行的条约。[②] 可见,美国从理论上是将条约本身是否可以在国内直接适用而不是将是否具有涉外因素作为区分"自动执行条约"与"非自动执行条约"的标准。关于美国在非涉外案件中直接适用条约的司法实践比较典型的是美国法院有直接适用《与贸易有关的知识产权协定》(TRIPs)的相关规定以保护美国公民和实体的著作权、专利权等知识产权。[③]

① 《美国宪法》第 6 条第 2 款规定:在美国权力下已缔结的或应缔结的一切条约,与美国宪法和根据宪法制定的法律一样,都是全国最高的法律。
② 李浩培:《条约法概论》,法律出版社 1987 年版,第 389 页。
③ 高江南:《论 WTO 协议在我国法院的适用——以该协议在美国的适用为借鉴》,《法商研究》2002 年第 1 期。

其次,法国是典型的一元论国家,根据 1958 年《法国宪法》的规定,条约在法国国内具有高于一般国内法的地位。① 条约在法国国内能够得到直接适用,且不以涉外因素作为适用条件。法国法院有一些将《国际人权公约》直接适用于非涉外案件的司法判例,比较典型的如克里米克斯案,该案不具有任何涉外因素,法国法院却直接适用《欧洲人权公约》作出了判决。②

最后,根据日本宪法的规定,日本签订的条约应当被诚实地遵守。③ 条约在日本国内的法律地位分为三个层次:一是超宪法的条约;二是宪法之下但在法律之上的条约;三是法律之下的条约。④ 近些年来,日本在司法实践中对条约的直接适用主要集中在难民、战争赔偿、人权、国家及外交豁免几个方面。⑤ 其中日本法院自 1979 年以来适用《国际人权公约》对于被拘禁者权利、精神自由作出判决的一些案例就没有任何涉外因素。⑥

二、掣肘与挑战:中国法院在非涉外案件中 直接适用条约面临的现实困境

纵使我国法院在非涉外案件中直接适用条约具有正当性,但是通过考察我国近 20 年来在非涉外案件中直接适用条约的司法实践以及相关法律规定,系列问题依然存在,我国法院在非涉外案件中直接适用条约面临诸多挑战。

---

① 1958 年《法国宪法》第 55 条规定:依法批准或通过的条约或协定一经公布,具有高于法律的效力,但对于每一条约或协定,均以缔约对方的执行与否作为保留条件。

② See the judgement of 25 February 1993, A. 256-B, pp. 347—357.

③ 1946 年《日本宪法》第 92 条第 2 款规定:日本缔结的条约,以及经确立的国际法规,必须得到诚实地遵守。

④ 甲斐素直研究室:〈憲法における条約の多義性とその法的性格〉(笔者译:《宪法中条约的多义性及法之性格》),载 www5a. biglobe. ne. jp/~ kaisunao/ronbun/joyaku. htm,2021 年 2 月 19 日访问。

⑤ 岩沢雄司:《国際法判例の動き》,《Jurist:国際法と日本の対応》(笔者译:《国际法判例的动态》,载《Jurist:国际法及日本的对策》),有斐阁平成 17 年临时增刊号。

⑥ 小畑郁:《国際人権規約——日本国憲法体系の下での人権条約の適用》(笔者译:《国际人权公约——日本宪法体系下人权公约的适用》)。《Jurist:国际法及日本的对策》有斐阁平成 18 年 15 号。

（一）我国法院在非涉外案件中直接适用条约的司法困境

通过考察我国法院近 20 年来在非涉外案件中直接适用条约的案例数量、援引条约的类型与具体位置、直接适用条约的方式以及判决效果等方面，问题丛生（见表 2-1）。

一是目前我国法院在非涉外案件中直接适用条约的司法判例的数量很少，比例很低且案件类型比较有限。笔者收集整理了北京、上海、浙江、广东、天津、云南、重庆、湖北、新疆、黑龙江十个省（自治区、直辖市）法院近 20 年来直接适用条约的 500 个案例，①仅从中找出 12 个在非涉外案件中直接适用条约的案例，而且主要集中于婚姻家庭案件、知识产权案件、刑事案件、海商海事案件和环境公益诉讼案件。

二是我国法院在非涉外案件中直接援引的条约类型具有局限性。通过考察我国法院近 20 年来在非涉外案件中直接适用条约的实践，发现只有《儿童权利公约》、《濒危野生动植物国际贸易公约》、《与贸易有关的知识产权协定》（TRIPs）、《建立工业品外观设计国际分类洛迦诺协定》、1969 年《油污损害民事责任公约》及其《1976 年议定书》、1972 年《国际海上避碰规则公约》和《生物多样性公约》被援引或适用，远不如我国法院在涉外案件中直接适用条约的类型。②

三是我国法院在非涉外案件判决书中所援引条约在判决书中的具体位置不统一。部分法院仅在判决书中的说理部分援引条约，在（2015）沪一中少民终字第 56 号判决书中，上海市一中院仅在判决书中的说理部分指出："联合国《儿童权利公约》第 3 条确立了'儿童最大利益原则'，我国作为该公约的缔约国，应在司法中体现这一原则。法院在确定子女监护权归属时，应最大化地保护未成年子女利益，这恰恰是符合'儿童最大利益原则'的。"在此基础上，上海市一中院根据《中华人民共和国民法通则》等法律的相关规定作出了最终判决，法院却未在判决书法律依据部分再次援引《儿童权利公约》。而有些法院

---

① 王勇：《理论与实践双重视角下完善我国条约司法适用制度研究》，九州出版社 2016 年版，第 44—65 页。

② 我国法院在涉外案件中直接适用条约的类型已经达到 33 个，而在非涉外案件中直接适用的条约类型只有 8 个，可见后者实在太少了。参见王勇：《理论与实践双重视角下完善我国条约司法适用制度研究》，九州出版社 2016 年版，第 26 页。

表 2-1　我国法院在非涉外案件中直接适用条约情况表①

案件类型	案号	适用的条约	判决书中援引条约条款的具体位置	如何适用	是否被改判或否定
婚姻家庭案件	上海市第一中级法院(2015)沪一中少民终字第56号	《儿童权利公约》	判决书的说理部分	一起适用	否
刑事案件	上海市浦东新区法院(2011)浦刑初字第1541号,(2011)浦刑初一中刑终字第2549号,(2012)浦刑初字第3234号	《濒危野生动植物国际贸易公约》	判决书的说理部分	隐含适用	是
刑事案件	河南省卢氏县人民法院(2016)豫1224刑初173号,(2016)豫1224刑初208号,(2016)豫1224刑初209号等系列案件		判决书的说理部分	单独适用	否
刑事案件	上海长宁县人民法院(2009)长刑初字第415号,上海闸北区人民法院(2011)闸刑初字第26号,上海市虹口区人民法院(2012)虹刑初字第785号	《儿童权利公约》	判决书的说理部分	单独适用	否
刑事案件	广东省广州市南沙区人民法院(2017)粤0115刑初255号		判决书的说理部分	一起适用	否
知识产权类案件	上海市第二中级人民法院(2003)沪二中民五(知)初字第239号	《与贸易有关的知识产权协定》(TRIPs)	判决书的说理部分	一起适用	否
知识产权类案件	北京市第一中级人民法院(2003)一中行初字第209号	《建立工业品外观设计国际分类洛迦诺协定》	判决书的说理部分	单独适用	否
海商海事案件	广州海事法院于2000年审理的中国船舶燃料供应福建有限公司申请油污损害赔偿责任限制案	1969年《国际油污损害民事责任公约》及其《1976年议定书》	裁定书的裁定理由部分	一起适用	是
海商海事案件	浙江省高级人民法院(2002)浙经二终字第55号,浙江省高级人民法院(2009)浙海终字第49号	1972年《国际海上避碰规则公约》	判决书的说理部分	一起适用	否
海商海事案件	宁波海事法院(2004)甬海事初字第74号,浙江省高级法院(2005)浙民三终字第225号		判决书的说理部分	单独适用	否
环境公益诉讼案件	最高人民法院民事裁定书(2016)最高法民再50号	《生物多样性公约》	裁定书的裁定理由部分	单独适用	否

① 本表中的案例数据来源有两个方面:(1)中国法律文书裁判网,http://wenshu.court.gov.cn,搜索时间范围是1998年1月1日至2018年12月31日;(2)王勇:《理论与实践双重视角下完善我国条约适用司法适用制度研究》,九州出版社2016年版,第44—65页。

在判决或裁定的法律依据部分直接援引条约,如 2000 年广州海事法院审理的
"中国船舶燃料供应福建有限公司申请油污损害赔偿责任限制案"中(以下简
称"油污损害赔偿责任限制案"),广州海事法院直接根据 1969 年《国际油污损
害民事责任公约》及其《1976 年议定书》,以及《中华人民共和国民事诉讼法》
(简称《民事诉讼法》)的相关规定作出了裁决。①

　　四是我国法院在非涉外案件中直接适用条约的方式不规范不统一。目
前,我国法院在非涉外案件中直接适用条约的方式有三种:单独适用条约、
隐含适用条约以及与其它法律依据一起适用条约。单独适用条约指我国法
院仅将条约作为裁判的法律依据。例如,上海市长宁区人民法院以《濒危野
生动植物国际贸易公约》作为判断国家一级保护动物的唯一法律依据,于
(2009)长刑初字第 415 号刑事判决书中认定被告人李某从广州等地购进的
红尾蚺、草原巨蜥、缅甸蟒、暹罗鳄等动物为国家一级保护动物。隐含适用条
约指裁判文书中未明确提到条约,而在案件审理过程中将条约作为定案的重
要法律依据。在(2016)豫 1224 刑初 208 号刑事判决书中,河南省卢氏县人
民法院认定被告人秦某非法采伐国家重点保护植物蕙兰 3 株的行为已构成
非法采伐国家重点保护植物罪。判决书虽未明确提及《濒危野生动植物国际
贸易公约》,卢氏县人民法院却在审理过程中依据《濒危野生动植物国际贸易
公约》认定秦某采伐蕙兰的行为构成犯罪。(蕙兰是《濒危野生动植物国际贸
易公约》附录二的物种,而不是中国《国家重点保护野生植物名录(第一批)》
所列的物种)。② 条约与其他法律依据一起适用指我国法院将条约与国内相关
法律法规一起作为法律依据加以适用。在"杨某甲、马某故意杀人罪 2017 刑初
255 案"中,③广东省广州市南沙区人民法院亦在判决书中将联合国《儿童权利
公约》与《刑法》《中华人民共和国未成年人保护法》(简称《未成年人保护
法》)和《中华人民共和国妇女权益保障法》(简称《妇女权益保障法》)一起
适用,实现对儿童基本人权的保护。

---

① "中国船舶燃料供应福建有限公司申请油污损害赔偿责任限制案",https://ishare. iask. sina. com. cn/f/2Z6y6ibluZ2. html,2021 年 2 月 19 日访问。
② 张楠茜:《河南农民挖兰花获刑再审,法院称原判决适用法律错误》,https://www. sohu. com/a/232770932_658437,2021 年 2 月 19 日访问。
③ (2017)粤 0115 刑初 255 号判决书。

　　五是部分非涉外案件因不当适用条约而被改判或否定。在河南省卢氏县人民法院审理的系列非法采伐蕙兰案中,蕙兰系《濒危野生动植物种国际贸易公约》所列名录中的植物,法院据此认定蕙兰为刑法所述的"重点保护植物",但现行的《国家重点保护野生植物名录(第一批)》未将蕙兰列入其中。上述案件经过再审,法院认为原审法院适用法律错误,原审判决因不当适用条约而被改判。① 在"油污损害赔偿责任限制案"中,广州海事法院依据1969年《国际油污损害民事责任公约》作出裁定之后,最高人民法院在2005年12月26日发布的《第二次全国涉外商事海事审判工作会议纪要》②以及在2008年7月3日作出的《关于非航行国际航线的我国船舶在我国海域造成油污损害的民事赔偿责任适用法律问题的请示的答复》③均否定了《1992年国际油污损害民事责任公约》适用于非涉外案件。由于《1992年国际油污损害民事责任公约》是1969年《国际油污损害民事责任公约》的议定书与修正版,④且我国系《1992年国际油污损害民事责任公约》的缔约国,因而最高人民法院的上述意见很大程度上否定了广州海事法院对"油污损害赔偿责任限制案"作出的裁定。简言之,我国法院近20年来在非涉外案件中直接适用条约存在司法判例很少、所直接援引的条约类型具有局限性、判决书中援引条约的具体位置不统一、直接适用条约的方式不规范、部分非涉外案件因不当适用条约而被改判或否定等诸多问题。

---

　　① 常亚飞:《河南非法采伐兰草案再审4人被改判无罪》,http://finance.sina.com.cn/roll/2018-11-09/doc-ihnprhzw7147768.shtml,2021年2月19日访问。

　　② 《第二次全国涉外商事海事审判工作会议纪要》第141条规定:"我国加入的《1992年国际油污损害民事责任公约》适用于具有涉外因素的缔约国船舶油污损害赔偿纠纷,包括航行于国际航线的我国船舶在我国海域造成的油污损害赔偿纠纷。非航行于国际航线的我国船舶在我国海域造成的油污损害赔偿纠纷不适用该条约的规定。"

　　③ 最高人民法院于2008年7月3日针对山东省高级人民法院的请示,作出《关于非航行国际航线的我国船舶在我国海域造成油污损害的民事赔偿责任适用法律问题的请示的答复》,指出:本案申请人锦州中信船务有限公司系中国法人,其所属的"恒冠36"轮系在我国登记的非航行国际航线的船舶,其在威海海域与中国籍"辽长渔6005"轮碰撞导致漏油发生污染,故本案不具有涉外因素,不适用我国加入的《1992年国际油污损害民事责任公约》。

　　④ 1969年《国际油污损害民事责任公约》是指为解决船舶所有人因海上事故所引起的油污损害责任而签订的公约。该公约于1969年11月29日签订于布鲁塞尔,1975年6月19日生效。1992年11月,国际海事组织在伦敦召开的国际会议上通过了《1969年国际油污损害民事责任公约的1992年议定书》(以下简称《1992年责任公约》)。《1992年责任公约》于1996年5月30日生效。

（二）我国法院在非涉外案件中直接适用条约的法律困境

上文已论述我国法院在非涉外案件中直接适用条约具有扎实的法理基础和正当的法律基础，但实践中条约的直接适用亦存在诸多法律问题，有必要逐一探讨明晰，并作出相应的修改完善。具体而言，包含以下几个问题。

一是规定直接适用条约的法律法规不统一。目前我国有 36 部法律法规规定了适用条约的方式，主要包含四种类型：①在相关事项上，适用国内法或者直接适用条约，规定此种适用条约方式的法律法规有 14 部；①②在相关事项上直接适用条约，或按对等原则或互惠原则办理，规定此种条约适用方式的法律法规有 10 部；②③在相关事项上直接适用条约，并且按照国内法规定办理，这类法律法规有 3 部；③④在相关事项上适用条约和国内法，这类法律法规有 9 部。④ 从上述四类规定条约适用的法律法规来看，条约只是与我国国内法、对等原则、互惠原则一并考虑的备选项而已，我国尚未形成以直接适用条约为主的条约适用模式。上述 30 余部法律法规与之前规定直接适用条约的 60 余部法律法规在内容方面是不一致的，加剧了我国法院直接适用条约的复杂性，甚至形成了我国法院直接适用条约的矛盾状态。

二是缺少高位阶的法律作为规范与指引。我国的宪法和宪法性文件未明确条约与国内法之间的效力与位阶关系，亦未明确条约在我国的适用方式，无法为我国法院在非涉外案件中直接适用条约提供权威的法律指引。此外，我国的《立法法》对于条约的法律地位问题未置可否。从基本的法理角度来看，下位法的分散与矛盾需由上位法进行统一和调整，而关于条约效力的高位阶法律的缺失显然不利于解决上述问题。

三是法律依据不正式、不规范。部分涉外案件中我国法院直接适用条约的法律依据仅仅是最高人民法院的通知、批复或者有关部门的通知。我国法

---

① 包括 1992 年 11 月 7 日通过的《中华人民共和国海商法》等 14 部法律法规。

② 包括 1990 年 10 月 30 日通过的《中华人民共和国领事特权与豁免条例》等 10 部法律法规。

③ 分别是(1)2020 年 10 月 17 日修订的《中华人民共和国专利法》第 19 条第 2、3 款；(2)2017 年 2 月 24 日修订后发布的《中华人民共和国红十字会法》第 4 条；(3)2024 年 3 月 10 日修订后发布的《外国企业常驻代表机构登记管理条例》第 23 条第 3 款。

④ 包括 1979 年 9 月 18 日发布的《中华人民共和国对外国籍船舶管理规则》等 9 部法律法规。

院在非涉外案件中适用 1972 年《国际海上避碰规则公约》的法律依据是《交通部关于执行"1972 年国际海上避碰规则公约"若干问题的通知》，即 (81) 交船检字 665 号；我国法院适用《建立工业品外观设计国际分类洛迦诺协定》的法律依据是 1994 年 9 月 29 日最高人民法院颁布实施的《最高人民法院关于进一步加强知识产权司法保护的通知》，法院适用条约的上述依据仅为最高人民法院和交通部的通知，而非正式的法律规定。值得一提的是，最高人民法院分别于 2005 年 12 月 26 日发布的《第二次全国涉外商事海事审判工作会议纪要》和 2008 年 7 月 3 日作出的《关于非航行国际航线的我国船舶在我国海域造成油污损害的民事赔偿责任适用法律问题的请示的答复》，均指出不能在非涉外案件中适用《1992 年国际油污损害民事责任公约》，而此种答复是非正式的法律规定，表明法院适用条约的法律依据存在不正式、不规范的问题。

四是明确的法律依据不足。在全国首例代孕引发的监护权纠纷案中，上海市第一中级人民法院直接适用《儿童权利公约》尚无明确的法律依据，若非最高人民法院在其工作报告中予以肯定，法院直接适用《儿童权利公约》效力存疑。[①] 类似的情况在广东省广州市南沙区人民法院作出的 (2017) 粤 0115 刑初 255 号判决书中亦有凸显，可见法院在部分案件中直接适用条约法律依据不足。此外，我国 2014 年修正后的《环境保护法》已经删除了直接适用国际条约的条款，[②]而在 (2016) 最高法民再 50 号民事裁定书中，最高人民法院却诉诸《生物多样性公约》以解释中国《环境保护法》中"生物多样性"的概念，[③]最高人民法院适用《生物多样性公约》的法律依据存疑。值得一提的是，在非涉外案件中直接适用条约无明确法律依据时，我国法院在某些非涉外案件中直接适用条

---

① 最高人民法院原院长周强曾在 2017 年 3 月 12 日在第十二届全国人民代表大会第五次会议的《最高人民法院工作报告》指出：上海法院审结全国首例代孕引发的监护权纠纷案，以"儿童利益最大化"原则明确监护权归属。参见周强：《最高人民法院工作报告》，《中华人民共和国全国人民代表大会常务委员会公报》2017 年第 2 期。

② 即"中华人民共和国缔结或者参加的与环境保护有关的国际条约，同中华人民共和国法律有不同规定的，适用国际条约的规定，但中华人民共和国声明保留的条款除外"。

③ 中国生物多样性保护与绿色发展基金会诉宁夏华御化工有限公司环境污染公益诉讼案的再审申请人绿发会提起环境污染公益诉讼，一、二审法院认为其不是"从事环境保护公益活动"的社会组织，进而决定不予受理其起诉。再审法院最高人民法院却认为，一、二审法院适用法律错误。关于绿发会章程规定的宗旨和业务范围是否包含维护环境公共利益的问题，再审法院参照《生物多样性公约》进行了解释，从而认定绿发会是合格的诉讼主体。

约甚至违反既有的司法解释。如法院在非涉外案件中直接适用 TRIPs 协议,违背《最高人民法院关于审理国际贸易行政案件若干问题的规定》(法释〔2002〕27号)和《最高人民法院关于审理反倾销行政案件应用法律若干问题的规定》(法释〔2002〕35 号)确立的我国法院不能直接适用 WTO 规则的司法精神。

五是指导性司法解释缺位。如前所述,最高人民法院于 2005 年 12 月 26 日发布的《第二次全国涉外商事海事审判工作会议纪要》和 2008 年 7 月 3 日作出的《关于非航行国际航线的我国船舶在我国海域造成油污损害的民事赔偿责任适用法律问题的请示的答复》均指出不能在非涉外案件中直接适用《1992 年国际油污损害民事责任公约》,但最高人民法院 2011 年《关于审理船舶油污损害赔偿纠纷案件若干问题的规定》却要求法院在审理船舶污损赔偿案件时适用中国缔结或参加的有关国际条约,特别是《1992 年国际油污损害民事责任公约》,以确定赔偿限额。然而,此规定通篇并未提及或限定条约一定要适用具有涉外性的案件,且在规定中明确了"船舶"包括"航行于国际航线和国内航线的油轮和非油轮"。可见,就条约是否适用非涉外案件问题,最高人民法院的司法解释之间存在潜在的冲突。究其原因,我国司法解释并不创造基本权利与义务,仅对法律的适用进行解释,具有相应的法律效力。产生的问题是,现有立法中关于条约适用的规定存在诸多模糊与矛盾之处,而我国迄今没有出台专门的条约适用法,依赖司法解释处理条约适用问题则超越了司法解释本身的功能,存在"越俎代庖"之嫌。

三、进路与出路:中国法院在非涉外案件中直接适用条约的路径建构

我国法院在非涉外案件中直接适用条约总体上面临众多挑战,但鉴于其具有正当性基础,应该从明确指导思想与基本适用条件、完善法律规定与完善司法机制进行研究,探索可行性路径,助推相关条约适用制度的完善。

(一)明确我国法院在非涉外案件中直接适用条约的指导思想与基本适用条件

鉴于我国学界普遍认为非涉外案件不能直接适用条约的错误观点及实务

界对非涉外案件中适用条约的具体适用条件缺乏精准把握,应明确我国法院在非涉外案件中直接适用条约的指导思想与基本适用条件,以期消解理论纷争,更好地指导司法实践。

一是要树立我国法院可以在非涉外案件中直接适用条约的指导思想。长期以来我国鲜有在非涉外案件中直接适用条约的案例,故国内理论界和实务界对此持保守态度。在"油污损害赔偿责任限制案"中,广州海事法院适用1969年《油污损害民事责任公约》及其《1976年议定书》的裁判一出,学界争论四起,批评声不断。① 从理论上说,一国如何适用条约是国家主权范围内的自主决定事项,我国法院可在非涉外案件中合理合法地直接适用条约,以彰显我国积极适用条约的良好国家形象,否则我国极有可能因司法上的自我封闭而难以融入全球化,无法与国际法治进程步调保持一致。② 为改变这一状况,我国可以先行发布一个指导性文件,表明在非涉外案件中可直接适用条约,以更好地展示我国遵守条约的良好国际形象。在历史上,我国外交部、最高人民法院、最高人民检察院、公安部、国家安全部和司法部于1995年6月20日联合发布的《关于处理涉外案件若干问题的规定》,对于当时我国各部门在涉外案件中条约的直接适用起到了良好的指导作用。③ 基于此,我国可以再发布一个类似文件,并在文件中作出以下表述:"我国法院在符合法律规定的情况下应当在非涉外案件中直接适用条约",以达至促进我国法院在非涉外案件中直接适用条约之目的。

二是要明确我国法院在非涉外案件中直接适用条约的基本条件。我国法院在非涉外案件中直接适用条约应具备以下基本条件:①条约的权利义务关系明确,且具有可操作性;②条约的适用范围没有限定于涉外因素;③条约涉及中国公民或中国企业的权利义务;④相较于直接适用国内法,我国法院在非涉外案件中直接适用条约取得的效果更加显著。具体来说,法院适宜在下列情况中直接适用条约:第一,国内法没有规定,而条约中有规定;第二,国内法

---

① 万鄂湘、余晓汉:《国际条约适用于国内无涉外因素的民事关系探析》,《中国法学》2018年第5期。

② D. S. Wood, "In Defense of Transjudicialism," *Duquesne Law Review*, Vol. 44, 2005, p. 94.

③ 该规定指出:"处理涉外案件,在对等互惠原则的基础上,严格履行我国所承担的国际条约义务。当国内法或者我内部规定同我国所承担的国际条约义务发生冲突时,应当适用国际条约的有关规定(我国声明保留的条款除外)。各主管部门不应当以国内法或者内部规定为由拒绝履行我国所承担的国际条约规定的义务。"

规定模糊笼统,而条约规定更加明确具体。如我国 1991 年 9 月 4 日通过、2020 年第二次修订的《未成年人保护法》第 4 条有关国家优先保障未成年人之规定笼统含糊,而制定的联合国《儿童权利公约》第 3 条第 1 款确立的"儿童最大利益原则"之规定更加明确具体。2013 年 5 月儿童权利委员会发布了针对《儿童权利公约》第 3 条第 1 款的解释性意见,进一步明确了"儿童最大利益原则"的内涵与外延,适用性更强。① 为更好地保护当事人权利,上海市一中法在 (2015)沪一中少民终字第 56 号判决书中直接适用《儿童权利公约》第 3 条的"儿童最大利益原则",取得积极的效果,并获得最高人民法院的肯定,再次印证了我国法院在非涉外案件中直接适用条约取得的效果更加显著。总之,我国法院在非涉外案件中直接适用条约比在涉外案件中直接适用条约的要求更高,条件更严格。

(二)完善我国法院在非涉外案件中直接适用条约的法律规定

为填补我国宪法和宪法性文件的"空白",消除我国法律法规关于非涉外案件中直接适用条约的矛盾与混乱现象,改进我国司法解释在此问题上的不足,完善我国法院在非涉外案件中直接适用条约的相关法律规定势在必行。

一是我国必须通过宪法和宪法性文件明确条约在国内的法律地位,这是完善我国法院在非涉外案件中直接适用条约的重要前提。我国宪法共有 4 个条款简单提及缔结和批准条约的程序和相关部门的职权,②条约与国内法关系的规定却是缺位的。基于宪法是我国的根本大法,宪法层面有关条约与国内法关系的空白,使我国的立法、法学理论的发展和司法实践遭遇诸多障碍。随着我国对外交往的不断深入,在宪法中明确条约与国内法的关系变得尤为重要。具

---

① 张雪莲:《国际人权公约在我国法院的适用——以"儿童最大利益"条款为切入点》,《广州大学学报》(社会科学版)2018 年第 9 期。

② 这 4 个条款的分别是:《中华人民共和国宪法》第 67 条第 15 项规定:全国人民代表大会常务委员会决定同外国缔结的条约和重要协议的批准和废除。第 67 条第 19 项规定:全国人民代表大会常务委员会在全国人民代表大会闭会期间,如果遇到国家遭受武装侵犯或者必须履行国际间共同防止侵略的条约的情况,决定战争状态的宣布。第 81 条规定:中华人民共和国主席代表中华人民共和国进行国事活动,接受外国使节;根据全国人民代表大会常务委员会的决定,派遣和召回驻外全权代表,批准和废除同外国缔结的条约和重要协议。第 89 条第 9 项规定:国务院管理对外事务,同外国缔结条约和协定。

体到立法上,可以考虑完善宪法和宪法性文件中有关条约与国内法关系的具体条款,规定条约在国内法上的接受方式(转化或纳入)、条约与国内法之间的法律地位关系以及条约在国内的适用方式(直接适用或间接适用)。通过上述立法完善措施,可为我国法院在非涉外案件中直接适用条约提供更好的法律指引。

二是为我国法院在非涉外案件中直接适用条约制定明确、规范且有效的法律依据。从司法实践来看,多数法院采用我国最高人民法院或相关国家部门的批复、意见、通知等作为直接适用条约的法律依据,存在不规范、不正式的弊端。为解决上述弊端,可考虑制定专门的条约适用法,以澄清现有立法在适用条约方面的矛盾与混乱,消除《民法典》中关于条约适用问题"留白"带来的负面影响;同时,制定并出台条约适用法亦可为我国更好地出台适用条约的司法解释提供法律依据,指导法院在非涉外案件中直接适用条约。制定条约适用法要广泛吸收既有的司法实践经验,充分了解不当适用条约而被改判或是被否定的案件及适用条约而被肯定的案件。此外,条约适用法应区分"涉外案件"与"非涉外案件"适用条约的不同情况,分别规定基本适用条件,为我国法院在非涉外案件中直接适用条约提供明确的法律规范与指导。最后,条约适用法可以公布一些能够在非涉外案件中直接适用的条约名称与类型,以增加法院的审判的确定性。

三是完善我国法院在非涉外案件中直接适用条约的司法解释制度。由于司法解释的法源基础是《中华人民共和国人民法院组织法》(简称"《组织法》")第 18 条(即最高人民法院可以对属于审判工作中具体应用法律的问题进行解释)及《全国人民代表大会常务委员会关于加强法律解释工作的决议》的第 2 条(即凡属于法院审判工作中具体应用法律、法令的问题,由最高人民法院进行解释)。遵循《最高人民法院关于司法解释工作的规定》第 5 条、第 27 条的规定,最高人民法院发布的司法解释具有法律效力,人民法院以司法解释为裁判依据的,应当在司法文书中援引。司法解释可以对法律规定的不明确之处予以具体化,或者对法律规定的空白之处,予以填补,必须符合法律原理与法律精神,司法解释不能创造或者消灭基本权利。因此,司法解释的作用在于填补法律漏洞,但并不创造或消灭基本权利。为更好地发挥司法解释在非涉外案件中指导条约直接适用的作用,最高人民法院应积极推动制定一部专门的条约适用法,并且要围绕条约适用法的法律原理和法律精神,出台专门的条约适用司法解释,在发挥司法解释弥补条约适用漏洞的同时,为我国法院直接适用条约提供有效的指导。更为重要的是,我国最高人民法院在出台适用条约相关的司法解释之前,必须深入研析条约的内容及其在审判中的运用情况,并充分听取专家学者及其他实务部门的意见,确保司法解释的科学性和准确性。司法解释出台后,最高人民法院还要及时评估司法解释的实施效果,对于指导条约直接适用效果好的司法解释,及时总结经验并加以推广;对于指导条约直接适用效果差的司法解释,及时修改或废除。

(三)革新我国法院在非涉外案件中直接适用条约的司法机制

法院直接适用条约是发挥条约效力的重要保障,[①]故革新非涉外案件中直接适用条约的司法机制意义重大,且与完善相关法律规定相辅相成。可以考虑从规范判决书援引条约的方式、建立疑难条约适用的呈报制度、加强相关的指导性判例等方面完善司法机制。

一是鉴于实践中法院援引条约的形式多样且不规范之现象,可规范我国法院在判决中援引条约的形式。法院在撰写判决依据时,要做到准确、完整、具体。准确,就是要恰如其分地适合判决结果。完整,就是要把据以定性处理的法律规定和司法解释引全。具体,就是要引出条文外延最小的规定。[②] 最高人民法院《关于裁判文书引用法律、法规等规范性法律文件的规定》第1条规定:"人民法院的裁判文书应当依法引用相关法律、法规等规范性法律文件作为裁判依据。引用时应当准确完整写明规范性法律文件的名称、条款序号,需要引用具体条文的,应当整条引用。"遵循上述原则:①必须禁止我国法院隐含适用条约;②法院在判决书中具体援引条约时,判决书说理部分援引特定条约的,则判决法律依据部分也应该援引该条约,亦要注明援引条约的具体条、款、项;③应当允许我国法院单独援引条约作为判决的法律依据,而非必须与国内

---

① A. Tzanakopoulos, "Domestic Courts in International Law: The International Judicial Function of National Courts," *Loyola of Los Angeles International and Comparative Law Review*, Vol. 6, 2011, p. 20.

② 宁致远:《法律文书写作》,北京大学出版社2006年版,第136页。

法律一起适用。

二是我国法院应建立疑难条约适用的呈报制度。在司法实践中,一个普遍存在的现象是:审判过程中遇到一些疑难案件或新型案件时,下级法院将向上级人民法院请示汇报,请求上级人民法院拿出指导意见。① 我国地方各级人民法院在适用条约的过程中,难免会遇到诸如特定条约能否适用于具体案件(包括非涉外案件)、条约中的某些条款如何解释等棘手问题。鉴于条约适用的专业性与复杂性,地方各级人民法院无能力充分解答时,我国地方各级人民法院应当请求最高人民法院解答。目前国内相关法律制度薄弱,建议建立专门的条约适用司法报告制度。大体设想如下:在最高人民法院研究室下单设条约适用研究部门,作为条约司法适用问题的专业咨询机构。地方各级人民法院在审判过程中遇到条约适用相关问题,可直接呈报给最高人民法院的条约适用研究部门。对于条约的司法适用问题,条约适用研究部门需征求外交部条法司或商务部条法司的意见,以充分了解该条约的基本情况,必要时还需征求直接参与条约谈判与缔结的国务院及其相关部委的意见。② 与此同时,条约适用研究部门还需听取专业法官与专家学者的意见,确保给地方各级人民法院提供全面、科学、专业的咨询意见。

三是我国应大力加强法院在非涉外案件中直接适用条约的指导案例制度。从最高人民法院发布的指导案例情况来看,截至 2023 年 12 月 7 日,最高人民法院共发布了 39 批共计 224 个指导案例,③这 156 个案例涵盖民法、刑法、行政法和知识产权法等部门法。遗憾的是,没有一个指导案例与非涉外案件中直接适用的条约有关。鉴于最高人民法院发布的指导案例对于统一法律适用标准、指导下级法院审理案件和克服成文法的滞后性等意义重大,④我国应大力加强并完善指导案例制度。最高人民法院可以公布 2~3 个与非涉外案

① 任诚宇:《上下级法院间案件请示汇报的做法弊大于利》,《人民检察》1997 年第 3 期。

② 如国家林业局负责《濒危野生动植物物种国际贸易公约》《生物多样性公约》《联合国气候变化框架公约》《联合国防治荒漠化公约》等公约的执行,教育部负责各类"教育国际合作协议"的执行,国家知识产权局负责《专利合作条约》(PCT)、《世界知识产权组织版权条约》等公约的执行。

③ 最高人民法院关于发布第 39 批指导性案例的通知法〔2023〕230 号。

④ 赵骏、张丹丹:《最高人民法院与条约司法适用机制的完善》,《浙江大学学报》(人文社会科学版) 2017 年第 2 期。

件中直接适用条约有关的精品案例,作为最高人民法院的指导案例,以填补指导案例制度在此方面的空白,更好地指导各级法院在非涉外案件中直接适用条约。

第二节　统筹推进并完善中国条约适用制度

一、统筹推进国内法治和涉外法治
对中国适用条约提出了新要求

2020 年 11 月 16—17 日,中国共产党召开中央全面依法治国工作会议,将习近平法治思想明确为全面依法治国的指导思想。习近平总书记强调,要坚持统筹推进国内法治和涉外法治。国内法治与涉外法治均是中国特色社会主义法治体系不可或缺的重要组成部分,一起构成全面依法治国方略的"鸟之两翼""车之两轮"。统筹推进国内法治和涉外法治是中国特色社会主义法治理论和实践的一项重要创新发展,体现了统筹考虑和综合运用国际国内"两个大局""两个市场""两种资源""两类规则"的法治理念。坚持统筹推进国内法治和涉外法治,并积极参与建设国际法治,是建设社会主义法治强国的必然要求,也是在国际层面推动构建人类命运共同体的坚实保障。

坚持统筹推进国内法治和涉外法治对我国的条约适用制度提出了新的更高要求。第一,实现条约适用案件的类案同判。在目前的司法实践中,我国不同法院关于是否适用条约以及如何适用条约仍在一定程度上存在不同理解,从而导致类案不同判。《最高人民法院统一法律适用工作实施办法》已于 2021 年 12 月 1 日正式施行,该办法共 20 条,主要目的是强化类案检索制度要求,实现类案同判。2022 年 1 月 26 日,最高人民法院还成立了统一法律适用工作领导小组,构建统一领导、职责明晰、衔接有序、协同推进的工作格局。在上述背景下,实现条约适用案件的类案同判既是我国最高人民法院的明确要求,也是统筹推进国内法治和涉外法治的重要建设内容。第二,大力增强我国司法机关适用条约的能力。我国司法机关适用条约的理念总体上还比较保守，我国精通条约适用的司法人才非常匮乏，我国司法机关适用条约的方式与手段也亟待创新。以上因素均严重制约着我国司法机关适用条约的能力，因此亟待变革。第三，我国要建设完善的条约适用法律制度体系。条约在我国的适用规则体系是我国涉外法律体系的重要组成部分，但是长期以来条约在我国宪法和宪法性文件中的法律地位与位阶问题等一直没有得到明确；我国关于适用条约的法律规定比较分散、零乱且不成体系，甚至存在一些矛盾之处；我国迄今缺乏一部专门的条约适用法；我国指导条约适用的司法解释也需要大力优化等。针对以上情况，我国要建设完善的条约适用法律制度体系就要从根本上解决这些问题。

二、完善中国条约适用制度的具体建议

完善我国条约适用制度的具体建议，既包括对我国条约适用制度进行合理的顶层设计，也包括设置近期、中期、远期的建设目标，从而逐步完善我国的条约适用制度。

第一，合理地对我国条约适用制度进行顶层设计。首先，要在思想理论高度明确完善我国条约适用制度既是涉外法治的重要内容，也是统筹推进国内法治和涉外法治建设的重要目标，要充分重视并认真加以解决。其次，始终坚持条约必须信守原则与国家主权原则。我国之所以需要在国内适用条约，是基于国际法上的条约必须信守原则，该原则指出国家对于其缔结的条约，必须要诚实地善意地加以遵守。一方面，条约必须信守原则不仅是国际法原则，而且是国际强行法与国际习惯法规则，具有很高的效力。根据该原则，我国承担了在国内法上适用条约的责任与义务。另一方面，我国在国内适用条约的具体方式与制度安排必须基于我国国情进行自主安排，这实际上是国家主权原则的要求，而国家主权原则是国际法的基础，不可动摇。最后，完善我国条约适用制度有利于实现我国涉外法治的建设目标，并且大大促进我国与国际社会的合作交流，从而为构建人类命运共同体夯实基础。

第二，完善我国条约适用制度的近期目标及建议。完善我国条约适用制度的近期目标是要尽力缓解我国条约适用司法实践过程中的矛盾,治理混乱现象,实现条约适用的类案同判目标。为实现这一目标：首先,要完善有关条约适用的指导性案例制度。指导性案例是法律实践与法学理论探讨有机结合的衍生物,是由最高司法机关进行严格认定和履行法定程序后所颁布的,对于我国各级法院适用条约具有很强的指导意义。完善我国适用条约的指导性案例制度重点在于大力增加有关条约适用的指导案例的数量,并且在具体案件中要详细阐明适用条约的具体原因与法律依据。其次,要建立人民法院国际条约适用情况的案例数据库。最高人民法院已经在法信数据库中收录了部分适用国际条约的案例,要进一步予以完善。系统完整的数据库,不仅方便法官准确高效地查明和适用条约,而且有利于学界深入研究条约的履行情况,同时也有助于对外展示我国司法坚定践行国际法的良好形象。再次,建立专门的条约司法适用疑难案件呈报制度。下级法院在审判过程中如果遇到有关条约适用的疑难案件可以呈报到最高人民法院的研究室,由其组织专家提出权威意见,从而更好地指导我国审判实践。最后,要注重援引国际条约的形式要件。人民法院援引国际条约一定要准确、全面。最高法院于 2015 年印发的《涉外商事海事裁判文书写作规范》指出,适用公约时,应当援引适用的公约具体条款,引用公约条款的顺序应置于法律、司法解释之前,我国各级法院要做到这些要求。

第三,完善我国条约适用制度的中期目标及建议。完善我国条约适用的中期目标是建立比较成熟的条约适用法律规则体系。首先,要开展对已有的条约适用法律、行政法规、地方法规与司法解释的清理工作,废除或修改其中的矛盾之处,从而实现条约适用法律规则之间的协调一致。其次,要建立比较完善的条约司法解释制度,充分发挥司法解释对于条约适用的指导作用。司法解释是由我国最高人民法院与最高人民检察院通过并颁布的,不仅非常及时迅速,而且能够很好地被我国司法机关工作人员理解。我国司法机关可以将一些成熟的适用条约经验,如《联合国国际货物销售合同公约》、1999 年《蒙特利尔公约》、《承认及执行外国仲裁裁决公约》(也称《纽约公约》)、1972 年《国际海上避碰规则公约》、《1989 年国际救助公约》、《华沙公约》,用司法解释的形式加以固定和推广。值得一提的是,2023 年 12 月 28 日,我国最高人民法院通过了《最高人民法院关于审理涉外民商事案件适用国际条约和国际惯例若干问题的解释》,关于 2024 年 1 月 1 日起施行,对我国法院直接适用国际民商事条约产生重要的指导作用。最后,加强对涉外审判人员的培训和交流。除系统内部培训外,还应进一步加强法院与仲裁机构之间、司法实务界与理论界之间的沟通和交流,集思广益,取长补短,增进对国际条约基本理论的共识,进一步提高条约适用与解释的一致性。

第四,完善我国条约适用制度的远期目标及建议。我国条约适用制度的远期目标是建立完善的条约适用法律制度体系。首先,我国要出台专门的条约适用法以更好地指导条约适用实践。我国应该深入总结长期以来适用条约的立法与司法经验,并且在充分参考当今世界主要国家适用条约先进经验的基础上,制定出一部切实可行的条约适用法。其次,修改宪法,明确条约在我国的法律地位。宪法是我国的根本大法,通过宪法明确条约的法律地位能够为我国适用条约提供最权威的指导。我国宪法不仅应该明确载入"中华人民共和国尊重国际法,遵守国际条约",而且还要明确条约在我国国内的法律位阶,条约与我国国内法冲突的预防与解决等重要问题。最后,我国要培养出一支精通国际条约法与条约审判业务的专家型司法队伍。我国司法机关可以通过培训、轮训以及到国内外知名高校研究机构进修等方式提升司法工作者的条约法理论水平,还可以通过定期举行条约审判培训班等形式大力提高司法工作者的条约审判业务水平。

第三节　民法典时代中国法院直接适用条约的法律指引模式之革新

2021 年 1 月 1 日《民法典》正式实施,《民法通则》完全终止效力。虽然《民法通则》的主要内容被整合到《民法典》之中,但是其第 142 条关于条约适用的规定并未被《民法典》所采纳。《民法典》颁布之后,我国最高人民法院对《最高人民法院关于适用〈中华人民共和国涉外民事关系法律适用法〉若干问题的解释(一)》进行了修改,删除了其中与条约适用有关的第 4 条和第 5 条,我国法院直接适用国际民商事条约的主要国内法律依据不复存在,从而导致我国法院在涉外民事关系中直接适用条约①出现了一定的法律真空。另一方面,《民法典》的正式实施也为促进我国法院直接适用条约带来了机遇。② 在上述背景下,很有必要深入分析我国法院直接适用条约的既有法律指引模式的特点与局限性,并结合民法典时代对于我国法院直接适用条约提出的更高要求,研究如何革新我国法院直接适用条约的法律指引模式。

一、中国法院直接适用条约的现有法律指引模式之基本情况

我国法院在直接适用条约时是非常谨慎的,一般来说,如果没有指引条约直接适用的法律依据,我国法院不会轻易直接适用条约。具体来说,我国法院直接适用条约的法律指引或是司法解释,或是法律法规,或是当事人合意选择,或是指导性案例。目前极少存在我国法院在没有法律指引的情况下直接适用条约的案例。因此,笔者认为,我国法院直接适用条约时的各种法律依据,并且由上述法律依据构成的一个逻辑体系,就是我国法院直接适用条约的法律指引模式。在这一指引模式下,各个法律依据所指引适用的条约种类有所不同,在具体适用的优先级方面也各有不同。例如,法律法规指引法院直接适用条约时的条约范围较广;又如,司法解释和特定通知在指引法院直接适用条约方面的优先级相对更高;再如,当事人意思自治原则和指导性案例发挥了补充性或辅助配合的作用,并且在现有的司法实践中指引法院直接适用条约的范围更窄、频率较低。

(一) 司法解释和特定通知发挥了优先的作用

指引我国法院直接适用条约的司法解释和特定通知可以分为两大类:第一类是专门性的司法解释和特定通知,即指出某一个具体条约的直接适用性或如何直接适用;第二类是一般性的司法解释和特定通知,即宏观地指出条约应该优先适用或直接适用。

---

① 我国法院直接适用条约,既包括在审判案件时直接援引条约分析说理,也包括直接援引条约作为判决的法律依据。本书采取宽泛的概念,认为凡是符合其中之一的,均属于直接适用条约。

② 丁伟:《〈民法典〉编纂催生 2.0 版〈涉外民事关系法律适用法〉》,《东方法学》2019 年第 1 期。

第一，专门性的司法解释和特定通知不仅指明了一些具体条约的直接适用性，而且还指明了一些具体的条约如何直接适用。例如《1992 年国际油污损害民事责任公约》①等 8 个国际条约都经过了专门性的司法解释或特定通知指明其本身的直接适用性。②

第二，一般性的司法解释和特定通知积极倡导了在我国审判实践中优先适用条约的原则，从而发挥了宏观的指引作用。首先，一般性的司法解释和特定通知主要有 1995 年 6 月 20 日《外交部、最高人民法院、最高人民检察院公安部、国家安全部、司法部关于处理涉外案件若干问题的规定》③、最高人民法院 2000 年 4 月 17 日发布并于 2008 年 12 月 16 日调整的《最高人民法院关于审理和执行涉外民商事案件应当注意的几个问题的通知》（以下简称"4.17 通知"）④、2010 年 12 月 8 日发布的《最高人民法院关于进一步做好边境地区涉外民商事案件审判工作的指导意见》第 6 条⑤、最高人民法院关于适用《中华人民共和国涉外民事关系法律适用法》若干问题的解释（一）（2020）第 3 条第 1 款⑥等规定。其次，一般性的司法解释与特定通知确立了我国法院在审理与执行涉外案件时，应当在符合条件的情况下优先适用我国参加的国际公约中未被我国保留条款的原则。这一原则赋予了法院一定的自由裁量权，法官可以根据这一原则，结合案情，积极主动地适用国际条约。

---

① 直接适用该条约的指引依据是最高法院于 2011 年发布的《关于审理船舶油污损害赔偿纠纷案件若干问题的规定》（法释〔2011〕14 号）[2020 年修订]第 5 条第 1 款规定以及第 21 条第 2 款。

② 其余 7 个国际条约分别是：1972 年《国际海上避碰规则公约》《关于向国外送达民事或商事司法文书和司法外文书公约》《关于从国外调取民事或商事证据的公约》《濒危野生动植物种国际贸易公约》《承认及执行外国仲裁裁决公约》《国际铁路货物联运协定》《联合国国际货物销售合同公约》。

③ 该规定第 1 条第(3)项：处理涉外案件，在对等互惠原则的基础上，严格履行我国所承担的国际条约义务。当国内法或者我内部规定同我国所承担的国际条约义务发生冲突时，应当适用国际条约的有关规定(我国声明保留的条款除外)。各主管部门不应当以国内法或者内部规定为由拒绝履行我国所承担的国际条约规定的义务。

④ 该通知指出："各级人民法院审理涉外民商事案件时……对我国参加的国际公约，除我国声明保留的条款外，应予优先适用，同时可以参照国际惯例。"

⑤ 该指导意见指出："边境地区受理案件的人民法院应当及时、准确地掌握我国缔结或者参加的民商事司法协助国际条约，在涉外民商事审判工作中更好地履行国际条约义务，充分运用已经生效的国际条约，特别是我国与周边国家缔结的双边民商事司法协助条约，必要时，根据条约的相关规定请求该周边国家协助送达司法文书、协助调查取证或者提供相关的法律资料。"

⑥ 该条规定："涉外民事关系法律适用法与其他法律对同一涉外民事关系法律适用规定不一致的，适用涉外民事关系法律适用法的规定，但《中华人民共和国票据法》《中华人民共和国海商法》《中华人民共和国民用航空法》等商事领域法律的特别规定以及知识产权领域法律的特别规定除外。"

第三,司法解释与特定通知在指引我国法院直接适用条约方面具有及时性与易操作性的优点。首先,司法解释与特定通知的出台比制定法律要迅速得多,可以针对条约适用的新情况及时出台相关解释或通知。例如,2020 年 6 月最高人民法院发布《关于依法妥善审理涉新冠肺炎疫情民事案件若干问题的指导意见(三)》,其中就《联合国国际货物销售合同公约》第 11 条和第 79 条提出适用指导意见,该指导意见受到联合国大会的关注,并且被收入联合国贸易和发展会议的法规判例法系统。[1]　其次,司法解释和特定通知更能为我国审判人员理解,从而可以更好地发挥指导我国审判人员直接适用条约的作用。[2]

(二) 法律法规发挥了基础性的作用

第一,我国法律法规关于直接适用条约的规定,覆盖面广,且在司法实践中广泛应用,构成了我国法院直接适用条约的法律基础。我国有直接适用条约规定的法律法规涉及民事、刑事、环境保护、司法协助等众多领域。上述法律法规不仅证明了条约在我国国内具有法律效力,而且在司法实践中广泛应用,构成了我国法院直接适用条约的法律基础。

第二,以《民法通则》第 142 条为代表的规定是我国法律法规关于直接适用条约指引模式的典型部分,发挥了重要的作用。首先,在我国法院适用国际民商事条约的案件中,大部分都是通过《民法通则》第 142 条以及其他民事立法途径的指引予以适用的。[3]　例如,在最高人民法院发布的第 51 号指导性案例中,法院援引了《民法通则》第 142 条的规定,最终适用了国际公约并作出了裁决。[4]　其次,以《民法通则》第 142 条为代表的指引模式引起了一大批法律法规的效仿,[5]且上

---

[1]　沈红雨:《中国法院适用国际条约的实践——以跨境民商事争议为视角》,腾讯新闻网,2021 年12 月 5 日,https://view. inews. qq. com/a/20211205A074ZL00,2022 年 7 月 24 日访问。
[2]　根据《关于加强法律解释工作的决议》,最高人民法院可以就审判工作中具体应用法律的问题进行审判解释,审判解释对各级人民法院的审判具有约束力,是办案的依据。
[3]　何田田:《国际民商事条约在国内适用问题之理论探讨与实践完善》,《南都学坛》2016 年第 2 期。
[4]　阿卜杜拉·瓦希德诉中国东方航空股份有限公司航空旅客运输合同纠纷案,上海市第一中级人民法院民事判决书,(2006)沪一中民一(民)终字第 609 号。
[5]　例如,1992《中华人民共和国海商法》第 268 条第 1 款、2009 年修正的《中华人民共和国进出境动植物检疫法》第 47 条以及 2021 年修正的《中华人民共和国民用航空法》第 184 条第 1 款等 30 多个法律条款采取类似的立法模式。

述法律法规大多现行有效。

综上,对条约的直接适用作出规定的法律法规是我国法院直接适用条约的法律指引模式的主要组成部分,其发挥了基础性的作用。

(三)当事人意思自治原则发挥了补充性的作用

第一,目前理论界对于在诉讼领域当事人能否选择条约作为准据法存在截然不同的观点。保守的国际私法理论认为,当事人选择的准据法只能是国家法律,不能选择条约等非国家法律,即便当事人选择了条约等非国家法律,其效果仅仅是将条约并入了合同条款,成为合同的组成部分。① 随着实践的发展,特别是受国际商事仲裁的影响,这种观点得到了修正,当事人可以选择非国家法律的条约作为准据法。②

第二,当事人既可以适用本国已经缔结或者加入的生效条约,也可以适用本国没有缔结或者加入的国际条约。《最高人民法院关于适用〈中华人民共和国涉外民事关系法律适用法〉若干问题的解释(一)》对此作出了明确规定。③此外,在我国海商海事司法实务中,对于我国尚未加入的著名条约如《海牙规则》和《维斯比规则》,我国海事法院基于当事人的合意选择经常会予以直接适用。④ 当然,需要指出的是,如果当事人选择了一项我国尚未参加的国际条约作为准据法,那么它是以与"外国法律"相同的地位而得以适用的。

(四)指导性案例发挥了辅助配合的作用

首先,指导性案例是由我国最高人民法院在进行严格认定和履行法定程序后权威发布的典型性案例,具有重要的指导意义。最高人民法院已经发布了4批37个"一带一路"建设典型案例、一批涉外指导性案例,其中就包括适用《联合国国际货物销售合同公约》、1972年《国际海上避碰规则公约》、1999年《蒙特利尔

---

① 徐锦堂:《关于国际条约国内适用的几个问题》,《国际法研究》2014年第3期。

② 相关案例有华鹏家庭用品有限公司、上海广运国际物流公司运输合同纠纷案,广东省东莞市中级人民法院民事判决书,(2016)粤19民终2005号。

③ 该司法解释第7条允许当事人在符合一定条件的情况下在合同中援引尚未对中华人民共和国生效的国际条约。

④ 相关案例参见《中华人民共和国最高人民法院公报》1997年第1期。

公约》等条约中的案例。^① 据笔者统计,截至 2021 年 12 月,关于我国法院直接适用条约的指导性案例有 13 个。这些指导性案例对于我国各级法院直接适用条约发挥了重要的指导作用。

其次,有些指导性案例对于我国法院直接适用条约发挥了重要的辅助指引作用。如指导性案例 147 号直接适用《保护世界文化和自然遗产公约》,指导性案例 174 号直接适用《生物多样性公约》。由于上述两个案件均不属于涉外案件,虽然我国司法解释与法律法规并没有禁止在非涉外案件中直接适用条约,但是我国理论界却一直有反对声音。^② 可见,上述两个指导性案例通过肯定原审法院直接适用上述条约不仅提供了权威的答案,而且发挥了重要的辅助指引作用。

综上,我国法院直接适用条约的现有法律指引模式之基本情况是:以司法解释和特定通知为优先,以法律法规为基础,以当事人意思自治为补充,以指导性案例为辅助配合的指引模式。

二、民法典时代中国法院直接适用条约的法律指引模式革新之原因

(一)司法实践层面的原因

第一,司法解释与特定通知指引作用具有局限性。首先,一般性的司法解释和特定通知虽然发挥了倡导我国法院直接适用条约的积极作用,但是无法发挥精准地指引我国法院直接适用条约的作用。其次,我国指引条约直接适用的专门性司法解释数量太少,发挥的作用还不够充分。根据笔者统计,我国只有 8 个专门性的司法解释指明了 8 个条约在我国司法实践中的直接适用性,相对于我国已经加入的 27 000 多个国际条约来说,^③数量实在太少了。另一方面,司法解释对于一些已经被审判实践明确了具有直接适用性的条约来说,没有及时加以规定。即便是 1999 年《蒙特利尔公约》等已经被我国审判实践明确

---

①　李旺:《当事人意思自治与国际条约的适用》,《清华法学》2017 年第 4 期。
②　宋建立:《国际条约国内适用的若干问题》,《人民司法》2015 年第 5 期。
③　贾桂德:《新中国成立七十年来中国的国际法实践和贡献》,《国际经济法学刊》2020 年第 1 期。

了具有直接适用性的条约,我国的司法解释迄今也没有明确上述条约的直接适用性。最后,从基本法理来说,特定通知本身不具有与司法解释同等的法律效力,采用特定通知的方式作为指引方式是极不规范的。

第二,法律法规指引作用具有局限性。首先,我国法律法规关于直接适用条约的规定存在严重问题,导致我国法院如何直接适用条约变得更加复杂。我国法律法规指引条约直接适用的规定主要有六种情况,①在上述情况下,我国法院直接适用条约变得非常复杂,让人莫衷一是。其次,以《民法通则》第142条为代表的指引作用之局限性。其一,《民法通则》第142条将中国法院直接适用条约限制在涉外民事法律关系的狭小范围之内。其二,《民法通则》第142条将条约的直接适用局限于与我国国内法不一致的狭小空间内,而且如何认定"不一致"存在多种不同的理解。具体来说,关于"不一致"至少存在三种情况:①条约有规定,国内法无规定,属于不一致;②条约与国内法均有规定,且二者规定不同,属于不一致;③国内法有规定,条约无规定,也属于不一致。因此,法院在适用条约之前,必须先判断条约与国内立法之间的不同,只有在国内法与条约不一致时,才可以适用国际条约,上述情况无疑大大增加了我国法院直接适用条约的难度。值得指出的是,在司法实践中,法院在一些情况下直接引用《民法通则》第142条指向相关的条约,而没有事先对比国内立法与条约的不同,这显然是不符合立法本义的。例如,在深圳市未来无铅科技有限公司、未来产业国际货物买卖合同纠纷二审案中,广东省高级人民法院援引《民法通则》第142条,直接适用《联合国国际货物销售合同公约》解决双方当事人就国际货物买卖销售合同的焦点问题,但法院并未对比《联合国国际货物销售合同公约》的相关条文与《中华人民共和国合同法》相关规定是否存在不一致。② 同样的情况出现在雷普诺贸易有限公司、济南达润机械有限公司国际货

---

① 这六种情况分别是:(1)国内法与条约规定不一致时,适用条约的规定,但我国声明保留的除外;(2)在相关事项上直接适用条约,并且按照国内法规定办理;(3)在相关事项上直接适用条约,或按对等原则或互惠原则办理;(4)在相关事项上,适用国内法或适用条约规定;(5)在相关事项上,直接适用国际条约或国际惯例;(6)在相关事项上,应遵守条约的规定。王勇:《条约在中国适用之基本理论问题研究》,北京大学出版社2007年版,第149—152页。

② 深圳市未来无铅科技有限公司、未来产业国际货物买卖合同纠纷案,广东省高级人民法院民事判决书,(2017)粤民终3022号。

物买卖合同纠纷二审案中①。再次，国际民商事条约的范围以及具体的条约究竟为何是不清楚的，而且法官如何寻找条约也是很困难的。《民法通则》第142条只是说"条约与国内法不一致的情况下，条约优先适用"，但是可以优先适用的条约到底为何是不清楚的。由于国际民商事条约数量众多且比较复杂，法官寻找条约也很困难，原因如下：其一，条约数量太多且不断有新的条约缔结，法官无从了解；其二，国际民商事条约的外延是一个比较模糊的概念。例如，中华人民共和国条约数据库就没有采取国际民商事条约的分类，而是把条约分为政治、经济、文化以及司法协助等20个类型，②国际民商事条约与我国条约数据库关于条约的分类不是一一对应的关系。上述情况无疑给我国法院直接适用条约带来了很大的困难。此外，我国法官如何理解与适用国际民商事条约的具体内容存在诸多困难。由于国际民商事条约是中国作为缔约国在国际场合缔结的，法官无法知道缔约的具体情况，导致理解条约约文存在困难。最后，以《民法通则》为代表的规定导致有些国际民商事条约的直接适用性被彻底否定。因为《民法通则》第142条采取的是冲突法的思路，即通过国内法指引出可以直接适用的国际条约，这样对于某些具有直接适用性质的国际条约，将是彻底的打击。例如，《联合国国际货物销售合同公约》《蒙特利尔公约》均具有直接适用性，但是我国某些法院在审判过程中，完全忽视了这一点，转而依据《民法通则》第142条的规定，从而造成了巨大的争议。③

第三，当事人意思自治原则指引作用具有局限性。目前我国对于当事人合意选择适用国际条约的规范比较模糊，存在被滥用的风险。首先，对于大多数国际条约，当事人缺乏专业知识，并不了解。一项国际条约的制定往往具有较为复杂的国际政治、经济背景，若需要正确理解条约中的特定约文，甚至需要对其缔约记录进行深入分析。此时，并不应当期待选择适用某一国际条约的双方当事人通晓这一条约的目的、宗旨、缔约背景以及具体约文的解释。其

① 雷普诺贸易有限公司、济南达润机械有限公司国际货物买卖合同纠纷案，山东省高级人民法院民事判决书，(2020)鲁民终947号。

② 外交部：《中华人民共和国条约数据库》，中华人民共和国外交部网站，http://treaty. mfa. gov. cn/web/index. jsp,2022年7月29日访问。

③ 谢海霞：《〈蒙特利尔公约〉在我国法院适用的实证分析》，《经贸法律评论》2022年第2期。

次,除了常见的国际条约以外,其他国际条约是否能够直接适用于特定的案件,当事人也不了解,存在将国际条约认作"国际通行标准"的可能。在此情况下,双方当事人可能会先不判断某国际条约的规定是否符合自身的需求,盲目约定适用某个国际条约。最后,并不是所有涉外合同的当事方都能准确地把握意思自治适用条约的特殊性,并针对条约的特殊性拟定相应的合同条款,准确地指引法院适用条约。若当事人的意思自治不能契合于某一条约规定的适用条件,不但无法很好地指引法院直接适用条约,还会给法律适用带来新的难题。以《联合国国际货物销售合同公约》为例,目前尚不明确《联合国国际货物销售合同公约》在我国能否通过当事人选择某《联合国国际货物销售合同公约》缔约国的国内法被默示排除。①

第四,指导性案例的指引作用之局限性。首先,指导性案例涉及我国法院直接适用条约的数量太少,所发挥的指导作用比较有限。其次,有些指导性案例未能展示如何直接适用条约的具体方面,留下了很多空白,在很大程度上影响了其指导作用。例如,在最高院第47号指导性案例中,天津市高级人民法院援引了《民法通则》第142条,认为当我国法律与《巴黎公约》有不同规定的情形时,应当适用《巴黎公约》的规定。② 在判决书末尾的裁判依据部分,天津高级人民法院直接将《巴黎公约》作为判决的法律依据。然而,最高人民法院在再审时,并未讨论是否应当适用《巴黎公约》以及《巴黎公约》的条款是否能作为判决依据的问题,最终部分修改了天津市高级人民法院作出的判决。③ 虽然该指导性案例提及了《巴黎公约》,但最高人民法院并未在该案例中明确《巴黎公约》作为知识产权类条约是否能在我国直接作为判决的法律依据。由此可见,这一案件也未能给下级法院在适用知识产权类条约时提供明确的指引模式。

第五,我国直接适用条约的指引模式存在弊端已对司法实践造成了明显

---

① 最高人民法院第107号指导性案例中的说理尚不能明确:若双方当事人意思自治选择某《联合国国际货物销售合同公约》缔约国的法律,且在庭审期间只援引该缔约国法律的情况下,法院是应当直接适用《联合国国际货物销售合同公约》的相关规定,还是应当适用除《联合国国际货物销售合同公约》外的该缔约国的法律,尚不清楚。

② 意大利费列罗公司诉蒙特莎(张家港)食品有限公司、天津经济技术开发区正元行销有限公司不正当竞争纠纷案,天津市高级人民法院民事判决书,(2005)津高民三终字第36号。

③ 意大利费列罗公司诉蒙特莎(张家港)食品有限公司、天津经济技术开发区正元行销有限公司不正当竞争纠纷案,最高人民法院民事判决书,(2006)民三提字第3号。

的问题。首先,虽然我国缔结的条约越来越多,但我国法院直接适用条约的比例太低,指引模式的局限性是主要原因之一。从 1949 年至今,中华人民共和国对外签订了 27 000 多项双边条约和 500 多项多边条约,[①]但是我国在司法实践中仅直接适用了 50 多个国际条约,而且属于在宽泛意义上直接适用条约,[②]比例实在太低;我国法院在判决书的法律依据部分直接援引的条约只有 14 个,[③]数量更少。这些均体现了我国法院在直接适用条约方面的过于谨慎态度,因此,改革指引模式势在必行。其次,由于指引模式的局限性,我国法院在一些案件中无法说清楚指引依据。例如,在上海鑫安船务有限公司与普罗旺斯船东 2008-1 公司、法国达飞轮船有限公司、罗克韦尔航运有限公司船舶污染损害责任纠纷再审案中,最高人民法院认为,中国加入了 2001 年《国际燃油污染损害民事责任公约》,本案属于该国际公约的适用范围,应当优先适用该国际条约,对于条约没有规定的事项,适用中国的国内法。[④] 其实,2001 年《国际燃油污染损害民事责任公约》的指引依据应该是最高人民法院"4.17 通知"等类似通知与《海商法》第 268 条。再次,我国法院在同类案件中直接适用同一条约时,提出的指引法律依据可能并不相同。以《蒙特利尔公约》为例,在 2021 年中国太平洋财产保险股份有限公司无锡分公司与东方航空物流股份有限公司、江苏盛明供应链管理有限公司等保险人代位求偿权纠纷一审案中,法院没有适用《民用航空法》第 184 条的规定,而是通过判定该案符合《蒙特利尔公约》的适用范围而适用该公约的。[⑤] 然而,在 2021 年肇庆市宏宇货运有限公司与海南航空控股股份有限公司航空货物运输合同纠纷一审案中,法院则是依据《中华人民共

---

① 贾桂德:《新中国成立七十年来中国的国际法实践和贡献》,《国际经济法学刊》2020 年第 1 期。

② 所谓宽泛意义上直接适用条约,是指法院在审判案件时只要援引条约分析说理,即使没有最后援引条约作为判决或裁定的法律依据,也认为是直接适用条约。

③ 这 14 个条约分别是 1929 年《华沙公约》、1999 年《蒙特利尔公约》、《联合国国际货物销售合同公约》、1992 年《国际油污损害民事责任公约》、《国际铁路运输公约》、《国际铁路货物联运协定》、1958 年《纽约公约》、1972 年《国际海上避碰规则公约》、1989 年《国际救助公约》、《海牙规则》、《维斯比规则》、《雅典公约》、《海牙送达公约》以及 2001 年《国际燃油污染损害民事责任公约》。

④ 上海鑫安船务有限公司与普罗旺斯船东 2008-1 公司、法国达飞轮船有限公司、罗克韦尔航运有限公司船舶污染损害责任纠纷再审案,中华人民共和国最高人民法院民事判决书,(2018)最高法民再 367 号。

⑤ 中国太平洋财产保险股份有限公司无锡分公司与东方航空物流股份有限公司、江苏盛明供应链管理有限公司等保险人代位求偿权纠纷案,上海市浦东新区人民法院民事判决书,(2021)沪 0115 民初 2249 号。

和国民用航空法》第 184 条而适用《蒙特利尔公约》的。①

总之,我国法院直接适用条约的法律指引模式存在种种局限性且日益明显构成司法实践层面的困难。

(二) 法理层面的原因

第一,更好地履行"条约必须遵守"原则的需要。革新我国法院直接适用条约的指引模式,是积极践行"条约必须遵守"原则的必然要求。善意履行条约包括"诚实地"和"正直地"履行条约,这要求缔约国按照条约的约文和精神不折不扣地履行条约,不应以任何行为破坏条约的宗旨和目的。② 条约的缔约国不仅应当在国际层面履行条约义务,还应当在本国的立法、司法和执法层面促进条约的适用,这一原则在诸如国际民商事条约和国际人权条约等可能对个人的权利义务产生影响的条约方面尤为重要。

一方面,法院作为我的司法机关,也应当承担一部分履行条约义务的责任。若我国法院直接适用条约的指引模式可能会造成条约的目的或宗旨不能实现,甚至无法适用本应当适用的条约,就不能被视为善意地履行条约义务。我国司法实践一直强调积极履行"条约必须遵守"原则和"善意履行条约义务"原则。最高人民法院在《1987 年 12 月 10 日对外经济贸易部关于执行〈联合国国际货物销售合同公约〉应注意的几个问题》③、《最高人民法院关于执行我国加入的〈承认及执行外国仲裁裁决公约〉的通知》④以及《最高人民法院关于人民法院处理与涉外仲裁及外国仲裁事项有关问题的通知》⑤中都强调了各地各级法院应当优先适用条约的相关规定,履行条约义务的责任。⑥ 由此可见,我国法院在适用国际条约的态度方面是积极且务实的。在最高人民法院的指引下,各地各级法院会在符合条约规定的条件的前提下适用某一条约,在司法层

---

① 肇庆市宏宇货运有限公司与海南航空控股股份有限公司航空货物运输合同纠纷案,广东省深圳市前海合作区人民法院民事判决书,(2020)粤 0391 民初 854 号。
② 李浩培:《条约法概论》,法律出版社 1987 年版,第 329 页。
③ 〔1987〕外经贸法字第 22 号。
④ 法(经)发(1987)5 号。
⑤ 法发〔1995〕18 号。
⑥ 最高人民法院在承认与执行外国仲裁裁决方面还向各地各级法院提出了"有利于外国仲裁裁决执行"的要求,参见刘贵祥、沈红雨:《我国承认与执行外国仲裁裁决的司法实践述评》,《北京仲裁》第 79 辑。

面履行我国承担的条约义务。同时，法院对条约的适用并非流于形式，而是强调"正确适用"，从实质层面保证我国司法机关履行相应的条约义务。

另一方面，目前我国法院直接适用条约的指引模式仍有相当大的完善空间。首先，就直接适用条约的范围而言，只涉及对我国生效的 50 多个条约，所占比例不到我国缔结或加入条约总数的 0.2％。其次，就直接适用条约的案件类型来说，我国尚未明确在非涉外案件中直接适用条约的法律依据和具体路径，尤其是，我国法院在非涉外民商事案件中直接适用条约的法律指引还十分匮乏。① 最后，我国法院直接适用条约的指引依据之间存在一些重叠或冲突，导致各级法院在有些情况下无所适从。这些既会阻碍我国法院在司法层面履行"条约必须遵守"原则，也不符合我国法院积极务实地适用条约的大方向。由此，很有必要对我国法院直接适用条约的法律指引模式进行革新。

第二，落实国家主权原则的必然要求。国家主权原则作为国际法的基本原则之一，在条约适用领域的作用主要体现在以下两个方面。一方面，主权国家有缔约的权利与自由，可以选择是否缔结或加入一项条约。② 根据《维也纳条约法公约》第 34 条，主权国家在国际法上的地位是平等的，可以选择是否接受一项条约的约束，以及在条约允许的情况下，对条约部分内容声明保留，现代国际法不允许任何一个主权国家被迫加入并适用某项条约。同时，我国有根据自身的情况制定条约直接适用的具体方式和指引模式的权力。国家主权对内具有至高无上的特质，这涵盖了处理条约与国内法关系的权力。就我国而言，除一些特殊的，可以作为统一实体法规则的条约外，我国没有义务适用尚未对我国生效的条约。然而，需要指出的是，当事人意思自治可以选择适用尚未对我国生效的条约，是由于我国立法和司法解释作出了相应的规定，这些规定允许当事人意思自治，也体现了国家主权原则——主权国家可以根据自身的实际情况选择是否允许某种条约被直接适用。另一方面，直接适用条约作为一种条约的适用方式也存在一定的弊端，若不加以规制允许所有条约都直接适用，同样会造成我国法律体系的混乱，甚至对我国的国家主权产生一定的影响。由此可见，革新法院直接适用条约的法律指引模式，是我国作为主权

① 王勇：《论我国法院在非涉外案件中直接适用条约的证成与完善》，《法学杂志》2021 年第 5 期。
② 《维也纳条约法公约》第 6 条规定："每一国家具有缔结条约之能力。"

国家享有的一项必然的权力,同时,也是为了维护我国国家主权的一项必然要求。

第三,真正实现依法治国的需要。统筹推进国内法治和涉外法治作为全面依法治国的重要内容,要求实现国内法与国际法之间的良性互动,从而提升我国"内化"国际法的效益和"外化"国内法的能力。① 依法治国之"法"既包括国内法,也应包括国际法,尤其是国际条约。② 这一观点有理论与实践的支撑,亦符合依法治国的本质要求。首先,从理论上看,我国学界讨论国际法与国内法关系时,开创性地提出了不同于一元论或二元论的协调论。协调论的核心观点在于,不应当割裂国内法和国际法之间的关系,只要一国根据自身的立法、执法和司法实践善意地履行了条约创设的国际法义务即可。③ 由此可见,若以协调论诠释"依法治国","依法治国"中的"法"应当包含国际法,而国际条约作为国际法的渊源之一,自然应当被囊括其中。因此,有学者提出,党的十八届四中全会以后,将国际法作为治国之法,已成为中国共产党和政府治国理政的重要主张。④ 其次,从实践上看,我国法院已经确实有依据国际条约作为判决依据的实践。在第 107 号指导性案例中,最高人民法院将《联合国国际货物销售合同公约》与其他国内法规定一起放在了判决依据部分,在此情况下,可以推知最高人民法院将《联合国国际货物销售合同公约》视为"法律"。⑤ 在2017 年涉"一带一路"建设典型案例之四中,上海市第一中级人民法院同样将《承认及执行外国仲裁裁决公约》与《民事诉讼法》的规定一同放在了判决依据部分。⑥ 由此可见,在符合条约规定与指引模式的情况下,我国法院已经有将条约作为法律依据进行适用的实践。"依法治国"在司法实践层面,已经将符

① 韩永红:《中国对外关系法论纲——以统筹推进国内法治和涉外法治为视角》,《政治与法律》2021 年第 10 期。

② 黄惠康:《准确把握"涉外法治"概念内涵 统筹推进国内法治和涉外法治》,《武大国际法评论》2022 年第 1 期。

③ 周鲠生:《国际法》,商务印书馆 2018 年版,第 22 页。

④ 古祖雪:《治国之法中的国际法:中国主张和制度实践》,《中国社会科学》2015 年第 10 期。

⑤ 中化国际(新加坡)有限公司诉蒂森克虏伯冶金产品有限责任公司国际货物买卖合同纠纷案,中华人民共和国最高人民法院民事判决书,(2013)民四终字第 35 号。

⑥ 西门子国际贸易(上海)有限公司诉上海黄金置地有限公司申请承认和执行外国仲裁裁决案,上海市第一中级人民法院民事裁定书,(2013)沪一中民认(外仲)字第 2 号。

合条件的国际条约视为"依法治国"之"法"。最后,革新我国法院直接适用条约的法律指引模式,符合"依法治国"的本质要求。《中共中央关于全面推进依法治国若干重大问题的决定》(以下简称"《决定》")指出,人民法院应当保证公正司法、提高司法公信力,应当加强和规范司法解释和案例指导,统一法律适用标准。以《民法通则》第 142 条为代表的一系列规定说明,我国法院在处理涉外案件时,应当注意是否适用国际条约以及如何适用国际条约,这本质上也是就法律适用问题作出了原则性规定。在民法典时代,革新法院直接适用条约的法律指引模式,有利于在此基础上进一步统一条约的适用标准,从而更好地保证法院公正司法、提高司法公信力。同时,《决定》还指出,实现"依法治国",应当"坚持从中国实际出发……借鉴国外法治有益经验,但决不照搬外国法治理念和模式"。一方面,条约经各国代表的谈判和磋商,在文本上一般可以反映各国在相关问题上的有益共识。毕竟,根据现代国际法体系以及国家主权原则,一国一般不会谈判、签署、批准或核准一份有损本国国家利益的国际条约。另一方面,《中华人民共和国缔结条约程序法》就我国同外国谈判、签署、批准和核准条约的相关程序作出了相对详细的规定。可以认为,根据该法对我国生效的条约一般经过了比较详细的审查,符合我国的国家利益。由此可以认为,对我国生效的条约包含《决定》中所指的"国外法治有益经验"。完善我国法院直接适用条约的法律指引模式,有利于我国将"借鉴国外法治有益经验"落到实处,有利于统筹推进国内法治和涉外法治,从而真正实现"依法治国"的要求。

第四,有利于平等保护我国公民与外国人的合法权益,更好地落实国民待遇原则。国际条约有公法性质条约和私法性质条约之分,公法性质条约更多针对国家的权利和义务,而私法性质条约更多地涉及个人权利和义务。[1] 由于在国内法院直接适用的条约主要是私法性质的条约,因而条约能否在国内法院得到充分适用,直接影响公民通过条约直接或间接获得的合法权益。国民待遇原则要求主权国家给予外国人与本国公民的待遇相同,这意味着外国人在该国需要承担与该国公民同等的义务,享有与该国公民同等的权利。[2] 如前

① 万鄂湘、余晓汉:《国际条约适用于国内无涉外因素的民事关系探析》,《中国法学》2018 年第 5 期。
② 王铁崖主编《国际法》,法律出版社 1995 年版,第 130 页。

所述,目前我国法院直接适用条约的指引模式主要是关于涉外民商事关系,此类指引模式在指引我国处理涉外民商事案件时问题不大。然而,我们仍然需要注意国际条约适用于非涉外案件的可能性。若条约不能适用于非涉外案件,但条约保护权利的水平高于我国国内法,将不利于对我国公民合法权利的保护。例如,我国在知识产权保护领域坚持"国民待遇"原则,一般不给予外国权利人高于本国法水准的保护。① 然而,我国在知识产权保护领域的立法并不能完全对接知识产权条约的规定,此时可能需要法院适用条约的规定解释国内法。在处理涉外知识产权类案件情况下,法院可以根据《最高人民法院关于审理和执行涉外民商事案件应当注意的几个问题的通知》的要求,优先适用与案件有关的知识产权条约进行说理,从而尽可能地保护外国权利人的知识产权。然而,在非涉外案件中,法院将无法援引《最高人民法院关于审理和执行涉外民商事案件应当注意的几个问题的通知》,优先适用与案件有关的知识产权条约进行说理,对相关权利人的保护水平可能无法与同情况下对外国权利人的保护水平相同。因此,存在对外国权利人提供超国民待遇的可能,与我国坚持的"国民待遇"原则不符。此外,国家间的关系是相互的,只有尊重和保护他国公民在本国依据条约享有的权利,才能使本国公民在他国依据对等原则充分享有条约赋予的权益。因此,私人的权利能否受到平等且充分的保护,既有赖于条约在国内的正确适用,也离不开对条约适用指引模式的革新。

(三)时代背景层面的原因

一方面,在1986年我国改革开放的早期阶段,《民法通则》第142条表达了我国坚持"条约必须信守"原则,在处理涉外民商事法律关系时积极适用国际条约的鲜明态度。近40年来《民法通则》第142条在指导条约适用方面发挥了较大的作用。我国有学者甚至认为我国已经确立了以直接适用条约为主的模式,或者认为我国已经在涉外民商事领域确立了直接适用为主的模式。② 另一方面,民法典时代对于我国法院直接适用条约提出了更高的要求,既要求我国法院更加精准地直接适用条约,从而更加符合"依法治国"的需要,使我国成为

---

① 相关重要条款有《中华人民共和国著作权法》第2条的规定。
② 李适时:《中国的立法、条约与国际法》,《中国国际法年刊》(1993)。

条约法治先进国家,具体理由如下。

第一,在坚持统筹推进国内法治和涉外法治背景下,革新指引模式是完善我国涉外法律体系的重要组成部分。习近平总书记强调,要坚持统筹推进国内法治和涉外法治。坚持统筹推进国内法治和涉外法治,并积极参与建设国际法治,是建设社会主义法治强国的必然要求,也是在国际层面推动构建人类命运共同体的坚实保障。① 统筹推进国内法治和涉外法治对我国法院直接适用条约提出了更高的要求。条约在我国的适用规则体系是我国涉外法律体系的重要组成部分,革新我国法院直接适用条约的法律指引模式是完善我国涉外法律体系的重要组成部分。

第二,《民法典》没有吸纳《民法通则》第142条的规定,虽然已经在一定程度上表明了我国的立法态度,但是也带来了新的问题,且亟待解决。2010年的《涉外民事关系法律适用法》没有规定条约适用问题,当时的共识是,"本法对该问题不作规定,民法通则、民事诉讼法等法律中有关规定仍然适用,以后在其他法律中还可以再作规定"②。但是《民法典》并未采纳《民法通则》第142条的规定,如1989年《行政诉讼法》、1991《民事诉讼法》以及2012《民事诉讼法》等法律在最新的修订版中已经删去了类似于《民法通则》第142条的规定,这在一定程度上表明我国立法者认为上述单行法的性质和地位不足以对国际条约在我国法律体系中的地位或国际条约的适用问题作出规定。然而,立法者在删去上述规定的同时,并未进一步处理国际条约的地位问题或国际条约的适用问题,导致相关领域的规定被"留白",且没有相关的原则性规定作为补充或参考,从而又产生了新的问题。

第三,民法典时代实现类案同判的现实需要。《最高人民法院统一法律适用工作实施办法》(以下简称"《实施办法》")已于2021年12月1日正式施行。《实施办法》共20条,主要内容之一是进一步明确了类案检索的情形和范围,明确了类案检索说明或报告的制作规范,从而促进类案同判。革新直接适用条

---

① 中国国际私法学会课题组、黄进:《习近平法治思想中的国际法治观》,《武大国际法评论》2021年第1期。

② 孙安民:《全国人民代表大会法律委员会关于〈中华人民共和国涉外民事关系法律适用法(草案)〉审议结果的报告——2010年10月25日在第十一届全国人民代表大会常务委员会第十七次会议上》,《中华人民共和国全国人民代表大会常务委员会公报》2010年第7期。

约的法律指引模式,有利于各地各级法院形成相对统一的条约适用和说理路径。先前的案例已经在一定程度上说明,法院如果不清楚指引模式,就会导致严重的问题。随着《民法通则》第142条的废止,没有适用相关国际条约经验的法院在符合条件的情况下,需要就适用条约的问题进行类案检索。若能形成较为统一的法律指引模式,没有适用相关国际条约经验的法院可以在类案检索后,快速厘清有关条约的适用条件以及适用具体条文需要注意的事项,从而有利于促进类案同判。

总之,民法典时代对于我国法院直接适用条约提出了更高的要求,法院需要更加精准地定位以及更加准确地直接适用该条约。①

三、革新中国法院直接适用条约的法律 指引模式的理论、方法与配套措施

(一)在理论方面

1. 应以重要的国际法原则为指导

首先,应当坚持国家主权原则。在革新我国法院直接适用条约的法律指引模式时,要充分结合我国的实际情况进行部署,稳步推进,制定符合我国国情、法律规定以及司法实践的法律指引模式,切不可生搬硬套他国的条约适用制度。

其次,以善意履行条约义务原则为指导。具体而言,第一,在革新指引模式时,应当确保指引模式能在较大程度上指引法院直接适用应当适用的条约,尽量避免出现"应当直接适用条约却没有直接适用"的情况。第二,应当确保法院正确有效地直接适用条约,确保法官能充分理解并适用条约的约文、正确处理案件,而非机械性地说理或象征性地援引。第三,应当确保指引模式具有一定的体系和结构,而非原则性或模糊的。具有体系和结构的法律指引模式能确保各地各级法院在类似情况下都能准确地直接适用相应的条约,在全国范围内尽量统一条约的直接适用实践,从而做到条约能在各地各级法院被"不折不扣

---

① 王玫黎:《民法典时代国际条约地位的立法模式》,《现代法学》2021年第1期。

地"适用,最终实现条约被"不折不扣地"善意履行。

最后,在革新指引模式时,还应当坚持国际合作原则,尽量使法院直接适用条约有利于促进国际合作。国际合作原则作为国际法的重要原则之一,要求各国勠力同心,在政治、经济、文化、社会以及环境保护等诸多领域加强国际合作,从而真正推动国际社会的发展。随着全球化的不断推进及深入发展,各类条约都或多或少规定了各国推动相关领域国际合作的义务,我国签署与批准的条约也不例外。具体而言,在革新法院直接适用条约的法律指引模式时,应当尽量指引法院从促进国际合作的角度直接适用条约。[①] 例如,在司法协助领域,法院时常需要直接适用条约的规定办理相关的程序性事项。建议在革新指引模式时,尽量使指引模式清晰、明确且专业,能指引我国法院正确高效地适用司法协助条约办理相关事项,促进我国与其他国家之间的司法协助合作。

2. 要确立真正意义上直接适用条约的理论

首先,在条约的适用范围内,我国法院无论是在国内案件还是涉外案件中,均能够直接援引条约,而不是仅仅局限在涉外案件中。此外,我国法院直接适用条约不能仅仅局限在国内法与条约不一致的情况下,而可以包括国内法与条约一致的情况下。

其次,确立我国法院直接适用条约的司法判断标准。从区分条约适用方式的基本理论来说,有些条约适合采取直接适用的方式,有些条约适合采取间接适用的方式。具体来说:第一,对于条约规定的权利义务具体明确,且涉及公民或法人权利义务的,宜采取直接适用的方式;第二,对于或需要国家补充立法,或只涉及缔约国政府本身权利义务的,或规定权利义务不够详细具体的条约,宜采取间接适用的方式。基于上述条约适用的基本理论,我国应该确立法院直接适用条约的司法判断标准。美国第七巡回上诉法院在 1985 年的 *Frolova v. USSR* 案中,认为应考虑六种因素。[②] 上述标准可以在一定程度上

---

① 黄惠康:《习近平关于国际法治系列重要论述的核心要义》,《武大国际法评论》2021 年第 1 期。

② 这六种因素分别是:(1)协议的语言和协议作为一个整体所体现的宗旨;(2)国内是否存在适合直接实施协议的机构和程序;(3)协议所规定的义务的性质;(4)可供选择的实施机制的可获得性和可行性;(5)是否具有允许私人诉权的含义;(6)司法机关解决协议所涵盖的争议的能力。转引自左海聪:《直接适用条约问题研究》,《法学研究》2008 年第 3 期。

为我国确立法院直接适用条约的司法判断标准提供借鉴。

3. 革新我国法院直接适用条约的法律指引体系

首先,应当发挥司法解释指引法院直接适用条约的核心作用。《组织法》第18条规定:"最高人民法院可以对属于审判工作中具体应用法律的问题进行解释。"从《最高人民法院关于司法解释工作的规定》的第2条①和第3条②可以看出,指引法院直接适用条约的司法解释针对的是审判工作中的具体问题,且应当符合法律和有关的立法精神,并贴合审判工作的实际。在指引法院直接适用条约的语境下,无论是一般性还是特殊性的司法解释,在符合我国法律法规中适用条约规定的前提下,都进一步明确了直接适用条约的条件、范围甚至是具体操作层面的机构安排,具有相当强的可操作性。充分发挥司法解释在指引法院直接适用条约层面的核心作用,能在一定程度上保证法院在法理和技术层面直接适用条约的准确性,从而做到"准确适用法律"。

其次,强化法律法规在指引条约直接适用方面的基础性作用,更好地发挥其直接指引的功能。如前所述,我国一部分法律法规已经就条约的适用问题作出了原则性的规定,且属于我国法律渊源的一部分,不仅具有法律效力,而且是法院可以直接援用的法律依据和法律基础之一。为了进一步强化法律法规在指引条约直接适用方面的基础性作用,应当优化法律法规中有关条约适用规定的表述。具体而言,一是应当修改"我国缔结或参加的条约与我国国内法规定不一致"的表述,以更加明确的措辞确定条约直接适用的前提。例如,可以明确在条约有规定而国内法没有规定,或者条约与国内法都有规定,但条约规定更有利于保护当事人权益的情况下,应当优先适用条约的规定。二是法律法规可根据所调整事项或法律关系的实际情况,明确可以直接适用条约的事项和领域,增加适用条约规定的可操作性的同时,减少直接适用条约指引模式出现混乱的风险。

再次,让当事人意思自治在指引法院直接适用条约方面发挥更重要的辅

---

① 《最高人民法院关于司法解释工作的规定》第2条规定:"人民法院在审判工作中具体应用法律的问题,由最高人民法院作出司法解释。"

② 《最高人民法院关于司法解释工作的规定》第3条规定:"司法解释应当根据法律和有关立法精神,结合审判工作实际需要制定。"

助性作用。虽然当事人的意思自治缺乏司法解释的系统性与专业性,但相比法律法规中的规定更加具体,且可以针对特定事项作出更加符合实践的安排。因此,可以在指引法院直接适用条约方面发挥辅助性的作用,这种作用主要体现在两方面。一方面,如以《联合国国际货物销售合同公约》《海牙规则》和《维斯比规则》为代表的部分国际条约对当事人在特定法律关系上的权利义务作出了较为详尽的规定,甚至成为某一行业所认可的规则。充分尊重当事人的意思自治,有利于双方当事人在可预见规则的基础上准备诉讼材料和发表法律意见,从而更好地解决纠纷。另一方面,此种意思自治受一定程度的限制,双方当事人的意思自治在受强制性规定限制①的同时,还受被选择适用的条约在宗旨、目的、约文层面的限制。如国际人权条约、行政类协定以及知识产权类条约等条约无论是从宗旨、目的、约文还是国内实践层面,都不允许当事人意思自治适用的,当事人不可通过意思自治的方式,要求法院直接适用这些条约的规定作出判决。如此,才能在充分发挥当事人意思自治作用的同时,避免其对指引法院直接适用条约可能造成的混乱。由此可见,当事人的意思自治在条约适用的语境下并不是完全任意性的,在不符合条件的情况下,法院仍需要依据其他指引模式直接适用条约。

最后,进一步明确指导性案例在指引条约直接适用方面的重要辅助作用。第一,适用指导性案例的前提是指导性案例与待审判案件类似,考察二者类似性的因素在实践中主要包括待审判案件的争议焦点与指导性案例的争议焦点、待审判案件的案情与指导性案例的案情、待审判案件的关键事实与指导性案例的关键事实等。② 然而,需要适用条约的案件往往比较复杂,很难保证法官能结合上述因素确认待审判案件与指导性案例的类似性,从而完全使用指导性案例中的指引模式。③ 因此,指导性案例发挥的指引作用相比其他三种指

---

① 参见《中华人民共和国涉外民事关系法律适用法》第 4 条。

② 张骐:《再论类似案件的判断与指导性案例的使用——以当代中国法官对指导性案例的使用经验为契机》,《法治与社会发展》2015 年第 5 期。

③ 针对"使用指导性案例"和"适用指导性案例",有学者指出,只有经过最高人民法院审判委员会讨论的指导性案例,才可以使用"适用"的表述,其他所有广义的指导性案例,可以使用"使用"这一表述。参见张骐:《再论类似案件的判断与指导性案例的使用——以当代中国法官对指导性案例的使用经验为契机》,《法治与社会发展》2015 年第 5 期。

引模式特定性更强,普适性相对更低。不能将指导性案例单独作为法院直接适用某一特定条约的依据,而是应当在已有其他指引模式指引某一条约的适用,但其他指引模式不足以完全解决案件中有关条约直接适用的特殊问题时,发挥指导性案例的重要辅助作用。第二,指导性案例创设的目的之一是为了解决"同案不同判"的现实问题,保证不同案件的当事人在类似情形下能受到同等的对待。[1] 指导性案例本质上仍然是一种指导法院进行法律适用的制度,而非一种可以"造法"的制度。[2] 因此,作为一种法院直接适用条约的法律指引模式,其相比其他三种指引模式在法律依据层面的效力应当稍后一点。在此情况下,加强指导性案例发挥重要辅助作用的模式既尊重了其他三种指引模式在法理层面的位阶,又凸显了指导性案例在条约适用个案中不可忽视的作用。因此,建议最高人民法院定期整理发布各地各级法院在直接适用条约方面具有建设性作用的案例,增加指导性案例的数量,提升指导性案例的质量,为直接适用条约提供实践层面的重要参考。

(二) 在方法方面

其一,要充分发挥立法机关的作用,部分重要的条约由立法机关在批准时明确其是否具有国内的直接适用性,并且将其作为一个重要的前置步骤。例如,可以借鉴美国参议院在批准条约时通过附加宣言明确该条约为自执行或非自执行条约的做法。[3] 我国全国人大常委会在批准条约时,可以对一些重要的条约是否能够被我国法院直接适用作出判断,从而发挥前置作用。在这方面可以借鉴我国全国人大常委会在批准某些条约时声明其不适用于香港或澳门地区的做法。[4]

其二,要采取措施确立司法解释在指引我国法院直接适用条约方面的核

---

[1] 彭中礼:《司法判决中的指导性案例》,《中国法学》2017 年第 6 期。

[2] 刘作翔、徐景和:《案例指导制度的理论基础》,《法学研究》2006 年第 3 期。

[3] Lori Damrosch, "The Role of the United States Senate Concerning 'Self-executing' and 'Non-self-executing' Treaties,"*Chicago-Kent Law Review*, Vol. 67, 1991, p. 524.

[4] 例如,全国人大常委会在 2005 年 8 月 28 日批准《1958 年消除就业和职业歧视公约》时声明:"在中华人民共和国政府另行通知前,该公约暂不适用于香港特别行政区。"参见《全国人民代表大会常务委员会关于批准〈1958 年消除就业和职业歧视公约〉的决定》,中华人民共和国中央政府网,http://www.gov. cn/gongbao/content/2005/content_77787. htm,2022 年 7 月 12 日访问。

心作用。鉴于司法解释在指引我国法院直接适用方面发挥着直接和优先的作用,我国要大力加强司法解释在指引模式中的作用。建议最高人民法院结合当前各地各级法院在直接适用条约过程中遇到的疑难问题,制定一份指引法院直接适用条约的一般性司法解释,其中应当明确直接适用条约的基本条件(如是否需要案件具有涉外因素)、条约适用的形式要件(如应当援引完整的条约约文),以及某些条约的不可直接适用性(如国际人权条约等需要转化为国内法后根据转化的国内法得到适用的条约)。此外,还应当增加专门性司法解释的数量以确定更多条约的直接适用性以及如何直接适用等,并且还要对我国法院如何直接适用特定条约作出更多的解释和说明等,从而确立司法解释在这方面的核心作用。

其三,要大力优化并完善我国国内法关于直接适用条约的规定,使之真正成为直接适用条约的坚实法律基础。

第一,我国法律法规要明确条约直接适用于的具体事项,应当表述为"在什么事项上直接适用条约的规定",逐步修改既有的模糊规定并且消除既有的矛盾之处。我国一些法律法规已经在这方面作出了良好的示范。例如,于2020年开始施行的《外商投资法》第4条第4款的规定。① 一方面,该条规定具有一定的先进性。首先,这一条款将适用的条约规定明确限定在"对外国投资者准入待遇"方面,避免了以往国内法在涉外篇中大而原则的表述。其次,这一条款从实体效果的层面出发处理了国内法与条约规定产生冲突时应当何者优先的问题。以往的规定一昧强调条约规定优先于国内法的规定适用,按照文义理解,即便适用条约的规定可能无法更好地保护当事人的权益,法院仍然需要依据相应的条款优先适用条约的规定。而《外商投资法》的条款要求法官在审理案件的过程中衡量我国国内法有关外国投资者准入待遇的规定与我国缔结或者参加的国际条约、协定的规定,优先适用提供更高待遇水平的条款,从而进一步促进了我国法院实现实体正义的目标。另一方面,该条规定也有值得完善的地方,如该条没有规定"我国声明保留的条款除外"。因此,在之后修订现行法律法规的过程中,仍然应当加入"我国声明保留的条款除外"的表述。

---

① 具体规定如下:"中华人民共和国缔结或者参加的国际条约、协定对外国投资者准入待遇有更优惠规定的,可以按照相关规定执行。"

第二,条约的直接适用不能仅仅局限于涉外领域。目前,我国有些法律法规已经作出了示范,这些法律法规将条约的直接适用作为唯一的方式,而且没有局限在涉外领域,主要有以下三种类型:①在相关事项上,应遵守条约的规定,这类法律法规有 3 部;①②在相关事项上直接适用条约,这类法律法规有 26 部;②③在相关事项上,有条约的直接适用条约,没有条约的按国内法或外交途径办理,这类法律法规有 8 部。③ 上述立法方式均值得借鉴,但需要强调的是,鉴于上述法律法规将直接适用条约的相关规定限定在了特定的事项中,法院需要事先明确案件中法律争议的焦点并根据相关规定判断是否可以直接适用条约。

其四,要采取切实的措施明确指导性案例对于直接适用条约的辅助指引作用,包括增加相关指导性案例的数量与完善指导性案例中直接适用条约的具体形式等。指导性案例的优势在于其能应对条约适用过程中具体且复杂的技术性问题,建议最高院在未来继续探索指导性案例在法院直接适用条约方面的指引作用。建议定期整理出台各地各级法院在直接适用条约方面具有建设性作用的案例,作为指导性案例加以公布,增加指导性案例的数量,提升指导性案例的质量。此外,指导性案例最好能涉及特定条约的具体适用条件与条约约文的具体适用情况等。

其五,要发挥呈报制度作为指导法院直接适用条约的兜底作用。在我国司法实践中,下级法院如果遇到疑难的条约适用问题可以向上一级法院呈报,并且最终由最高人民法院提供权威指导意见,这本身是一项很好的制度。④ 但是,笔者通过检索发现,目前我国法院呈报的关于条约适用的案件仅有一个,即最高人民法院关于国际铁路货物联运货损赔偿适用法律问题的复函(1994年 11 月 5 日法函〔1994〕1 号)。⑤ 因此,笔者建议进一步发挥呈报制度的作用,

---

① 典型规定有 2022 年 6 月 24 日修订的《中华人民共和国体育法》第 14 条。
② 典型规定有 1986 年 9 月 5 日通过的《中华人民共和国外交特权与豁免条例》第 24 条。
③ 典型规定有 1985 年 4 月 10 日通过的《中华人民共和国继承法》第 36 条第 3 款。
④ 其依据是最高人民法院《关于建立经济纠纷大案要案报告制度的通知》(法经函〔1989〕第 4 号)。
⑤ 该复函指出:"《国际铁路货物联运协定》第 23 条第 3 项第 5 款虽规定由于发送路现行国内规章允许使用敞车类货车运送货物发生货损承运人不负责任,但收货人依据《国际铁路货物联运协定》该条第 9 项的规定,已提出证明货损是在铁路运输中因被盗造成的,并非由于使用敞车运送所致。故承运人对货损免责的请求,不予支持。"

明确更多疑难案件中条约本身的直接适用性以及如何直接适用。

（三）配套措施方面

第一，重视对国际条约适用基本理论问题的研究，同时要加强专业司法人才队伍的培养。一方面有必要深入研究不同部门批准的条约之间的位阶关系，国际条约适用于非涉外案件的标准以及具体的适用条件，可以直接适用的条约范围与具体类型等基本理论问题；另一方面，要大力培养精通国际条约审判实务的司法队伍及人才。

第二，要建立人民法院适用国际条约的案例数据库。最高人民法院已经在法信数据库中收录了部分适用国际条约的案例，并将进一步完善。系统完整的数据库，不仅方便法官准确高效地查明和适用国际条约，而且有利于学界深入研究国际条约的履行情况，同时也有助于对外展示我国司法坚定践行国际法的良好形象。

第三，要注重援引国际条约的形式要件。人民法院援引国际条约一定要准确、全面。最高人民法院于 2015 年印发的《涉外商事海事裁判文书写作规范》指出，在适用公约时，应当援引适用的公约具体条款，引用公约条款的顺序应置于法律、司法解释之前。根据笔者统计，我国法院能够做到严格意义上适用国际条约即在判决部分援引国际条约的仅涉及民商事领域常用的 14 个公约，数量十分有限。我国法院后续应当加强援引国际条约的准确性与全面性。

第三章
国家安全法律制度构建的国际法问题

引　言

　　完备的国家安全法律制度体系是国家安全法治体系的核心内容,也是国家安全法治建设的基础。党的十九届四中全会通过的《中共中央关于坚持和完善中国特色社会主义制度 推进国家治理体系和治理能力现代化若干重大问题的决定》指出:"为完善国家安全体系,要健全国家安全法律制度体系。"面对世界百年未有之大变局,国际形势错综复杂,中国国家安全形势已经发生重大变化,国家安全体系必须进一步适应时代要求。据统计,目前我国有 190 多部法律法规涉及国家安全问题,其中数十部主要规范国家安全问题,内容涵盖国家安全各领域,已初步搭建起我国国家安全法律制度体系框架。① 同时也要看

---

① 《加快构建国家安全法律制度体系》,中国中央人民政府网,https://www.gov.cn/xinwen/2016-04/25/content_5067497.htm,2023 年 8 月 24 日访问。

到,我国国家安全立法还存在一些突出问题。主要表现在:行使案件管辖权如刑事管辖权的过程中存在的国家安全问题亟须给予重视;一些重要新兴领域,如气候安全、碳排放交易、极地、深海以及维护我国海外利益安全等方面,还存在立法空白;部分安全领域如反制裁领域,仅存在框架性法律法规,配套法规制度不健全,法律体系内容尚不充足;一些法律法规操作性不强,无法完全适应现实需要;一些法律法规相互之间不相衔接,立法位阶偏低,约束力不足等。以国家安全法为基础和依据,加快国家安全法治建设,建立健全国家安全法律制度体系十分必要也十分紧迫。鉴于此,本章分别从中国刑事管辖权中的国家安全问题,中国反制裁、反干涉、反长臂管辖制度完善问题以及气候安全与碳排放交易规则体系的构建与完善三个方面讨论国家安全法律制度构建中的国际法问题。

第一节　中国刑事管辖权中的国家安全问题

刑事管辖权是一个国家打击犯罪维护主权的权力象征,国家在主权所及范围内通过国内立法确立刑事管辖权。[①] 保护性管辖权属于国家刑事管辖权的一种类型,是国家行使权利的重要表现形式,它适用于外国人在外国所作的对管辖国国家或其国民造成损害的行为。[②] 国家正是通过行使保护性管辖权,达到保护国家利益与公民利益不受外界侵犯的目的。《刑法》第 8 条对保护性管辖权作出了明文规定:"外国人在中华人民共和国领域外对中华人民共和国国家或者公民犯罪,而按本法规定的最低刑为 3 年以上有期徒刑的,可以适用本法,但是按照犯罪地的法律不受处罚的除外。"可见,《刑法》第 8 条在保护性管辖权行使方面,确立了两个限制性条件,即最低刑期限制与双重犯罪原则。

---

① 王勇、李嘉:《试论国际刑事管辖权——兼谈对我国的启示》,《犯罪研究》2003 年第 5 期。
② 王虎华:《国际公法学》,北京大学出版社 2008 年版,第 80 页。

国家安全是指国家对外不受军事威胁，能够维护国家主权与领土完整，对内促进国家发展与增强人民幸福。① 国家安全是一个国家的首要利益，维护国家安全是使国家得以安身立命的根本所在。2015 年颁布的《中华人民共和国国家安全法》(以下简称"《国家安全法》")第 2 条明确规定了国家安全的含义。② 随着我国不断总结维护国家安全的实践经验，不断完善适应国家发展需求的国家安全法律，例如，2014 年颁布了《中华人民共和国反间谍法》(以下简称"《反间谍法》")、2016 年颁布了《中华人民共和国网络安全法》(以下简称"《网络安全法》")、2018 年颁布了《中华人民共和国反恐怖主义法》(以下简称"《反恐怖主义法》")、2020 年颁布了《中华人民共和国香港特别行政区维护国家安全法》(以下简称"《香港国安法》")等。除《香港国安法》以外，涉及国家安全领域的保护性管辖权必须满足 3 年最低刑期与双重犯罪这两个限制性条件。随着国家安全日益面临更加多样的威胁，一些可能侵害国家安全的新型犯罪行为或者尚未被外国规定为犯罪或者仅被我国规定了较低的刑罚，不在《刑法》第 8 条行使保护性管辖权所涉及的两个限制性条件范围内。因此，为适应新形势下维护国家安全、保护国家主权以及保障民族独立的需要，对我国刑事保护性管辖权中的国家安全问题进行深入研究，具有重要的理论意义与实践价值。

一、中国保护性管辖权关于国家安全规定的现状与问题

（一）中国保护性管辖关于国家安全规定的现状

《刑法》为行使保护性管辖权设置了两个前提条件，且完全能适用于危害国家安全的犯罪。《刑法》第 8 条规定允许对在外国犯罪的外国人行使刑事管辖权即保护性管辖权的两个前提条件：一是依刑法处以 3 年以上刑罚；二是依行为地法也属于犯罪行为。但是在实践中，保护性管辖权的实现还须符合"外

① 罗伯特·吉尔平：《世界政治中地战争与变革》，武军、杜建平、松宁译，邓正来校对，中国人民大学出版社 1994 年版，第 18 页。
② 国家安全，指国家政权、主权、统一和领土完整、人民福祉、经济社会可持续发展和国家其他重大利益相对处于没有危险和不受内外威胁的状态，以及保障持续安全状态的能力。

国犯罪人进入了管辖国"。① 通常情况下,管辖权被划分为立法性管辖权和执行性管辖权两种类型。从区分目的来看,立法性管辖权解决的是国家有权管辖的问题,属于原则性问题;②而执行性管辖权解决的是国家如何行使管辖权的问题。立法性管辖权是行使执行性管辖权的基础,本节主要探讨立法性管辖权。进一步而言,《刑法》在国家安全保护方面规定了危害国家安全罪,危害国家安全同时受《刑法》第 8 条的规范调整。首先,《刑法》第 13 条明确该罪具体为危害国家主权、领土完整和安全,分裂国家、颠覆人民民主专政的政权和推翻社会主义制度的行为。其次,刑法分则中国家安全保护方面的危害国家安全罪包括:背叛国家罪,分裂国家罪,煽动分裂国家罪,武装叛乱、暴乱罪,颠覆国家政权罪,煽动颠覆国家政权罪,资助危害国家安全犯罪活动罪,投敌叛变罪,叛逃罪,间谍罪,为境外窃取、刺探、收买、非法提供国家秘密、情报罪,资敌罪。上述罪行的犯罪主体并不限于中国公民,同样适用于外国人以及无国籍人。值得注意的是,刑法分则在规定保护性管辖权维护国家安全方面,进一步细化了具体罪行的量刑问题。③

《反间谍法》《网络安全法》《反恐怖主义法》等均规定了保护性管辖权,为进一步维护国家安全奠定了法律基础。例如,《反间谍法》第 6 条规定:"境外机构、组织、个人实施或者指使、资助他人实施的,或者境内机构、组织、个人与境外机构、组织、个人相勾结实施的危害中华人民共和国国家安全的间谍行为,都必须受到法律追究。"又如《网络安全法》第 75 条规定:"境外的机构、组织、个人从事攻击、侵入、干扰、破坏等危害中华人民共和国的关键信息基础设施的活动,造成严重后果的,依法追究法律责任。"可见,中国国家安全立法在面对外国犯罪人实施的危害国家安全的行为时,均严肃而鲜明地规定通过行使保护性管辖权予以严厉打击。值得一提的是,上述法律中关于保护性管辖权的行使均受制于《刑法》第 8 条。

① 此时存在一个先决条件:必须对犯罪嫌疑人予以拘留,因此也被称为拘留地管辖原则或实际控制原则。参见杨力军:《评国际刑事法院的管辖权》,《法学评论》2001 年第 4 期。

② Malcolm N. Shaw, *International Law* (*sixth edit.*), Cambridge University Press, 2008, p. 649.

③ 例如《中华人民共和国刑法》第 282 条第 1 款规定了非法获取国家秘密罪:"以窃取、刺探、收买方法,非法获取国家秘密的,处 3 年以下有期徒刑、拘役、管制或者剥夺政治权利;情节严重的,处 3 年以上 7 年以下有期徒刑。"

《香港国安法》也规定了保护性管辖权,有利于维护香港特别行政区安全乃至中国国家安全。《香港国安法》第 38 条规定:"不具有香港特别行政区永久性居民身份的人在香港特别行政区以外针对香港特别行政区实施本法规定的犯罪的,适用本法。"此外,该法第三章还详细规定了适用保护性管辖权的具体罪行,包括分裂国家罪、颠覆国家政权罪、恐怖活动罪、勾结外国或者境外势力危害国家安全罪,以及这些犯罪行为的处罚措施。值得注意的是,根据《香港国安法》第 38 条的一般性规定,该法第三章所规定的"3 年以下有期徒刑",并非保护性管辖权的适用前提,而是行使保护性管辖权后对损害国家安全利益的罪行所制定的惩罚措施。由此可见,在维护国家安全方面,《香港国安法》并未像《刑法》那样对保护性管辖施加"3 年以上最低刑"与"双重犯罪"的限制条件,从而扩大了保护性管辖权的适用范围。虽然《香港国安法》与《刑法》各有适用的法域,《香港国安法》是全国人大常委会于 2020 年 6 月 30 日通过将《香港国安法》列入《中华人民共和国香港特别行政区基本法》附件三得以在香港特别行政区生效实施的维护国家安全的全国性法律,但是《香港国安法》对出于维护国家安全而扩大保护性管辖权适用范围的规定,无疑可以为《刑法》中的保护性管辖权规定提供积极有意的启示与借鉴。

(二)中国保护性管辖关于国家安全的规定中存在的问题

《刑法》关于保护性管辖权的规定过于笼统,未针对不同利益的保护进行区分适用,具有明显的局限性。《刑法》第 8 条是关于保护性管辖权的原则性与笼统性规定,无论是限制条件"依刑法处以 3 年以上刑罚"还是"按照犯罪地的法律不受处罚",就目前立法及实践状况来看,均未对侵犯国家利益与侵犯公民利益的不同犯罪行为进行区分从而采取不同的处理做法。维护国家利益和保障公民利益,是对国家整体建设影响程度完全不同的两种利益类型。国家利益往往涉及重大国家安全与经济发展利益,应该采取更加积极的管辖权态度,以彰显国家利益不容侵犯的坚定立场。退一步而言,即便对于侵犯公民利益的犯罪行为不采取保护性管辖,但仍可以适用属人管辖权中的"被动的属人管辖原则"[①],这可以

---

① 被动的属人管辖原则,又称受害人国籍原则,是指国籍国对于受害人在国外遭受外国人的侵害所适用的管辖权原则。齐文远、刘代华:《完善我国刑法空间效力立法的思考》,《法商研究》2005 年第 1 期。

在很大程度上有效保护本国公民权益。然而,将国家利益与公民利益混为一谈,均适用"依刑法处以 3 年以上刑罚"和"按照犯罪地的法律不受处罚"的限制性条件,反而会对我国通过行使保护性管辖维护国家安全造成一定束缚,无法适应当前我国所面临的日益严峻的国家安全形势。实践中,美国刑法便在保护性管辖的规定中排除了被动属人管辖原则。有学者认为,所保护的国家法益的单一性与所保护的个人法益的多样性都决定了二者同处在一个条款中的不协调性。① 由此看来,《刑法》第 8 条现有统一且模糊的适用规定,既容易导致保护性管辖权在实际运行中受阻,也容易导致无法有效惩处侵犯我国国家安全的犯罪行为。

概括性地规定保护性管辖权容易导致立法权与司法权权限混淆的问题。我国现行刑法关于保护性管辖权的规定,除了条文序号从 1979 年《刑法》第 6 条变为现行《刑法》第 8 条外,规定的具体内容始终未作修改。通常来讲,如果立法机关对某一问题未作详细规定,那么司法机关基于宪法赋予的法律解释权,可以在不违背相关法律规定和立法原意的前提下,②针对国家安全保护的法律适用问题进行详细解释和说明。但是,由于国家安全是一国最根本的利益,因此,保护国家安全就不应有任何可被解释的余地。纵观现有国家安全保护的相关规定,仍存在立法不足的问题,这就导致在需要及时捍卫我国安全利益的紧急情形下,产生了针对保护性管辖权进行司法解释的可能。③ 从这一角度来看,关于保护国家安全利益的现有规定,就存在立法权与司法权权力行使范围的混淆问题,即是否有必要通过司法解释对立法不足加以补充规定的问题。值得注意的是,一方面,国际环境的剧变导致已有立法内容出现严重滞后性,因此更应强调保护国家安全的严肃性需要由立法的基本法地位来保障,而非司法的解释适用;另一方面,一国的国家安全只能依靠本国进行保护,他国并无保护的义务。对此,理应进行有威慑力的立法规定,有效缓解立法权与司法权的权限混淆,为我国保护国家安全提供具体明确的法律依据。

---

① 宋杰:《我国刑事管辖权规定的反思与重构——从国际关系中管辖权的功能出发》,《法商研究》2015 年第 4 期。

② 钱大军、苏杭:《我国法律创制与司法适用衔接机制的重塑》,《学术交流》2021 年第 2 期。

③ 赵秉志:《改革开放 40 年我国刑法立法的发展及其完善》,《法学评论》2019 年第 2 期。

2020 年通过的《香港国安法》没有采用《刑法》第 8 条关于适用保护性管辖权的两个限制规定,而是更强硬地规定"任何人"违反其规定,都要承担相应的刑事责任。例如《香港国安法》第 20 条规定:"任何人组织、策划、实施或者参与实施以下旨在分裂国家、破坏国家统一行为之一的,即属犯罪。"《香港国安法》第 36 条进一步明确其适用范围:"任何人在香港特别行政区内实施本法规定的犯罪的,适用本法。"由此可见,《香港国安法》不仅规定了保护性管辖权,而且也突破了《刑法》第 8 条涉及 3 年以上最低刑与双重犯罪的限制。2021 年 10 月 13 日,香港特别行政区政府律政司针对联合国特别报告员就香港国安法发表的声明进行回应时称"制定香港国安法是合法行使国家主权及符合国际上维护国家安全的做法"[1],表明我国法律在保护性管辖权方面日益明确且扩大的趋势,为进一步完善《刑法》中有关保护性管辖权的规定指明了方向。

二、关于国家安全在中国保护性管辖权中的实现障碍之分析

(一)中国刑法制定保护性管辖权的立法根源问题

1979 年《刑法》是规定保护性管辖权的最早法律,该规定在数个刑法修正案中均未被修改并被沿用至今。深入分析 1979 年《刑法》的立法背景,对于研究保护性管辖权具有重要意义。一方面,1979 年《刑法》产生于"文革"刚结束,在政治思维正确定式的时代背景下,较广泛地参考了苏联刑法,将"以马克思列宁主义毛泽东思想为指针"的政治指导思想史无前例地写入《刑法》,[2]同时明确了《刑法》作为维护统治阶级的无产阶级利益的任务,[3]从而成为中华人民共和国成立之初继续革命斗争与实施计划经济所需要的法律依据。另一方面,由于当时中国学界将刑法看作阶级斗争工具的"工具刑法观"仍发挥主导作用,导致罪刑法定原则适用不全面、滥用口袋罪等问题,计划经济体制形成

---

① 《香港律政司发表声明:香港国安法符合国际上维护国家安全做法》,https://www.sohu.com/a/494911375_163278,2021 年 10 月 23 日访问。

② 陈兴良:《回顾与展望:中国刑法立法四十年》,《法学》2018 年第 6 期。

③ 李秀清:《新中国刑事立法移植苏联模式考》,《法学评论》2002 年第 6 期。

的思维定式同样严重束缚了生产力与社会的发展,致使中国在较长时间内仍处于农业社会。① 因此,在上述经济社会大背景下,保护性管辖权的立法内容较为粗糙简单,在具体的适用实践中难免存在各种各样的问题,特别是没有对国家安全问题予以专门考虑。

(二) 历次修改刑法均未能完善保护性管辖权的原因之分析

为了适应改革开放新时代的发展需求,1997 年对 1979 年《刑法》进行了一次全面修订后予以公布实施。此后,我国以颁布修正案的形式多次对 1997 年《刑法》加以部分修正,并在短短 27 年间形成了 12 部刑法修正案,修正内容涉及公民利益与国家利益等方方面面。但遗憾的是,有关保护性管辖权的内容在历次刑法修改活动中均未有补充,其主要原因体现在以下方面。

第一,现有理论尚不足以支撑对刑法总则中保护性管辖权原则性规定的修改。从立法上看,我国目前有关保护性管辖权明确规定在现行刑法的总则部分,但仅围绕适用对象、地域范围以及两个限制条件进行规制,除此之外,便无其他规定。在理论研究上看,我国有关保护性管辖权内容的研究仍不充分且进程缓慢,大多数学者始终围绕保护性管辖权原则的内涵与适用特点②、现有刑法条文中"外国人"以及"中华人民共和国领域外"的具体含义进行阐述③。此外,虽有基于国家主权观论述保护性管辖权的国际法价值④,同时站在比较法视角,对比分析一些国内外保护性管辖权立法经验⑤,但从整体上看,一直未对立法当时的社会背景进行详细分析,未能结合刑事特别法来探究保护性管辖权的发展趋势,未联系不断变化发展的国际法要求来分析推进与落实总体国家安全观对保护性管辖权行使的影响,未对域外各国有关保护性管辖权的立法与司法实践进行深入分析,从而无法为完善我国保护性

---

① 焦旭鹏:《回顾与展望:新中国刑法立法 70 年》,《江西社会科学》2019 年第 12 期。

② 李旻:《从保护性管辖原则审视美国的长臂管辖权——以孟晚舟案为例》,《河北青年管理干部学院学报》2020 年第 2 期。

③ 陈忠林:《我国刑法中保护原则的理解、适用与立法完善——〈刑法〉第 8 条的法理解释》,《现代法学》2004 年第 2 期。

④ 马忠法、龚文娜:《法律域外适用的国际法依据及中国实践》,《武陵学刊》2020 年第 5 期。

⑤ 林欣:《国际法中的刑事管辖权与中华人民共和国刑法》,《中国社会科学》1982 年第 6 期。

管辖权中有关国家安全的规定提供坚实的理论基础与具体的立法建议。综上，我国有关保护性管辖权的理论研究仍然不足，尤其是缺乏在刑法、国际法、比较法以及总体国家安全观层面完善保护性管辖权立法的重要理论指导。

第二，未能对我国保护性管辖权中国家安全的修订进行高屋建瓴的综合考虑。当前除了军事、政治等传统安全以外，跨国犯罪、恐怖主义等非传统安全同样是刑法维护国家安全的重要关注点。国家安全是一国安身立命的重要保障，对刑法保护性管辖权中的国家安全内容进行补充，不仅要运用法学思维维护我国国家主权，还要积极学习国际关系学、国际政治学的相关知识，在了解、钻研国家之间复杂的国际政治关系以及历史发展背景的基础上，学习他国面对同等情况所采取的对应措施。在应对新型国际关系时，我国刑法并未综合运用法学与国际关系学、国际政治学的思维，未能思考国家安全保护的理论渊源，导致保护性管辖权的立法得不到及时修订，始终处于滞后状态。

第三，关于我国国家安全形势日益严峻的预想不足。当前我国国家安全的内涵和外延比历史上任何时候都要丰富，时空领域比历史上任何时候都要宽广，内外因素比历史上任何时候都要复杂。[①] 首先，在国际层面，美国等西方国家出于维护世界霸权地位的考量，已经将中国视为头号敌人，在政治、经济、军事、文化、医疗等方面多次实施打压和限制。[②] 其次，在国内层面，我国正处于百年未有之大变局，香港特别行政区、新疆维吾尔自治区以及台湾地区的分裂问题由来已久，加上西方国家的推波助澜，当前形势更是空前严峻。如对于美国"颠倒是非，渲染所谓'中国军事威胁'论调，持续向'台独'势力发出错误信号"[③]的不当行为，国台办发言人马晓光于 2021 年 4 月 14 日予以强烈谴责。中国外交部第 31 任发言人赵立坚于 2021 年 7 月 21 日在例行记者会上，同样督促美国在"涉台"问题上谨言慎行，停止助台拓展所谓"国际空间"，停止向

---

① 习近平：《坚持总体国家安全观 走中国特色国家安全道路》，《人民日报》2014 年 4 月 16 日。

② 王楠楠：《美国威胁全球安全"七宗罪"》，http://www.xinhuanet.com/mil/2020-11/01/c_1210867643.htm，2021 年 10 月 23 日访问。

③ 马晓光：《国台办：美持续向"台独"势力发出错误信号 居心险恶》，https://tv.cctv.com/2021/04/14/ARTITQ7PqhTSJbdKYbhclp9N210414.shtml，2021 年 10 月 23 日访问。

"台独"分裂势力发出任何错误信号。① 现阶段,我国不断加强对外交流合作,
"一带一路"发展建设已初见成效,沿线国家持续合作,共同进步,经济社会取
得了较大发展。但总体上看,由于我国对国内外恐怖主义、分裂势力、间谍活
动等传统安全风险与非传统安全风险错综交织的威胁尚未做到充分了解,对
经济文化合作交流中体现的日渐严峻的国家安全形势认识不足,② 以及对及时
建立防范与治理安全风险的工作机制不够重视,导致我国刑法关于保护性管
辖权中国家安全内容的修订工作比较滞后。

三、主要国家立法或司法经验的比较研究

研究美国、英国、德国、日本等主要国家的立法或司法经验可以发现,关
于国家安全的保护性管辖权应当采取绝对保护的立法态度,不宜设置限制
条件。

(一) 美国

虽然美国的国家安全保护立法比较完备,但在其联邦以及各州实施的刑法
体系中,均未对保护性管辖权作出专门性的规定。为了维护本国正当利益尤其
是国家安全不受外国非法侵犯,美国联邦法规(Code of Federal Regulations,简
称"美国 CFR")③,对侵犯或可能侵犯美国国家利益尤其是危害美国国家安全
的行为作出了一些规定。在主题 8"外国人和国籍"项下,第 1215 节"离开美国
的外国人"的第 1215.1 节,首先明确将"外国人"的含义界定为:"不是美国公民
或国民的任何人",在此基础之上,第 1215.3 节列举了"被认为不利于美国利益
的外国人":"(a)拥有并被认为可能向未经授权的人透露有关美国国防和安全
的计划、准备、设备或设施的任何外国人;(b)企图从事旨在阻碍、延迟或抵消

---

① 黄钰钦:《中国外交部回应美方涉台表态:美应停止助台拓展所谓国际空间》,http://www.
chinanews.com/gn/2021/07-21/9525061.shtml,2021 年 10 月 23 日访问。

② 唐永胜、郭丹、赵振宇:《国际安全局势的新变化新特点》,《南京政治学院学报》2018 年第 6 期。

③ Code of Federal Regulations, National Archives, https://www.ecfr.gov/cgi-bin/text-idx? SID=
ae663fd092420bd4bf242ee18f0a96a8&mc=true&node=se8.1.1215_13&rgn=div8, visited on Oct. 23,
2021.

美国国防效力的任何形式活动的外国人;(c)企图从事旨在阻碍、延迟或抵消国家制定的任何计划或采取的活动的外国人;(d)为了组织、指挥或参与针对美国或与之结盟的国家的任何叛乱、起义或暴力起义,或摧毁或剥夺对美国国防或美国防御措施的有效性至关重要的物资或材料的来源;(i)拥有可能会被美国的敌人或潜在敌人用来破坏或打击美国军事和防御行动集体安全利益的技术、科学训练或知识的任何外国人。进一步而言,美国规定保护原则的法律适用范围为:"不属于任何州的联邦领土,如美国域外领地(……)外国人在外国领土之上实行的侵害美国政府(而非美国公民)的犯罪活动。"①由上可知,对于实施或将要实施上述侵害美国利益行为的、离开或将要离开美国的外国人,美国将会基于保护国家利益尤其是保护国家安全的需要,依法对其行使事实上的保护性管辖权。

更为重要的是,由于美国是典型的判例法国家,因此可以在相关判例中找到关于国家安全的保护原则的适用情形。以第二次世界大战为节点,在此之前,美国基于客观属地管辖权——犯罪行为结果发生地主义来行使管辖权;在第二次世界大战之后,美国常以罪行危害国家主权安全为由适用保护原则。1922年美国联邦最高法院在"鲍曼案"②中首次引用保护原则,这是美国行使域外刑事管辖权的开端。③在1960年"罗德里格斯案"中,美国加利福尼亚州南区法院认为,对于外国人在外国实施侵犯美国法律的行为,根据"管辖权中的保护原则",美国政府可以对损害国家利益的罪行行使管辖权,以及当罪行是针对拥有主权者权力的政府时,该政府有权处罚那些破坏法律的人,只要这些人后来在美国被发现。④

从上述法律以及司法判例可以看出,并非像有些学者所述的"美国并不存在保护性管辖权的规定,仅有体现'以属地管辖为原则,以属人管辖为补充'的

---

① 储槐植:《美国刑法》,北京大学出版社2005年版,第13页。

② "鲍曼案":被告沃里、鲍曼、霍金森和米拉(英国人),在运营美国舰队公司拥有的轮船Dio向里约热内卢运输燃料、石油、人员以及材料的途中,通过串谋欺诈美国舰队公司的手段,将1000吨货物款中的400吨货款私自分配给4名被告。United States *v. Bowman*.,260 U.S. 94,98-100,43 S. Ct. 39,67 L. Ed. 149 (1922). See United States *v. Bowman*., Cornell Law School, https://www.law.cornell.edu/supremecourt/text/260/94, visited on Oct. 23, 2021.

③ United States *v. Bowman*,260 U.S. 94,98-100,43 S. Ct. 39,67 L. Ed. 149 (1922).

④ 林欣:《国际法中的刑事管辖权与中华人民共和国刑法》,《中国社会科学》1982年第6期。

保护原则"。① 实际上,美国CFR对侵害或可能侵害美国利益尤其是国家安全的外国人及其行为进行了详细列举和兜底规定,这足以证明美国法律中存在保护国家安全的"事实上的保护性管辖权",即存在已得到具体应用的保护原则。该原则具有管辖适用上的独立性,并非属地管辖或属人管辖的补充性适用规定。

(二) 英国

与英国不断完善反恐立法形成明显对比的是,中国包含规制反恐、颠覆国家政权罪行等内容的保护性管辖权,一直未被明确规定。根据英国刑法学者观点,英国授权法院对外国人在国外犯罪行为行使管辖权的法规有1894年的《商船条例》,给予法院以审判被英国商船雇用的外籍人员在国外的犯罪行为的权限。② 同时,1970年的《英国海关及国产税管理法》第170条规定:"英国对在国外所为的帮助欺骗逃避进口限制和关税的行为有管辖权,不管这种行为是否由英国国民所为。"

需要指出的是,在打击恐怖主义方面,英国通过不断完善反恐立法,充分发挥保护原则对维护国家安全的重要作用。英国《2000年恐怖主义法案》首次定义恐怖主义,即:"恐怖主义是指在国内外实施或威胁实施下列情形下的行为:(a)涉及对(国内外)个人的严重暴力,或者严重损害财产,或者危及个人生命(即未着手实施上述行为),或者制造一种严重危及公众或部分公众健康或安全的危险,或者为了严重干扰或破坏电子系统;(b)实施或威胁实施旨在影响政府、或国际组织,或者旨在恐吓公众或部分公众,并且(c)实施或威胁实施旨在实现政治、宗教、种族、意识形态的目的"③。同时指出,该法所称的"个人""公众""财产"以及"行为",均涉及国内外范畴。这部法律以恐怖组织威胁英国经济与(或)英国国民的生命或安全为前提条件,以此拓展了英国冻结海外财产的权力。④ 同时,该法还规定了可以基于国家安全等原因对非英国籍侨民采取无庭审拘留。⑤ 由上述两部法律可以了

---

① 彭阳:《国际法上保护性管辖权比较研究——兼论我国保护性管辖权法律规则的完善》,《研究生法学》2013年第6期。

② 周鲠生:《国际法》,武汉大学出版社2007年版,第197页。

③ Terrorism Act 2000, legislation. gov. uk, https://www. legislation. gov. uk/ukpga/2000/11/part/I, visited on Oct. 23, 2021.

④ The Anti-terrorism, Crime and Security Act 2001, s 4—5.

⑤ The Anti-terrorism, Crime and Security Act 2001, s 21—23.

解,英国将法律保护国家安全的可规制范围作了最大化的规定。具体来讲,包括以下三个方面:其一,包括国内外的人、事、物;其二,涉及暴力犯罪、恐怖犯罪等方面;其三,最大限度地提高了英国政府应对域外威胁的权限与能力。

英国同美国一样均是判例法国家,因此,可以在相关判例中找到关于国家安全的保护原则的适用情形。在佐斯诉检察长案中,出生于美国的纳粹宣传者佐斯(实为美国人),声称自己是英国人而从英国政府骗领出国旅行护照。后佐斯离开英国,在英国当时的敌国即德国做广播宣传工作,并持有德国给予的表明其英国国籍的笔记本。对此,英国中央刑事法院依据1351年《叛国法》,通过行使司法管辖权,认定佐斯严重损害了英国的国家利益,其行为构成叛国罪。英国上议院大法官围绕佐斯对英国是否具有忠诚义务这一争论焦点,在研究1351年《叛国法》效力①的基础上得出了肯定结论,认定由于佐斯实际上受到英国的保护,而应当对英国尽到效忠义务,因此,只要佐斯在英国或任何地方投靠英国的敌人,就会构成对英国的背叛,理应适用英国法律对于叛国罪的处罚规定。基于此,英国对在外国犯罪的外国人佐斯依法拥有管辖权,英国上议院最终作出驳回佐斯上诉,维持原判的判决。②

总之,英国在总结经验的同时,积极预防犯罪发生,通过制定法与判例法相结合的方式,在国家安全保护方面作出具体规制措施,即虽然没有明确保护性管辖权的概念,但通过实际运用和发挥其中的核心原则——保护原则的价值引领作用,明确表达了保护国家安全的坚定立场与态度。

(三)德国

德国在运用管辖权保护国家安全方面进行了一系列立法。1976年刑法初步增设了"组建恐怖主义组织罪",2002年补充规定"支持境外恐怖主义组织"为该罪的实行行为,自此将境外恐怖组织纳入国家管辖权的适用范围。在立法不断完善的过程中,德国刑法逐渐明确了保护性管辖权在国家安全方面的

---

① 英国1351年《叛国法》第2节规定:"如果一个人在英国境内与英王陛下作战,或在敌国境内(或在任何地方)投靠英王的敌人,为敌人效劳或服务,便构成叛国罪。"See Treason Act 1351, https://www. legislation. gov. uk/aep/Edw3Stat5/25/2/section/II? view=extent, Visited on Oct. 23, 2021.

② Jonathan S. Ignarski, *Joyce v. Director of Public Prosecutions*, Digital Communications, 1985, pp. 353—355.

适用规则。

首先,德国《刑法》第 5 条明确列举了因侵害本国法益尤其是本国国家安全而适用国内法的国外犯罪行为:"无论行为地法律如何,德国刑法适用于下列在国外实施的犯罪:发动侵略战争、叛乱、危害民主法治国家、叛乱及外患、妨害国防的犯罪"。其次,《刑法》第 7 条第 1 款规定:"在国外实施针对德国人的行为,不管依行为地法律应当处罚还是不予处罚,均适用德国刑法。"《刑法》第 7 条第 2 款规定:"对在国外实施的其他行为,不管依行为地法律应当处罚还是不予处罚,在下列情况下适用德国刑法:(……)2. 行为时为外国人,在国内被逮捕,依其行为性质符合引渡法的规定,而由于未提出引渡请求,或引渡请求被拒绝或不能被引渡的。"可见,在保护国家安全方面,德国刑法规定了明确且绝对的保护管辖权,[①]一概不受外国刑法有关管辖规定的限制。

(四)日本

日本同样未制定专门的国家安全立法,相关法律多体现在刑法、行政法等规范中。其中,日本《刑法》第 2 条规定:"本法适用于日本国外犯下列各罪的一切人",具体罪行体现在内乱、外患、外援等一系列有关国家安全或国家信用的罪行。[②] 可见,在国家安全保护性管辖权方面,日本采取的是将保护原则同属人原则混合适用的规定,同时列举了适用保护性管辖权的具体罪行。

首先,在行为人方面,日本《刑法》规定的"一切人",既包括本国人,也包括外国人或无国籍人。若行为人是本国人时,适用属人管辖权;若行为人是外国人时,则适用保护性管辖权维护国家安全利益。其次,在侵害国家安全的具体罪行方面,日本《刑法》第 77 条规定了"内乱罪"——颠覆国家政府、篡夺国家主权、推翻国家宪法秩序、发动内乱,试图发动内乱,为上述两项罪行提供武器、资金、食物等帮助的,主谋将被判死刑或无期徒刑、非主谋的主要罪犯判处 3 年以上至无期徒刑,从犯 1 年至 10 年有期徒刑。日本《刑法》第 81 条规定了执行绝对死刑的"外患诱致罪"——与外国通谋,致使其对日本国行使武力的行为。

[①]　樊文:《简评〈中华人民共和国刑法〉第八条》,http://www.iolaw.org.cn/showArticle.aspx?id=2287,2021 年 10 月 23 日访问。

[②]　周鲠生:《国际法》,武汉大学出版社 2007 年版,第 198 页。

日本《刑法》第 82 条规定了最高刑为死刑的"外患援助罪"——当外国对日本行使武力时,参与军事行为协助他国或为其提供军事便利的,将被判处两年以上至终身监禁,最高死刑。

除上述国家以外,法国自 1994 年开始实施的新《刑法》,其对于属地管辖、积极和消极属人管辖、保护性管辖等都分别进行了规定,但是双重犯罪原则并没有在保护性管辖中出现。①

四、完善中国国家安全的保护性管辖权
之法理基础及实践意义

(一)完善中国保护性管辖权的法理基础

国家主权原则与国家安全原则的紧密结合是完善中国保护性管辖权的重要基础。主权,是国家的根本属性,意味着一国独立自主处理内外事务、不受他国干涉的最高权威。② 国际法本质上就是主权国家出于彼此往来的现实需要,与他国意志进行协调的产物,③由此诞生的国家主权原则,便是国际法主体在维护自身利益的同时也应遵循的行为准则。作为与国家主权密切相关的国家安全原则,是基于保障国家利益而衍生发展出来的,是对保护既有国家权益的一种法理延伸,④是国家主权原则的派生原则和重要内容。国家主权与国家安全之间关系紧密,互为依靠。一方面,国家主权原则是维护国家安全的国际法理论来源,是国家安全原则作用的最终目标;另一方面,国家安全是安邦定国的重要基石,保证国家安全是头等大事,⑤同时也是我国"一国两制"的核心要义⑥,能够为维护国家主权提供现实的指引。2011 年,国务院新闻办公室发

---

① 何鹏、张凌:《法国新刑法总则的若干特色》,《法制与社会发展》1995 年第 3 期。
② 曾令良:《国际公法学》,高等教育出版社 2018 年版,第 116 页。
③ 向凌:《反思与超越:国际法学研究范畴的法理学解读》,《长沙大学学报》2012 年第 4 期。
④ 程爱勤:《对菲律宾在南沙群岛主权主张之"国家安全原则"的法理分析》,《河南师范大学学报》(哲学社会科学版)2006 年第 5 期。
⑤ 任一林、闫妍:《十四、坚决维护国家主权、安全、发展利益——关于新时代坚持总体国家安全观》,《人民日报》2019 年 8 月 9 日。
⑥ 吴亚明:《维护国家安全是"一国两制"的核心要义》,《人民日报》2020 年 5 月 23 日。

表《中国的和平发展》白皮书,明确了国家主权与国家安全都是中国核心利益,我国要坚决维护国家的核心利益。① 习近平总书记也指出,国家安全保护工作的目的在于有力保障国家主权、安全、发展利益,这是全国各族人民根本利益所在。② 因此,积极制定并行使保护性管辖权的实际行动,正是一国同他国协商一致维护国家安全的主权行为的体现。

完善我国国家安全的保护性管辖权原则是有效落实罪刑法定原则的基本要求。根据《刑法》第 3 条,③罪刑法定原则可以理解为"法无明文规定不为罪,法无明文规定不处罚"④。随着国际交往的不断发展,罪刑法定原则已经被写入国际条约,为国际法所承认。例如,《世界人权宣言》第 11 条第 2 款⑤与《公民权利和政治权利国际公约》第 15 条第 1 款都作出了相似的规定。⑥ 由此,罪刑法定原则的国际化发展趋势得以呈现,成为国际社会互相尊重国家主权的重要依据。只有将损害国家安全利益的域外罪行通过罪刑法定原则具体确定下来,才能够为行使保护性管辖权以有效打击犯罪奠定法律基础,才能避免保护性管辖权的滥用并获得他国的认可与接受。因此,完善我国保护性管辖权原则是有效落实罪刑法定原则的客观需要。

完善我国国家安全的保护性管辖权是贯彻落实总体国家安全观的客观需要。2014 年 4 月 15 日,习近平总书记在中央国家安全委员会第一次全体会议上首次正式提出"总体国家安全观",强调要"坚持总体国家安全观,走出一条中国特色国家安全道路"。⑦ 从国家安全涵盖的领域范围来看,总体国家安全

---

①　中华人民共和国国务院新闻办公室:《〈中国的和平发展〉白皮书》,http://www.scio.gov.cn/zxbd/nd/2011/Document/999798/999798_3.htm,2021 年 10 月 23 日访问。

②　中央党校(国家行政学院)习近平新时代中国特色社会主义思想研究中心:《坚持党对人民军队的绝对领导 有力保障国家主权安全发展利益》,《人民日报》2020 年 7 月 31 日。

③　《中华人民共和国刑法》第 3 条规定:"法律明文规定为犯罪行为的,依照法律定罪刑;法律没有明文规定为犯罪行为的,不得定罪处刑。"

④　张明楷:《刑法学》,法律出版社 2015 年版,第 50 页。

⑤　《世界人权宣言》第 11 条第 2 款规定:"任何人的任何行为或不行为,在其发生时依国家法或国际法均不构成刑事罪者,不得被判犯有刑事罪。刑罚不得重于犯罪适用的法律规定。"

⑥　《公民权利和政治权利国际公约》第 15 条第 1 款规定:"任何人的行为或不行为,在其发生时依照国家法及国际法均不构成刑事罪者,不得据以认为犯有刑事罪。所加的刑罚不得重于犯罪时适用的规定。如果在犯罪后之依法规定了应处以较轻的刑罚,犯罪者应予以减刑。"

⑦　习近平:《坚持总体国家安全观 走中国特色国家安全道路》,《人民日报》2014 年 4 月 16 日。

观提出了包括政治安全、国土安全、军事安全、经济安全、文化安全、社会安全、科技安全、网络安全、生态安全、资源安全、核安全、海外利益安全、太空安全、极地安全、生物安全和深海安全领域在内的国家安全主要领域体系。① 面对范围如此广泛的国家安全挑战,总体国家安全观特别强调法治的重要作用,习近平总书记多次在重要场合强调法治在推进国家安全过程中的重大意义。2015年1月23日,习近平总书记主持中共中央政治局会议,明确指出要把法治贯穿于维护国家安全的全过程。作为我国惩罚犯罪、维护国家安全的基础性法律,完善《刑法》中国家安全的保护性管辖权的规定是从法治层面贯彻总体国家安全观的重要体现。一方面,总体国家安全观涵盖 16 个领域的国家安全重点领域体系,亟须通过完善《刑法》中保护性管辖权的规定来加以保障;另一方面,只有通过完善《刑法》中保护性管辖权规定的方式,才能始终在法治的轨道上应对当前所面临的国家安全挑战,为维护国家安全提供充分的法治保障。

(二)完善国家安全的保护性管辖权对于维护中国国家安全的实践意义

纵观 1886 年美国与墨西哥的 Cutting 案、1923 年法国的 Bayot 案,案件均表明保护性管辖权已逐步从形而上的法学观念构想转变为具有司法操作性的法律制度,为今后更多保护性管辖权案件的出现埋下了伏笔。② 保护性管辖权涉及国内、国际安全利益。因此,全面树立总体国家安全观,理应能为国际利益冲突的顺利解决提供引导。总体国家安全观,是新时代党中央对我国面临的各种安全问题安全挑战的系统回应,始终捍卫构建人类命运共同体理念,其目的和归宿最终同一于以人民为中心的时代引领。③ 因此,在日益频繁且复杂的国际交往中,以总体国家安全观④为思想指引,不断丰富保护性管辖

---

① 李建伟:《总体国家安全观的理论要义阐释》,《政治与法律》2021 年第 10 期。
② 俞世峰:《保护性管辖权理论初探》,《湖北警官学院学报》2012 年第 3 期。
③ 李营辉、毕颖:《新时代总体国家安全观的理论逻辑与现实意蕴》,《人民论坛·学术前沿》2018 年第 17 期。
④ 总体国家安全观内容:以人民安全为宗旨,以政治安全为根本,以经济安全为基础,以军事、文化、社会安全为保障,以促进国际安全为依托,维护各领域国家安全,构建国家安全体系,走中国特色国家安全道路。

权立法,对维护我国国家安全具有重要实践意义。具体来讲,主要包括以下内容。

首先,能够更好地保障"一带一路"倡议的推进实施。在全球化推进过程中,保护主义、霸凌主义与本国优先主义势力抬头,这些安全挑战对"一带一路"倡议的推进实施形成各种威胁。① 因此,推动共建"一带一路",需要法治进行保障。中国同各国一道,营造良好法治环境,推动共建"一带一路"高质量发展,更好造福各国人民。"一带一路"倡议是中国致力于同周边国家和地区共同发展的美好愿景,是全球治理中合作共赢的重要实践,也是维护国家安全的重大制度贡献。因此,不断健全我国的保护性管辖权立法,夯实国家安全保护的法律基础,有助于"一带一路"倡议的顺利实施,强化我国国家安全的法治力量。

其次,有助于抑制"台独"等各种分裂势力。近年来,香港、新疆、台湾等地区的分裂势力不断躁动,严重影响了我国的国家安全,助长了国外煽动、挑衅分子的嚣张气焰,不利于国际国内的和平稳定发展。习近平总书记曾指出,涉港、涉疆问题的实质是维护中国国家主权、安全和统一,中方坚决反对任何人、任何势力在中国制造不稳定、分裂和动乱,坚决反对任何国家干涉中国内政。② 2005年3月,《反分裂国家法》在此背景下应运而生,成为行使主权以反击国内外分裂势力的重要法律。③ 而保护性管辖权的设定,正是我国行使国家主权维护国家安全的重要表现形式。因此,不断完善保护性管辖权中的国家安全规定,对维护我国国家统一、保障国家安全稳定、有效打击各种分裂势力具有重要意义。

最后,有助于遏制针对我国的日益猖獗的间谍行为。在各国加强国际交往的同时,针对我国的国际间谍行动亦日趋猖獗。例如,美国情报机构近年来一直对中国实施秘密战,包括利用"谷歌地球"监视中国、在驻北京的使馆内安装"窃听器"监视中国,以及通过最新特工卫星窃听中国的电话通信与计

---

① 王亚军:《筑牢大变局背景下"一带一路"建设的安全屏障》,《学习时报》2020年12月18日。

② 《习近平:中方坚决反对任何人、任何势力在中国制造不稳定、分裂和动乱》,http://www.xinhuanet.com/politics/leaders/2020-09/15/c_1126493063.htm,2021年10月23日访问。

③ 尹生:《分裂·干涉·主权——〈反分裂国家法〉的国际法分析》,《当代法学》2006年第1期。

算机等。① 2009 年 8 月中国国家保密局称澳洲力拓公司的商业间谍行为使中国的国际铁矿石交易损失 7 000 亿元。② 2014 年境外间谍机关策反我国公民非法提供"辽宁舰"等目标照片 500 余张,其他敏感照片 200 余张,③严重威胁我国国家安全。自 2016 年始,我国在江苏、浙江、海南等沿海地区相继捞获了一批境外国家投放的窃密装置。④ 2020 年 4 月,我国国家安全机关公布了一批涉及境外间谍组织对我国实施渗透策反、欺骗或者勾连我国人员窃取并出卖国家秘密等危害国家安全的典型案例。⑤ 2020 年 10 月,我国国家安全机关是在"迅雷- 2020"专项行动中,依法破获数百起台湾间谍情报机关窃密案件。⑥这些案件均体现我国因遭遇非法间谍行动导致国家安全面临更为严峻的客观现实。

当前境外间谍情报机关和各种敌对势力对中国的渗透窃密活动明显加剧,手段更加多样,领域更加宽广,对国家安全和利益构成严重威胁。因此,制定相关法律法规是防范化解国家安全风险、维护国家安全和利益的现实需要。2021 年 4 月 26 日,我国国家安全部公布《反间谍安全防范工作规定》,要求"机关、团体、企业事业组织和其他社会组织等一般单位"各尽其责,防范和防止外国间谍活动。2021 年 4 月 27 日,曾任外交部发言人的汪文斌表示,"反间谍安全防范工作规定"主要依据国家安全法和反间谍法及其实施细则,对反间谍安全防范进行规范,并称国家安全是安邦定国的重要基石。⑦ 因此,只有通过不断健全我国刑法中有关保护性管辖权中国家安全的规定,才能为行使国家安全

---

① 苏言、贺濒:《美国情报机构对中国究竟采取了哪些行动?》,《党政论坛(干部文摘)》2012 年第 3 期。

② 纪双城、王跃西:《保密局透露力拓案让中国损失 7 000 亿》,https://china. huanqiu. com/article/9CaKrnJmgI1,2021 年 10 月 23 日访问。

③ 袁勃:《大连男子向境外间谍提供 500 多张"辽宁舰"照片》,http://military. people. com. cn/n/2015/0310/c1011-26665320. html,2021 年 10 月 23 日访问。

④ 高强:《我沿海多地渔民捞到境外间谍装置》,http://www. xinhuanet. com/mil/2021-04/15/c_1211111372. htm. 2021-4-25,2021 年 10 月 23 日访问。

⑤ 徐隽:《国家安全部公布一批危害国家安全典型案件》,《人民日报》2020 年 4 月 17 日。

⑥ 刘洁妍、杨牧:《国家安全机关破获数百起台湾间谍情报机关窃密案件》,http://tw. people. com. cn/n1/2020/1012/c14657-31888489. html,2021 年 10 月 23 日访问。

⑦ 中华人民共和国外交部:《2021 年 4 月 27 日外交部发言人汪文斌主持例行记者会》,http://new. fmprc. gov. cn/web/fyrbt_673021/jzhsl_673025/t1871962. shtml,2021 年 10 月 23 日访问。

保护权利、尽早发现域外存在的可能侵害我国国家安全的间谍行为,提供现实合法的刑事法律依据,最终达到有效预防、惩戒域外间谍行为,保障国家安全。

五、完善中国保护性管辖权中涉及国家安全规定的建议

(一)在我国保护性管辖权中单列国家安全规定以彰显我国的立法态度

目前,我国关于国家安全保护的规定分布在刑法总则及其分则、《反间谍法》《国家安全法》《香港国家安全法》等法律文件中。不过随着国际交往的不断深入发展,在惩罚犯罪与保障国家合法权益的道路上,时常出现因各国立法的不同而导致法律救济受阻的问题。因此,应当在保护性管辖权立法中将国家安全这一根本利益进行专章规定,一方面向国际社会展示我国不容撼动的立法态度,另一方面为我国维护国家安全提供有力的法律支撑。具体来说,既要考虑国家安全对于一国安身立命的重要意义,始终遵循不干涉内政原则、国际合作原则、平等互利原则等公认国际法原则,平衡国际义务与国家权利,在尊重他国意愿的同时,理性适用保护性管辖权,也要积极展现以保障国家安全为国际交往首要原则的立法态度,坚定维护我国国家安全利益。

(二)删去相关法律中关于国家安全规定的限制性条件

删去相关法律中关于国家安全规定的限制性条件主要包括以下几个方面。

第一,删去"可以"的措辞,改用"应当"的措辞,规定关于我国国家安全的保护性管辖权。《刑法》第8条规定,外国人在中华人民共和国领域外对中华人民共和国国家或者公民犯罪,在满足最低刑期限制与双重犯罪原则的条件下,可以适用《刑法》。首先,鉴于国家安全属于极端重要的国家利益,以及完善保护性管辖权对于维护我国国家安全具有重要的意义,我国应当强化保护性管辖中关于国家安全的规定,对于外国人在域外实施的危害我国国家安全的犯罪,我国应当实施保护性管辖权。其次,为促进《国家安全法》《反间谍法》等法律的有效实施,及《香港国安法》与这些法规的协调一致,可借鉴德国、日本对

涉及保护性管辖权在国家安全利益方面"绝对保护"的立法态度,统一"应当适用我国法律"的措辞,坚定维护我国国家安全。

第二,删去法定"刑 3 年以上"的量刑标准。《刑法》第 8 条规定了"最低刑为 3 年以上有期徒刑"的保护性管辖权适用条件,同时,刑法分则明确规定了外国人只有达到情节严重的程度,才符合非法获取国家秘密罪中"3 年以上 7 年以下有期徒刑"的量刑标准,进而才能对该外国犯罪人行使保护性管辖权。在日本立法经验中,通过明确保护性管辖权一律适用于"一切人的危害国家安全的行为",即采取针对"一切人"的立法规定来展现保护国家安全的坚定态度,而对危害国家安全罪行规定的具体量刑标准,实为下一步对比量刑标准的前提条件,而非适用保护性管辖权的限制条件。因此,依据我国国情,在国家安全保护方面,应加强管辖权立法,删除法定刑 3 年以上的保护性管辖权适用限制,有力打击和抑制域外任何侵害我国国家安全的不良意图与行为,切实维护国家安全与统一。

第三,删去双重犯罪的定罪标准。在分析删除我国最低法定刑 3 年以上量刑标准的必要性的同时,还要考虑他国相关罪行规定对我国适用保护性管辖权的影响。通过研究可以发现,尽管很多国家在适用保护原则时,均规定了双重犯罪原则,但是,在涉及国家安全利益保护方面,通常不会应用双重犯罪原则。如美国基于保护原则,通过立法规制外国人在域外侵害美国政府重要利益的犯罪行为,但未规定适用双重犯罪原则这一限制条件。德国在保护性管辖权方面存在同样的法律适用。可见,在维护国家根本利益的情形下,国家应当坚持不受他国立法限制的态度。此外,在实践中还存在这样一种情况,即当侵害我国国家安全的犯罪行为发生在不属于任何国家或地区管辖领域内时,如罪行发生在公海领域时,双重犯罪原则的适用条件就不复存在。因此,为增加我国国家安全保护的有效性,以及对外展示维护国家安全的坚定法律态度,我国应当删除保护性管辖权中双重犯罪的定罪标准。

(三)将保护性管辖权中危害我国国家安全的罪行规定具体化

《刑法》第 8 条未规定保护性管辖权可以适用的具体罪行,仅有粗略性、分散性的规定,加之两个限制条件,导致我国向他国主张行使保护性管辖权时缺乏明确法律依据,不利于及时有效地维护我国的国家安全。考虑到保护性管辖权实质上是国家之间权力斗争的产物,国家通过多种形式争夺管辖权,以达到保护各自重要利益的目的。因此,行使保护性管辖权还可能涉及他国国家主权与内政等国际敏感问题,具体包括向他国请求引渡外国犯罪人时他国提出干涉内政、引渡请求缺乏具体法律依据等对抗性主张等情形。因此,需要对保护性管辖权可适用的危害国家安全的犯罪类型作出明确规定,可以通过详细列举罪行的方式,明确保护性管辖权适用法律中需要补充完善的具体罪行,具体包括:分裂国家罪、背叛国家罪、武装叛乱、暴乱罪、颠覆国家政权罪,煽动颠覆国家政权罪,资助危害国家安全犯罪活动罪,投敌叛变罪,叛逃罪,间谍罪,为境外窃取、刺探、收买、非法提供国家秘密、情报罪,资敌罪等在内危害国家安全犯罪的,可适用于保护性管辖权,从而以立法的形式向他国预示我国有权行使保护性管辖权的罪行种类与范围,并为我国在复杂的国际交往中能够有效保护我国国家安全,提供及时、明确的法律指引。

第二节　中国反制裁、反干涉、反制长臂管辖的制度完善问题

当今世界已进入动荡变革期,国家间政治、经济等领域的交往出现了前所未有的严峻复杂情况。因意识形态偏见和政治操弄需要,以美国为首的西方国家多次违反国际法和国际关系基本准则,依据其国内法对中国实施制裁,粗暴干涉中国内政。美国政府不断强调和泛化国家安全概念,将制裁"武器化",实行长臂管辖,并试图结合新干涉主义的对外人权战略,指责中国人权状况,企图论证制裁的有效性。这些手段已成为其威慑、胁迫和遏制对手广泛战略的重要组成部分。[1] 在新一轮制裁浪潮中,面对美国等西方国家违反国际法的

---

[1] 李燕飙、许妙:《中美战略博弈下的美国对华人权制裁:法理批驳与中国因应》,《统一战线学研究》2023 年第 3 期。

单边制裁性法律措施,我国旨在健全反制裁法律法规体系的涉外法治建设工作,比以往任何时期都更加具有重要性和迫切性。党中央针对这一现实需求多次作出重要指示,党的二十大报告强调,要加强重点领域、新兴领域、涉外领域立法,统筹推进国内法治和涉外法治,以良法促进发展、保障善治。习近平总书记在《坚持走中国特色社会主义法治道路　更好推进中国特色社会主义法治体系建设》一文中提出,"(……)进一步完善反制裁、反干涉、反制'长臂管辖'法律法规,推动中国法域外适用的法律体系建设"①。当前,中国正逐步充实应对挑战、抵御风险的法律"工具箱",为回击他国非法制裁行为的反制裁措施提供完整有力的国内法律依据。同时,注重法律法规的落地实施问题,在我国国内司法实践以及政治与外交实践的不断应用中强化反制裁法律的威慑力,从而全方位推动形成系统完备的反制裁、反干涉、反制长臂管辖法律制度,维护我国国家主权、安全和发展利益。

一、反制裁、反干涉、反制长臂管辖相关概念的厘定

在国际法意义上,制裁、干涉、长臂管辖三者既有联系又有区别,一国对他国实施制裁的理由中可能包含对他国内政的干涉,实施制裁或干涉内政又是其在国际社会中滥用长臂管辖权以达到其不符合国际法目的的表现形式之一;制裁既包括经济制裁(如出口管制、金融监管),也包括政治制裁(如限制个人入境、查封冻结个人财产),而干涉的对象仅包括他国内政。即使三者在概念、国际法合法性以及具体表现形式等方面存在区别,但纵观国际政治与经济实践,在两国之间关于制裁与反制裁的博弈中,制裁、干涉与长臂管辖三者往往相互结合、相互渗透,反制裁、反干涉与反制长臂管辖的制度建设与完善也难以独论,而是由统一的反制裁法律体系予以规制并授权。在对我国反制裁、反干涉、反制长臂管辖法律制度进行研究之前,宜首先从制裁、干涉与长臂管辖三者在国际法上的概念入手,以明确三者的确切含义,以及我国对其进行反

击的国际法合法性。

（一）反制裁概念厘定

1. 制裁的国际法概念

制裁的概念在国际法中一直存在争议。① "制裁"一词并非国际法术语,亦未得到《联合国宪章》及联合国法律文书的权威界定,故在对反制裁展开研究之前,需对本书所涉及的"制裁"概念予以说明。

在国际法学界,制裁的定义有狭义和广义之分。狭义的制裁指向国际组织根据其文书对违反组织规则的成员采取的惩罚性措施,广义的制裁指向国际组织、国家或国家集团对另一个国家实施的带有经济或政治性质的胁迫措施。② 当前国际实践和学术讨论中多采取广义模式,③且基于广义的定义又衍生出三类对于制裁的具体定义: 第一类采取纯粹政治目的视角,将制裁定义为"实施制裁的国家或国家集团所使用的外交政策工具"④或"制裁方通过全面或部分中止与制裁对象的物质或非物质往来以实现特定政治目的的一种对外政策工具"⑤; 第二类采取国内法的法律责任视角,⑥将制裁定义为"国家或国际组织以某一国家违反国际法为由对其施加不利后果的行为,以迫使受制裁的国家改变其措施

---

① 杜涛:《国际经济制裁法律问题研究》,法律出版社 2015 年版,第 15 页。

② Rebecca Barber, "An Exploration of the General Assembly's Troubled Relationship with Unilateral Sanctions," *International and Comparative Law Quarterly*, Vol. 70, No. 2, 2021, pp. 346—347.

③ 例如,联合国秘书处于 1997 年召集的"经济措施作为对发展中国家进行政治和经济胁迫的手段"专家组将胁迫性经济措施定义为"由实施国主要出于政治(即非经济)目的,单方面或集体对目标国实施的负面经济活动",亦是采取了对"经济制裁"或称"胁迫性经济措施"的广义定义。参见联合国大会《经济措施作为向发展中国家进行政治和经济胁迫的手段: 秘书长的报告》(1997 年 10 月 14 日,A/52/459),第 17 页。

④ Alexandra Hofer, "The Developed/ Developing Divide on Unilateral Coercive Measures: Legitimate Enforcement or Illegitimate Intervention?" *Chinese Journal of International Law*, Vol. 16, No. 2, 2017, p. 178.

⑤ 刘建伟:《国际制裁缘何难以奏效——"非故意后果"的视角》,《世界经济与政治》2011 年第 10 期。

⑥ 这一视角是借用了国内法领域的类比,在国内法领域,制裁通常代表"可以对违反法律规范的人采取的一系列行动"。See Tom Ruys, *Sanctions, Retorsions and Countermeasures: Concepts and International Legal Framework*, in Larissavanden Heriked. *Research Handbook on UN Sanctions and International Law*, Edward Elgar Publishing, 2017。

或行为"①;第三类则不予考量被制裁对象的国际法合法性问题,认为制裁是"国家或国家集团通过采取非武力的强制措施,迫使目标国改变其政策,或至少表明对被制裁对象的某种意见或立场"②。上述第一类定义方式难免因其赋予制裁过度的政治工具性而颇显片面。由于制裁的目的在很多情况下无法准确判断,除被用作纯粹的国家争利的政治目的外,还可能作为制止违反国际法行为的法律手段,因此不宜单纯以"政策工具"一言蔽之;第二类定义方式则存在一定的模糊性——难以对"一国违反国际法的行为"进行确切和权威的判断。在实践中,个别国家采取的制裁措施更多是出于外交政策目的,并不一定构成对他国先前违反国际法行为的反应,如美国、欧盟近年来对我国发起的一系列制裁。因此,不宜将"某一国家违反国际法"作为国际法上定义制裁的先决要件。

基于此,本书倾向于上述第三类关于制裁的定义,其更符合我国当前面临的制裁实际,且能够最大限度达到制裁定义的确定性和涵盖范围的全面性,能为本书研究提供可靠基础。国际法上的制裁可定义为:国家或国家集团通过采取非武力的强制措施,迫使被制裁国改变其政策,或至少表明对被制裁对象的某种意见或立场。

2. 反制裁中的"制裁":单边制裁

从在国际法上的性质来看,制裁可以分为"多边制裁"和"单边制裁";从实施制裁的依据来看,制裁也可以分为依据国际法采取的合法制裁和不符合国际法要求的非法制裁。在当代国际法体系下,前述的多边制裁可定义为:一个国家或多个国家或国家集团在得到多边国际条约机制的明确授权下,在该机制范围内决定采取经济、贸易或其他强制措施,以达到迫使某一成员国改变其政策的目的。多边制裁包括国际组织的制裁,而最为典型的国际组织的制裁就是联合国安理会制裁。《联合国宪章》第41条普遍被认为是给安理会制裁提供了国际法依据,所以安理会制裁即是合法制裁。③ 与多边制裁相对,单边制

---

① 马光:《论反制裁措施的国际合法性及我国反制裁立法的完善》,《法治研究》2022年第1期。

② 霍政欣:《〈反外国制裁法〉的国际法意涵》,《比较法研究》2021年第4期。

③ 《联合国宪章》第41条规定:安理会得决定所应采武力以外之办法,以实施其决议,并得促请联合国会员国执行此项办法。此项办法包括经济关系、铁路、海运、航空、邮电、无线电及其他交通工具之局部或全部停止,以及外交关系之断绝。虽然上述规定中用了"办法"和"行动"的用词,但其普遍被认为就是制裁。

裁是指一个国家或多个国家或国家集团在没有多边国际条约机制授权的情况下,"自主地"决定采取经济、贸易或其他强制性措施,以达到迫使某一国家改变其政策的目的。单边制裁中的"自主性"意味着这一行为既未经过联合国授权,也不具有任何国际法依据,属于国际法主体单方面采取的非法行为。在《反外国制裁法》中,其并未直接对制裁下定义,但第 3 条第 2 款被视为间接地对该法所要应对的制裁作出了界定,即外国国家违反国际法和国际关系基本准则,以各种借口或者依据其本国法律对我国进行遏制、打压,对我国公民、组织采取歧视性限制措施,干涉我国内政的行为。① 必须要明确的是,《反外国制裁法》并非否认制裁本身,而是为反击非法制裁而制定,特别是那些以各种借口或依据其本国法而非依据国际法采取的制裁措施。

国家采取反制裁应对他国或国际组织的非法单边制裁,在近年来成为国际社会高度关注的问题。在国际社会中,一国遭受"单边的外国制裁"是常见的制裁种类,随着其在实践中的广泛应用,逐步发展为各国建立国家安全体系时所着重应对的有可能损害国家主权和领土完整、干涉国家内政的没有明文国际法依据的行为。与联合国安理会合法化的多边制裁相比,部分国家正通过对他国实施非法单边制裁,牺牲他国的正当合法权益以实现自身的经济外交政策目标,因此,这种行为同样是"单边主义""霸权主义"等扰乱国际秩序、无视国际规则的政治理念实施扩散的帮凶,对全球治理造成极大阻碍,是维护国际秩序、变革全球治理体系所需要解决的问题之一。因此,无论是从国际社会治理还是国家利益保护而言,"单边的外国制裁"都具有至关重要的研究价值。因而本书在众多制裁的分类中,选取"单边制裁"作为分析起点,为讨论我国反制裁的概念含义打下基础。

(1) 单边制裁的表现形式

在全球性挑战相互交织的时代背景下,一些西方国家逆全球化与多极化潮流而联合他国实施单边制裁措施,对制裁受害国国家及其人民的合法正当权益、对多边主义的世界格局造成了破坏性的影响。这些非法单边制裁具体措施多样,不仅包括金融制裁、资产冻结、贸易制裁、武器禁运、商品禁运等经

---

① 任清、程爽:《〈反外国制裁法〉要点解读与建议》,《中国远洋海运》2021 年第 7 期。

济措施,也包括外交制裁、旅行禁令、限制航行、航空和过境自由以及通信权等非经济措施。从实践来看,20 世纪 90 年代初,欧盟成员国开始在没有联合国授权的情况下就对外制裁达成一致,主要为了维护欧盟的外交政策利益及其所主张的价值观。美国在联合国框架外采取单边措施及其他相关措施的时间则要早得多,主要基于其国家利益和国家安全的概念,其在立法中称之为"制裁"。例如,2010 年美国对伊朗实施某些措施的立法被命名为《全面制裁伊朗、问责和撤资法案》。① 在欧盟官方文件中,将单边措施以及执行联合国决议的措施称为"限制性措施"。这是因为作为欧盟相关法律基础的《欧盟运作条约》第 215 条将中断或减少与第三国经济金融联系的措施称为"限制性措施"。然而,这并不意味着欧盟从未使用过"制裁"一词,而是有时会将"制裁"与"限制性措施"结合使用,如 2004 年欧盟理事会通过的《使用限制性措施(制裁)的基本原则》。

(2) 单边制裁的合法性分析

在这一过程当中,为了维护自身正当利益、安全与发展,部分国家通过贸易对等反制、阻断单边制裁的域外效力、制定反制裁法等反制裁措施抵御非法单边制裁带来的负面影响。② 倡导多边机制的联合国一直反对成员国对外发动单边经济制裁,并且通过了一系列的决议,如 2002 年联合国大会通过了关于《消除以单方对外强制性经济措施作为政治和经济胁迫的手段》的第 6 号决议;2008 年通过了《阿拉克宣言》,旨在敦促各国避免实施任何违反国际法及《联合国宪章》的单方面金融、经济或贸易措施;2011 年通过了关于《以单方面经济措施作为向发展中国家进行政治和经济胁迫的手段》的第 189 号决议;2018 年通过了关于《必须终止美利坚合众国对古巴的经济、商业和金融封锁》的第 8 号决议等,目的是引导国际社会通过多边机制,消除单边制裁措施。③ 即使如此,联合国大会并不具备立法权,多边国际组织的实践亦须经由各国一致的实践和立场支持,方能视为国际习惯的表达;国际法院亦明确,如果一项决议是以有

---

① 美国财政部外国资产管理办公室官网,https://ofac. treasury. gov/media/5691/download? inline,2023 年 8 月 5 日访问。

② 张亮、陈希聪:《涉外法治视野下中国反制裁研究》,《辽宁公安司法管理干部学院学报》2023 年第 2 期。

③ 张虎:《美国单边经济制裁的法理检视及应对》,《政法论丛》2020 年第 2 期。

分歧的表决通过的,则该决议不具有规范价值。① 所以,联合国大会的上述相关决议由于并不具备国家实践的一致性而不能作为习惯国际法的反映,难以作为规制单边制裁的一般国际法。由此可知,关于单边制裁的国际法合法性问题,其至今仍是"国际法最不发达的领域之一,并处于各种争议及灰色地带之中"。② 一个运转良好的国际法律体系离不开强制措施的保障,但制裁作为一种强制措施,其适用必须遵守现行国际法原则。通常认为,一国的单边制裁并不必然为国际法所禁止,其在国际法上的合法性与习惯国际法的两项基本原则相关,即"荷花号原则"③与"不干涉原则",④在不违反这些原则的条件下,制裁是被允许的,如受到单边制裁后的受害国针对制裁作出的反措施。

综上所述,单边制裁作为对外政策中的一种强硬手段,既包含在国际法框架下的单边制裁,也包括违反现行国际法的不法制裁,存在两面性。本书将研究对象限定为以美国为首的部分西方国家为实现其政治目的,突破国际法框架对中国等其他国家采取的不法制裁。

3. 反制裁概念厘定

正如上文中提到,我国面临的是非法单边制裁,那么在中国语境下的反制裁是指我国为应对他国单边制裁在先的行为,根据国际法以及国内法实施的合法对等的经济外交手段,是为维护国家的利益、安全与发展而被动克制地采取反制措施的行为。⑤ 反制裁针对的是对非法单边制裁,因而总体上是合法的。受非法单边制裁影响的国家有权在国际法范围内以对等和非对等措施进行反击。

---

① Legality of the Threat or Use of Nuclear Weapons, Advisory Opinion, ICJ Reports, p. 33 (1996).

② Tom Ruys, supranote13.

③ "荷花号原则"指"各国可以自由地选择和开展经济关系,决定涉及外交政策、国家利益的主权事项,只要不为国际条约和习惯国际法所禁止"。Alexandra Hofer, supranote11, 180。

④ "不干涉原则"指"一国采取强制性经济措施的自由受到目标国管理其内政范围事务的自主权的限制,不可剥夺属于目标国内政事务的自决权,亦不可造成目标国无法采取任何替代措施的胁迫"。Rebecca Barber, supranote9, 353。

⑤ 马光:《论反制裁措施的国际合法性及我国反制裁立法的完善》,《法治研究》2021年第1期。

反制裁是国家的自助行为。任何国家无论强弱均享有防卫国际不法侵害的自助权利。① 在国际条约法制度下，"自助"不过是条约的一方当事国应对其他当事国的"重大违约"行径的救济措施，集中规定于《维也纳条约法公约》第60条。反制裁措施实施的主要目的是避免损害扩大和促使争端解决，并非惩罚，因此，反制裁措施应保证其可逆性与临时性。一方面，《国家对国际不法行为的责任条款草案》（以下简称"《草案》"）和WTO安全例外条款赋予了反制裁法在习惯国际法和多边规则之下的合法性。《草案》虽未生效，但被公认为具有习惯国际法地位，其第49—53条规定了国家实施"反措施"的条件、要求和限制，从而直接赋予一国通过反制裁进行国际法律斗争的依据。就WTO规则而言，虽然WTO争端解决机构的实践呈现出约束安全例外适用的趋向，以避免成员方借助安全例外实施贸易保护主义，但总体上仍秉持着尊重成员方实施维护国家安全所必要的限制措施自决权的宗旨。因此，安全例外条款可赋予WTO成员方自行决定反制裁措施所涉"国家安全"的含义的权利，使一国反制裁法为WTO条约义务所兼容。

另一方面，不得不承认制裁和反制裁在不少情况下很难区分。如A国认为B国违法，而对其采取制裁措施，B国则认为A国的制裁违法，从而采取反制裁，这种情况下的反制裁其实也具有制裁的性质，二者在这一案例中就形成了循环。类似的，制裁和反制裁也与反措施容易产生混淆，尽管反制裁措施并不等同于反措施，反措施应是那些符合反措施要求的部分反制裁措施。因为不满足反措施要求的单边制裁也是针对他国的国际不法行为，所以其如果满足相关条件，也可被采取反制裁，而该反制裁又有可能满足反措施的要件。那么，针对反措施可否再行反制裁措施？因为反措施是合法行为，故，应是不得对其再度发起反制裁。但在实践中，制裁和反制裁是否满足反措施的要求在不同国家间存在较大分歧。

（二）反干涉概念厘定

在国际法的相关著作中，关于"干涉"一词的定义未能达成一致意见。《国

---

① 周艳云：《中美贸易摩擦中反制的正当性及其实施基准》，《常州大学学报》（社会科学版）2020年第2期。

际联盟盟约》第 15 条第 8 款中最早对不干涉原则进行了阐述,而后出现的《保护宣言》《国际法原则宣言》《各国经济权利和义务宪章》等都对该原则有所涉及,但并没有对"干涉"一词进行明确定义。这些国际法相关文件的共同点在于都一再强调:任何国家及国际组织,均无权直接和间接干涉他国内政,以武装干涉和其他任何方式干涉,对一国人格或其他事务进行威胁,都应该受到国际社会的谴责。由此可见,干涉的主体是国家及国际集团。这里的国家和国际集团包括主权独立的各个国家,也包括联合国及所辖机构。干涉的客体是一国主权之下覆盖的内政范围,这包括一国政府根据宪法授权,在本国范围内对政治、经济、文化、社会、军事等各项事务自主处理的权利,此权利不受外国政府和国际组织的干涉。而对于他国内政的干涉方式,可以表现为经济制裁、武力干预和政治谴责等。①

从以上界定可知,国际法的"不干涉"具有三层含义:一是对于本质上属于一国主权范围内管辖之事件,不需要进行讨论,如中国对西藏具有毫无争议的管辖权,西方不应以任何理由对其进行讨论或制裁,否则是典型的对他国内政的干涉;二是对于本质上属于一国国内管辖之事,其他国家或国际组织无权以任何方式进行介入;三是对于无管辖权的争端解决机构,不应对国与国之间争端进行无效裁决,如菲律宾就我国南海问题提出的国际仲裁,是一个典型的无效仲裁。

我国施行反干涉措施具有坚实的国际法法理基础,不干涉内政原则载明于 1970 年《国际法原则宣言》,得到了国际社会公认,已成为习惯国际法的基本禁止性原则。其要求任何国家或国家集团"不干涉任何国家国内管辖之事件",不得"干预另一国之内政"。1974 年联合国大会通过的《关于侵略定义的决议》明文规定"以武装直接支持与合法政府相对的反叛的交战团体"也构成侵略,应承担更严重的国家责任。② 纵观美国采取的制裁措施,多数是单边法律性经济干涉和单边外交性经济强制。③ 实施这两种情形的制裁需要满足两

① 夏娟:《论国际法上的不干涉内政原则》,《内蒙古师范大学学报》(哲学社会科学版)2017 年第 1 期。
② 王铁崖:《国际法》,北京法律出版社 1995 年版,第 111—112 页。
③ 简基松:《关于单边经济制裁的"司法性"与"合法性"探讨》,《法学》2007 年第 1 期。

个条件：一是针对目标方的不法行为；二是采取非武力强制措施。虽然国际社会对前一种制裁的合法性仍然存在争议，但只要其不明显违背国际法原则，其他国家一般会默认合法。然而，美国对华人权制裁大多数构成"通过拒绝、控制方式来影响另一国获得该国的资源、资金、商品、服务、技术、市场"。如果美国对目标国个人或实体的侵害人权行为实施制裁，而相关被制裁行为又属于目标国内部事务，那么美国的制裁措施很可能对目标国的主权要素构成非强迫性干涉。① 外国势力不断武力阻挠中国大陆统一台湾并对台军售，有些国家将台湾海峡问题定为"共同战略目标"，以至于通过所谓决议案对中国《反分裂国家法》妄加评论，无理指责。在主权平等的国际社会中，这种以政治外交利益为出发点的干涉措施，显然与现有的国际法原则或国际社会整体利益背道而驰，属于干涉他国内政。《反分裂国家法》以法律的形式抵御外国干涉势力，是对外国势力干涉中国内政的回应。其第 3 条规定："解决台湾问题，实现祖国统一，是中国的内部事务，不受任何外国势力的干涉。"台湾当局早已不是中国的合法代表，台湾无权从中国分离，这纯属中国内政，任何国家不得干涉。

（三）反制长臂管辖概念厘定

"长臂管辖"有狭义和广义之分。狭义的长臂管辖（Long Arm Jurisdiction）指美国各州法院在民事诉讼中对于本州之外的被告人行使管辖权，以最低限度的接触联系为根据形成的概念，行使此权力必须依据"长臂法规"（Long-arm Statute）的授权，所以被形象地称为"长臂管辖权"，它本质上属于美国国内法院对本州之外的个人或企业的司法管辖问题。② 随着美国的国力增强和世界各国经济贸易和人员交往愈发频繁，美国将长臂管辖扩张到全球，从解决国内州际法律问题的司法管辖扩张到美国政府部门在国际领域对他国的制裁及内政的干涉，此处的"长臂管辖"已脱离狭义中美国国内法的规制而上升至国际法层面，长

---

① 李燕飙、许妙:《中美战略博弈下的美国对华人权制裁：法理批驳与中国因应》,《统一战线学研究》2023 年第 3 期。

② Legal Dictionary 中的"LONGARMSTATUTE"词条, https://legaldictionary. net/long-arm-statute/,2023 年 8 月 13 日访问。

臂管辖的性质也从中性的解决司法管辖冲突的工具发展为贬义的霸权经济的代名词。但目前国际法尚未对"长臂管辖"作出明确定义。我国国务院新闻办公室2018年9月发布的《关于中美经贸摩擦的事实与中方立场》白皮书指出,"'长臂管辖'是指依托国内法规的触角延伸到境外,管辖境外实体的做法。近年来,美国不断扩充'长臂管辖'的范围,涵盖了民事侵权、金融投资、反垄断、出口管制、网络安全等众多领域,并在国际事务中动辄要求其他国家的实体或个体必须服从美国国内法,否则随时可能遭到美国的民事、刑事、贸易等制裁"①。可见,白皮书所称的是作为美国法律霸凌行为表现形式的"长臂管辖",本质上是指美国向域外过分扩展其国内法效力的做法。依据我国商务部发布实施的《阻断外国法律与措施不当域外适用办法》(以下简称"《阻断办法》")的观点,"长臂管辖"是国内法律与措施的不当域外适用,恰当的、合理的国内法域外适用并不是"长臂管辖"。因此,我国通常所指的"长臂管辖"是一国在立法、司法、执法领域的国内法律与措施的不当域外适用。② 基于我国的国情和司法实践的需要,本书采用白皮书中对长臂管辖的广义定义,即长臂管辖是指将国内法适用于在本国领域之外发生的行为或适用于位于本国领域之外的个人或实体的做法。

长臂管辖权在国际法上的合法性,取决于其是否超越了保护美国国家及本国公民利益的合理范围而被滥用,以致造成干涉他国内政或损害他国合法利益的结果。这一权利是民事诉讼管辖权回应时代变化的产物,符合美国利益,具有一定的合理性与必然性。合理适用长臂管辖可以在一定程度上保护当事人的合法利益,但是长臂管辖权一旦过度适用即被视为过度管辖。③ 在过度宽泛的管辖权规定下,凡是诉讼法律关系与美国存在关联的,当事人均可以选择在美国法院起诉。然而,该种"联系"可能是微弱的,或者说并不满足"最密切联系"的要求。④ 过度宽泛的适用标准实质上违背了长臂管辖权本身的限

---

① 《关于中美经贸摩擦的事实与中方立场白皮书》,中国政府网,https://www.gov.cn/zhengce/2018-09/24/content_5324957.htm,2023年8月13日访问。

② 王林:《论美国的长臂管辖及中国应对——兼评商务部〈阻断外国法律与措施不当域外适用办法〉》,《宜宾学院学报》2021年第7期。

③ 王薇:《国际民事诉讼中的"过度管辖"问题》,《法学评论》2002年第4期。

④ John Haley, *Fundamentals of Transnational Litigation: The United States, Canada, Japan, and the European Union* (2nd ed.), p.141.

制标准,也超越了国际上的普遍做法,必然使本国行使管辖权的行为不为国际社会认可。我国采取反制措施予以回击的正是美国以维护当事人合法权益为由而滥用长臂管辖权的行为,实际上属于对国家不法行为的回应,具有国际法上的合法性。

二、中国反制裁、反干涉、反制长臂管辖的实践

习近平总书记在党的二十大报告中指出,十九大以来的五年,我国坚决开展反分裂、反干涉重大斗争,展示维护国家主权和领土完整、反对"台独"的坚强决心和强大能力。面对国际局势急剧变化,保持战略定力,发扬斗争精神,展示不畏强权的坚定意志,在斗争中维护国家尊严和核心利益,牢牢掌握了我国发展和安全主动权。① 我国一贯主张和平与发展,在国际上亦始终倡导多边机制,但西方国家仍然通过非法单边制裁的手段不断打压、遏制我国。作为深受单边经济制裁所害的目标国家,我国多次在国际上呼吁取消单边强制措施,并依据国际法和国内法对实施非法单边制裁的国家进行反制裁,其本质目的在于通过不断提升我国法治建设水平,加强对我国主权、安全、发展利益和我国公民、组织合法权益的保护。因此其作为应对外国制裁的防御性、对抗性措施,从维护和促进以联合国为核心的国际体系和以国际法为基础的国际秩序出发,具有《国家对国际不法行为的责任条款草案》(以下简称"《国家责任条款草案》")中"反措施"的性质,不仅具备习惯国际法上的合法性,而且具有明确的国内法依据。通过颁布《反外国制裁法》《不可靠实体清单规定》《阻断办法》等法律法规,我国已基本形成反制裁法律制度体系,其构成了统筹推进国内法治和涉外法治的重要组成部分,提高了涉外法治整体水平。除反制裁立法实践之外,我国依据已缔结的国际条约与国内反制裁法律,在遵守国际法基本原则与习惯国际法的前提下,以对等的反制裁执法实践,对外国国家、国际组织或个人实施的非法单边制裁进行回击,并在司法实践中尝试运用反制裁法律

---

① 《习近平指出,新时代十年的伟大变革具有里程碑意义》,中国中央人民政府网,https://www.gov.cn/xinwen/2022-10/16/content_5718805.htm,2023 年 8 月 17 日访问。

以促使其真正发挥效用。事实证明,我国现有反制裁实践能够有效传递法律威慑信号,对于外国国家、组织和个人实施危害我国主权、安全、发展利益的行为起到一定预防效果。

(一) 立法实践

我国已初步构建起攻守兼备的反制裁、反干涉、反制长臂管辖涉外法治体系。一方面,我国立法机关通过制定新法或修法,在对外贸易、外商投资、出口管制和数据安全等重点领域,对他国"歧视性的禁止、限制或者其他类似措施"进行应对;[①]另一方面,我国行政和立法机关先后颁布了更有针对性的《反外国制裁法》《阻断办法》和《不可靠实体清单规定》。其中,《反外国制裁法》兼有制裁和阻断的双重效果,加强了我国反外国制裁法治体系的对抗性;《阻断办法》为拒绝遵行他国制裁性法律及措施提供国内法依据;《不可靠实体清单规定》则在性质上等同于制裁。[②] 虽然我国的部分法律本身的立法目的并非为了反制裁,但在法规中都具有可以作为反制裁依据的条款,在实践中可能成为有效的反制裁手段,如《中华人民共和国对外贸易法》(简称"《对外贸易法》")、《外商投资法》、《中华人民共和国保障措施条例》(简称"《保障措施条例》")、《中华人民共和国货物进出口管理条例》(简称"《货物进出口管理条例》")、《中华人民共和国进出口关税条例》(简称"《进出口关税条例》")、《中华人民共和国反倾销条例》(简称"《反倾销条例》")以及《中华人民共和国反补贴条例》(简称"《反补贴条例》")等。本书选择《反外国制裁法》《阻断办法》《不可靠实体清单规定》《反分裂国家法》《中华人民共和国对外关系法》五部在实践中运用较多的或与反制裁、反干涉直接相关的典型涉外法律法规[③]进行阐述。

1.《反外国制裁法》

鉴于我国被纳入美国、欧盟、英国、加拿大、冰岛等国家或地区制裁名单的

---

① 参见《中华人民共和国对外贸易法》第 7 条、《中华人民共和国外商投资法》第 40 条、《中华人民共和国出口管制法》第 48 条及《中华人民共和国数据安全法》第 26 条。

② 霍政欣、陈彦茹:《反外国制裁的路径演化与中国选择》,《社会科学》2023 年第 2 期。

③ 张亮、陈希聪:《涉外法治视野下中国反制裁研究》,《辽宁公安司法管理干部学院学报》2023 年第 2 期。

实体和个人越来越多,并参考借鉴国外专门针对美国次级制裁法案的立法,如欧盟、加拿大、墨西哥、俄罗斯等国家和地区的立法,我国于 2021 年 6 月 10 日公布并实施《反外国制裁法》。该法是我国在反制裁领域的基本法,其与《出口管制法》《不可靠实体清单规定》《阻断办法》以及《对外贸易法》《外商投资法》《数据安全法》《个人信息保护法》《国际海运条例》《进出口关税条例》《货物进出口管理条例》《反倾销条例》《反补贴条例》《保障措施条例》等法律和行政法规中的反制裁依据条款一道构建了我国的反外国制裁立法体系。该法的出台满足了反击少数发达国家相关管制与制裁措施,维护国家主权、安全和发展利益,完善涉外法治建设的迫切需要,具有重要的现实意义和长远意义,有利于依法反制外国国家及相关组织对我国实体的遏制打压,有效提升了我国实体应对相关风险和挑战的能力。①

第一,明确和强调了立法宗旨和目的。强调和重申了我国维护以联合国为核心的国际体系和以国际法为基础的国际秩序,发展同世界各国的友好合作,推动构建人类命运共同体的原则立场,反对任何国家以任何借口、任何方式干涉中国内政,明确了《反外国制裁法》的目的在于反制、反击、反对外国对中国的无理遏制、打压和歧视性措施,维护中国的主权、安全和发展利益,保护中国公民、组织的合法权益。

第二,明确了适用反制措施的两大类对象。一类是直接或间接参与制定、决定、实施外国对中国的无理遏制、打压和歧视性措施的个人、组织(下称"清单实体"),对于此类对象会实施清单式管理;另一类是清单实体的相关方,包括清单实体的配偶和直系亲属、清单实体的高级管理人员或实际控制人、由清单实体担任高级管理人员的组织以及由其实际控制或参与设立、运营的组织(两类对象以下合称"反制实体")。

第三,明确列举了三种反制措施。一是针对人员出入境管理,可不予签发签证、不准入境、注销签证或者驱逐出境;二是针对境内财产,可查封、扣押、冻结反制实体在中国境内的动产、不动产和其他各类财产;三是针对交易、合作等活动的限制,可禁止或限制中国境内的组织、个人与反制实体进行有关交

① 刘新宇、郭欢:《解析〈反外国制裁法〉要点》,《中国外汇》2021 年第 14 期。

易、合作等活动。此外,《反外国制裁法》还以国务院有关部门可根据实际情况采取"其他必要措施"作为兜底条款,为将来可能采取的其他反制措施预留了制度空间。

第四,规定了反制工作机制。设立反外国制裁工作协调机制,负责统筹协调相关工作;同时规定国务院有关部门应当加强协同配合和信息共享,按照各自职责和任务分工确定和实施有关反制措施,进一步明确反外国制裁工作协调机制以及国务院有关部门之间实施反制措施的具体分工。

第五,规定了有关组织和个人在《反外国制裁法》下的主要义务和责任。一方面,《反外国制裁法》要求中国境内的组织和个人执行国务院有关部门采取的反制措施;另一方面,要求任何组织和个人均不得执行或者协助执行外国国家对中国公民、组织采取的歧视性限制措施。若相关组织和个人违反上述义务,受侵害的中国公民和组织可提起诉讼,要求其停止侵害、赔偿损失。若任何组织和个人不执行、不配合实施反制措施,可能被依法追究法律责任。

上述相关规定体现了《反外国制裁法》的主旨,即阻止有关组织和个人执行和协助执行外国对中国公民、组织采取的歧视性限制措施,减轻"单边制裁"产生的不利影响,并以反制裁措施作为抗衡手段,威慑意图对我国实体采取歧视性限制措施的国家和组织。

2.《阻断外国法律与措施不当域外适用办法》

为了阻却外国法律与措施的不当域外适用及其引发的次级制裁,中国商务部在借鉴域外经验的基础上出台了《阻断办法》。《阻断办法》提供了公共执法和私法救济相互融合的阻断法实施机制。在其第5—8条中,公共执法机制围绕"当事人报告—工作机制评估—主管部门发布禁令—当事人申请豁免"的程序展开。只要外国的特定法规或执法满足任意行使长臂管辖的情形,其均可作为阻断对象,这种阻断不锁定特定国家、特定领域以及特定交易。第9条规定的私法救济机制则主要通过民事诉讼程序实现,赋予受侵害的中国实体相应的诉权,其中包含两种具体的救济方式:对当事人的违法行为提出民事赔偿和对外国判决造成的损失提出追偿。此外,为保障公私两种阻断机制的实施,《阻断办法》第10—12条也规定了为中国公民及法人或者其他组织提供指导和服务、对遭受重大损失的中国公民及法人提供必要支持、政府采取反制措施等配套制度。该办法在借鉴域外阻断立法经验的基础上,对外国法律与措施的不当域外适用造成我国利益损害的行为进行了全面规制,是对当前我国所处全球形势的一次及时回应,[1]其与《反外国制裁法》的制定标志着我国迈出了阻断外国法不当域外适用的第一步。

3.《不可靠实体清单规定》

外国实施经济制裁最为隐蔽的形式,即在于将商业目的与非商业目的、安全措施与经济措施混同,以实现对制裁目标的经济封锁。部分外国实体为配合制裁,也采取断供、违约等行动。[2] 为此,2020 年 9 月,中国商务部依据《对外贸易法》《国家安全法》等有关法律法规,出台《不可靠实体清单规定》,将出于非商业目的、破坏市场规则、采取歧视性措施、严重损害中国当事人合法权益与营商环境的外国实体列入不可靠实体清单。[3]

（1）法律依据

《对外贸易法》第 7 条规定,任何国家或地区在贸易方面对我国采取歧视性的禁止、限制或者其他类似措施的,我国根据实际情况对该国家或者该地区采取相应的措施。基于平等互利的贸易关系基本原则,不可靠实体清单制度在维护平等原则基础上的互利,维护贸易安全,公平确定商品价格、信守合同。《国家安全法》第 19 条和第 59 条则分别规定了国家保障重要经济安全的职责以及国家安全审查和监管的制度和机制。《出口管制法》第 48 条规定,任何国家或者地区滥用出口管制措施危害中华人民共和国国家安全和利益的,中华人民共和国可以根据实际情况对该国家或者地区对等采取措施。

（2）主要内容

第一,此规定明确了立法目的,其在第 1 条中表明"为了维护国家主权、安全、发展利益,维护公平、自由的国际经贸秩序,保护中国企业、其他组织或者个人的合法权益"。2020 年 9 月 20 日商务部条约法律司负责人就《不可靠实

---

① 丁汉韬:《论阻断法的实施机制及其中国实践》,《环球法律评论》2022 年第 44 卷第 2 期。

② 彭阳:《国际经济治理中的国家安全泛化:法理剖析与中国应对》,《国际法研究》,2022 年第 5 期。

③ 沈伟:《中美贸易摩擦中的法律战——从不可靠实体清单制度到阻断办法》,《比较法研究》2021 年第 1 期。

体清单规定》答记者问中也特别说明,经国务院批准、商务部制定公布《不可靠实体清单规定》,主要是为了保护中国企业、其他组织或者个人的合法权益,纠正个别外国实体的违法行为,维护国家主权、安全和发展利益,维护公平、自由的国际经贸秩序。①

第二,《不可靠实体清单规定》第4条规定了负责实施不可靠实体清单的部门。根据《不可靠实体清单规定》第4条,国家建立中央国家机关有关部门参加的工作机制(以下简称"工作机制"),负责不可靠实体清单制度的组织实施,工作机制办公室设在国务院商务主管部门(即商务部)。在该联席工作机制中除了商务部以外,外交部、国家安全部、海关总署、公安部、人力资源和社会保障部、国家市场监督管理总局、国防部、中央军事委员会等相关部委也参与相关实施工作。

第三,《不可靠实体清单规定》分别在第2条和第7条规定了"不可靠实体清单"制度规制的具体外国实体及其具体行为和认定标准。根据《不可靠实体清单规定》第2条,外国实体的范围包括外国企业、其他组织或者个人。对于是否将某一外国实体纳入不可靠实体清单,《不可靠实体清单规定》在2019年商务部公布的标准基础上,进一步以规章形式确定了具体的"不可靠实体"认定标准,并列举将对其采取相应措施的外国实体在国际经贸及相关活动中的行为种类。《不可靠实体清单规定》第7条还指出工作机制在决定是否将有关外国实体列入不可靠实体清单时,会综合考虑的因素。

此外,《不可靠实体清单规定》还明确了外国实体被列入"不可靠实体清单"后会面临的处理措施、将外国实体列入和移出"不可靠实体清单"的程序、给予外国实体改正期限、提示交易风险以及与"实体清单"主体进行交易的许可制度等问题。通过《不可靠实体清单规定》的公布和实施,可知我国实质性地迈出了"不可靠实体清单"制度实施的第一步。②

综上,我国目前主要通过国内立法反制来应对外国制裁,一个以《反外国制裁法》为核心、以《不可靠实体清单规定》和《阻断办法》为补充的反经济制裁

---

① 《商务部条约法律司负责人就〈不可靠实体清单规定〉答记者问》,中华人民共和国商务部官网,http://www.mofcom.gov.cn/article/news/202009/20200903002631.shtml,2023年8月10日访问。
② 田晖、郑银莹、李佳、王珲:《"靴子落地",中国〈不可靠实体清单规定〉发布》,金杜律师事务所,https://www.kwm.com/cn/zh/insights/latest-thinking/boots-landing-china-regulations-on-the-list-of-unreliable-entities.html#id-here,2023年8月10日访问。

法律体系已初步形成。

4.《反分裂国家法》

《反分裂国家法》是我国反干涉领域针对台海问题的重要立法,明确了我国在台湾问题上的坚定立场以及为维护国家统一而打击"台独势力"和干涉我国台湾事务境外势力的坚定决心。近年来,美国大打"台湾牌",掏空一个中国原则,提升美台往来层级,加大对台售武,图谋阻挠中国统一和民族复兴进程。① 党的二十大报告强调斗争精神,划出底线红线,展现敢于斗争、敢于胜利的决心信心。要增强忧患意识,坚持底线思维,敢于斗争、善于斗争,巩固拓展反分裂、反干涉斗争成果,坚决挫败"台独"挑衅和外来干涉行径,坚定捍卫国家主权和领土完整,为党和国家事业发展营造稳定台海环境。《反分裂国家法》是以主权法反击干涉法,其出台符合国际法和国际实践。② 根据国际法,每一个主权国家都有对内的最高权和对外的独立权,都有通过立法、行政和司法等手段来管理自己的国家的权力。中国制定反分裂法,纯属通过立法手段来处理主权范围内的内部事务和反击外国干涉,不会对任何国家构成威胁,并且具有国际法律依据,与美国制定的以国内立法形式干涉他国内政的《与台湾关系法》是完全不同的性质。事实上,制定国内反分裂法并非我国首创,而是世界通用的做法,许多国家都有类似的法律,如加拿大、俄罗斯、英国等,为维护国家统一、反对分裂提供了法律依据和尖兵利器。

5.《对外关系法》

2023 年 6 月 28 日《对外关系法》公布,自 2023 年 7 月 1 日起施行,本法旗帜鲜明地反对霸权主义、单边主义、保护主义,明确违反国际法和国际关系基本准则,危害中国主权、安全、发展利益的行为。③ 作为一部涉外领域基本法,它与反制裁法律形成"组合拳",合力反击针对我国的非法单边制裁、干涉内政行为以及长臂管辖措施。《对外关系法》第 33 条规定:"对于违反国际法和国际关系基本准则,危害中华人民共和国主权、安全、发展利益的行为,中华人民共和国有权依法采取必要反制和限制措施。国务院及其部门制定必要的法律、行政法规、部门规

---

① 刘结一:《坚持贯彻新时代党解决台湾问题的总体方略》,《两岸关系》2022 年第 11 期。
② 尹生:《分裂·干涉·主权〈反分裂国家法〉的国际法分析》,《当代法学》2006 年第 1 期。
③ 黄进:《论〈对外关系法〉在中国涉外法治体系中的地位》,《国际法研究》2023 年第 4 期。

章,建立相应工作制度和机制,加强部门协同配合,确定和实施有关反制和限制措施。"这再一次以法律的形式明确,中国有权采取相应对等反制和限制措施,同时保护中国公民和组织在海外的安全和正当权益。《对外关系法》的颁布,有利于其他反制裁法律与对外关系法、国家豁免法等涉外法治立法做好法律衔接与程序安排,在《对外关系法》的框架下不断完善反制裁实施以及相应的工作机制,以法治手段坚定有效地维护国家主权、安全、发展利益,为实现国家富强、民族兴盛、人民幸福提供更加坚固的法治保障。

(二) 司法实践

目前,我国在国内司法实践中将上述反制裁法律体系中的法律法规应用落地的案件数量较少,仅能够查找到的相关案件为"青岛金海链国际贸易有限公司、广州发展碧辟油品有限公司买卖合同纠纷案"。在本案中,原告(反诉被告)金海链公司认为,"案涉《货物采购合同》中附件3《关于贸易制裁的声明和保证》违反了《反外国制裁法》和《阻断外国法律与措施不当域外适用办法》,属于违反法律、行政法规的强制性规定,应属无效"[①]。法院根据附件三的内容与《反外国制裁法》和《阻断办法》的规制范围,在裁判理由中决定不予采纳金海链公司这一意见。可见,在本案件审理中,对两部反制裁法律法规的应用并未深入到具体法律条文规定事项中去,而是根据其整体适用范围对当事人一方的意见作出了合理与否的判断。从严格意义上说,本案不涉及反对外国国家、组织或个人对我国实施非法单边制裁的问题。

(三) 执法实践

中国反制裁法律体系真正发挥作用的环节在于执法。自2019年起,我国对美国、欧盟、英国、加拿大、冰岛、澳大利亚等国家和地区采取了反制裁措施。这些措施中,绝大多数是针对他国或地区不当制裁行为的反制裁措施,少数带有制裁性质的措施所针对的也是他国或地区对我国的不当言行采取。[②] 如2019年12月2日,我国对"美国国家民主基金会""美国国际事务民主协会"

---

① (2021)粤01民初1365号。
② 马光:《论反制裁措施的国际合法性及我国反制裁立法的完善》,《法治研究》2022年第1期。

"美国国际共和研究所""人权观察""自由之家"等在香港修例风波中表现恶劣的非政府组织实施制裁。① 我国反制裁措施所针对的对象包括外国政府部门、议会部门、非政府组织、研究机构、律师事务所、企业、个人等,其中针对个人采取的措施数量最多,包括外国国会议员、政府官员、宗教人士、科研机构负责人、学者、基金会负责人、律师等,针对个人的措施一部分又涉及其直系亲属,如 2020 年12 月 10 日,鉴于美方利用涉港问题严重干涉中国内政,损害中方核心利益,我国决定对在涉港问题上表现恶劣且负有主要责任的美国行政部门官员、国会人员、非政府组织人员及其直系亲属实施对等制裁。采取反制裁措施的起因主要包括涉港、涉台、涉疆、涉疫、宗教问题。所采取的措施包括取消临时访问香港、澳门免签待遇,限制与中国打交道、做生意,冻结其在华财产等。② 除了这些反制裁措施之外,我国还有针对性地取消了与特定国家的部分合作,如基于澳大利亚联邦政府对中澳合作所持态度,国家发展和改革委员会决定自 2021 年 5 月 7 日起,无限期暂停国家发展和改革委员会与澳大利亚联邦政府相关部门共同牵头的中澳战略经济对话机制下一切活动。③ 2021 年 7 月,美国发布"香港商业警告"恶意抹黑中国香港的营商环境,并对中国七名官员进行非法制裁。针对美国的错误行径,我国随即根据《反外国制裁法》对美国有关人员实施了对等反制。2021 年 12月 10 日,美国国务院和财政部依据美国国内法,在毫无事实根据的情况下借口所谓"新疆人权"问题,恶意干涉我国内政,并宣布对中国四名官员实施非法制裁。我国依据《反外国制裁法》进行对等反制,并对包括主席马恩扎在内的美国国际宗教自由委员会四名核心人员实施相应反制,禁止上述人员入境中国(包括香港、澳门),冻结其在华财产,禁止中国公民和机构同其交易合作。④ 2022 年 8 月

---

① 《中国暂停审批美军舰机赴港休整申请并制裁支持反中乱港分子的美非政府组织》,中华人民共和国中央人民政府网,https://www.gov.cn/xinwen/2019-12/02/content_5457607.htm♯∼:text=%E9%92%88%E5%AF%B9%E7%BE%8E%E6%96%B9%E6%97%A0%E7%90%86%E8%A1%8C%E4%B8%BA,%E5%BA%9C%E7%BB%84%E7%BB%87%E5%AE%9E%E6%96%BD%E5%88%B6%E8%A3%81%E3%80%82,2023 年 8 月 13 日访问。

② 《中方已决定对在涉港问题上表现恶劣的美方人员实施对等制裁》,光明网,https://mil.gmw.cn/2021-01/19/content_34553160.htm,2023 年 8 月 13 日访问。

③ 《国家发改委:无限期暂停中澳战略经济对话机制下一切活动》,商务部官网,http://au.mofcom.gov.cn/article/zxhz/hzjj/202105/20210503058444.shtml,2023 年 8 月 13 日访问。

④ 《美国借口新疆问题宣布制裁 4 名中方官员外交部:对等反制》,人民网,http://world.people.com.cn/n1/2021/1221/c1002-32313729.html,2023 年 8 月 13 日访问。

5 日,外交部针对时任美国国会众议长佩洛西窜台实施反制裁措施,同时中国证券投资基金业协会发布《关于落实反制要求并完善相关机制的通知》,根据《中华人民共和国证券投资基金法》《私募投资基金监督管理暂行办法》以及《反外国制裁法》要求私募机构严格落实对佩洛西及其直系亲属采取的制裁措施。2022 年 9 月 16 日,外交部发言人宣布,中国政府决定对参与售台武器的美国雷神公司董事长兼首席执行官海耶斯、波音防务公司总裁兼首席执行官卡尔波特实施制裁。① 针对美国借口我国西藏存在所谓人权问题实施非法制裁的错误行径,我国外交部于 2022 年 12 月 23 日宣布反制裁余茂春、托德·斯坦恩。外交部发布的《关于对余茂春、托德·斯坦恩采取反制裁措施的决定》明确指出,根据《反外国制裁法》第 4 条、第 5 条及第 6 条规定,对余茂春、托德·斯坦恩及其家属作出入境限制,且对上述人员在我国境内的各类财产进行查封、冻结,并禁止我国境内的组织、个人与其进行交易活动。② 2023 年 2 月 16 日,针对洛克希德·马丁公司、雷神导弹与防务公司对台军售危害我国主权及领土完整的行为,不可靠实体清单工作机制发布《关于将洛克希德·马丁公司、雷神导弹与防务公司列入不可靠实体清单的公告》,根据《对外贸易法》《国家安全法》及《不可靠实体清单规定》第 2 条、第 8 条和第 10 条规定,对洛克希德·马丁公司、雷神导弹与防务公司实施制裁。③

三、中国现有反制裁、反干涉、反制长臂管辖法律制度的薄弱之处

(一)中国反制裁措施面临国际法义务的合法性约束

《反外国制裁法》规定的反制裁措施受到我国所承担的条约义务约束,须审

---

① 《2022 年 9 月 16 日外交部发言人毛宁主持例行记者会》,外交部官网,https://www.mfa.gov.cn/web/wjdt_674879/fyrbt_674889/202209/t20220916_10767035.shtml,2023 年 8 月 13 日访问。

② 《关于对余茂春、托德·斯坦恩采取反制裁措施的决定》,外交部官网,https://www.mfa.gov.cn/web/wjb_673085/zfxxgk_674865/gknrlb/fzcqdcs/202212/t20221222_10993979.shtml,2023 年 8 月 13 日访问。

③ 《不可靠实体清单工作机制关于将洛克希德·马丁公司、雷神导弹与防务公司列入不可靠实体清单的公告》,商务部官网,http://www.mofcom.gov.cn/article/zwgk/gkzcfb/202302/20230203391289.shtml,2023 年 8 月 13 日访问。

慎对待其在具体实施中存在的国际法合法性问题。作为我国的反制利剑,《反外国制裁法》在国内法层面为反对单边制裁提供了基本法律依据,但其落地实施仍需注意我国承担的国际义务形成的国家行为合法性框架。当前我国缔结或加入了大量多边和双边条约,其中往往对违反特定条款的法律后果有具体规定,因此,《反外国制裁法》所规定的资产冻结、禁止或限制交易等反制措施可能导致我国违反条约义务。从习惯国际法角度来看,我国反制裁法所规定的大部分制裁措施在性质上属于《国家对国际不法行为的责任条款草案》(以下简称"《草案》")第42条规定的反措施,即以受害国的身份对外国针对我国或者特别影响我国的先前不法行为作出的回应。因此,除部分针对非国家行为体的定向制裁外,[①]原则上我国针对目标国所采取的反制裁措施应符合《草案》第三部分第2章规定的实质性和程序性要件。对此,我国实施反制裁应充分考虑在现有国际条约框架体系内所承担的条约义务的约束,预判可能发生的争端。

(二)反制裁法律体系完整度较低

反制裁法律法规缺少相关细则和配套措施的补充,难以形成完整有效的规则体系,法律规定过于原则、立法层级低等原因而执行困难。

一是反外国制裁法律体系需要多个其他部门法与行政部门配合,具体工作的实施较为繁杂,如《反外国制裁法》第6条第1款不予签发签证、不准入境、注销签证或者驱逐出境的反制措施需要出入境管理局的配合并与《中华人民共和国出境入境管理法》相结合;第2款查封、扣押、冻结在我国境内的动产、不动产和其他各类财产中查封、扣押、冻结的措施需要与《行政强制法》相结合;第3款禁止或者限制我国境内的组织、个人与其进行有关交易、合作等活动,对商事活动的限制又涉及《海商法》《对外贸易法》等,涉及人民银行、证监会、国家金融监督管理总局等多个部门。

二是《阻断办法》规定过于原则性,且尚未制定相应实施细则,增加了我国私主体确保其经营活动合规与通过诉讼维护自身权益的难度,削弱了《阻断办法》的威慑性和权威性。从公共执行机制看,受阻断法规制的企业需要明确的

---

① Anton Moiseienko & Saskia Hufnagel, "Targeted Sanctions, Crimes and State Responsibility," *New Journal of European Criminal Law*, Vol. 6, No. 3, 2015, p. 351.

法律标准来规范经营活动合规。例如《阻断办法》应进一步指明企业是否要对自己遵守他国商业反腐败法律、反垄断法、证据域外开示规则的情况进行报告，以简化企业合规程序、降低企业合规成本。从私法救济机制看，当事人需要更加确定的法律依据以保障其诉权的有效行使。实践中，私主体能否就上述领域的域外适用提出损害赔偿，以及寻求损害赔偿的请求权适用范围、违法认定标准、救济方式等关系到私主体如何在民事诉讼中主张权利的关键问题，《阻断办法》均未给出明确指引。此种相关规定表述不明的情况，将导致当事人对诉讼结果缺乏必要的预见性。

三是《不可靠实体清单规定》与《阻断办法》立法层级低，无法在涉外民商事案件中作为强制性规范被适用。二者法律位阶均属行政规章，而《涉外民事关系法律适用法》及其司法解释对强制性规范作出了明确界定：只有涉及我国社会公共利益的法律或行政法规才能被认定为强制性规范。因此，《阻断办法》一类的部门规章，无法在涉外民商事案件中作为强制性规范被援引。

四是尚未形成配套的法律实施机制，反分裂国家法律机制中的反干涉实践效果有待加强。[①] 由于《反分裂国家法》的制定背景、调整对象均与一般的部门法不同，在实践中其政策宣示效果强于其法律制裁效果，因此，这部立法长期以来面临是否具有适用性的争论。[②] 从法理上看，作为一部宪法性法律，《反分裂国家法》的适用，既可以是由有关国家机关依照该法规定直接采取反分裂国家的相关行动，也可以是由立法机关以这部法律为依据，形成若干配套性立法，进一步明确这部法律的实施方式、程序等细节性问题。然而遗憾的是，面对"台独"分裂势力不断更新和调整"法理台独"布局的境况，国家尚未形成法制化的《反分裂国家法》实施体系，《反分裂国家法》部分条款的具体适用仍有待进一步厘清。

（三）司法救济机制仍需建设完善

《反外国制裁法》第12条明确规定了司法救济制度，赋予我国公民、组织在

---

① 周叶中：《论反分裂国家法律机制的问题意识与完善方向》，《法学评论》2018年第1期。
② 周叶中、祝捷主编《构建两岸关系和平发展框架的法律机制研究》，九州出版社2013年版，第25页。

合法权益受到因外国制裁所产生的侵害时,可以寻求我国法院的司法救济。① 首先,参考欧盟和俄罗斯的相关实践,这里指的外国制裁措施应当作广义解释,即不仅包括外国针对中国的制裁法案,还包括基于这些法案所作出的行政命令、政策规则和司法判决、裁决等。再进一步,中国法院也应当拒绝承认与执行基于外国制裁法案作出的判决和裁决。② 其次,中国企业遭受外国制裁损害的具体情形不同,其法律依据和赔偿标准也不一样。中国法院需要适用不同的部门法来裁量。例如,外国企业以违反外国制裁措施为由拒绝履行与中国企业签订的合约,给中国企业造成损失的,可以依据合同准据法来裁量外国企业的违约责任。但如果没有合同基础,中国企业是否可以依据《反外国制裁法》第 12 条或者《中华人民共和国民法典》侵权责任编等向外国企业、政府机关甚至制裁国提起诉讼? 基于中国一贯的绝对主权豁免立场,中国法院应该不会受理后两种情形的诉讼;针对前一种诉讼的管辖和赔偿司法标准,还需要进一步明确。尽管目前尚未有足够的司法实践和经验为立法提供参考,但对于法院而言,为有效实施《反外国制裁法》,及时构建《反外国制裁法》的审理程序和实体裁判规则已是刻不容缓。从停止侵害和填补损失的角度而言,司法救济机制的合理设计,对于当事人维护自身合法权益不可或缺。③ 应该看到,《反外国制裁法》的司法救济有别于普通的涉外民商事诉讼,作为一项关乎涉外法治的国内司法机制,既要符合国际法和国际关系基本准则,也要站在中国立场,依照我国的法律法规特别是涉外法律法规以及我国缔结、参加的国际条约处理相关涉外诉讼,统筹考量。

四、完 善 建 议

近年来,我国加快涉外领域法律制度建设,已初步建立起具有中国特色的

---

① 《中华人民共和国反外国制裁法》第 12 条:"任何组织和个人均不得执行或者协助执行外国国家对我国公民、组织采取的歧视性限制措施。组织和个人违反前款规定,侵害我国公民、组织合法权益的,我国公民、组织可以依法向人民法院提起诉讼,要求其停止侵害、赔偿损失。"

② 陈梦:《单边经济制裁和反制裁的法律规制——兼评〈反外国制裁法〉》,《经贸法律评论》2022 年第 4 期。

③ 肖凯、徐佳云:《论我国反外国制裁司法救济机制之完善》,《武大国际法评论》2023 年第 3 期。

反制裁法律体系。但是,面对外部环境变化带来的新矛盾和新挑战,这套体系尚待加强与完善。一方面,面对霸权国家频繁以"法律"手段对我国实施单边制裁,我国尚未建立起全面的防备体系和有效的阻断机制,涉外法治之"盾"还未完全铸好;另一方面,在运用法治手段实施各类反制措施以维护国家主权、安全、发展利益方面,我国还存在法律制度供给不足的问题,现行的国内法适用规则体系尚未完全形成且整体基调偏向于防御,进攻性和主动性方面略显不足,应对机制不够完善,涉外法治之"矛"亟待加快打造。① 在此背景下,立足中国国情,系统检视我国反外国制裁法治体系的现状,并在此基础上吸收和借鉴国际经验,推动国内法治与涉外法治共同进步;以人类命运共同体理念为指导,通过法治方式,运用法律工具,从立法、执法和司法角度对单边经济制裁进行全方位的有效应对,是构建体系完善的反外国制裁法治体系的必由之路。

(一)坚持统筹完善国内法治和涉外法治

反制裁的实施必然伴随着涉外关系的处理,这意味着我国反制裁法律体系的完善与实施必须要厘清国内法与外国法、国际法之间的关系。需要正确领悟习近平法治思想在统筹国内法治和涉外法治方面的精神内涵,正确处理国内法与外国法、国际法之间的关系;构建贯穿制裁实施到反制裁措施应对全过程的法律体系,通过合理借鉴事前预防模式以补足预防层面规则的缺失,增强斗争层面规则的可操作性与合法性以提升我国反制措施的威慑力,确保救济层面规则的确定性以维护我国社会利益和私主体利益,从而运用强有力的法律工具坚决维护国家主权、尊严和核心利益。

1. 完善国内法治,增强反制措施的有效性和合法性

如前文所述,我国已出台《反外国制裁法》《阻断外国法律与措施不当域外适用办法》《不可靠实体清单规定》等法律和部门规章,但现行法仅为制度框架,尚需域外管辖法以及规范行政机关实施反制措施权力分配的规范性文件等配套规则予以充实。

首先,建立反制措施实施的合法性审查制度,始终关注反制措施的国际法

---

① 霍政欣、陈彦茹:《反外国制裁的路径演化与中国选择》,《社会科学》2023年第2期。

合法性问题。对国内反制裁法律进行修改完善的前提是符合习惯国际法、国际条约和一般国际法原则的要求，在国际法框架内行事。我国是维护现有国际秩序的负责任大国，向来重视遵守国际法并善意履行国际义务。为确保中国法律域外适用不违反国际法，应当在加强中国反制裁法律体系建设的同时，审慎考虑域外法律适用的国际法正当性，树立底线思维。建议在主管机关内部设置法制审核机构，做好内部法制审查，通过设置国际法合法性审查制度，在拟定反制措施时对国际法合法性加以评估。法制审核制度作为执法机关的内部控制措施，能够在执法领域实现行政自制，有效预防不当执法行为。

其次，针对反外国制裁法律实施需要各行政机关与其他部门法配合，对于较为繁杂的情况，本书建议以《反外国制裁法》为反制裁法律体系核心，建立切实有效的反外国制裁工作协调机制，将需要其他部门法与相关行政部门配合的事项进行统一规定，在其中增加各行政部门协同合作以配合反制裁措施实施的职责分工方式的相应条款，对工作机制的工作职能、成员单位、工作要求、工作规则作出明确规定。《反外国制裁法》中仅有两个条文对此作了较为模糊的笼统规定，其第6条要求在对指定个人和组织实施制裁措施时"国务院有关部门可以按照各自职责和任务分工"，第10条中规定"国家设立反外国制裁工作协调机制，负责统筹协调相关工作。国务院有关部门应当加强协同配合和信息共享，按照各自职责和任务分工确定和实施有关反制措施"。关于具体如何分工、在实施不同类型的反制裁措施时如何分配各部门机构的职责并未再明确规定。此外，由《反外国制裁法》《阻断办法》和《不可靠实体清单规定》可知，反制裁决定由反外国制裁工作机制作出，但具体措施的执行则由相关的具体部门负责，缺乏统一的执行机制统筹协调跨部门的职权分配。此种授权来源的混乱和不确定性造成了我国实施反制措施缺乏程序正当性的国内法依据，因此应当在《反外国制裁法》中做出较为明确和统一的规定，以提升反制措施的权威性和公信力。综合上述情况，我国反制裁措施的实施缺乏专门工作机制，但反制裁措施又涉及跨行政部门的职权，反制裁体系的高效运行仍待加强。

再次，提高《阻断办法》法律位阶，制定实施细则。我国阻断法的整体法律位阶较低，仅为应对美国次级制裁和长臂管辖权的部门规章。阻断法的法律位阶较低不利于阻断法的执行,也不利于阻断法的跨部门联合行动。其他一些国家大多是通过正式立法的形式保障阻断法的落地实施。例如欧盟是以具有最高位阶的"条例"通过《欧盟阻断条例》。《阻断办法》规定过于原则性的问题可以通过制定"阻断清单"等实施细则或在本法规中增加规定的途径缓解,兼顾阻断法的灵活性与确定性,既可以为执法提供明确的依据也能够引导企业合规管理,以更及时地维护我国企业和个人等私主体在制裁与反制裁活动中的合法权益。

最后,建议修改《涉外民事关系法律适用法》中能够适用于我国涉外民商事案件中的"强制性规范"的范围,增加"用于规范特定事项的行政规章"等类似用语在"涉及我国社会公共利益的法律或行政法规"中,以便于《阻断办法》和《不可靠实体清单规定》等反制裁领域的规章能够被运用于我国司法实践中。

2. 完善涉外法治,提升我国涉外司法执法公信力

当前,"坚持统筹推进国内法治和涉外法治"已成为我国全面依法治国的重要内容。相对于国内法治,涉外法治中程序法、冲突法和司法体制等诸多领域均有亟待完善之处。在我国应对美国长臂管辖的过程中,此类涉外法治短板更加凸显。我国应当通过弥补现有涉外法律制度中与反制裁关联的规则空白,以完备系统的制度规范赢得外国当事人信任,进而促成中外当事人更多地达成选择中国法院的协议,从而缩小美国长臂管辖权法适用的空间。对此,我国可在以下三方面积极作为。

首先,改进涉外管辖制度规定。从长期看,我国应尽快完善涉外法治,加强涉外司法管辖权相关方面的规定,提升我国司法的国际公信力,增加选择我国法院的可能性,进而通过司法管辖协助与合作,建立相应的域外管辖权制度。同时积极推进管辖权的国际协调,从国际层面减少甚至消除管辖权冲突。近年来,许多学者呼吁,完善域外管辖立法,采取必要的反制措施,包括要求在清算系统上完善人民币跨境支付系统(Cross-border Inter bank Payment System,CIPS)配套监管措施的建设;[1]在证券监管领域有限度地推行本国证券法的域外管辖,

---

[1]　石佳友、刘连炻:《美国扩大美元交易域外管辖对中国的挑战及其应对》,《上海大学学报》(社会科学版)2018年第4期。

特别是应模糊证券法的域外管辖问题,将自主权赋予法院;①完善《中华人民共和国反垄断法》第2条,推进中国反垄断法的域外适用;②对于侵犯基本人权等有违公共道德的行为,行使域外管辖权。③ 同时,我国在推进法律域外适用的过程中需要注意"度"的把握,一方面与法律适用上的效果原则相匹配,另一方面避免过度管辖。既要对域外管辖规则进行一定的限制,注意避免损害他国司法管辖权和主权,又要能够切实有效地起到保护我国企业和个人正当利益的作用。

其次,司法协助立法的完善。我国应修订和完善域外管辖相关的制度内容,授予我国法院及相关机构在美国对我国企业、公民滥用长臂管辖时采取对等原则的权力。这一点在《不可靠实体清单规定》《出口管制法》中都得到了体现,但对于效果标准模糊、域外适用条件不明确等问题需要进一步完善。当前,我国在应对美国通过国际司法协助与合作滥用长臂管辖和非法单方制裁方面已经积攒一些立法经验,在有关法律和司法解释中规定了相关条款。从相关条款内容来看,主要包括两个方面,即阻断规定和域外效力规定。但这些规定存在较为分散、适用范围有限以及内容不完善的问题。④ 例如《中华人民共和国国际刑事司法协助法》第4条第3款规定:"非经中华人民共和国主管机关同意,外国机构、组织和个人不得在中华人民共和国境内进行本法规定的刑事诉讼活动,中华人民共和国境内的机构、组织和个人不得向外国提供证据材料和本法规定的协助。"然而,该条款并未规定主管机关、审批流程、期限、需要提供的材料等,未来还需要制定更具可操作性的规则,保护国家、企业和个人的合法权益。例如鉴于美国证监会、司法部、法院要求会计师事务所、银行、其他企业和个人提供审计底稿、储户的银行账户信息等,中国需要加强银行信息、数据、国家秘密等出境审查,抵制境外的单边取证行为,保护中国的特定行业和证人的权益。⑤

---

① 彭岳:《美国证券法域外管辖的最新发展及其启示》,《现代法学》2011年第6期;彭岳:《美国金融监管法律域外管辖的扩张及其国际法限度》,《环球法律评论》2015年第6期;杨峰:《我国证券法域外适用制度的构建》,《法商研究》2016年第1期。
② 王晓晔:《我国反垄断法的域外适用》,《上海财经大学学报》2008年第1期。
③ 徐莉:《论WTO"公共道德例外"条款下之"域外管辖"》,《法学杂志》2012年第1期。
④ 岳树梅、黄秋红:《国际司法协助与合作中的"长臂管辖"及中国应对策略》,《北方法学》2021年第2期。
⑤ 王克玉:《域外取证法律冲突下证人权益保障问题的审视》,《政法论坛》2015年第4期。

最后,我国在国际场合上多次倡导人类命运共同体的理念,帮助自身与其他受单边经济制裁的受害国敦促有关国家立即取消单边强制措施,呼吁国际社会高度关注霸权主义、单边主义导致的人权负面影响和人道主义危机。如我国在联合国安理会审议苏丹局势时发言,呼吁尽快解除对苏丹的制裁,"单边制裁往往解决不了问题,却会制造出新的麻烦,加剧粮食、能源、经济危机,伤及苏丹民生,引发新的人道后果。希望有关国家改变动辄对他国制裁施压的霸道逻辑,多做平等待人、合作共赢的事"①。在我国反制裁实践不断发展的现实情况下,应当不断提升我国涉外法治整体水平,继续大力宣扬反对将人权问题政治化作为单边制裁借口这一罔顾人类命运共同利益的行为,将我国提出的人类命运共同体理念不断融入涉外法治的发展中,强调与世界各国人民共同推动构建人类命运共同体。这既是维护我国自身安全发展,也是对多边机制的真正践行。

(二)完善反制裁司法救济机制

从提升制裁制度的合法性角度来看,有必要在国内法机制下给予被制裁方一定的程序性保障和救济渠道。② 首先,建立反制裁执法个案咨询制度,协助企业和个人做好个案应对。反制裁法将国家利益作为优先保护利益的同时,也需平衡对社会公共利益和私人利益的保护。应对他国非法单边制裁的反制措施是一把"双刃剑",可能破坏国际产业链和我国对外经贸环境。为了增强国际经贸业者的可预见性,我国可在反外国制裁工作协调机制下设立咨询办公室,针对大额的个案,综合国内外情势提供指导意见。其次,弥补求偿与诉讼等救济途径的规则空缺,为维护我国私主体在反制裁中的合法权益提供制度支持。《反外国制裁法》第 12 条规定中国企业可以向遵守外国制裁措施的组织和个人求偿。但由于《中华人民共和国民事诉讼法》和相关的实体法律中没有相关的规定,中国法院是否具有管辖权和最终是否会受理相关诉讼请

---

① 《中国代表呼吁尽快解除对苏丹制裁》,中华人民共和国中央人民政府网,https://www.gov.cn/xinwen/2022-03/29/content_5682253.htm,2023 年 8 月 20 日访问。

② 杜涛、周美华:《应对美国单边经济制裁的域外经验与中国方案——从〈阻断办法〉到〈反外国制裁法〉》,《武大国际法评论》2021 年第 4 期。

求,还需要依据个案判断,反制清单中的个人和实体是否可以就反制措施提起行政诉讼也存有争议。① 因此,要想切实保障我国企业和个人减少在外国制裁与我国反制裁措施中受到的冲击,争取更多地得到我国公民对反制裁措施的理解和支持,就应当通过结合诉讼原理与反制裁执法实践经验,尽快回答反制裁司法实践未能解决的诸多实体问题和程序问题,以完善我国反制裁私主体救济制度。例如,对于如何确定相关诉讼的管辖法院问题,应当在遵循《涉外民事关系法律适用法》立法原则以及国际法基础之上,尊重当事人对于管辖权的自主选择权,以维护我国主权、安全和利益为底线,补充制定相关案件管辖权规则。有学者认为,《反外国制裁法》第 12 条中的管辖权规定仅确立了中国法院对中国企业受经济制裁的损害赔偿案件的管辖权。② 这类似于一种确认性的声明,无法解决管辖权冲突的情况。管辖权的冲突还需要依据国际条约或者诉讼法来判断最终管辖的法院或仲裁机构。例如,当事人之间的合同争议涉及外国经济制裁法案并产生相关的损害赔偿诉求,如果当事人之间签订了书面的纠纷解决条款,约定将争议提交国际仲裁机构进行仲裁,中国法院应当遵循当事人的约定并拒绝受理该案件。

(三)建立反制裁执法评估和调整机制

法律的生命在于实施。《反外国制裁法》能否发挥其维护国家主权、安全和发展利益的功能,关键在于其实施机制的设置能否促进该制度切实有效地施行。反制裁法律的实施和执行是我国应对他国非法制裁措施过程中最为关键的环节,因为根据法律作出的反制措施能直接影响被制裁个体、组织或国家的利益,并通过实践中的执法依据、执法程序、执法手段、执法不当的评估与救济充分反映我国在反制裁涉外法治建设方面的完善程度。所以,为提升我国行政机关执法全过程的正当性,使执法水平和效率在高质量反馈中稳步提升,宜建立反制裁执法的评估和调整机制。第一,执法机构在公布反制措施时,应对实施期限进行明确,在反制措施到期前,对反制措施的实施效果进行评估,

---

① 霍政欣:《〈反外国制裁法〉的国际法意涵》,《比较法研究》2021 年第 4 期。
② 陈梦:《单边经济制裁和反制裁的法律规制——兼评〈反外国制裁法〉》,《经贸法律评论》2022 年第 4 期。

如果反制措施的目标已经全部或部分实现,执法机构应及时取消或减轻反制措施的严厉程度,使反制措施更好地发挥促进被制裁对象调整政策的效果。第二,我国反制措施的实施应严格遵循比例原则和对等原则。在实施反制措施前,我国应评估他国不法行为的严重性及我国受损利益的重要性,反制措施的实施程度应当经过评估与论证,把握影响的"限度",使限制措施和我国所遭受的损害相称。

撰写分工说明

　　王勇，法学博士，华东政法大学教授、博士生导师，华东政法大学国际金融法律学院副院长，上海市曙光学者，上海法院特聘教授，华东政法大学"经天学者"特聘教授。负责撰写绪论，上编第一章第一节（与孟令浩合作）、第一章第二节、第一章第三节，中编第一章第二节（与孟令浩合作）、第二章第一节（与潘鑫合作）、第二章第二节、第二章第三节（与潘鑫合作），下编第一章、第二章、第三章第一节。

　　孟令浩，法学博士，上海社会科学院国际问题研究所助理研究员。负责撰写上编第一章第一节（与王勇合作）、第二章第一节、第二章第二节（与张苒合作），中编第一章第一节、第一章第二节（与王勇合作）、第四章第一节、第五章第二节（与许皓合作）。

　　侯国彬，法学博士，上海段和段律师事务所高级合伙人、远洋船长，上海海事大学法学院客座教授。负责撰写中编第五章第一节。

　　潘鑫，法学博士，暨南大学人文学院讲师，暨南大学国际关系学院博士后。负责撰写中编第二章第一节（与王勇合作）、第二章第三节（与王勇合作）。

许皓,法学博士,黄冈师范学院政法学院、纪检监察学院、知识产权学院副教授,华东政法大学法学博士后。负责撰写中编第五章第二节(与孟令浩合作)。

王逸赟,华东政法大学国际法专业2022级博士研究生。负责撰写中编第三章。

陈曦冉,华东政法大学国际法专业2023级博士研究生。负责撰写中编第四章第二节、第四章第三节、第四章第四节。

张苒,华东政法大学国际法专业2022级硕士研究生。负责撰写上编第二章第二节(与孟令浩合作)、第二章第三节。

刁漪茹,华东政法大学国际法专业2022级硕士研究生。负责撰写下编第三章第二节。